Administrative Law Scholarship
and Individual Acts

行政法学と主要参照領域

原田大樹
Hiroki HARADA

東京大学出版会

ADMINISTRATIVE LAW SCHOLARSHIP
AND INDIVIDUAL ACTS
Hiroki HARADA
University of Tokyo Press, 2015
ISBN 978-4-13-036146-0

はしがき

　成文法を研究対象としている実定法学の中で，行政法学は次の2点において他の分野と大きく異なる特色を有している。1つは，「行政法」という名前の法典が存在せず，他の科目では条文が担っている機能の一部を判例・学説が支えていることである。そしてもう1つは，大学で講じられ，また多くの基本書・体系書がカバーしている行政法総論を学んだだけでは，行政手続法など実定化された行政通則法以外の法解釈を身につけたとは言えないことである。行政法総論は無数に存在する個別の行政法の共通要素を集めたものであって，解釈論も立法論も，紛争も社会問題も，そのほとんどが個別の行政法領域を舞台としている。このような，個別実定法令から一定の距離を確保している行政法学の構造は，行政法学の学問としての自由度を高めることに寄与している。さまざまな社会的課題に行政法学固有の観点からアプローチしうることこそ，行政法学の最大の学問的魅力である。しかしこの構造は同時に，行政法学の存在意義を疑わせる要因ともなっている。具体的な解釈論・立法論を展開するなら個別法領域（＝参照領域：租税法・社会保障法・環境法・都市法など）の議論だけで十分であり，行政法学がこうした個々の参照領域の議論に寄与しうる要素は限られているようにも見える。このような構造が，行政法学の学問としての魅力を広く学生や他分野研究者に伝える際の大きな障壁となっているのではないだろうか。

　本書『行政法学と主要参照領域』は，2013年10月に刊行した『例解 行政法』，2014年3月に刊行した『演習 行政法』に続き，行政法学から参照領域に対してどのようなアプローチをなしうるのか，それが各参照領域と行政法総論にどのような学問的意義をもたらしうるのかを検討することを目的とする研究書である。同時に本書は，『例解』，『演習』と読み進めてきた学習者が，議論の学問的な背景や発展の方向性を知りたいと考えたときに手に取ることができる，発展的な学習書ないし参考書としても利用可能であることを目指している。そのため，一般の研究書にはない次の2つの工夫を行っ

た。第 1 に，序章以外の各章冒頭に ■ **本章への架橋** という部分を設け，当該章が『例解』のどの部分の発展的内容になっているのかを示すこととした。第 2 に，行政法の授業では通常詳しく説明されないものの，当該章では重要な概念・用語を説明する ▶ことば◀ というコラムを設けた。昨今は，以前ほど学部学生が論文集に手を出さなくなったとの声をしばしば耳にする。本書が試みた工夫は些々たるものに止まるものの，このことで少しでも多くの学部学生をはじめとする学習者が研究書に挑戦してくれるようになれば，望外の喜びである。

＊　　　　　＊　　　　　＊

　研究書であると同時に発展的な学習書でもある本書の特色は，本書の刊行に至った次の 2 つの事情に由来するものである。第 1 は，2013 年度前期に京都大学大学院法学研究科（法科大学院）・公共政策大学院で開講した『現代の行政法制』における，受講生とのやりとりである。この授業では，『例解』の母体となった講義案を用いた参照領域の説明や，具体的な事例を素材とする解釈論・制度設計論の検討を行い，受講生から講義案の改善提案をレポートの形で受け付けた。提案の多くは『例解』の記述に反映されているものの，紙幅の都合で触れられなかった点や，難易度からみて教科書に記述することが適切ではないと思われた点が残されていた。本書は，これらの積み残しとなっていた宿題に応えようとする試みでもある。積極的に参加し，多くの質問・意見を寄せてくれた受講生各位に御礼申し上げたい。第 2 は，『例解』，『演習』の編集作業を担当された東京大学出版会の山田秀樹氏からの提案である。国際租税法に関する定番の基本書である増井良啓＝宮崎裕子『国際租税法［第 2 版］』（東京大学出版会・2011 年）の編集者でもある山田氏から，同書の著者のお一人である増井良啓先生（東京大学）が，同書の発展的な学習に資する研究書を準備中であり，その内容は既発表論文を単に採録するものではなく，教科書の構成と対応したものとなっていることをご教示頂いた。そこで，このコンセプトに倣った参照領域の研究書を刊行することが 2013 年夏の段階で固まった。その後，増井先生はますますご多忙を極め，先生の研究書が刊行される前に本書が刊行されることとなってしまった。本書が増井先生のアイデアと乖離してしまっていることを恐れつつ，先生の研

究書の刊行を一読者として心待ちにしている次第である。

　このような構想に立脚したことから，本書を構成する論文は書き下ろしが主体であり，既発表論文を比較的原型に近い形で採録しているのは以下のものにとどまる。これらについては，本書への採録にあたって関連法令・文献等の最低限のアップデートを行った。

【序　章　行政法総論と参照領域理論】
「行政法総論と参照領域理論」法学論叢（京都大学）174 巻 1 号（2013 年）1-20 頁
【第 4 章　福祉契約の行政法学的分析】
「福祉契約の行政法学的分析」法政研究（九州大学）69 巻 4 号（2003 年）765-806 頁
【第 7 章　原子力発電所の安全基準】
「原子力発電所の耐震基準の多層化とその実現過程」『原子力安全に係る国際取決めと国内実施』（日本エネルギー法研究所・2014 年）121-140 頁
【第 8 章　原子力損害賠償と国家補償】
「行政法学から見た原子力損害賠償」法学論叢（京都大学）173 巻 1 号（2013 年）1-25 頁
【第 12 章　特区制度と地方自治】
「震災復興の法技術としての復興特区」社会科学研究（東京大学）64 巻 1 号（2012 年）174-191 頁

＊　　　　　＊　　　　　＊

　本書は，京都大学への移籍後 4 冊目の単著となる。移籍後わずか 2 年での刊行は，京都大学大学院法学研究科の極めて恵まれた研究環境なしには不可能であった。髙木光先生・岡村忠生先生・仲野武志先生のご助力と日々のご教示に厚く御礼申し上げたい。また本書は，京都大学大学院法学研究科平成 26 年度若手研究者出版助成事業（総長裁量経費）の補助を受けて刊行される。山本克己研究科長をはじめとする，大学院法学研究科の先生方のご支援とご厚情に心より感謝申し上げる次第である。さらに本書は，JSPS 科研費 25380039，24330008，24243003，25285012，25285032，26285022 の研究成果の一部でもある。こうした研究助成にも感謝申し上げたい。本書を構成す

る各章は，研究会等でそのドラフトを報告し，これに対する質疑・議論を踏まえて加筆修正を加えたものである．研究会でご教示頂いた諸先生方に厚く御礼申し上げる．加えて，とりわけ第4・5・12章の執筆に当たって，実態分析のために，制度設計や運営に携わる公務員の方々へのインタビューを行っている．ご協力・ご教示頂いた皆様にも感謝申し上げたい．

本書は，2007年に刊行した『自主規制の公法学的研究』（有斐閣），2014年に刊行した『公共制度設計の基礎理論』（弘文堂）に続く3冊目の研究書となる．その基礎となっている参照領域への関心は，大橋洋一先生（九州大学名誉教授・学習院大学教授）によって開かれた．大橋先生の学部演習は，毎年後期にゼミ論文集の執筆を義務付けており，ゼミ生の問題関心に即してさまざまな社会問題が取り上げられていた．多くの参照領域を渉猟し，その中から行政法理論にとっての示唆を引き出すスタイルは，先生の学部演習から得られたものである．先生の学部講義を学部1年次に始めて聴講した際の先生の年齢とすでに並んでしまい，当時の先生のお仕事や学生に対して放っておられた魅力と比較すると内心忸怩たる思いであるが，本書を大橋先生に謹呈させて頂き，今後の研鑽を期すこととしたい．

本書は，『例解 行政法』，『演習 行政法』に続く3冊目の参照領域に関する著作である．『例解』刊行から1年半という比較的短期間に参照領域三部作が完結できたのは，東京大学出版会の山田秀樹氏の巧みな手綱捌きの賜物である．前二著と同様に緻密な編集作業をして下さった山田氏と，東京大学出版会の関係者各位にも，心より御礼申し上げたい．

2015年3月

原田大樹

目　次

はしがき　i

序　章　行政法総論と参照領域理論 …………………………………… 1
　　はじめに――参照領域理論とは何か　1
　　Ⅰ．行政法各論から参照領域理論へ　3
　　Ⅱ．素材提示から相互学習過程へ　7
　　Ⅲ．解釈論から制度設計論へ　15
　　おわりに――参照領域理論の発展可能性　20

第❶部　租税法

第1章　法治主義と租税法律主義 ………………………………………… 23
　　はじめに　24
　　Ⅰ．法治主義論の現状　25
　　Ⅱ．租税法律主義論の現状　28
　　Ⅲ．租税法学の二面関係指向性　35
　　おわりに　40

第2章　課税処分と租税債務関係 ………………………………………… 41
　　はじめに　42
　　Ⅰ．課税処分の法的性格　43
　　Ⅱ．課税要件の確定　52
　　Ⅲ．課税処分の効果　64
　　おわりに　71

第 3 章　行政執行国際ネットワークと国内公法 …………………… 73

はじめに　74
Ⅰ．国際ネットワークの特色と課題　76
Ⅱ．執行共助――調査・送達・執行　83
Ⅲ．権利救済――相互協議・事前確認・仲裁　94
おわりに　103

第 2 部　社会保障法

第 4 章　福祉契約の行政法学的分析 ……………………………… 107

はじめに　108
Ⅰ．社会福祉構造改革と福祉契約　110
Ⅱ．福祉契約を支える行政過程　122
Ⅲ．福祉契約統制論の日独比較　133
おわりに　151

第 5 章　媒介行政と保障責任 ……………………………………… 155

はじめに　156
Ⅰ．保証責任論の系譜　157
Ⅱ．媒介行政の類型論　163
Ⅲ．媒介行政概念の理論的意義　179
おわりに　183

第 6 章　グローバル社会保障法？ ………………………………… 185

はじめに　186
Ⅰ．国際社会保障法――再分配単位としての国家　188
Ⅱ．グローバル社会保障法？――再分配を支援する国家　202
おわりに　209

第 3 部　環境法

第 7 章　原子力発電所の安全基準 ……………………………………… 215
はじめに　215
Ⅰ．国内法制における耐震基準　217
Ⅱ．国際的な耐震基準の形成過程　230
Ⅲ．耐震基準の多層化とその実現過程　236
おわりに　240

第 8 章　原子力損害賠償と国家補償 ……………………………………… 243
はじめに　243
Ⅰ．賠償費用の負担者　245
Ⅱ．賠償額の確定方法　258
おわりに　266

第 9 章　投資協定仲裁と国内公法 ……………………………………… 269
はじめに——グローバル化論の現状　270
Ⅰ．投資協定仲裁のインパクト　271
Ⅱ．投資協定仲裁と国内公法　274
おわりに——多元的システムと正統性概念　287

第 4 部　都市法

第 10 章　指定確認検査機関と国家賠償 ……………………………………… 291
はじめに　291
Ⅰ．国・公共団体の国家賠償責任　293
Ⅱ．指定確認検査機関の国家賠償責任　303
おわりに——残された課題　310

第 11 章　財産権としての容積率？ ……………………………… 313

　はじめに　313
　　Ⅰ．容積率規制の意義　315
　　Ⅱ．容積率移転制度の拡大　319
　　Ⅲ．財産権としての容積率？　328
　おわりに　337

第 12 章　特区制度と地方自治 ……………………………… 339

　はじめに　339
　　Ⅰ．特区制度の法的評価基準　340
　　Ⅱ．特区制度の機能——類型論的考察　343
　　Ⅲ．特区制度の法的意義　352
　おわりに　362

あとがき　365
索　引　371

▶ことば一覧◀

制度設計論としての行政法学　3
問題発見的概念　6
行為形式論　14
不遡及の原則　29
課徴金　37
レメディ　51
先決問題　70
自動執行性　76
自己資本比率規制　79
移転価格税制　81
公立保育所の入所契約　117
行政行為と契約の結合　126
民間福祉団体　137
ケースマネジメントとケースワーク　164
アウトリーチ　167

相互主義　189
憲法適合的解釈　200
特別の機関　222
奨励条約（インセンティブ条約）　234
保障措置　237
民主政的正統化　256
補償法　264
ICSID（投資紛争解決国際センター）　272
黄金株　284
基準認証制度　300
建築確認契約　307
空地地区制　317
都市基盤の整備・維持費用　324
連邦専属的立法権　355
認知的先導性　362

×●

社会保障法
健康保険法
国民健康保険法
厚生年金保険法
国民年金法
社会福祉法
児童福祉法
障害者総合支援法
老人福祉法
介護保険法

都市法
国土形成計画法
都市計画法
建築基準法
土地収用法
土地区画整理法
道路法
景観法
建築士法
宅地建物取引業法

環境法
環境基本法
環境影響評価法
公害紛争処理法
大気汚染防止法
水質汚濁防止法
原子力基本法
原子炉等規制法
廃棄物処理法
自然環境保全法
自然公園法

租税法
国税通則法
国税徴収法
国税犯則取締法
所得税法
法人税法
消費税法
関税法
地方税法

財政法
財政法
会計法
特別会計法
補助金適正化法
供託法

地方財政法
地方財政法
地方交付税法
地方公共団体財政健全化法
モーターボート競走法
自転車競技法

教育法・文化法
教育基本法
学校教育法
地方教育行政法
国立大学法人法
文化財保護法

交通・運輸法
鉄道事業法
道路運送法
貨物自動車運送事業法
全国新幹線鉄道整備法
港湾法
航空法

消費者法
消費者基本法
消費者安全法
特定商取引法
消費生活用製品安全法

経済行政法
電気通信事業法
電波法
大規模小売店舗立地法
銀行法
保険業法
金融商品取引法
貸金業法
旅館業法
独占禁止法
農地法
土地改良法
森林法
漁業法
鉱業法
電気事業法
電気用品安全法

警察法
警察法
警察官職務執行法
道路交通法
風俗営業法
銃刀法
食品衛生法
出入国管理法

行政法総論

給付 ↑
↓ 規制

図　行政法総論と各論の見取図

序　章

行政法総論と参照領域理論

はじめに——参照領域理論とは何か

(1) 参照領域理論の考え方

　行政法総論と個別行政分野との関係を相互学習過程と捉える「参照領域 (Referenzgebiete)」という考え方は，ドイツ行政法に由来する[1]。この言葉は，ドイツにおいては行政法各論 (Besonderes Verwaltungsrecht) のいわば別称として，行政法総論との機能的な違いを意識させるために用いられている。これに対して，日本法においてこの概念が導入された際には，「参照領域のフォーラムとしての行政法総論」[2] という見方がとられた。すなわち，各分野の最大公約数的な制度・理論の集積や優れた法制度の展示の場として行政法総論が位置づけられ，分野間の相互比較や不均等発展の是正が行政法総論の課題・機能とされた。ここでは，相互学習過程として行政法総論と個別行政法領域とが結びつけられているのである。近時では，法理論のリノベーションとイノベーション[3] の観点から，参照領域理論の考え方をさらに拡大する考え方が示されている。これは，政策実現手段としての民事法・刑事法・行政法と個別政策分野ごとの法との関わりを幅広く捉え，参照領域理論の対象を伝統的な行政法各論の範囲から大胆に解放する発想と言える。

---

1) Eberhard Schmidt-Aßmann, Das allgemeine Verwaltungsrecht als Ordnungsidee, 2. Aufl. 2004, S. 8, Rn. 13.
2) 大橋洋一『行政法 現代行政過程論』（有斐閣・2001 年）9 頁。
3) 中川丈久「消費者」公法研究 75 号（2013 年）188-203（189）頁。共通の発想として参照，原田大樹『自主規制の公法学的研究』（有斐閣・2007 年）263 頁。

(2) 本章の課題

　本書は2013年に刊行した『例解 行政法』の姉妹編として，その理論的基礎と発展可能性を提示する目的で執筆されている。同書は約30年ぶりとなる単著の行政法各論の基本書であり，参照領域理論を前提に記述されている。他方で，参照領域理論がどのような「理論」なのか，また伝統的行政法各論と何が同じでどこが違うのかという点は，これまで十分に明らかにされてきたとは言えない。そこで本章においては，我が国における参照領域理論の理論的基礎を明確化し，参照領域と行政法総論をめぐる理論的発展の方向性を模索することとしたい。具体的には，次の3点が検討の対象となる。

　第1は，参照領域理論と伝統的な行政法各論との異同である[4]。戦前までの行政法学の体系は，総論・各論の構成が支配的であった。これに対して戦後，特に1970年代に入ると，このような体系をとらない見解が有力化し，行政法各論不要論がむしろ一般的な理解となった。そこで，参照領域理論はこのような行政法各論不要論が指摘した伝統的各論の問題点を克服したものと言えるのかどうかを検証することとする。

　第2は，参照領域理論が提示する「相互学習過程」の意義の明確化である。行政法各論不要論は行政法学（研究者）による各論領域の研究・教育を全面否定したわけではなく，むしろ素材としての参照は推奨している。これに対して参照領域理論が目指す「相互学習過程」というモデルは，素材としての参照以上の意味を持っているように思われる。そこで，相互学習過程という捉え方の意義を明確化した上で，どの参照領域を，どのような方法で参照すべきか検討することとする。

　第3は，行政法学における「政策」の取り扱いである。行政法各論不要論では政策の問題は行政法（解釈）学の体系から放逐され，個別法の問題とされている。これに対して1990年代から有力化してきた制度設計論としての行政法学（Verwaltungsrechtswissenschaft als Steuerungswissenschaft ⇨ ことば）の立場によれば，政策や政策実現手法の問題も行政法学の体系に取り込ま

---

4) 塩野宏『行政法Ⅰ［第5版補訂版］』（有斐閣・2013年）13頁は，行政法各論の成立可能性に関する参照領域理論の「問題意識および対処の仕方は，先行する日本行政法学に等しいものがある」と評価する。

れ，参照領域理論もこうした文脈の中に位置づけられてきた。そこで，行政法学は政策の問題をどのように扱うべきか，その際に行政法総論と参照領域とはいかなる役割分担を図るべきかを展望することとしたい。

> ● ことば ●
>
> ### 制度設計論としての行政法学
>
> 伝統的な行政法学は，行政による意思決定を裁判官の判決に類似するものと捉え（規範への事実の包摂＝法的三段論法），その適法性のみを事後的に（とりわけ裁判の場面で）統制することに主眼を置いてきた。このような考え方は，ドイツの行政法学黎明期に採用された法学的方法と呼ばれる方法論に基づく。
>
> これに対して，行政法が現実に機能しているかという観点から，このような学問的あり方を批判する見解が，日本では例えば1960年代以降の「行政指導」をめぐる研究や，1980年代以降の「行政の実効性確保」「法執行システム」に関する研究の中で有力化してきた。日本の行政法学が有力な参照対象としてきた（西）ドイツの行政法学においても，インフォーマルな行政活動・合意に基づく行政活動や執行の欠缺に関する関心が高まってきた。
>
> 主として1990年代以降に両国の学説上有力化した「制度設計論としての行政法学」という考え方は，このような背景に基づき，法解釈論の枠組を超えて，一定の社会問題に対してどのような法制度を設計すれば，将来にわたって解決を図ることができるかという視点を提示するものである。この考え方のもとでは，従来の法学的方法では切り捨てられてきた行政活動の目的や政策的な要素が正面から取り込まれ，適法・違法という次元にとらわれず，よりよい制度設計を模索する方向性が見られる。

Ⅰ. 行政法各論から参照領域理論へ

1. 行政法各論と各論不要論

(1) 行政法各論の構成

伝統的な行政法各論は，国家作用を法律学の観点から（軍政を除き），警察法・公物法・財政法・公用負担法の4つに区分して説明することが一般的であった[5]。戦前においても各論に否定的な論者[6]が存在していたものの，学界の大勢は総論・各論体系であり，中でも編別論[7]が関心の中核であった。

(2) 行政法各論批判

このような総論・各論体系に反省を迫ったのが「特殊法論」[8]と「行政作用法論」[9]であった。

特殊法論は，伝統的な行政法総論・各論の体系のうち総論部分については権力的手続法へ純化させ，各論部分は行政法学から独立した特殊法と位置付ける考え方である。ここで特殊法とは「現代における各特殊社会関係に関するそれぞれ固有な体系的法論理をもった法」[10]と定義されており，部分的な社会関係への関心が示されている。この社会関係の分析に基づく社会学的解釈が推奨され，特殊条理を踏まえた条理解釈[11]の重要性が指摘されている。そして，行政法学は特殊社会関係ごとの法発展を妨害すべきでないとされ，行政法学と特殊法との分離が強調されている。

行政作用法論もまた，伝統的な行政作用法各論に対する以下の3点の批判を展開している[12]。第1は，各論体系が前提にしていた行政目的と行政手段の予定調和の崩壊である。第2は，公法私法二元論を前提とする総論・各

---

5) 美濃部達吉『日本行政法下巻』（有斐閣・1940年）6-7頁は，法律上の性質による分類として「警察」「保護及統制」「保育（公企業及公物）」「公用負担」「財政」「軍政」の編別をとる。田中二郎『新版行政法下巻 全訂第2版』（弘文堂・1983年）15頁は，目的・性格に注目して共通の解釈原理が支配する領域ごとに分類するとし，警察法，規制法，公企業法（給付行政法），公用負担法，財政法を各論領域として挙げている。
6) 例えば，上杉慎吉『行政法各論』（法政大学39年度第3年級講義録・1906年）1頁は，意思の限界を論ずるのが法律学の役割であるとすれば行政法学は国家作用のみを論ずべきであるとしつつ，行政法総論（汎論）の発展が不十分な現状においては各論の価値はなお失われていないとする。また，織田萬『行政法各論講義』（和仏法律学校出版部・1897年）は，各論として行政組織と行政訴訟を取り扱っていた。これに対して，織田萬『日本行政法原理』（有斐閣・1934年）49頁は行政主体の能動的権利として組織権，警察権，保育権，軍備権，財政権を挙げ，同書259頁以下は行政活動として「警察」「保育」「軍備」「財政」の4つを取り上げているものの，総論・各論という位置づけにはなっていない。
7) 当時の議論を概観したものとして，柳瀬良幹「行政法の編別に就て」同『行政法の基礎理論 第1巻』（弘文堂書房・1940年）3-42頁［初出1938年］。
8) 特殊法論を最も包括的に説明している論文として，兼子仁「特殊法の概念と行政法」同『行政法と特殊法の理論』（有斐閣・1989年）266-306頁［初出1974年］。
9) 塩野宏「行政作用法論」同『公法と私法』（有斐閣・1989年）197-236頁［初出1972年］。
10) 兼子仁『教育法学と教育裁判』（勁草書房・1969年）202頁。
11) 兼子仁『行政法事例研究』（学陽書房・1971年）6頁。
12) 塩野・前掲註9) 218-221頁。

論体系と各論の包括性への否定的評価である。第3は，法律の行政への授権の側面の軽視に対する批判である。行政作用法論は，法解釈学としての行政法学の意義を追究し，伝統的な各論体系では法解釈上の切れ味のよい道具概念はこれまで形成されず，今後も形成される見込みはないとの判断を前提に，中二階的な行政法各論の理論的な存在意義を否定した。換言すれば，法解釈学としての行政法学においては，行政法総論と個別の行政法規で十分[13]であり，両者を媒介する各論という存在は無益であると考えられた。

2. 伝統的各論と参照領域理論との相違点

参照領域理論はこのような行政法各論不要論の批判を踏まえ，以下の3点において伝統的な各論とは異なる立場を採っている。

第1は，総論・各論の対象範囲の線引きを変更している点である。伝統的な行政法各論は作用法に偏重しており，行政組織法は各論領域で取り扱われていた[14]。これに対して参照領域理論では，行政組織・行政手段の問題は行政法総論に吸収し，組織法・作用法・救済法という3本柱の総論と，個別の法制度を扱う参照領域とが結びつく関係を想定している。日本の行政法学において，行政法総論の内容が飛躍的に豊かになる契機を提供したのは「行政の法システム論」[15]であった。その理論的成果の1つとして，行政法各論でそれまで扱われていたもののうち，分野を問わず法制度の法的評価に利用可能な要素が行政法総論に組み込まれ，法制度分析に用いうる手法が大幅に強化された。参照領域理論はこのような理論的発展を前提に，各論領域と総論との相互学習を進めるフォーメーションを提示しようとしている。

第2は，対象分野が選択できる点である。伝統的な行政法各論においては，行政法規のすべてを包括し，これに対する説明をもれなく与えることが

---

13) このような理解を示すものとして，藤田宙靖「警察行政法学の課題」同『行政法の基礎理論 上巻』（有斐閣・2005年）329-350（335）頁［初出1999年］。
14) 組織法を各論領域に積極的に位置付ける見解として，遠藤博也『行政法Ⅱ（各論）』（青林書院・1977年）19頁がある。同書は社会管理機能・公共性の内容分析を各論の中心に位置づけ，社会管理機能の内容と同時に，その担い手の多様性の検討もその重要な構成要素としている。
15) 阿部泰隆「行政法学の課題と体系」同『政策法学の基本指針』（弘文堂・1996年）29-54頁［初出1981年］，同『行政の法システム（上）［新版］』（有斐閣・1997年）56頁。

6●序章 行政法総論と参照領域理論

伝統的な総論・各論関係

```
┌─────────────────────┐
│      行政法総論          │
│  ┌──────────┐        │
│  │ 行政作用法総論 │ 救済法  │
│  └──────────┘        │
└─────────────────────┘
         │
       あてはめ
         ↓
┌─────────────────────┐
│ ┌──────────┐ 組織法    │
│ │ 行政作用法各論 │ 行政手段論│
│ └──────────┘        │
│      行政法各論          │
└─────────────────────┘
```

行政法総論と参照領域との関係

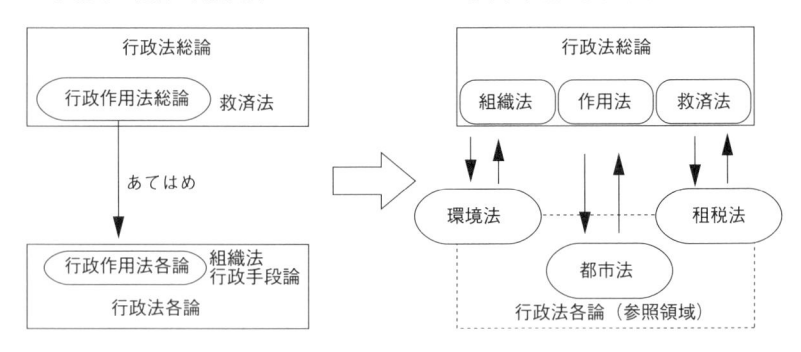

```
┌──────────────────────────┐
│          行政法総論              │
│ ┌────┐ ┌────┐ ┌────┐   │
│ │組織法 │ │作用法 │ │救済法 │   │
│ └────┘ └────┘ └────┘   │
└──────────────────────────┘
      ↕        ↕        ↕
   ┌────┐          ┌────┐
   │環境法 │          │租税法 │
   └────┘          └────┘
         ┌────┐
         │都市法 │
         └────┘
       行政法各論（参照領域）
```

重要視されていた[16]。これに対して参照領域理論では，方法論的な意味における公法私法二元論の弱体化を踏まえ，相互学習のために参照したい領域を参照すればよい[17]との考え方をとっている。

　第 3 は，制度設計指向・問題発見的概念（⇨ことば）への転換である。参照領域理論においても行政分野と政策手法とが予定調和的に対応することは否定されており，多様な手法の分析を前提にして適切な法的手法の選択を検討する場として参照領域が位置づけられている。また，行政法学の任務を解釈論に限定せず，制度設計論をも含むものと捉えているため，解釈論上の切れ味を追求すべき道具概念[18]でなくても，問題発見的概念[19]による体系構築でも構わないと考えている。

●ことば●
問題発見的概念

　多数の法令等を考察の対象としている行政法学では，考察の起点として，あるいは考察の結論として，一定の法概念を構築することが多い。例えば「行政指

16）小高剛『行政法各論』（有斐閣・1984 年）序 2 頁は，各論体系書というためにはあらゆる行政作用を体系化し，それぞれについて説明しなければならないであろうと述べていた。
17）山田洋「学界展望」公法研究 75 号（2013 年）322-331（328）頁。
18）もっとも，遠藤博也「戦後 30 年における行政法理論の再検討」同『行政法学の方法と対象』（信山社・2011 年）45-68（61）頁［初出 1978 年］は，警察法の法理の内容の明確性にも疑問があるとしていた。
19）いち早くこの点を指摘した業績として，髙木光「警察行政法論の可能性」警察政策 2 巻 1 号（2000 年）17-32（27）頁。問題発見的概念の意義につき参照，原田・前掲註 3）7 頁。

導」のように，学説が概念として提示したものが，法令上の概念として法律で規定されることもある（行政手続法2条6号）。

とりわけ法解釈論においては，法概念には，事象を明確に切り分ける機能が強く期待されている。このような法概念の機能に注目したのが「道具概念」という用語である。すなわち，法概念とは，「複雑多岐にわたる対象たる法規及び法現象を整序し，かつ具体的法効果を定める場合の媒介的作業を営むもの」（塩野宏『オットー・マイヤー行政法学の構造』（有斐閣・1962年）296頁）である。

これに対して，制度設計論をも視野に含める場合には，法概念から具体的法効果に関する一定の結論が導けなくても，問題状況を整理し，新たな観点や理論を導出する手がかりとなる機能を持っていれば，法概念として位置付ける意義が認められる。問題発見的概念とは，このような特性を有する法概念を指す。

Ⅱ. 素材提示から相互学習過程へ

1. 行政作用の類型論的考察の意義

(1)「素材」と「相互学習」

行政法各論不要論においても，行政法学研究者による各論研究や教育は否定されていない[20]。また，個別法を行政法総論の素材として利用することはむしろ推奨されている[21]。そこで問題となるのは，個別の行政法令を類型化して行政法理論の中に組み込み，これと相互学習過程を設定する意味がどこにあるかということである。

行政法各論不要論が念頭に置いている「素材」とは，具体例としての参照[22]のことであると考えられる。つまり，個別の行政法令をグルーピング

---

[20] 兼子・前掲註8) 300頁は，特殊法と並行した類型的行政各部法の存在さえ認められるという。

[21] 塩野・前掲註4) 88-89頁は，一般的制度・個別の行為形式の構築にも個別の行政領域（参照領域）の検討の成果を活用することが必要とする。論者自身による代表的な分析例として参照，塩野宏「放送事業と行政介入」同『放送法制の課題』（有斐閣・1989年）50-85頁［初出1970年］。

[22] 金子宏「租税法学の体系」同『租税法理論の形成と解明 上巻』（有斐閣・2010年）181-195 (193)頁［初出1972年］のいう「租税手続法上の制度なり問題なりを行政過程ないし行政手続というアミにかかる限りにおいて素材としてとりあげ，それをたえず行政法の一般理論に環

して検討することや，それを行政法理論に位置付けることまでは求められていない。これに対して参照領域理論のいう「相互学習」とは，参照領域が行政法総論の理論構造に変容を迫ったり，逆に行政法総論が参照領域に制度改革を提言したりする関係である。このような動態的で濃密な相互作用を図るため，参照領域を行政法学の理論枠組に残しておく選択がなされることになる。換言すれば，参照領域が独立した学問分野であることを前提としつつ，行政法学とのつながりをより密なものにしようとしているのである[23]。

(2) 類型論的考察の意義

さらに，個別の行政法令をグルーピングすることの理論的意義は，抽象的に言えば，中間水準のドグマーティクの必要性[24]にある。個別の行政法令で用いられている政策手法や規律構造は，類似の政策目的を持つ法令をグルーピングすることでその特色が明確化する。このような相互比較は，個別の法制度の制度設計を是正する可能性を開くものである。その際に有力なツールとなるのが，参照領域ごとの一般原則（基本原則）である[25]。参照領

元し，行政過程ないし行政手続の理論体系の中に位置づける」作業とは，このようなイメージと考えられる。

[23] つとに指摘されてきたように（「租税法・経済法などの独立性を認めることは，行政法の分野からそれを締め出すことにはならない」「シンポジウム 行政作用法論」公法研究34号（1972年）278-289（281）頁〔田中二郎発言〕）。独立した学問分野になることと，行政法学とのつながりを断ち切ることとは，理論的には全く別問題である。

[24] 山本隆司「行政法総論の改革」成田頼明他編『行政の変容と公法の展望』（有斐閣学術センター・1999年）446-453（448）頁。同様の指摘として，Eberhard Schmidt-Aßmann (Anm. 1), S. 10, Rn. 16. さらに，仲野武志『国家作用の本質と体系Ⅰ』（有斐閣・2014年）5頁も，「個別法の解釈論は，ともすればカズイスティクに陥りがちであるため，行政法各論によって補完し，より広い視野から方向付けてゆく必要がある」とする。

[25] 表は，原田大樹『例解 行政法』（東京大学出版会・2013年）第2部でとりあげた4つの法分野それぞれの第1節で取り上げた内容を整理したものである。このほか，例えば情報法を参照領域として取り上げるとすれば，その基本原則として，①情報の流通規制に対しては個別の正当化根拠を要求する「情報の自由流通の原則」，②社会に流通させる情報の価値について国家に実体的な判断余地を与えない「権利主義の原則」，③情報の収集目的との関係で行政による情報管理を制限する「情報の目的外利用制限の原則」，④多様な情報が社会に流通する環境を国家が整備・支援する「情報の多様性確保の原則」，⑤情報が国民全員に行き届く基盤を国家が整備・支援する「ユニバーサル・サービス確保の原則」を挙げることができよう。

法分野	特　色	内部構造	基本概念	基本原則
租税法	行政決定の極小化 要件裁量否定 隣接諸科学の成果のとりこみ	【単線的接続型】 課税要件形成過程 納税義務確定過程 租税徴収過程	課税主体 税の分類 借用概念・固有概念 所得概念 課税標準・税率・税額	租税法律主義 担税力に応じた課税の原則 税制の中立性維持の原則 要件裁量否定の原則 申告納税の原則
社会保障法	給付と負担 多極的法関係 経済活動との関係	【分岐型】 費用徴収過程 金銭給付過程 サービス給付過程	給付主体 応能負担・応益負担 給付・負担の単位 給付決定 受給権の性格	最低生活保障原則 応需給付原則 自己決定支援原則 参加機会確保原則 持続可能性確保原則
環境法	将来世代の利益 経済活動との関係 多層的な環境管理	【独立型】 環境負荷物質規制過程 廃棄物処理過程 生態系保護過程	外部不経済 環境に関する権利 環境利益 政策手法 環境に関する基準	環境配慮原則 予防原則 原因者責任原則 市民参画原則 多層的役割分担原則
都市法	多様な行為形式 政策目標の不確定性 共通利益と私権の調整	【収斂型】 土地利用規制過程 都市整備過程 まちづくり過程	都市計画 空間管理 形態規制 単体規定・集団規定 収用・換地・権利変換	計画行政原則 私有財産尊重原則 民間主導開発原則 補性性原則 対流原則

域ごとの一般原則は，これに違反した行政活動が行われても，それを直ちに違法と評価するような性格を持つものではない。むしろこれらは，当該分野における解釈や制度設計の指針を示すものであり，これと憲法的な諸価値や隣接諸科学の知見とを結びつけることにより，制度内在的論理を批判する中間的規範となりうるものである[26]。また，こうした参照領域ごとの一般原

---

[26] 勢一智子「法原則の中間的規範性」法学論集（西南学院大学）33 巻 4 号（2001 年）53-93（58-62）頁，原田大樹「立法者制御の法理論」同『公共制度設計の基礎理論』（弘文堂・2014 年）178-234（211）頁［初出 2010 年］。遠藤博也「行政過程論の意義」同『行政過程論・計画行政法』（信山社・2011 年）109-139（112）頁［初出 1977 年］は，制度内在的論理を厳しく批判し，制度の批判的検討に行政法理論の役割を見出していた。さらに言えば，実定法を共通の政策目的に着目してグルーピングし，個別法制度間の相互比較を行うことだけでも，制度内在的論理からの距離の確保が可能となる。例えば，曽我部真裕「『情報法』の成立可能性」長谷部恭男編『岩波講座 現代法の動態 1 法の生成／創設』（岩波書店・2014 年）123-144（129）頁は，「情報法」という独自のカテゴリーを認識することで，メディアごとに縦割りになっている現行法制度の「規律内容の齟齬を可視化し整序化する可能性」が開かれる点を強調している。

則は，分野ごとの偏差を示すものであり，行政法総論へのフィードバックの際の考慮要素としても機能する[27]。同時に，こうした偏差が，他の分野と比較して正当化しうるものなのかも検証されなければならない[28]。

しかし，以上に示した参照領域ごとの一般原則は，参照領域の閉鎖化をもたらすおそれも持っている[29]。そこで，参照領域ごとの一般原則の形成にあたっては，行政法総論や憲法の人権規定・国家目的規定等が示す諸価値と接合させることや，一般原則の正当化可能性を常に行政法総論の場で検証することが重要と思われる。

2. 相互学習過程

(1) 総論・参照領域間の相互学習過程

総論・参照領域という二層構成は，パンデクテン体系がそうであるように，参照領域の負担軽減を図る機能を持つ[30]。共通の要素を総論が担当すれば，参照領域での議論は，政策目的との関係での特別の取り扱いが必要な点に絞られ，参照領域の負担軽減が図られる。こうした議論の省力化機能以上に重要なのは，相互の自己反省の機会を設定できる点である。行政法総論としては，実定法の下支えのない空理空論になっていないか，実定法が生み出しつつある新しい手法に対応できる理論枠組になっているかを，参照領域の議論を見ながら検討することができる[31]。逆に参照領域の各分野として

---

[27] 斎藤誠「金融行政システムの法的考察」日本銀行金融研究所ディスカッション・ペーパー 2002-J-31号（2002年）1-51（28）頁，同「セーフガード措置と行政法」三辺夏雄他編・原田尚彦先生古稀記念『法治国家と行政訴訟』（有斐閣・2004年）551-576（554）頁。

[28] 原田大樹「国際的行政法の発展可能性」同『公共制度設計の基礎理論』（弘文堂・2014年）95-113（109）頁［初出2012年］。

[29] 堀勝洋他「社会保障法研究の道程と展望」社会保障法研究2号（2013年）105-157（121）頁［太田匡彦発言］は，堀勝洋・社会保障法総論に対するコメントとして，分野内における総論形成が比較・相互反省のパースペクティブを狭める危険があるのではないかと指摘している。

[30] Eberhard Schmidt-Aßmann, Besonderes Verwaltungsrecht und Allgemeines Verwaltungsrecht: Zusammenwirken und Lerneffekte, in: Friedrich Schoch (Hrsg.), Besonderes Verwaltungsrecht, 15. Aufl. 2013, S. 1-7, 2, Rn. 4.

[31] 原田・前掲註25）で取り上げた具体例として，以下のようなものがある。租税法律主義（174頁），税制の中立性の原則と誘導の緊張関係（176頁），租税条約（181頁），過誤納金返還請求と処分性（196頁），税務調査の手続（202頁），明白性補充要件説（207頁），自己決定

は，当該領域の閉じた法解釈や法政策の結果，当該分野だけにしか通用しない理屈になっていないかを常に検証することができる[32]。

このような関係は，制度設計の観察者あるいは建設的批判者としての行政法総論の役割を明確化する。行政法総論は，特定の参照領域の議論のみでは欠落するおそれがある多様な視点を提供し，各参照領域の議論を活性化させる機能を持つ。参照領域は法制度との距離が近く，制度設計担当者（国の官僚）の執筆したコンメンタールに引っ張られた制度理解や解釈の磁場が強い傾向にある。行政法総論には，こうした制度設計担当者の考え方から一定の距離をとり，制度間比較を踏まえた批判的視点を獲得することが期待されている。さらに行政法総論は，憲法原理との接続[33]によって，公法学固有の

支援原則（248頁），保険者自治（250頁），指導指示の法的性格（273頁），年金不信への対応（281頁），不正受給の是正（293頁），全国健康保険協会・日本年金機構（298頁），現物給付の現金化（314頁），媒介行政作用（325頁），社会福祉計画（327頁），行政契約と選択権保障（336頁），福祉・介護契約の統制手法（340頁），経済的手法（353頁），環境マネジメント（354頁），予防原則（357頁），原因者責任原則・拡大生産者責任原則（359頁），枠組条約（362頁），原子力規制委員会（371頁），措置命令の金銭的な裏付け（386頁），公害防止協定（391頁），環境アセスメント（398頁），横断条項（399頁），性能規定（426頁），土地区画整理組合（429頁），計画担保責任（430頁），容積率等を用いた誘導（433頁），要綱行政（434頁），相対的行政処分論（440頁），開発許可の同意（452頁），指定確認検査機関（459頁），既存不適格（464頁），土地区画整理事業計画の処分性（477頁），景観行政団体（488頁）。

32) 原田・前掲註25）で取り上げた具体例として，以下のようなものがある。租税通達の取り扱い（186頁），白色申告と理由提示（203頁），更正と再更正の関係（204頁），課税処分の理由の差替え（211頁），守秘義務と告発義務（220頁），社会福祉における必置規制（237頁），受給権確定行為と受給権形成行為（243頁），生活保護基準と裁量統制手法（246頁），対価性と牽連性（254頁），社会保険料支払義務の確定方法（257頁），生活保護基準の法形式と手続的統制（265頁），水際作戦の違法性（269頁），資産調査の統制（270頁），生活保護開始決定と給付の始期（272頁），保護変更・廃止の司法審査（275頁），児童手当拠出金と租税法律主義（287頁），学生無年金問題（289頁），給付主体としての広域連合の利用（300頁），保険医療機関指定と医療法（309頁），混合診療禁止原則（312頁），応能負担と所得保障（321頁），利用者負担軽減措置と法律の根拠（323頁），原子力損害賠償支援機構（378頁），義務的取消規定（388頁），都市計画策定手続（421頁），開発許可の同意の処分性（454頁），開発許可の法的効果（456頁），都市計画決定の裁量統制（469頁），総合設計許可（498頁）。

33) Eberhard Schmidt-Aßmann, Verfassungsprinzipien für den Europäischen Verwaltungsverbund, in: Wolfgang Hoffmann-Riem u.a. (Hrsg.), Grundlagen des Verwaltungsrechts Bd. 2, 2. Aufl. 2012, S. 261-340, 266, Rn. 6 は，憲法原理への接続と個別の行政実務からの帰納的考察の双方の重要性を指摘する。

価値・評価基準を制度設計論に導入する役割も果たすことになる。ここで憲法原理との接続として念頭に置いているのは，憲法に書かれた内容を具体化したものが行政法であるとする憲法具体化法のイメージ[34]というよりはむしろ，立法者の制度設計の余地を肯定しつつその許容範囲を憲法の重視する諸価値に従って確定する「省察層としての憲法」[35]という考え方である。

(2) 参照領域間の相互学習過程

参照領域理論における相互学習過程のもう1つの特色は，行政法総論を媒介とする参照領域間の相互学習にある。行政法総論は，参照領域間のコネクターないし通訳者として，参照領域固有の概念や考え方を一定程度抽象化し，別の参照領域に移転する役割を果たす。このような過程をたどることにより，例えば環境法の地域指定（自然公園）と都市計画法の地域地区とを比較することが可能となり，法制度の理論的評価の素材を幅広く獲得することができる。また，例えば租税債務の確定方法の議論（⇨第2章）を社会保険料の確定方式に持ち込むことで，参照領域における新たな論点を発見し，議論の水準を高める問題発見機能[36]も持っている。

3. 参照領域の理論化の方策

(1) 参照領域の選択基準

参照領域の領域確定方法は，伝統的な行政法各論と同様に，政策目的の共通性を主要な基準としている[37]。また前述のように，参照領域理論におい

---

34) このイメージのもとで，現在議論されている参照領域理論に類似する枠組をすでに示していたのが「行政領域論」であると思われる。参照，室井力「補論・行政法学方法論議について」同『行政改革の法理』（学陽書房・1982年）178-206（199）頁［初出1978年］。
35) ハンス・クリスティアン・レール（大橋洋一訳）「多層的システムにおける行政法学」新世代法政策学研究（北海道大学）6号（2010年）87-114（91）頁は「監視層」の語を用いている。
36) 藤谷武史「《多元分散型統御》とは何か？」新世代法政策学研究（北海道大学）20号（2013年）113-170（168）頁。
37) 各論の成立はこの理論的方法に限られるものではない。仲野・前掲註24）6頁は，「行政行為を単位とし，それぞれの法的効果及び正当化根拠という法概念・法理論を基準」（傍点原文）とする行政法各論を構想する。この点につきさらに参照，角松生史「学界展望」公法研究76号（2014年）275-286（283）頁。

てはどの領域を参照するかは論者の目的により自由に決めてよく，また従来の行政法各論の枠組にとらわれず幅広く参照の対象とすることができる[38]。

『例解 行政法』においては，行政法の主要参照領域として，租税法，社会保障法，環境法，都市法の4分野を取り上げた。その選択基準は，規制と給付，金銭の徴収と分配が典型的に現れる分野かどうかにあった。規律構造と資金調達の相互作用の分析の場[39]として行政法学を位置づければ，この選択が行政法総論に実りをもたらす可能性が高いと考えたのである。当該法分野の生活密着性[40]は教育面の便宜としては考慮したものの，研究面では重視しなかった。

これに対して，伝統的な行政法各論に含まれていた領域のうち公物法・公用負担法については総論及び個別参照領域に統合し，営造物法・財政法については租税法・社会保障法の中で説明する方法をとった。警察法は今日でも行政法の参照領域としての価値を失っていないものの，伝統的な警察作用の多くが分離して別枠で議論されていること（営業警察・衛生警察等），警察法の概念・法理の多くがすでに行政法総論に取り込まれていること（比例原則・即時執行等）[41]を考慮して，主要参照領域としては取り上げなかった。

(2) 参照領域の理論化の方策

参照領域内部の理論化にあたっては，行政過程の構造の共通性に注目する

---

38) 参照領域の選択基準に関して Eberhard Schmidt-Aßmann, Verwaltungsrechtliche Dogmatik, 2013, S. 9 は，分野の重要性・法的手法の利用状況・諸利害の対立の程度・当該領域の革新能力などを挙げつつも，「適切な参照領域の選択と評価は，分析的な能力と並んで直感が求められる作業である」と率直に披瀝する。

39) 原田・前掲註3) 264頁。

40) 生活に密着した各論編成を指向した先駆的な業績として，遠藤・前掲註14) 19-21頁（「生活行政法」として警察法・公企業法・経済行政法・社会保障法を，「生活環境行政法」として公共施設法・都市計画法・開発行政法・環境保全法を位置付ける）。また，大橋洋一「新世紀の行政法理論」同『都市空間制御の法理論』（有斐閣・2008年）326-345 (337) 頁［初出2001年］は，新しい参照領域として都市法，福祉法，環境法，地方自治法を挙げ，これらが市民の自律，参加，対話，対人サービス，情報流通の促進，動態的試行の必要性といった特色を有することを指摘する。

41) 代表的な研究として参照，須藤陽子『比例原則の現代的意義と課題』（有斐閣・2010年），同『行政強制と行政調査』（法律文化社・2014年）。

ことが考えられる。すなわち，共通の政策手法（行政手法）・規律構造（法的仕組み）[42]が用いられているものをグルーピングして説明する方法である。例えば社会保障法では，保険料の形式で金銭を徴収する過程と，これを元手に給付を行う過程（金銭給付の過程，サービス給付の過程）とに分けることができる。このように考えると，行政法総論では主役の地位にある行為形式論[43]（⇨ことば）よりも政策手法・規律構造論の方が参照領域の説明上は有用性が高い。また，規律構造論は総論と参照領域の双方で利用可能な理論枠組であり，その内容を豊かにすることが相互学習を推進することになる。

● ことば ●

行為形式論

　伝統的な行政法学は，法律→行政行為→強制行為という「三段階構造モデル」（藤田宙靖『行政法総論』（青林書院・2013 年）21 頁）を行政過程の骨格と捉えてきた。そして，行政法総論においては，行政行為論がその中心に据えられてきた。これに対しては，行政行為という概念だけでは行政過程に存在するさまざまな行政活動を精確に把握することができないとの批判が寄せられ，行政行為以外の行政活動の形式に注目する「行為形式論」が現在の行政法学においては最も有力な理論的フォーメーションとなっている。多くの行政法の教科書では，行為形式論の具体的な構成要素として，行政立法（行政基準）・行政計画・行政行為（行政処分）・行政契約・行政指導の 5 種類が挙げられている。

　これに対して，それ以外の構成単位を（も）用いて行政過程を整序すべきとの見解も存在する。行政機関や関係者のさまざまな行為の組み合わせによる法律関係の成立・変動・消滅という要素に注目し，このような「行政作用の仕組み」を構成単位として行政過程を整序する立場を，法的仕組み論という。さらに，行為形式論の枠組とは独立に，政策目的・行政目的との関係から，これを実現するさまざまな法的手段をグルーピングする「行政手法論」（行政の法システム論）という立場も主張されている。

---

[42] 政策手法・規律構造の概念につき参照，原田・前掲註 26）204-206 頁。中川丈久「行政法における法の実現」佐伯仁志編『岩波講座 現代法の動態 2 法の実現手法』（岩波書店・2014 年）111-154（128-131）頁は，本章に言う政策手法にあたる「施策（政策プログラム）」として，租税賦課・公共財提供・所有権調整・援助・誘導助成・規制の 6 つの類型を挙げている。

[43] 行為形式論の意義につき参照，髙木光「行政手法論」同『技術基準と行政手続』（弘文堂・1995 年）85-113（94）頁［初出 1986 年］。

行政法令をグルーピングして考察することに一定の意義があるとして，次の問いは，参照領域論を行政法学の一部に含めるべきかどうかという点である。行政法総論と参照領域の相互の関心を維持し続けるためには，体系への組み込みが望ましいようにも思われる[44]。そもそも参照領域理論は，行政法理論のあり方に関する議論であり，参照領域がそれぞれ固有の方法で固有の議論を展開させていることを前提にしている考え方であるから，これを行政法学に含めるかどうかは，専ら行政法学の理論的・体系的考慮に基づいて決定されるべき事柄である。そこで考慮されるべき点は次の2点である。

　第1は，行政法総論が学問的営為による創造物[45]であり，具体的な法令のほとんどは参照領域に存在するという行政法学の特殊な構造である。参照領域を体系に含まない行政法学は，議論素材を欠く不安定な構造となる。それにもかかわらず行政法各論不要論が各論を体系から排除した理由は，行政法総論が政策の要素を抱えることによって解釈論の体系として不純なものとなることへの危惧にあるように思われる。そこで第2は，政策の問題を個別の参照領域を超えて吟味・議論する必要性や可能性が行政法総論に認められるかどうかという点である。次にこの点を検討することとする。

III. 解釈論から制度設計論へ

1. 行政法学と政策論

(1) 政策の道具箱モデル

　行政法学と政策との関係はおおむね次の2つの捉え方に集約される[46]。1

---

44) 曽和俊文他「『重要判例とともに読み解く個別行政法』を語る」書斎の窓 628 号（2013 年）2-11（9）頁。
45) 芝池義一「行政法理論の回顧と展望」公法研究 65 号（2003 年）50-73（52）頁は，「行政法総論の役割は，行政法秩序の認識のための理論的な枠組みの提示にある」とする。同「ドイツにおける公法学的公用収用法理論の確立（1）」法学論叢（京都大学）92 巻 1 号（1972 年）62-84（63）頁の，行政法各論研究の必要性に関する指摘もあわせて参照。
46)「政策の道具箱モデル」「政策の内在化モデル」の概念につき参照，藤谷武史「『法政策学』の再定位・試論」新世代法政策学研究（北海道大学）9 号（2010 年）181-215（196）頁。

つは，政策を所与と考え，その実現方法を行政法学が議論すべきと考える「政策の道具箱モデル」である。行政法各論不要論の1つは，行政法を「憲法規範の枠内で立法者によって選択された具体の法目的の実現の技術に関する法」[47]と定義していた。

他方，このような見解は，行政法各論を維持すべきと考える論者にも共有されていた。例えば，基本権を基礎とする各論領域確定の必要性を唱える見解[48]や，行政法学固有の論理（法治主義）を示すのが行政法各論固有の任務とする見解[49]が存在する。

さらに，このような見解は，各論＝実体法における政策議論を無視して総論のみの行政法が発達したことを痛烈に批判し，制度設計論へと行政法学が向かう強い刺激となった公共政策法[50]の構想においてもとられている。この考え方は国家目的を公共サービス（公共財）の提供[51]と定義しており，政策そのものは行政過程に外在すると考えているからである。

(2) 政策の内在化モデル

これに対して，政策の問題を行政過程に内在化させるもう1つの行政過程論[52]がすでに1970年代から主張されていたことは見落とされるべきではない。この考え方によると，行政法は利害調整の結果ではなく利害調整の場を提供するものとなり，行政過程が独自の意味をもつものになったとされる[53]。まさに行政過程において公共性＝政策の内容が形成されるとする見

---

47) 塩野・前掲註9) 228 頁。
48) 髙田敏「現代行政の展開と警察法」公法研究34号（1972年）219-236（223）頁。行政領域固有の行政価値の評価を行う必要性を説く室井力「現代行政法の課題」同『現代行政法の原理』（勁草書房・1973年）3-25（14）頁［初出1970年］も，議論の方向性は類似していると思われる。
49) 藤田・前掲註13) 338 頁，同『行政法総論』（青林書院・2013年）360 頁。
50) 中里実「誘導的手法による公共政策」『岩波講座 現代の法4 政策と法』（岩波書店・1998年）277-303（284）頁。
51) 中里実「国家目的実現のための手法」南博方他編・市原昌三郎先生古稀記念『行政紛争処理の法理と課題』（法学書院・1993年）47-67（57）頁。
52) 遠藤博也『計画行政法』（学陽書房・1976年）48 頁。
53) 遠藤・前掲註26) 138 頁。阿部泰隆教授の行政法学が，公共性実現のための目的プログラムとして構築されていることを指摘するものとして参照，棟居快行「『憲法と行政法』序説」髙木

解は，制度設計論としての行政法学にも解釈論と立法論の相対化という形で受け継がれている[54]。それが，実験法律への注目[55]や政策基準の段階的形成[56]のような場面を素材としている限りでは，「政策の道具箱モデル」との緊張関係をそれほど惹起しない。しかし，こうした「法律とその具体化」という枠組を取り払って，政策と法制度の相互規定性[57]に焦点をより合わせると，2つのモデルの間で，行政過程や行政法学の自己理解に相違が生じてくる[58]。ここでは，参照領域理論の機能に焦点を絞るためにこの問題にはこれ以上立ち入らず，政策過程への法的規律が政策決定の質にも影響しうることを確認して，参照領域理論と政策論との関係を検討することとする。

2. 参照領域理論と政策論

(1) インキュベーターとしての行政法

上で示したような政策と法との動態的関係を見事に切り取った「インキュベーターとしての行政法」[59]という考え方が提示されている。これは，行政法による試行錯誤を経て政策目的や価値が明確で安定したものになった法領域が独立するとする考え方であり，その具体例として租税法や経済法が位置付けられている。そこで，政策をめぐる試行錯誤の場としての「行政法学」から各論領域が離れる契機として，どのようなものが考えられるであろうか。1つは，要件効果構造の範型である。租税法にとっては民事法[60]，経

光他編・阿部泰隆先生古稀記念『行政法学の未来に向けて』（有斐閣・2012年）129-151（138）頁。
54) 大橋洋一「法政策学について」新世代法政策学研究（北海道大学）7号（2010年）1-24（4）頁。
55) 大橋洋一「実験法律の法構造」同『対話型行政法学の創造』（弘文堂・1999年）280-300頁〔初出1998年〕。
56) 原田大樹「政策実現過程の多層化」同『公共制度設計の基礎理論』（弘文堂・2014年）319-350（327）頁〔初出2010年〕。
57) 藤谷・前掲註46) 197頁。
58) 藤田・前掲註49) 137-140頁，仲野武志「行政過程による〈統合〉の瑕疵」稲葉馨＝亘理格編・藤田宙靖博士東北大学退職記念『行政法の思考様式』（青林書院・2008年）99-139（127-128）頁。
59) 藤谷武史「租税法と行政法」金子宏編『租税法の発展』（有斐閣・2010年）71-95（91）頁。
60) 須貝脩一「税法学の誕生」税法学2号（1951年）7-12（9）頁。

済法にとっては刑事法[61]が，要件効果構造のモデルを提供し，それが行政法学からの独立の契機となった。それを下支えするもう1つの事情は，利益状況の定型性に由来する定型的な処理の可能性である。このように考えると，政策と法の問題に行政法総論が長年取り組んできた場は行政裁量論であることが改めて認識される[62]。

　裁量が認められる決定の場合には，考慮事項の発見義務が行政に課されている。すなわち，行政には考慮禁止事項以外のあらゆる事項を考慮すべき義務がある[63]。条文上明確に示された要件規定以外にも考慮すべき事項があるという考え方は，民刑事法をプロトタイプとする要件効果構造にはあまりない特色である。行政裁量をとりまく権限配分規定・手続規律・考慮事項の規定は，実現すべき政策内容それ自体ではなく，広い意味でその確定方法を定めた，いわばsecond-orderの問題[64]である。このように，行政法学において政策の問題は，内容それ自体ではなくその「決め方」の問題として議論されることが従来多かった。これを，立法裁量の問題を含む制度設計論に展開させるとすれば，所与ではない政策目的を「どのような方法で」同定するのか[65]が議論されなければならないことになる。

(2) 政策論をめぐる参照領域と行政法総論の役割分担

　とりわけ政策の道具箱モデルにおいては，実体的な政策内容については個別法の問題と整理し，行政法総論においてはその（広い意味での）手続・手法を論ずるという静態的な役割分担が暗黙の前提とされているように思われ

---

61) 丹宗昭信「経済法と行政法」公法研究34号（1972年）262-277（270）頁。
62) 代表的な研究書として参照，高橋滋『現代型訴訟と行政裁量』（弘文堂・1990年），亘理格『公益と行政裁量』（弘文堂・2002年），深澤龍一郎『裁量統制の法理と展開』（信山社・2013年）。
63) 小早川光郎「基準・法律・条例」小早川光郎＝宇賀克也編・塩野宏先生古稀記念『行政法の発展と変革 下巻』（有斐閣・2001年）381-400（392）頁，原田大樹『演習 行政法』（東京大学出版会・2014年）68頁。
64) 藤谷武史「公法における『法と経済学』の可能性？」法学教室365号（2011年）16-24（23）頁。
65) 藤谷武史「プロセス・時間・制度」新世代法政策学研究（北海道大学）1号（2009年）29-64（45）頁。

る。これに対して，政策の内在化モデルにおいては，政策の内容と実現手法の双方について，行政法総論と参照領域とがフルセットで議論し，相互に比較・参照し合う動態的関係が指向される。

　参照領域の役割は，学際性を生かした知見の獲得にある。実体的にみてベストの政策は何かという問題（first-order の問題）や，立法事実の綿密な検討[66]が参照領域における政策論の中心に位置づけられる。これに対して，行政法総論の役割は，立法者制御の法理論の探究にある。意思決定過程（立法過程論[67]・立法手続論），国家目標規定・人権規定，ソフトな法原則といった現在議論されている道具建てはいずれも second-order の問題を取り扱っている。隣接諸科学・立法実務からの距離が確保されている行政法総論においては，行政法理論固有の制度設計論への貢献可能性が模索されるべきである[68]。例えば，立法過程の問題を行政法学が分析する試みは既に始まっている[69]。また，文化芸術政策[70]・財政政策[71]・原子力政策[72]の領域において，政策決定の間接的な誘導手法，いわばメタルールの検討もなされてい

---

66) 立法事実論と公開の場での議論との接続により重点を置く見解として参照，川﨑政司「立法における法・政策・政治の交錯とその『質』をめぐる対応のあり方」井田良＝松原芳博編『立法実践の改革』（ナカニシヤ出版・2014 年）42-72（60）頁。

67) 立法過程論に関する学際的な取り組みの到達点を示す研究書として参照，井上達夫編『立法学の哲学的再編』（ナカニシヤ出版・2014 年），西原博史編『立法システムの再構築』（ナカニシヤ出版・2014 年），井田良＝松原芳博編『立法実践の改革』（ナカニシヤ出版・2014 年）。

68) 興津征雄「行政作用としての特許権発生と特許無効」知的財産法政策学研究（北海道大学）38 号（2012 年）13-75（26-29）頁。

69) 先駆的で極めて重要な業績として参照，阿部泰隆「日本の立法過程管見」同『政策法学の基本指針』（弘文堂・1996 年）275-313 頁［初出 1993 年］。行政法学的関心も踏まえて立法過程にアプローチした業績として参照，中島誠『立法学［第 3 版］』（法律文化社・2014 年）。

70) 小島立「著作権と表現の自由」新世代法政策学研究（北海道大学）8 号（2010 年）251-282（260）頁，同「現代アートと法」知的財産法政策学研究（北海道大学）36 号（2011 年）1-56（35-44）頁，原田大樹「政策形成過程の構造化」同『公共制度設計の基礎理論』（弘文堂・2014 年）257-272 頁［初出 2011 年］。

71) 神山弘行「財政赤字への対応」ジュリスト 1397 号（2010 年）12-20 頁，藤谷武史「政府調達における財政法的規律の意義」フィナンシャル・レビュー 104 号（2011 年）57-76（74）頁，原田大樹「財政への法的規律」同『公共制度設計の基礎理論』（弘文堂・2014 年）273-280 頁［初出 2012 年］。

72) Hiroki Harada, Atomenergie - Freund oder Feind des Gemeinwohls?, DÖV 2014, S. 74-78.

る。今後はこうした方向性をも発展させ，政策論をめぐる行政法総論と参照領域との相互学習を進展させる必要があるように思われる。

おわりに──参照領域理論の発展可能性

　本章では，参照領域理論の理論的な基礎を明確化する作業を行ってきた。おわりに，本書でさらに展開すべき検討課題を2点指摘することとしたい。

　第1は，グローバル化対応の行政法理論を参照領域との対話によって構築することである。租税法・社会保障法・環境法などの独立した法分野ほど，グローバル化による問題が顕在化しやすい傾向[73]を念頭に置けば，従来の行政法各論の枠組にとらわれることなく，さまざまな素材を求めて相互学習の試みを続けることが必要である。第2は，行政法理論と時間軸の関係を意識した参照領域との対話である。これまでの参照領域理論は作用法的な手法に関心が偏っており，救済法との関係での議論は少ない。そこで，救済法との関係での参照領域理論の発想を適用することも必要である[74]。換言すれば，参照領域ごとに行政過程・司法過程の役割分担[75]の問題を検討することが大きな課題となる。例えば，都市計画訴訟[76]や団体訴訟[77]といった，参照領域特有の救済ルールの探究が，その第一歩となろう。

---

73) 大橋洋一「グローバル化と行政法」行政法研究1号（2012年）90-113（111）頁。
74) 例えば，社会保障法における行政不服申立の特殊性を検討した注目すべき業績として参照，山下慎一「社会保障法領域における行政不服審査」法政研究（九州大学）80巻1号（2013年）61-141頁。
75) 興津征雄『違法是正と判決効』（弘文堂・2010年）346頁，角松生史「『景観利益』概念の位相」新世代法政策学研究（北海道大学）20号（2013年）273-306（302）頁。
76) 大橋洋一「都市計画争訟制度の発展可能性」新都市63巻8号（2009年）90-115頁。
77) 島村健「環境団体訴訟の正統性について」高木光他編・阿部泰隆先生古稀記念『行政法学の未来に向けて』（有斐閣・2012年）503-541頁，原田大樹「政策実現過程の複線化」同『公共制度設計の基礎理論』（弘文堂・2014年）281-318頁［初出2011年］，同「団体訴訟の制度設計──特定商取引法を具体例として」論究ジュリスト12号（2015年）150-155頁。

第1部 租税法

第1章

法治主義と租税法律主義

■ 本章への架橋

　租税法（財政法）は，伝統的行政法学を体系化した立役者の一人であるオットー・マイヤーにおいても，行政法学にとって重要な各論領域の1つとされていた（例解 165 頁）。その後，納税をめぐる法関係を法定の債権債務関係と考える租税債務関係説をも梃子として，我が国における租税法学は，行政法学とは異なる実体法重視の体系化を図ってきた。それゆえ租税法を学ぶと，行政法では馴染みのない考え方や概念が多く登場し，両者の親近性よりもその差異の方に目が向きがちである。

　本書の第1部（租税法）を構成する3つの論文は，いずれも租税法と行政法が共通に問題にしてきた（あるいはこれから問題にしなければならない）素材を選択し，両者の議論状況を整理した上でその接点を探り，両者の交流による議論のブレークスルーの可能性を探るものである。本章では，両者の理論的基盤をなす「法治主義（法律による行政の原理）」（例解 11 頁）と「租税法律主義」（例解 173 頁）に関する現在の考え方を比較し，ここから両者の基本的な見方・評価軸の差異を導出する作業を試みている。租税法と行政法の思考方法の違いを認識することは，両者の建設的な相互学習の第一歩と言える。本章では，現在の租税法学を代表する見解の一例として，金子宏教授の学説を取り上げ，行政法総論で現在説かれている行政過程論の考え方と比較することとしている。

　本章では次の2つの内容を検討している。第1は，法治主義・租税法律主義と民主的正統性との関係である。具体的には，行政過程における条約や条例の意義（例解 16/20/181 頁）や，その法律との関係が問題となる。第2は，二面関係と三面関係の問題である。1970 年代以降の行政法学は，公害問題・消費者問題など，規制の名宛人以外の第三者の利益が社会問題として認識されたことに対応して，適正な規制執行によって守られる利益への関心を強めてきた。これに対して

租税法学は，納税者と課税庁という二面関係に焦点を合わせ，納税者の権利利益を保護する法理論を構築してきた。この2つの見方を接合させることによって，租税法学にどのような可能性が生まれるかも素描することとしたい。

はじめに

> 「憲法84条は，課税要件及び租税の賦課徴収の手続が法律で明確に定められるべきことを規定するものであり，直接的には，租税について法律による規律の在り方を定めるものであるが，同条は，国民に対して義務を課し又は権利を制限するには法律の根拠を要するという法原則を租税について厳格化した形で明文化したものというべきである。」(旭川市国民健康保険料事件最高裁判決・最大判2006(平成18)・3・1民集60巻2号587頁)

法治主義と租税法律主義とは，行政活動の前に法律の根拠を要求するという点では共通の内容を有する[1]。他方で両者の相違として，要件を法律で定めるべきという内容（規律密度の要請）が租税法律主義には明確に含まれている点が挙げられる。ただしこの点は，法治主義において本質性理論の立場を採用することで，差異が消失する。本質性理論の下では，規律密度の要請も法治主義の枠内で議論されるからである[2]。

それでは，租税法律主義と本質性理論は共通の土俵に立っていると言えるだろうか。本質性理論が規律密度や規律責務に注目した背景には，全部留保説や民主政の発想[3]が存在すると指摘されている。これに対して，租税法

---

1) 沿革的な共通性を指摘する見解として参照，大橋洋一「法律の留保学説の現代的課題」同『現代行政の行為形式論』（弘文堂・1993年）1-67(2)頁［初出1985年］，金子宏「市民と租税」同『租税法理論の形成と解明 上巻』（有斐閣・2010年）3-41(13)頁［初出1966年］。逆に沿革的な差異を指摘する見解として参照，山本隆司『判例から探求する行政法』（有斐閣・2012年）12頁［初出2009年］。
2) 大橋洋一『行政法Ⅰ［第2版］』（有斐閣・2013年）38頁。伝統的な立場においても，一般的・包括的委任に基づく法規命令は許されないと解されており（例えば，田中二郎『行政法総論』（有斐閣・1957年）367頁），本質性理論は白紙委任の禁止の議論の場を法律の留保に統合したものと捉えうる。
3) 遠藤博也「イェシュにおける憲法構造論(1)」同『国家論の研究』（信山社・2011年）3-40

においては，民主政的な正統性を欠く通達の法的役割を重視する見解（行政先例法）がある。そしてここに，現在の行政法学と租税法学の基本的な問題関心・発想方法の違いの一端が現れているように思われる。

　そこで本章では，法治主義と租税法律主義の現在の内容及びその相互関係を検討することで，租税法学の基本的考え方と行政法総論の現状とを比較し，両者の継続的な相互参照を実現する方向性を模索することとしたい。法治主義の側で本章が取り上げるのは，現在において支持が拮抗していると思われる権力留保説と本質性理論である（I.）。また，租税法律主義に関しては，租税法学の体系の構築者の一人であり，学界の現在のスタンダードを示していると思われる金子宏教授の理解を参照する（II.）。その上で，二面関係指向性を租税法学の特色として提示し，その理論的背景と今後の展開可能性を探ることとしたい（III.）。

I. 法治主義論の現状

1. 法治主義と法の支配

（1）法治主義と法の支配

　国家による一方的な措置のあり方について「行政法」という分野が成立するためには，国家が一定のルールに準拠した権力・権限行使を行うことが必須の前提となる。そして，権力行使を行った者・機関から独立した裁定機関が，ルールと個別の措置とを対照させることで，ルール違反の措置に対する権利救済が可能となる。このような，広義の統治作用の脱政治化＝法化[4]こそが，行政法及び行政法学の最重要の要素であるがゆえに，法治主義・法の支配は多くの行政法の基本書・教科書でその劈頭に置かれている[5]。

　そこで次に問題となるのは，ここでいう一定のルールをどうやって形成するかという点である。考えられる選択肢は，権力行使者自身が定めるか，

(28-29) 頁［初出 1968 年］。
4) 国際法（とりわけ国際投資仲裁）における現在の問題状況につき，本書第9章参照。
5) 詳細につき参照，原田大樹「法律による行政の原理」法学教室 373 号（2011 年）4-10 頁。

ルールと個別の措置との対応関係を審査する裁定機関が形成するか，国民代表者から構成される議会が制定するかである。法治主義と法の支配の最大の相違点は，ここでいうルールの形成過程の中心を議会に置くか，裁判所に置くかという点にある[6]。法治主義は，議会によるルール形成を行政活動に先行させることにより，行政権に対する民主的正当化を図ることをも目的としている[7]。これに対して法の支配は，ルールが備えるべき属性をメタレベルで論じることで，議会による国民の権利・自由への侵害を防止することをも視野に収めている[8]。ただし，日本の行政法学においては，法の支配の立場をとる論者にあっても，国民代表による法制定の契機が重視されている[9]。

(2) 侵害留保の原則

法治主義（法律による行政の原理）は一般に，法律の法規創造力・法律の優位・法律の留保の3つを内容とする[10]。このうち，議会によるルール形成を行政活動に先行させる考え方は，法律の留保をめぐる議論として展開されてきた。この点に関する古典的で，確立した考え方が，侵害留保の原則である。侵害留保の原則は，行政権による権利・自由の侵害を抑制することを主眼とする考え方であり，それゆえ国民の権利を制限し義務を課す侵害的な行政作用に法律の根拠を求めるものである。ここで具体的に念頭に置かれている作用は，権利の制限・剥奪，一定の行為の義務付け，一定の行為の禁止，実力行使とこれに対する受忍義務，義務違反への処罰である[11]。そして，ここでいう法律としては，一定の行政組織を設置してそこに所掌事務を割り当てる組織規範や，一定の行政作用の行使の仕方を規定する規制規範では不

---

[6] 土井真一「法の支配と司法権」佐藤幸治他編『憲法五十年の展望Ⅱ』（有斐閣・1998年）79-141（102-116）頁。
[7] 藤田宙靖『行政法総論』（青林書院・2013年）85頁，大橋・前掲註2）8頁。
[8] 長谷部恭男「法の支配が意味しないこと」同『比較不能な価値の迷路』（東京大学出版会・2000年）149-162（160）頁［初出1991年］は，法の支配は「法秩序が備えるべき徳目の一つにすぎず，常に憲法上の他の要請を遮断し，あるいはそれに優越するわけではないことに留意する必要がある」とする。
[9] 例えば，大浜啓吉『行政法総論［第3版］』（岩波書店・2012年）103頁。
[10] 塩野宏『行政法Ⅰ［第5版補訂版］』（有斐閣・2013年）68頁。
[11] 小早川光郎『行政法（上）』（弘文堂・1999年）95頁。

十分であり，端的に当該行政活動を許容し，その要件を定める根拠規範（＝要件・効果規定[12]）が必要と理解されてきた。他方で，許容される行政活動の内容の詳細を法律自体で全て確定することまでは要求されておらず，細目の行政基準への委任[13]や，行政への判断の余地の授権（行政裁量）は否定されていなかった[14]。

2. 権力留保説と本質性理論

(1) 権力留保説

上記のような基本的図式は，権力留保説においてもおおむね維持されている。権力留保説は，行政活動の前に法律の根拠を要求する範囲を，侵害作用という内容ではなく，権力的な形式をとる行政活動に変更している[15]。これは，一方では給付行政における法律の根拠の問題を受給者に有利な形で解決するためであり，他方で私人間関係では見られない行政優位の構造（抗告訴訟の排他性とそれに由来する行政行為の諸効力）を正当化する根拠を法律に求めるためであると考えられる。この拡張に対応して，要求される法律の性格に関しては，根拠規範を原則として要求するものの，場合によっては組織規範・規制規範であってもよい[16]とする緩和傾向も見られる。

(2) 本質性理論

これに対して本質性理論では，問題となる行政作用に注目して留保の範囲を画する点においては侵害留保の原則を維持している。他方で本質性理論は，民主政の観点を法律の留保理論に大きく取り込み，その名宛人を行政ではなく議会に変更している。つまり，議会に対して一定の行政活動に先立っ

---

12) 大橋・前掲註2) 30頁。
13) 法律の法規創造力との関係につき参照，藤田・前掲註7) 58頁，松戸浩「法律の法規創造力の概念について」法学（東北大学）67巻5号（2004年）881-905頁，同「行政立法と法律の根拠」広島法学（広島大学）32巻2号（2008年）73-100頁。
14) ただし，自由裁量に関する美濃部三原則の考え方に基づけば，侵害作用に関する自由裁量は否定されていた。
15) 兼子仁『行政法学』（岩波書店・1997年）59頁。
16) 藤田・前掲註7) 89頁。これとは異なる見解を示すものとして参照，稲葉馨他『行政法［第2版］』（有斐閣・2010年）27頁［稲葉馨］。

て根拠となる法律を制定することを求め（規律責務），法律自体で定める内容についても一定の詳細度を要求している（規律密度）。法律の制定やその規律密度を確定する基準となるのが「本質性」である。ここには，基本権行使にとっての本質的内容という意味と，国家制度としての基本的決定という意味の双方が含まれうる[17]。

Ⅱ. 租税法律主義論の現状

1. 租税法律主義の内容

(1) 租税法律主義の内容

次に，租税法学における租税法律主義の捉え方を，金子宏教授の著作をもとに確認することとする。それによると，租税法律主義の機能は，行政権による恣意的課税からの国民の保護と，法的安定性・予測可能性の確保にあるとされ，後者についてはさらに，経済的意思決定の前提条件を予め明らかにしておく意味があるとされる[18]。その具体的内容として，課税要件法定主義・課税要件明確主義・遡及立法禁止原則（不遡及の原則⇨ことば）・合法性の原則・納税者の権利保護の5つが説かれている[19]。このうち課税要件明確主義では，自由裁量を認める規定は原則として許されないことが導かれており，また合法性の原則では，課税要件が充足されている限り，課税庁に減免の自由はないとされている。このような，課税されるかどうかが法律のみで（行政機関の判断に左右されず）決せられるべきという背景には，不遡及の原則の中で示されている予測可能性・法的安定性の重視という考え方が強く影響を与えているように思われる。

---

17) 阿部泰隆『行政法解釈学Ⅰ』（有斐閣・2008年）103頁，大橋・前掲註2) 35-36頁。
18) 金子宏「租税法の基本原則」同『租税法理論の形成と解明 上巻』（有斐閣・2010年）42-88 (47) 頁［初出1974年］。
19) 金子・前掲註18) 50-63頁。

> ● ことば ●
>
> ## 不遡及の原則
>
> 　不遡及の原則とは，法令の効力発生前に発生した事実に対して当該法令を適用しない考え方をいう。私人は一定の行動決定の際に，その時点における法的状態（規制・給付のしくみ）を前提にしており，これが事後的に覆されると法的安定性・予測可能性が奪われることになる。そのため，信頼保護原則ないし法治主義の観点から不遡及の原則が導出され，多くの法令改正では移行措置が設定される。租税法学においては，租税法律主義の一内容として不遡及の原則が挙げられ，法令改正の予測可能性の観点から許容性が判断される。年度途中の租税法改正に対しては，カテゴリカルに予測可能性を侵害するものでは言えないとして適法とする立場（田中二郎『租税法［第3版］』（有斐閣・1990年）86頁）と，年度途中の改正も一種の遡及立法であって納税者の予測可能性の有無に基づき判断するべきとする立場（金子宏『租税法［第19版］』（弘文堂・2014年）111頁）がある。
> 　年度途中に所得税の長期譲渡所得にかかる損益通算が廃止されたことが問題となった事件で最高裁（最一小判2011（平成23）・9・22民集65巻6号2756頁）は，租税法律主義を規定した憲法84条には，課税関係における法的安定が保たれるべき趣旨を含むとした。そして，暦年途中の租税法令の変更とその暦年当初からの適用については「その変更が当該財産権に対する合理的な制約として容認されるべきものかどうかによって判断すべき」とし，本件では具体的な公益上の要請があり，かつ事後的に変更されるのは納税義務それ自体ではなく，損益通算して租税負担の軽減を図ることを納税者が期待しうる地位にとどまることを理由に，憲法84条の趣旨に反するものではないとした。

(2) 租税法律主義の理論的背景

　このように，金子宏教授の説く租税法律主義の内容は，納税者と国家との二面関係における権利・自由の側面が強調されており，行政法学における本質性理論と異なり，民主政の要素は希薄である。この点は，租税法律主義と民主主義の要素を直結させている最高裁判例[20]とも対照的である。二面関

---

20) 金子・前掲註1）11頁では，租税が近代国家にとって必然的なものであることを前提に，「比較の問題として重要なのは，課税根拠論よりも課税原則論である」として，租税法律主義と公平負担の原則に議論を移している。

係を中心とする理論構築は，金子宏教授の理論構築に先行する田中二郎博士の考え方にも見られるところであった[21]。ただし，田中説のもとでは，納税者の権利・自由の側面の強調と同時に実質課税（公平課税）の要請も説かれ，これが租税法の解釈にも反映されていた[22]。しかし，金子宏教授が後者の要素を排除した[23]結果，二面関係を中心とする自由主義的な要素が色濃くなっているように思われる。

　もちろん，金子宏教授の体系の中で三面関係・民主主義の要素が全く欠落しているわけではない[24]。例えば，租税根拠論においては民主主義的租税観に言及があり[25]，所得概念論では経済的な所得の把握を公平に行うことが強調されている[26]。しかし，以下で検討するように，全国民の代表により最も慎重な審議手続を経て形成される法規範である「法律」という形式にはそれほど理論的な意義を見出しておらず，代表者が何らかの形で決定していることが必要という考え方が底流に流れているようにも思われる。

2. 租税法律主義と民主的正統性

(1) 委任立法と通達

　租税法律主義の中でも課税要件法定主義は，課税要件や租税の賦課徴収手

---

21) 例えば，田中二郎『租税法［第3版］』（有斐閣・1990年）81頁（租税法律主義），101頁（行政先例法）。
22) 田中・前掲註21）89頁は，公平負担の原則の中に「租税法の解釈適用における公平負担の原則」の項目を設け，租税回避行為の禁止に関する法律上の規定は，「租税の公平負担を建前とする租税法の解釈上，規定の有無にかかわらず，当然に認められるべき原則を明らかにした一種の宣言的な規定」とみるべきとし，「その経済的実質に着目し，現実に担税力を有するものと認められる者に対して課税するのが当然の原則」とする。
23) 金子宏「田中二郎先生の租税法論」同『租税法理論の形成と解明 上巻』（有斐閣・2010年）204-215（214）頁［初出1982年］。また，金子宏「租税法解釈論序説」金子宏他編『租税法と市場』（有斐閣・2014年）3-27（25）頁は，類推解釈が納税者間の公平性を害することから，納税者の利益になる場合でも認めるべきではないとする。
24) 金子宏「ルール・オブ・ローと租税法」同『租税法理論の形成と解明 上巻』（有斐閣・2010年）117-128（121）頁［初出2008年］。
25) 金子宏『租税法［第19版］』（弘文堂・2014年）20頁。
26) 金子宏「租税法における所得概念の構成」同『所得概念の研究』（有斐閣・1995年）1-118（27-33）頁［初出1966年］。

続を法律で規定することを要請している。しかし，実際には委任立法で課税要件の詳細が定められていることもある[27]。どのような内容が法律そのもので規定されなければならないかについては，白紙委任の禁止という基準が示されているのみであり，この点では他の行政分野と特段の差異はない[28]。他方で，課税要件明確主義の中では自由裁量が否定されている。課税要件との関係では，減免の場面を除いては，要件裁量のみが問題となることから，租税法学においては要件裁量が全面的に否定されていると解される。このことを前提とすると，多数の租税通達は法律の解釈を示した解釈基準であり，それゆえ裁判所はその内容に拘束されないことになるはずである。

　行政基準の法規範性について行政法総論では，行政規則（通達）の民主的正統性のなさを最も問題視してきたように思われる[29]。そこで，行政による基準設定について何らかの形での授権が法律によってなされていること，すなわち規範定立そのものに関する法律の委任（委任立法）[30]，あるいは行政行為に関する行政の判断の余地を法律で認めてその準則（裁量基準）策定を促すことを，裁判所における行政基準の通用力の判定基準に据えてきた。これに対して租税法学では，課税要件法定主義を前提に法律自体で全ての課税要件を規定することが望ましいという立場から出発するため，法律が何らかの形で課税要件の認定判断の一部を行政に委任することを拒絶する。その結果，通達に法の動態的発展の一要素としての性格が認められるとしても[31]，通達には解釈基準としての性格しか認められず，裁判所における通用力が否定されることになるはずである。他方で金子宏教授の法源論では，

---

27) 田中治「租税法律主義の現代的意義」税法学566号（2011年）243-265（246）頁。
28) 緊急関税を素材とする具体的な検討作業として参照，増井良啓「緊急関税と租税法律主義」佐藤英善＝首藤重幸編・新井隆一先生古稀記念『行政法と租税法の課題と展望』（成文堂・2000年）393-417頁。また，不当廉売関税が憲法84条の「租税」にあたらないと解するものとして参照，鶴田仁「不当廉売関税と租税法律主義（3）」貿易と関税62巻8号（2014年）48-56（52）頁。
29) 塩野・前掲註10）102-104頁。
30) この方向性を明確に提示するものとして参照，塩野宏「行政法概念の諸相」同『行政法概念の諸相』（有斐閣・2011年）3-22（14）頁［初出2011年］。
31) 増井良啓「租税法の形成における実験」中山信弘編集代表・中里実編『政府規制とソフトロー』（有斐閣・2008年）185-207（205）頁。

行政先例法という概念が登場する。これは、納税者有利の通達に限って一定の外部化を認める議論である[32]。

行政先例法の考え方は、機能的に見れば、信義則の適用要件を緩和するものである。その大きな特色は、納税者有利の通達に限定して法規範性を肯定するところにある。もし、租税通達を裁量基準と考えた上で、平等原則を媒介させてその外部効果を認めるとすると、通達が納税者に不利な内容でも、当該通達が裁量権付与の範囲内にあり内容に合理性があれば、裁判所により適用されうることになる。また、一般に裁量に対する司法審査の場合には、さまざまな要考慮事項が適切に考慮されたかが審査されることとなり、その中には名宛人である納税者に不利な要素も含まれているから、納税者の利益を保護することに必ずしもならないことになる。

(2) 条約と条例

次に、法律と並んで課税要件を規定しうる規範と位置付けられてきた「条約」と「条例」を取り上げる。

条約に関しては、国会承認の存在を理由に法律と同格と考えられている[33]。これに対して近時の行政法総論においては、法律と条約の国会手続上の差異[34]を前提に、法律の留保にいう法律は形式的意味の法律に限られるという理解が有力化している[35]。このような見解に立てば、租税条約によって課税要件を新たに課すことはできず、法律で定められた課税要件を緩和・免除することしかできないことになる[36]。国際租税法において論じら

---

32) 金子・前掲註25) 105頁。
33) 金子・前掲註18) 51頁。同旨、田中・前掲註2) 142-143頁。清永敬次『税法 [新装版]』(ミネルヴァ書房・2013年) 29頁は、憲法上、条約が法律よりも上位の法であることを理由として挙げている。
34) 高橋和之「国際人権の論理と国内人権の論理」ジュリスト1244号 (2003年) 69-82 (81) 頁もこの点に注目して、条約が法律と同位または優位する見解に難点があると指摘する。
35) 中川丈久「行政法からみた自由権規約の国内実施」国際人権23号 (2012年) 65-75 (66) 頁。
36) 谷口勢津夫「移転価格課税に関する租税条約と国内法との関係」甲南法学 (甲南大学) 37巻3号 (1997年) 153-238 (172-173) 頁、同『租税条約論』(清文社・1999年) 32-34頁、同『税法基本講義 [第4版]』(弘文堂・2014年) 26頁。

れているプリザベーションの原則[37]は，一般論として条約の直接適用可能性を肯定しつつ，侵害留保の原則との均衡を図る考え方と位置付けられる。あるいは，租税条約に対して要件規定を開く法律の根拠規定[38]（例：所得税法162条）が置かれていれば，条約に対する議会の民主的統制[39]と足し合わせて根拠規範としての性格を条約にも認めることが可能かもしれない[40]。

条例に関しては，憲法が地方団体の課税権を承認しており，地方税法は「枠法」としてその課税権行使の方法に制約を加えているだけであるから，地方議会という地方団体の代表者の集まりでの条例制定によってこそ課税要件を規定しうるとの考え方（地方税条例主義）が説かれてきた[41]。この点について最高裁は，神奈川県臨時特例企業税事件判決[42]において，地方公共団体の憲法上の課税権を承認しつつも，以下の通り地方税法による調整の必要性を強調している。

「普通地方公共団体は，地方自治の本旨に従い，その財産を管理し，事

---

37) 井上康一＝仲谷栄一郎『租税条約と国内税法の交錯［第2版］』（商事法務・2011年）42頁。
38) 金子宏「租税条約と国内租税法との関係」同『租税法理論の形成と解明 下巻』（有斐閣・2010年）127-134（132）頁［初出2001年］は，これらの規定は条約優位説を確認するものと理解する。これに対して，増井良啓「日本の租税条約」金子宏編『租税法の基本問題』（有斐閣・2007年）569-592（576）頁は，租税条約の内容を国内法上実現するための「つなぎ」と評価する。
39) 法律の留保とは区別される意味における議会留保の概念で，この問題を整理することも可能かも知れない。議会留保論の日本における議論状況につき参照，原田大樹「議会留保理論の発展可能性」法学論叢（京都大学）176巻2=3号（2014年）掲載予定。
40) 条約に対して要件規定を委任することになるこうした規定に対しては，白紙委任の禁止との関係が議論される必要がある。白紙委任の禁止は本来，議会が議会外の組織に対して実質的意味の立法権限の行使を委ねることに対する制約原理であり，条約のように議会に一定の関与権が認められている規範が委任の対象となる場合には，委任の条件付けを詳細にする必要性は低下することになると思われる。また，条約の内容が議会の当初想定した要件規定からかけ離れるような変更がなされた場合には，議会はこの種の委任規定を廃止し，自ら要件規定を定めることができる。その際，条約と新たに制定した法律の内容が矛盾する場合には，プリザベーションの原則に従って抵触関係の調整が図られることになると考えられる。
41) 金子宏「地方団体の課税自主権と法定外普通税」同『租税法理論の形成と解明 下巻』（有斐閣・2010年）459-472（464）頁［初出2009年］。
42) 最一小判2013（平成25）・3・21民集67巻3号438頁。

務を処理し，及び行政を執行する権能を有するものであり（憲法92条，94条），その本旨に従ってこれらを行うためにはその財源を自ら調達する権能を有することが必要であることからすると，普通地方公共団体は，地方自治の不可欠の要素として，その区域内における当該普通地方公共団体の役務の提供等を受ける個人又は法人に対して国とは別途に課税権の主体となることが憲法上予定されているものと解される。しかるところ，憲法は，普通地方公共団体の課税権の具体的内容について規定しておらず，普通地方公共団体の組織及び運営に関する事項は法律でこれを定めるものとし（92条），普通地方公共団体は法律の範囲内で条例を制定することができるものとしていること（94条），さらに，租税の賦課については国民の税負担全体の程度や国と地方の間ないし普通地方公共団体相互間の財源の配分等の観点からの調整が必要であることに照らせば，普通地方公共団体が課することができる租税の税目，課税客体，課税標準，税率その他の事項については，憲法上，租税法律主義（84条）の原則の下で，法律において地方自治の本旨を踏まえてその準則を定めることが予定されており，これらの事項について法律において準則が定められた場合には，普通地方公共団体の課税権は，これに従ってその範囲内で行使されなければならない。」

　また，公法学においては，単に代表者が集まって決めたということのみならず，法律が一定の議会における議決手続を経ていること，それが全国民を代表する議員によって決定されていることを重視する理解が見られる[43]。その背景には，地方分権改革の成果の1つと位置付けられる法定外税のほとんどが，結局のところ当該地方団体以外に居住する者に実質的な税負担を求める内容となっており，自己責任の下で財政支出と収入とを地域単位で決定するという理念型から離れてしまっているという事情が存在する[44]。

---

43) このような民主政観をとる代表的な論者であるベッケンフェルデの議論を緻密に検討した論攷として参照，林知更「憲法原理としての民主政」長谷部恭男他編・高橋和之先生古稀記念『現代立憲主義の諸相（上）』（有斐閣・2013年）3-36頁。
44) 同旨，真渕勝『行政学』（有斐閣・2009年）336頁。

以上のように，租税法学，なかでも金子宏教授の考え方は，課税庁と納税者の関係に問題関心を集中させ，法的安定性・予測可能性の契機に注目する一方で，租税に対する民主的コントロールに関しては代表者による審議の要素を重視し，代表者の構成原理や審議手続の差異には大きな関心を向けてはいないように思われる[45]。

III. 租税法学の二面関係指向性

　伝統的な行政法学が，行政庁とその名宛人との二面関係を重視していたのに対して，1970年代以降の行政法学は，行政活動が適法・適正に執行されることにより保護される名宛人以外の第三者の利益をも考慮するようになったとされる。これに対して租税法学は，現在でもなお二面関係を重視しているように思われる。もちろん租税法学においても，租税債権の執行の局面では，国税徴収法と民事執行・倒産法制との調整[46]の中で，例えば破産債権者との調整のような第三者の権利との調整に関する議論が展開されてきた。また，第三者の利益との調整に関しても，租税法律の平等な執行という観点から，ある納税者と共通の取引を行っている人的集団には注意を向けてきた。しかし，より広く徴税行政の適法・適正な執行に関する第三者の利益を問題にすることは，これまであまりなされてこなかったように思われる。

　このような租税法学の二面関係指向性には，次の3つの理由が考えられる。第1に，租税法学の沿革に注目すれば，租税法学が行政法学から分離した時期には行政法学においても三面関係という見方は極めて弱かったこと，租税法学が租税実体法重視の理論体系を採用したことで二面関係への視野の集中がなされたことを挙げることができる。第2に，租税法学の実践的な学問的関心は課税庁の徴税行政の法的規律にあり，税収増を重視する実務に対する防波堤として，適法な課税という要素を前面に出す必要があったことで

---

[45] この点と関連して，金子宏教授がプライベート・アクトに対して親和的な立場を示していることも注目される。参照，金子宏「日本国憲法とプライベート・アクト（Private Act）」同『租税法理論の形成と解明 下巻』（有斐閣・2010年）447-458頁［初出2001年］。
[46] 佐藤英明「『租税債権』論素描」金子宏編『租税法の発展』（有斐閣・2010年）3-20（12）頁。

ある。第3に，ここで問題にしている三面関係を議論する重要な制度的前提のひとつである住民訴訟（納税者訴訟）が国のレベルには存在せず，議論の素材となるべき判例の蓄積が期待できないことである。しかし，第1の沿革的理由に対しては，三面関係への注目が，現在においても租税法に関してのみ必要でないとの論証にはならない。第2の実践的理由に対しては，法律が定める課税要件との関係では，過剰課税のみならず過小課税に対しても適法課税の要請が存在するとの反論が考えられる。第3の制度的理由に対しては，少なくとも地方税に関しては三面関係を論じる制度的前提が存在するはずであり，裁判例を素材とする研究を行いうるとの指摘が可能である。そこで以下では，租税法学の二面関係指向性を法的に基礎付ける理論的説明を，行政法総論の観点から提示することとしたい。

1. 租税の特殊性

租税は一般に，「国又は地方公共団体が，課税権に基づき，その経費に充てるための資金を調達する目的をもって，特別の給付に対する反対給付としてでなく，一定の要件に該当するすべての者に対して課する金銭給付」[47]と定義される。租税の特殊性は，それが資金調達を目的とすることと，反対給付が予定されていないことにある。

(1) 資金調達

規制行政の典型的な手法として，一定の政策目的を実現するために行為義務を法律で設定し，違反に対して刑事罰や行政上の制裁を発動する方法がある。ここで規制行政の名宛人が罰金や行政上の制裁金（例：賦課金・課徴金⇨ことば）の支払いを回避するためには，法律で定められた行為義務を遵守すればよい。このように，行動誘導目的の場合には，名宛人の行動選択によって金銭支払義務を回避することができる。これに対して資金調達目的のために一定の金銭支払いを内容とする義務を設定した場合には，納税者の行動選択によってこれを回避することが通常困難であり，租税回避行為にネガティブな法的評価が下されることもあり得る。しかも資金調達目的の場合に

---

47) 最大判 1985(昭和60)・3・27 民集 39 巻 2 号 247 頁（大嶋訴訟）。

は，永久税主義を前提とすればできるだけ多くの税収を確保することが好ましいことになり，政策目的との関係で徴収額を内在的に一定程度以下に抑えることができなくなる[48]。行動誘導目的を含む目的税の場合には，行動誘導と資金調達の両方の目的が重畳する可能性があるものの，税の形式が採られた場合には税収をゼロにすることが政策目標とはならないと考えられることから，目的税に関しても上記と同様に考えることができると思われる。

> ●ことば●
>
> ## 課徴金
>
> 　国家によって金銭的賦課がなされる目的は，費用調達・行動誘導・制裁に大別される。このうち費用調達を目的とし，反対給付が想定されていないのが「租税」である。また，刑事罰としての罰金は，制裁のみを目的としている。課徴金とは，行動誘導または制裁を目的とし，行政手続によって賦課される金銭給付をいう。もともと課徴金は，行動誘導を目的とする色彩が強かった。例えば，国民生活安定緊急措置法11条の課徴金は，特定標準価格を超える価格で販売している場合に，当該販売価格と特定標準価格との差額に販売数量をかけた金額を国庫に納付させるものであり，特定標準価格を超えて販売した利得を国庫に吸収することで，特定標準価格での販売を誘導することを目的としている。この種の課徴金を誘導課徴金と呼ぶことがある（例：障害者雇用促進法の課徴金）。
>
> 　これに対して，行政上の義務違反に対して制裁金を科す性格の課徴金（執行課徴金）も存在する。例えば独占禁止法の課徴金は，制度が導入された1977年当時には，上記の誘導課徴金と同様に，カルテル行為による利得を国庫に吸収するものと説明されていた。しかしその後，課徴金の額は徐々に引き上げられ，さらにカルテル行為の申告をすることで課徴金が減免されるリーニエンシー・プログラムが導入された2005年の法改正以降，不当利得として課徴金を説明する方法は放棄され，端的に行政上の制裁として独占禁止法上の課徴金が位置付けられている。同種の執行課徴金としてはほかに，金融商品取引法・公認会計士法・景品表示法の課徴金がある（例解 83頁）。

---

48) 行政の実効性確保に必要な額を課す課徴金（執行罰）にも同様の性格が見られることにつき参照，仲野武志「法治国原理の深化と退化？」長谷部恭男編『岩波講座 現代法の動態1 法の生成／創設』（岩波書店・2014年）145-167（147）頁。

(2) 反対給付

　給付行政においては，一定のサービスを提供するためにこれに必要な費用を賦課徴収することがありうる（例：分担金・利用料）。この場合に，賦課徴収される金額と提供されるサービスとが給付と反対給付の関係にあれば，得られるサービスの総額の範囲内に徴収額がおさまるはずであり，賦課徴収額が歯止めなく増大するおそれはない。しかし，このような性格がなく，徴収された資金が別の目的にも使われうるとすれば，際限なく金銭が徴収されるおそれが出てくることになる[49]。目的税の場合，目的税と給付とが給付・反対給付の関係に立っていればこのようなおそれは生じないものの，給付の際に一般財源との混合が予定されている場合には，賦課徴収額が増大し続けるおそれは存在する。

　以上のように，租税の特色である「資金調達目的」と「反対給付性の欠如」は，賦課徴収額に歯止めをかける内在的な要素を欠き，名宛人の権利侵害の程度が大きくなる構造を示すものである。そこで，法律に詳細な課税要件規定を置くこと，課税庁による判断の余地を極小化すること，名宛人の権利防御に重点を置いた法理論を構築することが，他の行政分野と比較しても租税法学により強く求められていると考えることができる。

2. 三面関係的理解の発展可能性？

(1)「徴税行政の安定」

　以上のように，租税法においては二面関係的理解が支配的であることに十分な理論的基礎がある。しかしそのことは，三面関係的理解が租税法において不要な要素であることを意味しない。三面関係的理解が発展しうる要素の1つは「徴税行政の安定」である。周知の通りこの文言は，課税処分の無効に関する最高裁の判断基準に含まれている[50]。重大明白説とは異なる基準として打ち出されたこの基準を，学説上は明白性補充要件説と把握することが一般的である。しかし，明白性の代わりに最高裁が要求した徴税行政の安

---

49) 原田大樹「立法者制御の法理論」同『公共制度設計の基礎理論』（弘文堂・2014年）178-234 (206) 頁 [初出 2010 年]。
50) 最一小判 1973 (昭和 48)・4・26 民集 27 巻 3 号 629 頁（⇨第 2 章）。

定という要素が，租税法関係における三面関係への関心に開かれていないと，理論的な位置づけを与えることが困難なものであるように思われる。

徴税行政の安定とは，換言すれば執行における公平性の維持のことである[51]。租税法学においても租税法律主義の中で合法性の原則が取り上げられ，課税免除の自由は課税庁にはないことが強調されてはいる[52]。他方で，自由裁量を否定する局面においては美濃部三原則[53]の理解が租税法では現在でも根強いように見え，この文脈からはむしろ減免は自由裁量行為と評価される可能性も残されている。このように，同じ取引を行っているのではない第三者が，租税法の過小執行に対して何らかの利益主張が可能と考えることが可能かという問題がまずは考えられる。

(2) 財政法との接続可能性

三面関係的理解を導入するもう1つの可能性は，財政法との接続の局面である。租税収入中心主義と永久税主義は，国家の歳入と歳出を法的に切断し，出捐者の政治的影響力を民主政の過程から排除するとともに，歳入の場面では課税要件論へ純化することによる体系化の前提を提供した。このことが，納税義務の明確化や納税者の権利保護という視点を育む不可欠の要素となった。これに対して近時，歳入と歳出を再連結する可能性が示唆されている。例えば，租税と社会保障を連続的に捉える給付付き税額控除[54]の議論や，本書第5・6章で取り上げるようなグローバル化に対応した「免除」を媒介とする再分配のしくみの構築においては，負担と給付とが同一の制度の

---

51) 負担の公平の観点から行政先例法を厳しく批判する見解として参照，中川一郎編『税法学体系 (1) 総論』（三晃社・1968年）46-48頁［中川一郎］。
52) 金子・前掲註18) 61頁。これに対し，合法性の原則を租税法律主義の内容から除外する方向性を示す議論として参照，佐藤英明「租税法律主義と租税公平主義」金子宏編『租税法の基本問題』（有斐閣・2007年）55-73（70）頁。
53) 美濃部達吉『日本行政法上巻』（有斐閣・1936年）171頁。
54) 租税法理論からの検討として参照，中里実「給付付き税額控除の執行上の問題」税研145号（2009年）45-49頁，吉村典久「給付付き税額控除と所得控除」税研145号（2009年）50-55頁，藤谷武史「給付つき税額控除と『税制と社会保障制度の一体化』?」新世代法政策学研究（北海道大学）3号（2009年）303-332頁，同「労働政策の手法としての給付付き税額控除」日本労働研究雑誌52巻12号（2010年）18-27頁。

中で議論されることとなる。このような文脈からも，課税行政の適正・公平執行が法的議論に載る可能性が出てくるように思われる。

おわりに

本章では，法治主義と租税法律主義の現在の内容及びその相互関係を検討することで，租税法学の基本的考え方と行政法総論の現状とを比較してきた。租税法学は，二面関係における権利保護指向を徹底させることにより，伝統的行政法学が目標の一つとした防御権の体系の構築を実現させている。租税法においては，課税要件論を中心とする実体法的な体系が目指され，行政の決定という要素は執行面・訴訟面における特殊性の説明に限定されている。これは，課税要件の充足をめぐって納税者と課税庁が対等に法的主張を戦わせ，裁判所が決着を付けるというイメージとも親和的である[55]。他方で租税法にも，二面関係では汲み尽くせない要素が存在しており，それは課税要件を定める規範の民主的正統性[56]や，徴税行政の公平性に見られるところである。行政法総論には，戦略的な問題関心の限定と法関係の単純化によって実体法に注目した高度な体系化を図った租税法学の知見から学びつつ，それによって関心が弱まった理論的課題にも注意を払い，他の参照領域との比較分析を試みる継続的な営みが求められているように思われる。

---

[55]「構成要件法」という見方につき参照，須貝脩一『租税債務関係の理論』（三晃社・1961年）123-135頁。
[56] 岡村忠生「租税法律主義とソフトロー」税法学563号（2010年）141-162（162）頁は，事前照会制度などによって予測可能性の確保が図られるとしても，「租税法律主義は，自律的な個人としての人々が，代表者を通じて税負担のあり方を審議し，決定する立法上の原則として，今後も重要である」とする。

第2章 課税処分と租税債務関係

■ **本章への架橋**

　行政行為論（例解 55 頁以下）と取消訴訟（例解 103 頁以下）は行政法総論の中心部分であり，その具体例や著名最高裁判例として，しばしば課税処分が登場する。しかし，租税債務関係説（例解 165 頁）を前提に実体法的な体系化を図ってきた租税法学において，課税処分への注目はあまりなされていない。本章は，この両者のギャップを埋めるため，課税処分の法的性格を社会保障給付（例解 243 頁）と比較しながら明確化し，その要件面・効果面の特色を，行政法総論の関連論点の議論状況を示すことで解明することを目的とする。

　本章ではまず，課税処分の法的性格について，行政行為の類型論（例解 57 頁）を踏まえ，「確定行為」と性質決定している。そして，①課税処分は，法律で定められた納税義務の成立を基礎付ける要件事実の存否を認定し，その法的効果として，一定の金銭を租税として国家に対して支払う義務を確定させる性格を持つこと，②租税債務関係の確定に課税処分を用いている趣旨は，課税要件事実の存否につき納税者と課税庁の判断が食い違った場合に，特別の争訟手段を早期にとらなければ課税庁の判断が通用するというしくみを設定するためであること，という2つの基本的な見方を提示し，これとできるだけ矛盾しないように以下の諸論点を説明することを試みている。

　次に，課税要件の確定に関しては，行政の調査義務との関係で，国家賠償法における職務行為基準説（職務義務違反論）（例解 147 頁）を取り上げた。これは，課税処分の手続構造上の特色が，判例における職務行為基準説の確立に寄与した奈良民商事件の判決に大きな影響を与えていると考えたからである。さらに，課税処分手続の特色（例解 38/201 頁）と，要件確定に重大な違法があった場合の行政行為の無効の問題（例解 61/207 頁）もここで取り上げた。

　さらに，課税処分の効果については，課税処分の法的効果としてどのような内

容が認められるべきかを，争点主義と総額主義（例解 210 頁），更正と再更正の関係（例解 204 頁），公定力と国家賠償（例解 58/193 頁）の３つの論点を素材に検討した。本章の検討を通じ，課税処分の行政行為論における普遍性と特殊性，さらには行政行為論の未解明な部分の明確化を図るよう努めた。

はじめに

　行政法総論の中核を占めてきたのは，周知の通り行政行為論である。そして，その行政行為の代表例として，しばしば課税処分が挙げられる[1]。課税処分は，法律で定められている課税要件規定を充足するかどうかに関する課税庁の認定判断行為であって，課税処分によって納税者の納税義務が確定し，これに不服がある場合には課税処分取消訴訟を提起する必要がある。行政行為の無効や理由提示義務など，行政行為論全体に関連する課税処分をめぐる著名最高裁判例も多い。

　しかし，租税法の世界に入ると，課税処分の存在感は行政法総論と比較して希薄になる。租税法が租税実体法重視の理論構築を図った結果，課税処分は租税手続法の問題と扱われ，基本書でも後回しにされることが多い。さらに最近では，法定債務関係としての租税法関係という理解を純化させ，不当利得返還請求訴訟や国家賠償訴訟を積極的に用いることで，課税処分の理論的意義をより低下させる試みもみられる[2]。

　そこで本章では，租税法学において議論されてきた課税処分をめぐる諸論点を行政法総論の問題関心から分析し，両者の問題関心の共通点や相違点を明確化すると共に，行政法総論と租税法との相互学習の可能性を模索することとしたい。まず，行政活動の最終決定段階（endpoint）に関心を向ける行政法学が租税法関係を分析する中心に据えてきた課税処分がいかなる法的性格を有するのかを，租税法における租税債務関係の理解と対照させながら検

---

1) 田中二郎『新版行政法上巻 全訂第２版』（弘文堂・1974年）121頁，原田尚彦『行政法要論 全訂第７版補訂２版』（学陽書房・2012年）134頁。
2) 代表的な見解として参照，中里実「租税債権の私法的構成」村井正先生喜寿記念論文集刊行委員会編・村井正先生喜寿記念『租税の複合法的構成』（清文社・2012年）151-177頁，水野武夫「租税訴訟制度の再検討」税法学568号（2012年）139-156頁。

討したい（I.）。次に，課税処分の要件面に関する法的諸論点，具体的には課税要件を確定するための税務調査（行政調査），課税処分手続，課税処分の無効の基準を扱う（II.）。さらに，課税処分の効果面に関する問題として，課税処分の効果（争点主義と総額主義），課税処分の撤回・再処分（更正と再更正の関係），課税処分の公定力と救済手段について検討する（III.）。これらを踏まえ，課税処分を媒介とする，租税法と行政法総論との相互学習の可能性を展望することとしたい（おわりに）。

I. 課税処分の法的性格

1. 行政行為の類型論

（1）伝統的な類型論

　課税処分は行政行為の一例と位置付けられてきた。そこで課税処分の法的性格を分析する出発点として，行政法総論における行政行為の分類論の中で，課税処分がどのように位置付けられるかを検討することとしたい。伝統的な類型論を代表する美濃部達吉博士の類型[3]は，行政行為を複数の観点から分類するところに特色があった。それによれば，効果意思に基づく法効果の発生かどうかで区別される法律行為的行政行為と準法律行為的行政行為，行政行為の内容に関する法律行為的行政行為の下位分類である命令的行為と形成的行為，法律が行政行為に関する規律をどの程度行っているかに関係する羈束行為と裁量行為の分類が挙げられ，内容による分類として以下の3つのグループに分けてさまざまな類型が取り上げられていた。

　第1のグループである効果意思に基づく法効果が発生する法律行為的行政行為は，人の天然の自由を制限する命令的行為と，自然には有しない法律上の力を付与する形成的行為に大別され，命令的行為には，特定の作為・不作為・給付・受忍を命ずる下命と，義務を解除する許可が含まれた。形成的行為には，特許（設権行為）のほか，変改行為・剥権行為が挙げられていた。

　第2のグループである他の者のためにする行政行為には，認可と代理が含

---

[3] 美濃部達吉『日本行政法上巻』（有斐閣・1936年）166-174頁。

まれていた。このうち認可は，他の者の行った法律行為の発効要件として補充的に与えられるもので，代理は他の者のために行政行為を行いその法効果が他の者に帰属する類型とされた。

　第3のグループである判断・認識の表示である準法律行為的行政行為には，表示行為に対して法律が付与したさまざまな法効果に応じて5つの下位分類があった。具体的には，特定の法律事実・法律関係の存否を判断・宣言する「確認」，特定の法律事実・法律関係の存在を公に証明する「公証」，法律の規定による表彰・譴責である「賞罰」，ある内容を対象者に知らせる「通知」，他人の表示を有効な表示として受領する「受理」である。中でも「確認」には，法律事実・法律関係の存在を法的に確定する確定力と呼ばれる効力が認められるとされていた。

　美濃部理論において課税処分は，法律行為的行政行為の中の下命の一種である「財政下命」と位置付けられていた[4]。オットー・マイヤー流の租税権力関係説的理解に基づき，法律の枠内で行政行為たる課税処分によって，納税義務が成立すると考えられていたのである。

(2) 機能の観点からの類型論

　美濃部博士から田中二郎博士へと受け継がれた伝統的な類型論に対しては，次の2つの批判が提起された。1つは，法律行為的行政行為と準法律行為的行政行為の区分である。全ての行政行為は法律に基づいて法効果が発生するのだから，効果意思の有無で区分を行うのは不適切との見解[5]が支持を集め，現在ではこの類型論はほとんど用いられていない[6]。もう1つは，命令的行為と形成的行為に二分する考え方への批判である。自然の自由を基

---

[4] 美濃部達吉『日本行政法下巻』(有斐閣・1940年) 1209頁。
[5] 藤田宙靖「行政行為の分類学」同『行政法学の思考形式［増補版］』(木鐸社・2002年) 109-130 (125) 頁［初出1977年］，遠藤博也『行政法スケッチ』(有斐閣・1987年) 139-162頁。
[6] 準法律行為的行政行為の一種の「確認」として租税賦課行為を性格付けていた見解として参照，新井隆一「行政法における私人の行為と行政行為との体系的理解の具体事例」同『行政法における私人の行為の理論［第2版］』(成文堂・1980年) 233-248 (244) 頁。これに対して，準法律行為的行政行為 (の一部) に「期間の定め」や「手続の終結」といった手続的な法的効果を見出す見解として参照，鵜澤剛「準法律行為的行政行為の概念について」立教法学 (立教大学) 82号 (2011年) 331-383頁。

準にする考え方は，そのベースラインをどこに設定するかによって類型が変わってくる上に，行政行為の前後での権利・法的地位の変動は行政行為そのものというより，それが埋め込まれた法的仕組みの問題であるとの見方が強まっている[7]。

このような批判を踏まえ，塩野宏教授は「機能的見地からの分類」[8]として，行政行為を以下の3つに分類することを提唱する。第1は，私人に対して作為・不作為を命ずる「命令行為」で，例えば除却命令，業務改善命令などが含まれる。第2は，私人に対して法的地位を設定する「形成行為」で，運転免許や医師免許がその具体例である。命令的行為・形成的行為の区別においては命令的行為の中の「許可」の一種と考えられる建築確認は，この分類論では法的地位の設定の要素に注目して形成行為に分類される。第3は，法律関係を確定させる確定行為である。ここには本章で取り上げている租税の更正処分のような課税処分や，恩給権の裁定が含まれている。

2. 確定行為としての課税処分

(1) 受給権確定行為としての年金裁定

そこで，課税処分の法的性格を検討する前に，恩給権の裁定[9]と同じ法的性質を有するとされる年金裁定について，その特色を一瞥する。

侵害作用を伴う行政行為の場合には，侵害留保の原則（⇨第1章）により，根拠規範が要求される。これに対して給付作用を伴う行政行為には法律の留保原則からは根拠規範は要請されないものの，受給権を私人の側に認めるために給付の要件効果を規定した法律が制定されることが多い。このような法律を請求権規範と呼ぶとすると，請求権規範の定め方により，受給権の成立の方法が異なってくる[10]。現行の日本の実定法においては，請求権規範に

---

7) 内容の観点からの分類に対する批判として参照，塩野宏『行政法Ⅰ［第5版補訂版］』（有斐閣・2013年）117頁。
8) 塩野・前掲註7）119-123頁。
9) 樋貝詮三『恩給法原論』（厳松堂書店・1922年）356頁，中嶋忠次『恩給法概説［全訂版］』（帝国地方行政学会・1972年）239頁。
10) 原田大樹「立法者制御の法理論」同『公共制度設計の基礎理論』（弘文堂・2014年）178-234（228）頁［初出2010年］。

基づく受給権の成立の仕方は次の3種類存在する[11]。

　第1は，法律が定める要保障事由が発生すれば，直ちに受給権が成立するタイプ（受給権直接発生）であり，受給権の成立に関する行政の認定判断行為を一切必要としないものである。第2は，法律が定める要保障事由が発生することで給付を受けうる地位は成立するものの，行政の確定行為を得ることで実際に給付がなされるタイプである（受給権確定行為）。第3は，法律が定める要保障事由の発生に関する行政の認定判断によって給付を受ける地位が成立するタイプである（受給権形成行為）。後二者は，行政による認定判断行為を得なければ実際の給付が得られない点，給付に関する不服は行政の認定判断を対象とする訴訟（抗告訴訟）を提起しなければならない点では共通の性格を有する[12]。これに対して，その相違は，給付の始期が法律の定める要保障事由の発生の時点と重なっている（受給権確定行為）か，そうではなく要保障事由が発生したと行政が認定した時点から給付が開始される（受給権形成行為）かにある。受給権形成行為の多くは，行政が認定判断した時点から給付を開始することとしており，その背景には，行政の認定判断によって初めて要保障事由の発生が確定され，それによって受給権が成立するとの考え方が存在しているように思われる。

　ここで例として取り上げている年金裁定は，上記の分類で言えば受給権確定行為に含まれる[13]。国民年金法26条によれば，老齢基礎年金の支給要件は，保険料納付済期間と保険料免除期間の合算で25年以上ある者が65歳に達したときとされている。そして支給開始時期については，「これを支給すべき事由が生じた日の属する月の翌月」（同法18条1項）と定められている。ただし，実際に支給を受けるためには，厚生労働大臣による年金裁定（同法16条）を受ける必要がある。この年金裁定は，要保障事由が発生したという事実（この例では保険料納付済期間等が25年以上で，対象者が65歳に達したこと）

---

11) 又坂常人「権利救済手続の諸問題」社会保障法10号（1995年）71-83（74）頁。社会保障法における給付決定の法的性格の緻密な分析として参照，太田匡彦「権利・決定・対価（2）」法学協会雑誌（東京大学）116巻3号（1999年）341-411（357-364）頁。
12) 大橋洋一「行政手段の分析強化」同編『政策実施』（ミネルヴァ書房・2010年）241-261（247）頁。
13) 原田大樹『例解 行政法』（東京大学出版会・2013年）241頁。

を確定し，その法的効果として，年金受給権を要保障事由発生時に遡って確定する法的行為と位置付けられる。

(2) 確定行為としての課税処分

租税法においても，納税義務の成立と確定とが区別されている。国税通則法15条2項は，納税義務の成立時期に関する規定を置いており，それによれば，例えば所得税は「暦年の終了の時」に基本的納税義務が成立するとされている。所得税の納税義務の内容は，所得税法が定める課税要件事実の存否に応じて決まることになる。ただし，納税義務が成立しただけではそれは「まだ抽象的な存在であって，国家にとって，それが履行を請求しうる債権となるためには，その内容が確定することが必要」[14]である。納税義務の成立は，納税義務の包括承継，繰上保全差押え，納税猶予の場面では意味を持つものの，それ以外においては納税義務の確定の方が重要である。

租税法においては納税義務の確定方式は3つに整理されている。第1は，特に手続を必要とせずに納税義務が確定する「自動確定方式」であり，行政の認定判断行為を必要としない点では，社会保障法における受給権直接発生に類似する。第2は，納税者の申告によって納税義務が確定する「申告納税方式」で，社会保障法には類例が見られない。第3は，行政による課税処分のみによって納税義務が確定する「賦課課税方式」である。申告納税方式においても，申告がなされない場合には「決定」，申告が誤っている場合には「更正」と呼ばれる課税処分によって納税義務が最終的に確定する[15]。その意味では申告納税方式における申告は，後続の課税処分がない場合に納税義務を確定させる効果を持つと考えることもできる[16]。

---

14) 金子宏『租税法［第19版］』（弘文堂・2014年）722頁。
15) 賦課課税方式と申告納税方式における課税処分の手続的な共通性を指摘する見解として参照，佐藤英明「更正・決定，課税処分の手続」日税研論集25号（1994年）217-264（221）頁。
16) 塩野・前掲註7) 373頁は，行政過程における私人の行為の一種として申告を位置付けており，行政過程の一環に私人の自主的活動が組み込まれ，「租税債務の自己確定という実体法上の効果を有する」行為とする。行政法学の観点から申告の法的性格を議論するとすれば，ある種の届出であり，後続の課税処分がなければ届出の内容のまま実体的な権利義務関係が確定すると考える（届出＋不利益処分）ことになると思われる（申告に対する課税庁による法律関係変

申告納税方式における決定・更正や，賦課課税方式における賦課決定をまとめて課税処分と呼ぶとすると，これらに共通する法的性格は次のように整理できる。課税処分は，法律で定められた納税義務の成立を基礎付ける要件事実の存否を認定し，その法的効果として，一定の金銭を租税として国家に対して支払う義務（＝納税義務）が確定することになる。

3. 課税処分と租税債務関係

(1) 制度設計の観点からみた課税処分

法令によって行政活動の要件・効果・手続に関する規定が置かれている行政法関係において，一定の権利義務の発生を行政行為（処分）に依らせている理由はどこに認められるのだろうか。要件・効果に関する法令の定めに不確定な要素が含まれていれば，行政行為の裁量の存在がその答えになると考えられる。つまり，行政機関には，法令で設定された枠内で，個別の事情や状況の変化に対応しながら，最適な内容を持つ権利義務関係を発生させることが求められており，それゆえ法令でなく行政行為によって権利義務が発生する方式がとられていると説明できる。

それでは，租税法のように法令によって権利義務関係の要件効果が明確に規定されている（規定されるべきである）と考えられている分野において，行政行為により権利義務関係を確定する意味はどこにあるのだろうか。それは，要件事実の存否につき納税者と課税庁の判断が食い違った場合に，特別の争訟手段を早期にとらなければ課税庁の判断が通用するというしくみを設定するためと考えられる。これは，大量の権利義務関係を早期に確定する手段として，また国家の活動の基盤となる金銭でありながら反対給付と切断されているために任意の支払義務の履行が期待できない租税債権[17]を確実に確定する手続として，一定の合理性を持つものと考えられる。

容可能性を指摘する見解として参照，村井正「租税法上の抗告訴訟の訴訟物」同『現代租税法の課題』（東洋経済新報社・1973年）147-179（149）頁［初出1967年］）。芝池義一「税法と行政法」同他編『租税行政と権利保護』（ミネルヴァ書房・1995年）1-25（13）頁も，申告が正しい場合に課税庁がこれを認定・通知する行為が手続上省略されていると捉える。

[17) 佐藤英明「『租税債権』論素描」金子宏編『租税法の発展』（有斐閣・2010年）3-20（17）頁。

(2) 抗告訴訟と当事者訴訟

　租税法関係において紛争が生じた場合には，行政行為（処分）である課税処分を捉えて争訟過程が進行することになる。そこで，課税処分がなされた後に行政不服申立を行い，さらには取消訴訟を提起することが，基本的な解決方式となる。このような，処分を軸とする紛争解決構造のもとでは，課税要件をめぐる行政の認定判断に誤りがあったかどうかが争点の核心に位置付けられる。

　他方で，租税関係の紛争においては，同様に行政行為を軸とする他の分野と異なっている要素が3点ある。第1は，租税法関係は継続的に展開しており，課税処分はある時点における認定判断を示すものでしかないことである。例えば所得税や法人税は，経済活動をしていれば毎年支払う必要があり，この場合に納税者と課税庁との関係は長期的・回帰的なものとして認識されている。課税処分は確かにendpointの1つではあるものの，例えば更正の請求の期間制限が取消訴訟の出訴期間制限より長く設定されていることに顕著に見られるように，ある処分とその出訴期間経過で法関係が固定されるという図式は，租税法ではあてはまりにくい。第2は，課税処分に後続する行政過程で「修正申告」と「更正の請求」という2つの私人の行為が規定されていることである。納税義務を納税者側に有利に変更する場合には更正の請求を行うことが想定されており，行政過程の中で納税者の利益を義務確定後に主張する特別な手続が設定されている。そのため，一度申告等によって確定した納税義務を納税者有利に変更することを求める場面では，出訴期間制限ではなく更正の請求の期間制限の方が意味を持つことになる。第3は，一般に，紛争の内容が税金として支払うべき金銭の多寡に限られており，課税処分そのものを攻撃すること自体には原告の関心は強く向けられてはいないことである。そのため，他の分野においては意識される行政訴訟と国家賠償の救済手段（レメディ⇨ことば）としての相違が，租税分野では表面化しない。また，課税要件に合致した課税を実現しようとする立場からは，取消訴訟の出訴期間制限は，権利救済の障害にしか見えないことになる。

　以上のような特色を踏まえ，処分取消訴訟以外の行政訴訟の可能性について検討すると，次の3つの局面を考慮する必要があると思われる。第1は，出訴期間経過後の訴訟である。納税義務の確定の際に課税処分が介在しない

自動確定方式の場合には，取り消すべき課税処分がそもそも存在しないので，直ちに不当利得返還請求訴訟（公法上の当事者訴訟としての給付訴訟）を提起できる。これに対して課税処分によって納税義務が確定した場合（申告納税方式における決定・更正，賦課課税方式）には，課税処分が無効でなければ不当利得返還請求訴訟ができないとされている。課税処分をそのままにしていると滞納処分手続に入るおそれが出てくることから，課税処分の無効確認訴訟（予防訴訟）の提起が必要となる[18]。その際には，行政行為の無効要件として何を要求するかが理論的課題となってくる。第2は，申告によって税額が過大に確定した場合にこれを争う方法である。国税通則法は更正の請求という手続を定め，そこに期間制限を予定している。2011年の法改正により更正の請求と職権による更正処分の期間が同じになり，それ以前からすると更正の請求が可能になる期間が延長されている。更正の請求に対する拒否処分が出された場合には，申請拒否処分と同様にその取消訴訟と申請型義務付け訴訟を提起することで問題を解決することが考えられる[19]。他方で，申告の錯誤無効主張や，公法上の当事者訴訟の利用が可能なのかが議論されている。一般的に言えば，立法者が更正の請求という手続を置いている趣旨を尊重すれば，この手続で減額更正処分を求めることが通常は予定されている（更正の請求の原則的排他性[20]）。他方で，少なくとも行政処分の無効事由に匹敵するような事情があれば，申告の錯誤無効の主張や当事者訴訟の利用が考えられると思われる[21]。第3は，課税処分以前に納税義務の存否を争う訴訟である。租税が経済活動に関わる意思決定の前提条件の1つとなっていることからすれば，とりわけ新たに何らかの租税を課す場合には，納税義務を負うのかどうかを課税処分より前の段階で確定する要請は強いと思われる。

---

[18] すでに納税を済ませている場合には滞納処分がなされる可能性はないから，課税処分の無効を前提とする不当利得返還請求訴訟（公法上の当事者訴訟）を提起することになる。

[19] 占部裕典「租税手続法と租税争訟法の交錯（2）」同志社法学（同志社大学）59巻6号（2008年）2625-2715（2652）頁。

[20] 金子・前掲註14）791頁。

[21] 同旨，小早川光郎「判批」ジュリスト464号（1970年）142-145（144）頁。これに対して，更正の請求の排他性よりも課税要件の存否の面を重視し，この局面における当事者訴訟の活用可能性を主張する見解として参照，岡村忠生「納税義務の成立について」税研28巻3号（2012年）18-26（22）頁。

2004年の行政事件訴訟法改正で活用が示唆された当事者訴訟としての確認訴訟は，その受け皿となり得る[22]。他方で従来は，租税関連の紛争が金銭の多寡をめぐるものであるから，このような権利は事後的な賠償・調整で救済可能とされてきた。そこで，早期段階での訴訟を認めるには，確認の利益（とりわけ即時確定の利益）を柔軟に解することが必要となってくる。さらに，抗告訴訟の系統に属する処分の差止訴訟を用いることも考えられるものの，この場合にも訴訟要件の1つである重大性要件を柔軟に認めることが，制度利用の前提条件となる。

● ことば ●

レメディ

レメディとは，権利侵害等に対する救済の手段・手続を指す英米法上の概念である。具体的な救済手段としては損害賠償・原状回復・強制措置・確認判決などがあるとされる。

2004年の行政事件訴訟法改正前には，行政訴訟の中で機能している訴訟類型が取消訴訟しかない状況にあった。これに対して改正法は，処分の義務付け訴訟・差止訴訟を法定し，公法上の当事者訴訟としての確認訴訟の活用を示唆した。このような訴訟類型の多様化は，救済手段の多様化を意味することになる。そこでこの改正の前後から，行政法学においてもレメディという考え方に注目が集まるようになった（山本隆司「訴訟類型・行政行為・法関係」民商法雑誌130巻4=5号（2004年）640-675（660）頁，曽和俊文「行政事件訴訟法改正の意義と今後の課題」法律時報77巻3号（2005年）26-33（30）頁）。

この考え方を，多様化した抗告訴訟の法的性格の分析へと展開させた見解（興津征雄『違法是正と判決効』（弘文堂・2010年）280頁以下）によれば，抗告訴訟の判決には，処分の違法性の判断と，これに対する是正措置（救済手段）とが共通して含まれているとする。そして，違法性判断に関する判決のみを認めて行政による「やり直し」を判決の拘束力で担保するという構造に，行政過程と裁判過程の役割分担の基本形を見出している（レメディの見方や義務付け訴訟の法的性格に関する緻密な分析としてさらに参照，横田明美「義務付け訴訟の機能（6・完）」国家学会雑誌（東京大学）127巻7=8号（2014年）538-601頁）。

---

22) 占部裕典「税務訴訟における当事者訴訟の活用可能性」髙木光他編・阿部泰隆先生古稀記念『行政法学の未来に向けて』（有斐閣・2012年）607-627（613）頁。

Ⅱ. 課税要件の確定

1. 行政の調査義務

(1) 申告納税と調査義務

　納税義務の確定に際して課税処分という行政行為（処分）を用いることは，行政側の判断に一定の通用力を認めることを帰結すると同時に，行政側の調査義務を導出することになる。行政行為（処分）は，立法者により定立された法律の執行としてなされる行政活動であり，その負託を受けた行政庁は，立法を誠実に執行する責務の一環として，考慮の対象とされるべき事実について認定・評価し，その結果に基づいて問題を処理する義務を負うと考えることができる[23]。換言すれば，行政の認定判断に一定の通用力が認められる反面，行政側にはその判断の基礎となる事実に関する調査を誠実に行う義務が認められることになる[24]。

　しかし，租税法関係とりわけ課税処分においては，課税要件の充足を確認できる資料の多くが納税者側に偏在している構造が見られる[25]。そしてこの事情は，課税処分の大量性や，納税者が納税義務を確定しうるという意味での課税庁との手続的な対等性とともに，申告納税制度採用の正当化根拠となっている[26]。また，課税要件に関する調査に対して納税者が非協力的な場合には，課税庁は推計課税を行うことができる（例：所得税法156条）。これも，課税要件に関する証拠が納税者側に偏在していることに対応して，調査に納税者が応じない場合に，課税要件の立証に関して実額反証を要求することで，納税者側に立証責任を転換するものと見ることができる[27]。

[23) 小早川光郎「調査・処分・証明」成田頼明他編・雄川一郎先生献呈論集『行政法の諸問題（中）』（有斐閣・1990年）249-279（267）頁。
[24) この点と取消訴訟における主張責任・証明責任との関係につき参照，小早川・前掲註23）273頁，同『行政法講義（下Ⅱ）』（弘文堂・2005年）177頁。これに対して，塩野宏『行政法Ⅱ［第5版補訂版］』（有斐閣・2013年）165-168頁は，主張責任に関しては行政手続における理由附記の法理から常に行政側にあるとし，証明責任に関しては処分の内容に応じて分配する立場をとる。
[25) 森浩一「税務行政と国家賠償」税大ジャーナル16号（2011年）55-77（61）頁。
[26) 谷口勢津夫「納税申告の手続」日税研論集25号（1994年）67-122（74-77）頁。

(2) 職務行為基準説（職務義務違反論）

　この課税処分に先行する行政の調査活動が課税処分の違法にどう影響するかが問題となった著名な事件が，奈良民商事件（最一小判1993（平成5）・3・11民集47巻4号2863頁）である。この事件では，奈良税務署長が税務調査をしようと試みたところ納税者側がこれに応じなかったため，反面調査を行って収入金額を算定し，そこから申告書記載の申告額通りの必要経費を控除して所得額を算定し，更正処分を行った。そこで納税者側は不服申立を経て更正処分取消訴訟を提起し，控訴審段階で更正処分の一部を取り消す判決が確定した。そこで納税者側は，慰藉料・営業損害・弁護士費用の支払を求める国家賠償訴訟を提起した。これに対して最高裁は，国家賠償法上の違法に関する以下のような定式を提示した。

> 「税務署長のする所得税の更正は，所得金額を過大に認定していたとしても，そのことから直ちに国家賠償法1条1項にいう違法があったとの評価を受けるものではなく，税務署長が資料を収集し，これに基づき課税要件事実を認定，判断する上において，職務上通常尽くすべき注意義務を尽くすことなく漫然と更正をしたと認め得るような事情がある場合に限り，右の評価を受けるものと解するのが相当である。」

　そして，本件においては「専ら被上告人において本件係争各年分の申告書に必要経費を過少に記載し，本件各更正に至るまでこれを訂正しようとしなかったことに起因するものということができ，奈良税務署長がその職務上通常尽くすべき注意義務を尽くすことなく漫然と更正をした事情は認められない」として，国家賠償法上の違法性を否定した。この判決以降，国家賠償法上の違法性に公務員の主観的要素（故意・過失）をも要求する最高裁判決が数多く出されている。

　国家賠償法1条の「違法」に関しては，処分要件欠如説（公権力発動要件欠如説）と職務行為基準説（職務義務違反論）との見解の対立が続いている。処

---

27) 金子・前掲註14）945頁，原田大樹『演習 行政法』（東京大学出版会・2014年）293頁。山本隆司「取消訴訟の審理・判決の対象（1）」法曹時報66巻5号（2014年）1077-1109（1102）頁は，白色申告に係る課税処分に関する理由の差替えの許容性につき，この要素を重視する。

分要件欠如説は，処分要件を欠いているのに処分がなされたことを国家賠償法上の違法と捉えている。このような違法の把握の仕方は，取消訴訟におけるそれと一致する。また，公務員の故意・過失は，違法とは別に認定される。これに対して職務行為基準説は，公務員が職務上通常尽くすべき注意義務に違反したことをもって国家賠償法上の違法と捉えている。この中には，公務員の故意・過失の要素も含まれており，それゆえ違法の内容は，取消訴訟における違法と一致しないことになる。処分要件欠如説からの職務行為基準説に対する最大の批判は，国家賠償訴訟において公務員の主観的要素を含めて違法性の認定が行われると，当該行政活動が法律に違反して行われたとしても違法との評価が判決の中で明示されず，国家賠償制度が持つ法治主義担保機能が失われるとする点にある[28]。これに対して職務行為基準説からは，国家賠償制度も一般の民事不法行為と同様に被害者救済を中心とする制度であること，代位責任説の理解を前提とすれば公務員の職務上の義務違反に注目する理論構成は正当であることが主張されている[29]。

職務行為基準説は，かつて説かれていた相関関係説的な理解に基づく違法性二元論[30]とは異なり，国家賠償法上の違法の前提として当該処分が法律に違反してなされたことを求めている。そのため，処分要件欠如説との差異は多くの場合において判決文の書き方（違法と故意・過失を分けて認定するか，総合的に認定するか）の差異に止まってはいる[31]。さらに近時では，最高裁は

---

[28] 職務行為基準説に対する批判として参照，塩野・前掲註24) 320頁，宇賀克也「公権力発動要件欠如説について」自治実務セミナー50巻6号（2011年）28-33頁，同「職務行為基準説の検討」行政法研究1号（2012年）7-48（32-41）頁，同『行政法概説II [第4版]』（有斐閣・2013年）434-436頁。

[29] 職務義務違反論の理論的基礎につき参照，髙木光「国家賠償における『行為規範』と『行為不法論』」石田・西原・髙木三先生還暦記念論文集刊行委員会編・石田喜久夫・西原道雄・髙木多喜男先生還暦記念『損害賠償法の課題と展望』（日本評論社・1990年）137-169（157-162）頁，同「公権力発動要件欠如説」自治実務セミナー50巻4号（2011年）4-8頁。

[30] 遠藤博也『国家補償法上巻』（青林書院新社・1981年）164-181頁，同『実定行政法』（有斐閣・1989年）273頁。このような見解に対する批判として参照，阿部泰隆「抗告訴訟判決の国家賠償訴訟に対する既判力」判例タイムズ525号（1984年）15-33（25）頁。

[31] 北村和生「国家補償の概念と国家賠償法における違法性」公法研究67号（2005年）252-263（260）頁。髙木光「公定力と国家賠償請求」水野武夫先生古稀記念論文集刊行委員会編・水野武夫先生古稀記念『行政と国民の権利』（法律文化社・2011年）3-19（8）頁も，両者には「論

事案の内容によって両者を使い分けているとの考え方が学説から示されている[32]。もともと職務行為基準説は，立法・裁判といった公務員の職務に関する客観的な行為規範を観念しにくい分野で判例上発展してきた考え方であった。ところが，更正処分という「典型的な」行政行為（処分）においても最高裁はこの考え方を用いて違法性を否定した。奈良民商事件は，最高裁が職務行為基準説を行政行為に関しても使い始めた先例として位置付けられることが多い。しかしこの事件は，課税処分に先行する調査過程における相手方非協力の事案であった。しかも，損害賠償請求の内容は，違法な更正処分の結果支払った税額相当額ではなく，慰藉料等であった。前述の通り，課税処分の場合には，課税要件を基礎付ける資料が納税者側に偏在していることから，納税者が税務調査に協力しない場合には推計課税が認められている。その意味では，検察官の行為に対する国家賠償訴訟と同様に，課税処分時点において相応の信憑性がある資料に基づいて推計課税が行われていれば，課税処分は違法ではないと評価されるべきと考えられる。また，精神的損害等の賠償請求の場合には，課税処分における要件の欠如の有無のみならず，それに先行する調査の過程も含む課税処分手続全体の違法性が問題となる[33]。このような課税処分の特性からすれば，奈良民商事件を「典型的な」行政行為（処分）にも職務行為基準説を用いた先例と位置付けるのは正確で

理構成上」の違いはあるものの，実質的な違いはそれほどないとの見方を示す。さらに，藤田宙靖『行政法総論』（青林書院・2013 年）544 頁は，職務義務違反に注目する近時の最高裁判例につき，「『公務員の職務上の義務違反』は，少なくとも行為者の行動準則違反の問題として登場しているのであって，そこに例えば『違法性の度合いと損害の程度の総合評価』等が想定されているわけではない。言い換えれば，それは実質上，『過失無く行動する』ことを，一般行政活動をも含めたすべての国家行為についての行為規範の要件中に取り込んだものとも言えるのである。その限りにおいて，この考え方が理論的に法治主義の理念に反するものとは必ずしも言えない。」とする。

32) 中川丈久「国家賠償法 1 条における違法と過失について」法学教室 385 号（2012 年）72-95（92）頁，山本隆司『判例から探究する行政法』（有斐閣・2012 年）544-549 頁［初出 2010 年］。

33) 小早川光郎「課税処分と国家賠償」稲葉馨＝亘理格編・藤田宙靖博士東北大学退職記念『行政法の思考様式』（青林書院・2008 年）421-437（432-433）頁。類似の事例である水俣病待たせ賃訴訟最高裁判決（最二小判 1991（平成 3）・4・26 民集 45 巻 4 号 653 頁）に対する評価につき参照，宇賀・前掲註 28）［行政法研究］47-48 頁。

はないようにも思われる。

2. 課税処分の手続

(1) 理由附記判例法理

　我が国の行政手続の基本原則の中でも，理由附記（理由提示）原則は最高裁判例の積み重ねにより形成されてきた。そしてその際に重要な舞台となったのが，青色申告更正処分に関する理由附記判例法理であった。その内容は，①理由附記の目的は行政庁の判断の慎重性確保と不服申立の便宜付与にある，②理由附記の程度は処分の性質・理由附記を定めた法律の規定の趣旨目的で決定される，③附記された理由以外から処分理由を推知できるかどうかは考慮されない，④後続の異議決定の理由附記によって先行処分の理由附記の瑕疵は治癒されない，の4点にまとめられる[34]。この考え方が他の行政分野にも拡大し[35]，最終的には行政手続法8条（申請に対する処分），14条（不利益処分）に実定化されるに至った。

　これに対して，理由提示以外の行政手続については，租税法にはみるべき要素が多くないのが実情である。その原因の1つは，行政手続法及び個別法（特に国税通則法）により行政手続法の手続ルールのほとんどが適用除外とされてきたことにある。行政手続法は，国税犯則事件（同法3条1項6号）と行政調査（同項14号）を適用除外としている。また2011年改正以前の国税通則法74条の2は，国税に関する処分については一律に行政手続法の適用除外とし，租税行政指導については書面交付請求（行政手続法35条3項）と複数の者を対象とする行政指導（同法36条）の規定の適用を除外した。もっとも，2011年改正では行政処分に関して理由提示（行政手続法8・14条）の規定の適用除外が外され，白色申告のように個別の租税法で理由附記が義務付

---

34) 久保茂樹「納税者の手続的権利と理由附記」芝池義一他編『租税行政と権利保護』（ミネルヴァ書房・1995年）137-168 (138-143) 頁，原田大樹「判批」法政研究（九州大学）78巻4号（2012年）1129-1145 (1134-1137) 頁，佐藤繁「課税処分の理由提示における実務上の諸問題」税務大学校論叢72号（2012年）209-402 (224-233) 頁。
35) 例えば，旅券法の理由附記（最三小判1985(昭和60)・1・22民集39巻1号1頁）や，情報公開における非開示決定の理由附記（最一小判1992(平成4)・12・10判時1453号116頁）が挙げられる。

けられていない場合でも行政手続法の理由提示規定が及ぶこととなった。

　課税処分において行政手続ルールが発達してこなかったことには次の3つの理由があるとされてきた[36]。第1は，租税法律主義の観点から租税法それ自体が一義的明確に規定され，さらに透明性を高めるために租税通達が十分整備されていることである。租税通達が解釈基準として機能すること（⇨第1章）とも相まって，租税法においては「基準準拠型行政スタイル」[37]が未発達に止まっている。第2は，処分が大量・反復的で，専門技術性が高いことである。しかし，類似の性格を持つと考えられる社会保障給付と比較しても，租税法における課税処分に対する行政手続法の適用除外の範囲はあまりに広い。第3は，処分のほとんどが金銭の納付を命ずる金銭に関する不利益処分であり，行政手続法によって聴聞・弁明の機会の付与から除外されている（行政手続法13条2項4号）ことである。金銭の納付を命ずる処分であれば，事後的な権利救済に任せても足りるという発想がここに見られる[38]。加えて，課税処分の内容は，課税要件事実の存否や事実の法的評価によってほとんどが決せられるという構造的特色を持っている。そして，事実の法的評価に関して行政の裁量判断の余地が認められない（要件裁量の否定）とすれば（⇨第1章），課税処分段階において手続を発達させる意義は理由提示以外には見当たらず，むしろ事実を調査する税務調査に関する手続を整備させるべきことになると思われる。

(2) 税務調査手続

　前述の通り，行政調査手続に対しては行政手続法の適用はなく，また行政調査を対象とする一般的手続法制も整備されていない状況にある。そのため行政法総論における行政調査論は，個別法に定められている調査手続の規定と，関連する諸判例の集積の域を出ていない。これに対して租税法において

---

[36] これらを批判的に検討している論攷として参照，岩崎政明「租税制度における行政手続の課題」ジュリスト1304号（2006年）32-39（34-36）頁。

[37] 大橋洋一「政策実施総論」同編『政策実施』（ミネルヴァ書房・2010年）11-36（23）頁。同『行政法Ⅰ［第2版］』（有斐閣・2013年）58頁は，現代型一般原則の1つに「基準準拠原則」を位置付ける。

[38] 仲正『行政手続法のすべて』（良書普及会・1995年）85頁。

は，2011年の国税通則法改正において税務調査手続が整備され，質問検査の通知，協議，身分証明書の携帯，終了時の通知・説明などの規定が一般的に導入された（国税通則法74条の2～74条の13）。ここに規定されている内容や，この規定に基づく裁判例により形成される諸ルールは，今後の一般的行政調査手続法制の整備に向けた大きな手がかりとなると思われる[39]。

調査手続に関するルール形成が進めば，調査手続に瑕疵があった場合にこれに基づく課税処分が手続瑕疵を理由に取り消されうるかという問題にも，新たな考え方が求められるかも知れない。現在の有力な見解によれば，調査手続と課税処分とは相互に独立した手続であるから，調査手続の瑕疵が課税処分の取消をもたらすことはない。調査手続に問題があれば，課税要件事実の確定に誤りがある可能性が高いものの，そうであるとすれば端的に課税処分の実体面の違法（要件の不充足）と構成すればよく，敢えて調査手続の瑕疵の主張をする必要はないと考えられる[40]。この立場によれば，調査手続の瑕疵そのものに対する救済手段としては国家賠償請求しかないことになる[41]。しかし，調査手続ルールの法定化が進めば，法定の手続に従って税務調査を受ける地位が納税者側に認められ，その地位の侵害が単独で後続の課税処分の取消事由になるという認識が広がるかも知れない[42]。また現状においても，例えば不正の手段を通じて得た情報に基づく税務調査を前提になされた課税処分に関しては，調査手続の重大な瑕疵を理由に課税処分の単独の取消事由となりうるように思われる[43]。

---

39) 税務調査と守秘義務の関係につき参照，吉村政穂「租税法における情報の意義」金子宏編『租税法の発展』（有斐閣・2010年）161-173頁。
40) 塩野・前掲註7) 265頁。このような考え方をとる裁判例として，大阪地判1984（昭和59)・11・30判時1151号51頁がある。
41) 岩崎政明「課税処分の違法を理由とする国家賠償請求の可能性と範囲」金子宏編『所得課税の研究』（有斐閣・1991年）465-491（485）頁。
42) 行政手続法整備後の行政手続の瑕疵に関してこのような議論を提示するものとして参照，塩野・前掲註7) 321頁，大橋・前掲註37)［行政法Ⅰ］126頁。
43) このような見方を示唆する実定法の規定として，租税条約等の実施に伴う所得税法，法人税法及び地方税法の特例等に関する法律（実施特例法）8条の2第5号がある（⇨第3章）。同号は，条約に基づく情報交換を拒否する事由として「当該相手国等から当該情報の提供の要請があった場合にあっては，当該相手国等税務当局が当該要請に係る情報を入手するために通常用いるべき手段を用いなかったと認められるとき」を挙げている。行政手続の瑕疵の法効果一般

3. 課税処分の無効

(1) 行政行為の無効の理論

　納税義務の確定のために課税処分という法技術を用いている趣旨は，前述の通り，要件事実の存否につき納税者と課税庁の判断が食い違った場合に，特別の争訟手段を早期にとらなければ課税庁の判断が通用するというしくみを設定するためと考えられる。しかしこの一応の通用力は，課税処分のすべてに認められるわけではない。行政法学は戦前から行政行為の無効の理論を発展させており，課税処分が無効とされた場合には，戦前においては通常裁判所における不当利得返還請求訴訟が許容され[44]，戦後においては課税処分の無効を前提とする不当利得返還請求訴訟や課税処分の無効確認訴訟が認められてきた。

　行政行為の無効の区別基準をめぐって，行政法学は次のような展開を遂げてきた。美濃部達吉博士は，行政行為の無効の区別基準は行政行為の効力要件を欠いているかどうかにより決せられると考えており，例えば無権限者による行政行為や内容が不能な行政行為は無効とされていた[45]。これに対して田中二郎博士は，「個々の場合に，法規の合理的解釈により決定せねばならぬのであって，瑕疵が重大明白にして，法の目的とせる所が，その法に違反する行為の効果を全然否定することを要求するや否やによって決せねばならぬこととなる」[46] として，行政行為の無効が具体的な法規定の解釈問題であることを強調した。そして，行政行為の無効の問題が救済手段の問題であることを重視して，「行政行為に内在する瑕疵が重要な法規違反であることの外，瑕疵の存在が客観的に明白なる場合にのみ無効」[47] との基準を打

　につき参照，原田・前掲註27) 382-384 頁。
44) 田中二郎「公法上の不当利得に就て」同『公法と私法』（有斐閣・1955 年）43-62 (56) 頁 [初出 1938 年]。
45) 美濃部・前掲註3) 271 頁。
46) 田中二郎「行政行為の瑕疵」同『行政行為論』（有斐閣・1954 年）1-107 (26) 頁 [初出 1931 年]。
47) 田中二郎「行政行為の無効原因たる瑕疵」同『行政行為論』（有斐閣・1954 年）139-156 (150) 頁 [初出 1939 年]（傍点原文）。

ち立てた。ここで瑕疵の明白性を要求するのは、「瑕疵の存在が客観的に明白でない場合には、重大な瑕疵であっても、先ずその為めの行政機関の認定を俟ってその効力を失はしめるのが、実定制度の精神に合するであらうから」[48]である。この重大明白説に対しては、「明白性」の意味するところや、その要件の必要性をめぐる批判が提起されてきた。中でも遠藤博也博士は、具体的な紛争状況における利益衡量問題として無効の問題を位置付け、明白性の意味内容も事案の具体的な利益状況によって異なってくることを指摘した[49]。さらに塩野宏教授は、重大性要件を基本に、事案に即した利益衡量的な加重要件として明白性を位置付け、課税処分のように利害関係を有する第三者がいないことがある場合には、明白性を要求する必要は必ずしもないことを示唆している[50]。

(2) 課税処分の無効要件

行政行為の無効に関する判断基準をめぐる最高裁判決としては、課税処分関係の次の3つの判決がしばしば紹介される。これらの諸判例が前述の行政法学の理論動向とどのような関係に立っているかを次に検討する。

重大明白説、とくに明白性の意味内容を最高裁が明確にした事件が、山林所得課税に関する最三小判1961(昭和36)・3・7民集15巻3号381頁である。この事件では、示談契約に基づく示談金に山林所得税が課税されないように所有権を留保する記述がなされており、課税庁はこれを前提に山林所得の課税を行ったところ、その名宛人が、実際に所得が帰属しているのは示談契約の相手方であると主張して処分の無効確認訴訟を提起した。そして控訴審段階で、証拠調べの結果、山林所得が示談契約の相手方に帰属していることが判明した。この事件で最高裁は、行政処分の無効の基準として重大明白説を採用することを確認した上で、明白性について以下のような判示を行った。

---

48) 田中・前掲註47) 150頁。
49) 遠藤博也『行政行為の無効と取消』(東京大学出版会・1968年) 380頁。さらに、重大性要件に関しても利益衡量で判断する余地を認める見解として参照、芝池義一『行政法総論講義 [第4版補訂版]』(有斐閣・2006年) 161頁。
50) 塩野・前掲註7) 163頁。

> 「瑕疵が明白であるというのは，処分成立の当初から，誤認であることが外形上客観的に明白である場合を指すものと解すべきである。もとより，処分成立の初めから重大かつ明白な瑕疵があつたかどうかということ自体は，原審の口頭弁論終結時までにあらわれた証拠資料により判断すべきものであるが，所論のように，重大かつ明白な瑕疵があるかどうかを口頭弁論終結時までに現われた証拠及びこれにより認められる事実を基礎として判断すべきものであるということはできない。また，瑕疵が明白であるかどうかは，処分の外形上，客観的に，誤認が一見看取し得るものであるかどうかにより決すべきものであつて，行政庁が怠慢により調査すべき資料を見落したかどうかは，処分に外形上客観的に明白な瑕疵があるかどうかの判定に直接関係を有するものではなく行政庁がその怠慢により調査すべき資料を見落したかどうかにかかわらず，外形上，客観的に誤認が明白であると認められる場合には，明白な瑕疵があるというを妨げない。」

このように最高裁は，明白性の意味内容につき，いわゆる調査義務説を排除して外観上一見明白説を採用した。この事件においては，山林所得の課税を避ける為に原告自身が示談契約書を操作しており，この結果として実際には所得の帰属に欠ける原告に対する課税処分がなされている。事実関係が錯綜したために課税庁が真の帰属を判断できず，錯綜の原因が原告の行為にあるという事情が，重大明白説・外観上一見明白説を最高裁がこの事件で採用した基盤にあると考えられる。

これに対して，偽造登記に関する最一小判 1973 (昭和 48)・4・26 民集 27 巻 3 号 629 頁では，最高裁は明白性に言及せず，課税処分を無効とした。この事件では，課税処分の名宛人とは別の人物が，名宛人には無断で土地建物を売買し，売買契約書や登記申請書等を偽造していた。課税庁は登記の内容を前提に課税処分を行ったところ，その名宛人が所得税賦課決定の無効確認訴訟を提起した。この事件で最高裁は，課税処分の無効に関して次のような判断基準を示した。

> 「一般に，課税処分が課税庁と被課税者との間にのみ存するもので，処

分の存在を信頼する第三者の保護を考慮する必要のないこと等を勘案すれば，当該処分における内容上の過誤が課税要件の根幹についてのそれであつて，徴税行政の安定とその円滑な運営の要請を斟酌してもなお，不服申立期間の徒過による不可争的効果の発生を理由として被課税者に右処分による不利益を甘受させることが，著しく不当と認められるような例外的な事情のある場合には，前記の過誤による瑕疵は，当該処分を当然無効ならしめるものと解するのが相当である。」

最高裁は，無効の判断基準の1つである重大性については「課税要件の根幹」の過誤と定式化する一方，明白性については言及していない。そしてその代わりに，徴税行政の安定とその円滑な運営の要請という要素を挙げ，これを考慮してもなお不可争的効果の発生による不利益を原告に甘受させることが著しく不当と認められる例外的な事情があれば，課税処分は当然無効とした。そして本件では，第三者の登記操作によって突如課税処分を受けたという事情を重く見て，上記のような例外的な事情に該当すると判断した。

課税処分の無効に関するこれら2つの判断基準の相互関係を知る手がかりとなるのが，ネズミ講に係る最三小判2004(平成16)・7・13判時1874号58頁である。この事件では，ネズミ講組織が税務対策の観点から法人の形態をとり，法人税を納付していた。その後，この組織は破綻し，その破産管財人らが課税処分の無効を前提に還付金請求訴訟を提起した。原審判決は，当該組織には社団の実体がなく，この点に注目して課税要件に関する重大な過誤の存在を認め，徴税行政の安定の要請を斟酌しても重大な瑕疵があるとして課税処分を無効と判断した。これに対して最高裁は，まず明白性要件について，当該組織の定款の規定上は団体の外観が認められ，仮に課税庁の法人でない社団要件の具備の認定が誤りであるとしても，更正処分成立の当初から外観上客観的に明白とはいえないとした。また，仮に更正処分の要件の根幹についての過誤があるとしても，本件では税務対策の観点から法人組織の外観を作出して高額の所得税負担を逃れているから，徴税行政の安定等の要請を斟酌してもなお不可争的効果の発生による不利益を甘受させることが著しく不当と認められるような例外的な事情があるとも言えないとした。この判示を前提とすると，最高裁は重大明白説を放棄したわけではなく，事案に

よって使い分け，ないし併用する姿勢を示しているように思われる。

　以上の3つの最高裁判例を踏まえ，課税処分の無効に関する判断基準の特色を次の3点に整理することとしたい。その出発点となるのは，課税処分が法律で定められた納税義務の成立を基礎付ける要件事実の存否を認定するものであること，行政行為の無効の判断にあたっては具体的な紛争状況を前提とする利益衡量[51]が重視されていることである。第1に，行政行為の無効は取消訴訟の排他的管轄と出訴期間制限の例外をなすものであるから，課税処分の内容上の違法が著しいこと，換言すれば課税要件に関する根幹の過誤があることが前提として要求される。例えば，所得の帰属を欠くにもかかわらず課税処分がなされた場合には，課税要件に関する根幹の過誤があると言ってよいと思われる。第2に，瑕疵の重大性に加えて無効の要件をさらに要求する趣旨は，重大な瑕疵ある処分により権利利益が侵害された名宛人と，処分を無効とすることにより害される第三者の信頼保護ないし法的安定性との比較衡量にある[52]。その際の重要な考慮要素となっているのは，課税要件の根幹に過誤がある処分が出されたことに関する名宛人の帰責性である。税金対策のために一定の外観を作出し，それが原因で課税庁が誤った処分を行った場合には明白性の基準への言及がなされている[53]のに対して，そのような事情がない場合には明白性とは異なる要件が導出されている[54]。第3に，処分を無効とすることにより害される第三者の信頼保護ないし法的安定性として，さまざまな「第三者」が想定されうる。もともと課税処分は課税庁と納税者との間の二面関係における処分であるから，処分を無効にすることにより影響を受ける第三者はあまり想定できない。しかし，滞納処分・強制執行段階まで視野に入れれば，名宛人等に対する債権者は，経済的

---

[51] 首藤重幸「税務行政訴訟における無効確認訴訟」日税研論集43号（1997年）223-252（237）頁は，課税処分の無効の判断の際の考慮要素として，納税者自身の責任，税務職員の違法な課税処分回避の可能性，信頼保護，租税確保手段などを挙げている。
[52] 可部恒雄「判解」『最高裁判所判例解説民事篇昭和48年度』（法曹会・1977年）532-550（544）頁はこの点を強調する。
[53] 同旨，深澤龍一郎「判批」法学論叢（京都大学）159巻4号（2006年）103-113（110）頁。
[54] 「重大明白説」の枠組で最高裁のこれまでの判断方法を統合的に整理する見解として参照，大橋・前掲註37）[行政法Ⅰ] 190頁。

な利害関係を有する第三者となる。この範囲までの第三者が想定できる事例では，最高裁は明白性の要件に言及する傾向にある。このような利害状況においては，課税要件の認定判断に関する重大な瑕疵が誰にとっても明らかであるということが，第三者の権利利益の保護の観点から一定の意味を持つ。最高裁はさらに，課税処分を無効にして法的安定性を覆すことにより影響を受ける第三者が具体的に想定できない場合でも，徴税行政に対する信頼の維持を確保する観点から，行政行為の無効を認めない可能性を示している。それが偽造登記に関する事件で最高裁が示した判断基準の意味であると思われる。ここで，徴税行政に対する信頼の維持とは，換言すれば，租税法関係における早期の権利義務確定を平等に取り扱うこと，あるいは徴税行政の執行面における平等性を確保することであると考えられる（⇨第1章）。

III. 課税処分の効果

1. 課税処分の効果

(1) 争点主義と総額主義

　課税処分に対する争訟の対象をめぐり，租税法学では争点主義と総額主義の対立が知られている[55]。争点主義とは，課税処分に対する争訟の対象を処分理由との関係における税額の適否とする見解であり，総額主義とはこの点について確定された税額（租税債務）とする見解である。この議論の実益は，争訟段階において課税処分の理由の差替えがどの程度許されるかという点にある。争点主義の場合には理由の差替えが制限され，原処分の基本的課税要件事実の同一性が失われない範囲において差替えが許されるにとどまるのに対して，総額主義の場合には理由の差替えは自由に認められるとされる。租税法学においては，更正処分に対する理由附記を法律が要求している趣旨から，争点主義に対する評価が高い傾向にある。これに対して最高裁は，理由附記が2011年改正まで要求されてこなかった白色申告に関しては理由の差替えを幅広く認め[56]，理由附記が必要な青色申告に関しても処分

---

55) 金子・前掲註14) 910-913頁。

要件事実のレベルに関しては差替えを認めている[57]。

(2) 課税処分の効果

次にこの問題を，行政法学の観点から検討する[58]。行政法学では，取消訴訟の訴訟物については処分の違法性一般であるとの理解が一般的であり[59]，「行政行為が違法であれば，法治主義の原則からしてそれは本来効力を有すべきでないという原則をより直截に表現したもの」[60]と評価されている。このような処分の効果に注目する見方からすれば，課税処分取消訴訟においては，確定された納税義務の違法性が訴訟物となると考えられる[61]。

それでは，上記のような総額主義的理解を前提とすれば，課税処分に係る理由の差替えは訴訟物の範囲内であれば自由に認められることになるだろうか。課税処分に関しては次の2つの特殊性を考慮する必要がある。1つは，行政の調査義務との関係である。前述の通り，租税法関係においては課税要件事実の存否によって，納税義務の成否を判断できる構造になっている。しかし立法者は，納税義務の確定のために課税処分という法技術を用いている。これは，要件事実の存否につき納税者と課税庁の判断が食い違った場合に，特別の争訟手段を早期にとらなければ課税庁の判断が通用するというしくみを設定したものである。そして，課税庁の判断に一応の優先権が認められることの裏返しとして，行政側には課税要件事実の存否について十分に調査し，慎重にその法的評価を下す責任が認められる。このような行政の調査

---

56) 例えば，最三小判1992（平成4）・2・18民集46巻2号77頁。
57) 最三小判1981（昭和56）・7・14民集35巻5号901頁。
58) 争点主義・総額主義に対する行政法学からの基本的な見方を示すものとして参照，新山一雄「行政訴訟，民事訴訟，税務訴訟」碓井光明他編・金子宏先生古稀祝賀『公法学の法と政策 下巻』（有斐閣・2000年）71-99（81）頁。
59) これに対し，取消訴訟の訴訟物につき二分肢説を採用する見解として参照，岡田正則「行政訴訟における取消訴訟の訴訟物」佐藤英善＝首藤重幸編・新井隆一先生古稀記念『行政法と租税法の課題と展望』（成文堂・2000年）3-32（11）頁，同「税務行政訴訟における取消訴訟の訴訟物」日税研論集43号（1997年）55-123頁。
60) 塩野・前掲註24）90頁。
61) 税法学の立場から争点主義の問題点をクリアに指摘するものとして参照，岡村忠生「税務訴訟における主張と立証」芝池義一他編『租税行政と権利保護』（ミネルヴァ書房・1995年）297-328（314-317）頁。

義務の観点からすれば、課税処分の際に行政が一定の課税要件について事実関係の調査を十分に行わず、あるいはその法的評価について判断を示さなかったにもかかわらず、争訟段階になってこのような作業を行うことは許されない。ただし、行政側が一定の課税要件についてその該当性を検討して処分を行い、その後の争訟段階に至るまでの調査の継続の結果、同一の課税要件に関する新たな事実が確認できた場合には、理由提示によって示された根拠事実の範囲を超えない限りで理由の差替えが許容される[62]。もう1つは、課税処分の理由を変更する手段として課税庁には再更正という手段が国税通則法上認められている（同法26条）ことである[63]。

2. 課税処分の撤回と再処分

(1) 消滅説と併存説

そこで次に、再更正の法的性格について検討する。国税通則法上、課税庁は、申告または決定によって確定した納税義務を、更正・再更正によって何度も（更正等の期間制限の範囲内で）変更することができる。その際に問題となるのは、更正・再更正とその前に行われた申告・決定との関係である。この点をめぐっては、更正・再更正が行われればそれ以前の申告や課税処分は効力を失うとする消滅説（吸収説）と、更正・再更正によってもそれ以前の申告や課税処分は存続したままであり、それとの差の部分が変更されるにすぎないとする併存説（独立説）の2つの考え方が見られる。租税法学においては、更正・再更正がそれ以前になされた申告・課税処分の課税要件事実を変更することがありうることから、本質論としては消滅説が妥当としつつ、消滅説では租税法律関係の安定性が損なわれることから、国税通則法が両者を併存させる規定を置いたとする理解が一般的である[64]。これに対して判

---

62) 調査義務を基軸とする理由の差替え制限の考え方につき参照、小早川・前掲註24) 208-212 頁。さらに、交告尚史『処分理由と取消訴訟』（勁草書房・2000年）232頁は、基因事実が同じでも評価の観点が異なれば理由としては別個という認識を持つべきことを説く。

63) 宇賀・前掲註28)［行政法概説Ⅱ］252頁は、再更正処分及びその期間制限が法定されていることは、再更正処分によらない理由の追加・差替えを認めない趣旨とも解しうるとする。

64) 金子・前掲註14) 803頁、谷口勢津夫『税法基本講義［第4版］』（弘文堂・2014年）158頁。

例は，増額再更正処分については消滅説[65]，減額再更正処分については併存説（一部取消説）をとっているとされる[66]。

(2) 課税処分の効果から見た撤回・再処分

そこで，判例が増額再更正と減額再更正で法的性格を分けて議論している理由[67]を処分の効果の観点から検討する。

一般に行政庁は，先行処分の職権取消・撤回と新たな処分という方法で，法関係を変動・再確定させることができる。ただし，先行処分の量的な要素を減少させるにとどまる場合には，先行処分の一部取消・撤回という方法をとりうる。課税処分の法的効果は，納税義務の確定にある。そこで，税額が申告ないし課税処分（決定・更正）で確定された範囲を下回る変更（＝減額（再）更正）の場合には，一部取消（＝以前の課税処分等との併存）と扱うのが自然であろう。これに対して，税額が申告ないし課税処分で確定された範囲を上回る変更（＝増額（再）更正）の場合には，一部取消とは観念できず，前の課税処分の職権取消・撤回と新たな処分（再処分）と考えるのが一般的と思われる。しかし，決定・更正・再更正と続く課税処分の特殊性として，いずれも一つの租税債務を確定する行為であって，租税債務それ自体は一体であることが挙げられる[68]。そこで，増額再更正の場合に課税処分が一旦消滅することによる行政執行上・行政救済上の不都合を回避するため，国税通則法が規定を置いて処分の存続を法定していると考えるべきであろう。

---

65) 最三小判1967(昭和42)・9・19民集21巻7号1828頁［まからずや事件］。
66) 最二小判1981(昭和56)・4・24民集35巻3号672頁。
67) 加藤幸嗣「更正・再更正の法構造について」碓井光明他編・金子宏先生古稀祝賀『公法学の法と政策 下巻』（有斐閣・2000年）23-49（42）頁は，最高裁の立場について，「いずれかの学説に依拠して事柄を割り切ることによって統一的な処理を行うことよりも，むしろ，増額再更正と減額再更正の双方の法構造の間の微妙な差異に着目した上で，端的に述べれば便宜をやや優先させつつ事柄を処理するという方途を選択している」と評価している。行政法学から見た国税通則法の更正・決定・再更正規定の解釈論につき参照，塩野宏「判批」自治研究45巻5号（1969年）149-168（155-159）頁，髙木光「取消訴訟係属中の処分の変更」碓井光明他編・金子宏先生古稀祝賀『公法学の法と政策 下巻』（有斐閣・2000年）403-421（409-411）頁。
68) 逆吸収説（南博方「租税訴訟の訴訟物」同『租税争訟の理論と実際［増補版］』（弘文堂・1980年）117-131（123）頁，田中二郎『租税法［第3版］』（有斐閣・1990年）370頁）が重視しているのはこの点であると思われる。

3. 課税処分の公定力

(1) 公定力と国家賠償

　課税処分は行政行為の一種であり，行政行為の効力の1つである公定力を伴うものと考えられる。公定力とは，「瑕疵ある行政行為も，原則として，瑕疵あるが故をもって直ちにその効力を否定されることなく，その取消のあるまでは，有効な行為として尊重されなければならない」[69] 効力を言う。公定力は，この定式からも判明するように，行政行為の法的効果に関する議論である。このため，「法効果を攻撃しない限り，当該行政行為の適法・違法が取消訴訟以外の訴訟で問題となっても，公定力と抵触するものではない」[70]。例えば，違法な行政行為による損害塡補を求める国家賠償訴訟においては，確かに行政行為の違法性が裁判所において審査されるものの，請求認容判決が下されても行政行為の効力が否定されるわけではないから，公定力とは抵触しないことになる。

　しかし，行政法学においては，税金については上記の理解があてはまらないとの見解が有力である。その理由は，課税処分取消訴訟と国家賠償訴訟とで原告が主張するのはいずれも金銭上の問題になるからとされる[71]。そのため，このような場合には国家賠償請求権の成立には故意又は重過失を要求すべきとの解釈論が示されている[72]。これに対して，固定資産税の過納金に係る国家賠償請求訴訟である最一小判2010(平成22)・6・3民集64巻4号1010頁は，行政処分が違法であることを理由とする国家賠償請求の際に予め処分の取消判決を得る必要がないのは，「当該行政処分が金銭を納付させることを直接の目的としており，その違法を理由とする国家賠償請求を認容したとすれば，結果的に当該行政処分を取り消した場合と同様の経済的効果が得られるという場合であっても異ならない」と判示した。多数意見はその理由につき，税金の場面で国家賠償を制限する理由も特別な規定もないこと

---

69) 田中二郎『行政法総論』(有斐閣・1957年) 276頁。
70) 塩野・前掲註7) 147頁。
71) 塩野・前掲註7) 148頁，碓井光明「違法な課税処分による納付税額の回復方法」金子宏編『租税法の発展』(有斐閣・2010年) 542-565 (559) 頁。
72) 塩野・前掲註24) 327頁註 (4)。

を挙げている（宮川光治裁判官補足意見はこのことをより明確に述べている）。また，金築誠志裁判官補足意見は，固定資産の価格評価においては納税者にとって税額計算の基礎となる登録価格の評価が過大かどうか直ちには判明しない場合が多いこと，国家賠償と取消訴訟とで勝訴判決が得られるための要件が異なっていることを挙げている。この判決は金銭の納付を直接念頭に置いているものの，金銭給付に関する行政処分にも射程は及ぶと考えられる[73]。

(2) 金銭債権をめぐる訴訟方法

本章においては，課税処分の法的性格を，法律で定められた納税義務の成立を基礎付ける要件事実の存否を認定し，その法的効果として，一定の金銭を租税として国家に対して支払う義務（＝納税義務）が確定するものと定式化し，これを出発点に課税処分をめぐる要件面・効果面の法的論点を検討する作業を行ってきた。行政行為の公定力が行政行為の法的効果の面の問題であるとすれば，課税処分の法的効果である一定の金銭の支払義務の確定が，国家賠償請求とどのような関係に立つかが問題となる。課税処分の違法を理由とする国家賠償請求は，課税処分の法的効果を否定することを求めるものではなく，課税処分により生じた納税義務と同額の賠償を請求するにとどまるものであるから，公定力とは関係がないことになる[74]。租税関連事件においては，確かに抗告訴訟の系統と国家賠償訴訟とで救済の方法（レメディ）が同じになるものの，その理由のみで（明確な法律の規定なしに）国家賠償請求が認められる期間を不法行為債権に関する時効より短くしたり，国家賠償請求権の成立要件を厳格化したりすることは困難と思われる。

---

73) 宇賀克也『行政法概説Ⅰ[第5版]』（有斐閣・2013年）340頁。
74) 同旨，占部裕典「課税処分を巡る国家賠償訴訟の特殊性」同『租税法の解釈と立法政策Ⅱ』（信山社・2002年）805-832 (819) 頁[初出1999年]，阿部泰隆『行政法解釈学Ⅱ』（有斐閣・2009年）170頁。同様の考え方は，社会保障給付にもあてはまる。すなわち，給付決定取消・撤回の効果が一定額の給付請求権の不存在の確定にあるとすれば，その法的効果を否定せずにそれと同額の国家賠償請求をしたとしても，行政行為の公定力とは抵触しない（北村和生「金銭の給付や徴収に関する行政処分と国家賠償請求」水野武夫先生古稀記念論文集刊行委員会編・水野武夫先生古稀記念『行政と国民の権利』（法律文化社・2011年）20-36 (33) 頁）。

他方で，課税処分の効果に課税要件事実の確定力まで含ませ，それに遮断効果[75]を認めれば，課税要件事実の存否が先決問題[76]（⇨ことば）となっている国家賠償訴訟において，課税処分が有効のままでは賠償が認められないと言えるかも知れない。行政行為の分類論に関する伝統的な理解によれば，準法律行為的行政行為の「確認」行為には既存の法律事実・法律関係の存否・正否を公の権威をもって確定し宣言する意味があり，その効果として「新たな判断の資料が生じた場合は別として，これを自由に変更し得ない効力（不可変更力または実質的確定力）を生ずる」[77]とされていた。しかし，当時から確定力の概念が多義的で議論が錯綜していたこと[78]，戦後「準法律行為的行政行為」の類型自体に疑念が向けられたためその効力に関する議論が進展しなかったことから，確定力の考え方に関して行政法総論にはこれ以上の蓄積がないのが実情である。もっとも，行政行為の効力論一般との関係で，確定力に関する理論的な再検討の作業は今後必要と考えられる[79]。

> ● ことば ●
>
> ## 先決問題
>
> 先決問題とは，伝統的には，「或る訴訟事件に付き其の判決を為すべき前提として先づ決することを要する問題で，而も其の問題の性質が本来他の裁判所の権限に属するもの」（美濃部達吉『行政裁判法』（千倉書房・1929 年）84 頁）と定義されていた。戦前は通常裁判所（民刑事事件）と行政裁判所（行政事件）とが分離していた。そこで，例えば脱税罪の裁判を刑事の裁判所で裁判を行うにあた

---

75) 遮断効果の概念につき参照，小早川光郎「先決問題と行政行為」雄川一郎編・田中二郎先生古稀記念『公法の理論（上）』（有斐閣・1976 年）371-404（391）頁。遮断効果と違法性の承継の関係につき参照，原田・前掲註 27) 76 頁。
76) 戦前における先決問題の議論状況につき参照，柳瀬良幹「先決問題の観念」同『行政法の基礎理論 第 2 巻』（弘文堂書房・1941 年）3-40 頁［初出 1939 年］。
77) 田中・前掲註 70) 311 頁。美濃部・前掲註 3) 224-226, 260-262 頁にもほぼ同様の記述が見られる。
78) 田中二郎「行政法に於ける確定力の理論」同『行政行為論』（有斐閣・1954 年）173-251（239）頁［初出 1934 年］。
79) 特許法を素材とする先駆的業績として参照，興津征雄「行政作用としての特許権発生と特許無効」知的財産法政策学研究（北海道大学）38 号（2012 年）13-75（46）頁。

り，被告人が納税義務を有するかの審査がその前提として必要となり，その判断は行政庁または行政裁判所の権限に属しているから，これが先決問題にあたるとされていた。

　戦後，行政裁判所が廃止されたことで，上記のような意味での先決問題は消滅した。しかし，行政行為によって形成・確定された義務とその後の民事紛争におけるその義務の取り扱いという形で，戦前の先決問題に類似する状況が残された。例えば，隣人が土地の境界を越えて自己の建築物を建築することが設計図に含まれた建築確認を得た場合，土地の所有権確認訴訟（民事訴訟）を提起することができるか，という問題が挙げられる。これらは，行政行為の公定力の範囲の問題として議論されることが現在では一般的である。

おわりに

　本章では，行政法総論において行政行為の典型例とされている課税処分について，租税法における議論を参照しながら，行政行為論への示唆を得る作業を行った。その際に，できるだけ一貫した視点から検討するために，①課税処分は，法律で定められた納税義務の成立を基礎付ける要件事実の存否を認定し，その法的効果として，一定の金銭を租税として国家に対して支払う義務を確定させる性格を持つこと，②租税債務関係の確定に課税処分を用いている趣旨は，課税要件事実の存否につき納税者と課税庁の判断が食い違った場合に，特別の争訟手段を早期にとらなければ課税庁の判断が通用するというしくみを設定するためであること，の2点を基軸に，行政法総論の現在の到達点から租税法の諸論点を，相互の抵触をできるだけ避けるように説明することに努めた。

　この作業からは，課税処分が今なお行政行為の一般理論に与える多大な示唆・刺激とともに，行政行為論のさまざまな弱点も浮き彫りにされたように思われる。他方で，租税法学と行政法総論との相互学習において留意すべき点も認められる。すなわち，行政法総論はこれまで，課税処分が租税債権に関する要件事実を認定する性格を有していることにあまり注意を払っておらず，それゆえ課税処分の特殊性に配慮しないまま一般化作業を行ってきた傾向がある。また，租税法学は租税債権関係が法定債権関係であることを過度に強調し，課税要件面の確定に行政の認定判断が介在している構造の特殊性

やその意味を重視しない傾向があるように思われる。両者の対話が双方に大きな学問的成果をもたらしうるとすれば，相互学習が「学者の狭い専門意識に阻まれることがもしあるとすれば，それは双方にとって大きな損失であるといわねばならない」[80]。本章が，租税法と行政法総論との相互学習の1つの捨て石となれば幸いである。

---

80) 三ヶ月章「強制執行と滞納処分の統一的理解」同『民事訴訟法研究 第2巻』(有斐閣・1962年) 89-218 (101) 頁 [初出 1960 年]。

第3章

行政執行国際ネットワークと国内公法

■ 本章への架橋

　企業が国境を越えて経済活動を展開する経済のグローバル化は、もはや日常の風景となっている。企業は利潤を求めて、競争条件のよい国に立地しようとする。その際に重要な要素となるのが、規制と課税である。より低い税負担になるように、企業は立地を変えたり、現地法人を設置したり、企業内で取引を行ったりする。これに対して国家の側は、国境を越えて規制・課税権限を及ぼすことが容易にはできない。各国の行政機関による執行の分散的構造を前提としつつ、相互協力を進める行政執行国際ネットワークは、こうした背景から発達してきた。

　国際租税法は、租税法学における現代的な重要分野の1つである。中でも租税実体法上のさまざまな論点、とりわけ法人に対する課税に関する諸ルールへの関心が、これまで租税法学においては中心であった。しかし最近では、租税執行共助や相互協議といった、手続法的な要素に関する研究も増え始めている。そこで、行政法学からもこの問題に焦点を当てることで、行政調査・行政上の義務履行強制・抗告訴訟の対象と審理といった行政法総論上の基礎的論点に対する反省の素材を得ることが、本章の目的である。

　本章では、まず経済のグローバル化によって引き起こされている政策実現過程のグローバル化の現状とその類型を紹介し、国際租税法が「国際ネットワーク」の一例であることを明らかにしたうえで、行政法学から見た国際租税法の理論的課題を提示する。

　次に、二国間租税条約や執行共助条約に規定されている執行共助のしくみと法的問題点を検討する。具体的には、税務調査（例解 47/201頁）と国際的な情報交換との関係、行政処分の送達手続、徴収共助（例解 76/217頁）と法治主義・租税法律主義との関係（例解 76/173頁）を取り扱う。

　最後に、二国間租税条約をめぐる紛争（あるいは紛争の予防）の問題を扱う。

> 条約が紛争解決手続として以前から規定していたのが相互協議制度であり，機能的には行政争訟（例解 88/208頁）に代替する面がある。あわせて，条約の適用をめぐる紛争を回避するための国内手続（相互協議を伴う場合もある）である事前確認制度についても取り上げる。さらに，近時の二国間租税条約で増加傾向にある強制仲裁手続についても分析対象に加え，抗告訴訟における和解の許容性の問題を検討することとしたい。

はじめに

ある社会問題を解決するために一定の政策目的を設定し，政策基準を定立した上でその執行を公的機関が担う一連の過程を政策実現過程と捉えた場合，従来の行政法学はこの過程が国内で完結することを前提としていた。しかし，経済のグローバル化に起因する社会問題のグローバル化は，この政策実現過程のグローバル化をもたらした。これまで，その主要な問題関心は，政策基準の定立の局面にあった。国際公法学からは，国際法規範の国内における効力（特に自動執行性[1]⇨ことば）や国内実施の問題に焦点が当てられ，国内公法学からは，国際的な規範が国内法にどのような影響を与えるかに関心が向けられてきた。すなわち，立法指針として国際的な規範が機能することに注目することで国内立法者の地位を維持しようとする[2]一方で，現実に生じている国内議会の政策形成における余地の縮小にどのように理論的に対応するかが論じられてきた[3]。

これに対して，政策基準の執行の局面におけるグローバル化の問題への分

---

1) 代表的な研究として，岩沢雄司『条約の国内適用可能性』（有斐閣・1985年）がある。憲法学の観点からこの問題を検討した近時の注目すべき研究として参照，山田哲史「憲法問題としての国際的規範の『自動執行性』」帝京法学（帝京大学）29巻1号（2014年）343-458頁。
2) 憲法学の観点からこの点を主題化した論攷として参照，高橋和之「国際人権の論理と国内人権の論理」ジュリスト1244号（2003年）69-82頁。
3) 原田大樹「多元的システムにおける本質性理論」同『公共制度設計の基礎理論』（弘文堂・2014年）351-373（364頁以下）［初出2011年］。憲法学からの本格的研究として参照，山田哲史「グローバル化時代の議会民主政（1）〜（5・完）」法学論叢（京都大学）172巻2号（2012年）82-102頁，3号（2013年）101-126頁，4号103-128頁，174巻1号81-100頁，2号102-125頁，同「国際的規範と民主政」帝京法学（帝京大学）29巻1号（2014年）223-341頁。

析は，相対的に遅れている。その理由として，この局面において法的課題が現実化する例が乏しかったことが挙げられる。すなわち，一方で，各国の利益が対立している分野においては，属地主義的な執行管轄権が暗黙の前提[4]となっており，それ以上に論ずるべき素材に乏しかった。他方で，各国の利益が共通している分野では，執行面での協力は政策基準の内容調整よりも容易と考えられてきた[5]。このような問題状況を大きく変える可能性を秘めているのが，国際租税法である。この分野では，有害な税の競争の防止[6]という現実からの要請に応じて，国際レベルでも国内レベルでも法制度が急速に変化しつつある[7]。従来の議論の中心は国際二重課税の排除のような実体面に偏っていたものの，近時では徴税面での国際協力に関する法制度が急速に発展しており，現時点において法執行におけるグローバル化の問題が最も先鋭な形で現れている参照領域と言える。

そこで本章では，国際租税法における執行に関する法制度を素材に，法執行の面でのグローバル化の現状を把握すると共に，それによって引き起こされている法的課題に行政法総論の立場からどのように対応すればよいかを模索することとしたい。まず，国際租税法の特色を「国際ネットワーク」という概念を用いて説明すると共に，その理論的課題を整理する（I.）。次に，国際租税法における執行共助の特色と問題点を取り上げる。具体的には，行政調査・情報共有，送達，行政上の強制徴収を検討対象とする（II.）。さらに，グローバルな法執行と権利救済制度との関係にも視野を広げる。国際租

---

4) 山本草二『国際法［新版］』（有斐閣・1994年）240頁。自国法の域外適用の可能性につき参照，小寺彰「独禁法の域外適用・域外執行をめぐる最近の動向」ジュリスト1254号（2003年）64-71（67）頁，斎藤誠「グローバル化と行政法」磯部力他編『行政法の新構想Ⅰ 行政法の基礎理論』（有斐閣・2011年）339-374（357-359）頁。

5) 国際金融市場規制法においては，まず執行面での協力が先行し（銀行分野におけるBasel Concordatが有名である），その後に規制内容の平準化の議論が展開した。参照，原田・前掲注3）354頁。

6) 増井良啓「租税制度の国際的調和」社会科学研究（東京大学）53巻4号（2002年）43-68（62）頁。近年では，大企業がその本拠地以外の国で大幅な課税逃れを行うこと（BEPS: Base Erosion and Profit Shifting）が問題視され，その対策が議論されている（中里実他「国際課税の潮流と日本の進路」ジュリスト1468号（2014年）17-35（23-25）頁［太田洋発言］）。

7) 近年ではさらに「国際連帯税」（増井良啓「国際連帯税」ジュリスト1413号（2010年）42-43頁）の構想も見られる（多層的な再分配との関係につき，本書第6章参照）。

税法では，相互協議，事前確認，強制仲裁という興味深い事後救済（的）制度が発展しつつある（III.）。これらを参照することで，国際租税法が行政法総論にもたらす理論的課題を明確化することとしたい。

> ● ことば ●　**自動執行性**
>
> 　自動執行（self-executing）性のある条約とは，国内法による補完・具体化がなくても，国内法として直接に実施され，私人の法関係について国内の裁判所・行政機関の判断根拠として適用できる条約をいう（山本草二『国際法［新版］』（有斐閣・1994年）105頁以下）。日本国憲法のもとでは，批准・承認された条約は，これを特に国内法に編入する手続をとることなく，国内法上の効力を有する（一般的受容方式）。しかし，条約は一般に国家間の約束であって，その規定の多くは国家の義務の形で定められており，また国家の義務を達成する方法には選択肢があるから，条約の内容を具体化し，条約上の義務を履行するために，国内法（条約担保法）が制定されることが一般的である。もっとも，条約の中にはこうした条約担保法をまたず，それ自体で国内の裁判所・行政機関において適用しうるとされるものがあり，これを自動執行性のある条約と呼んでいる。

I. 国際ネットワークの特色と課題

1. 政策実現過程のグローバル化の類型論

（1）政策実現過程のグローバル化

　グローバル化の概念は多義的である。ここでは，行政法学の問題関心から，この概念を2つに大別することとしたい[8]。その1つは「市場のグローバル化」である。輸送・通信技術の発達や，国境を越えて活動する私的経済主体の増加により，かつて国家を単位として成立していた市場が，国境を越

---

[8] 原田大樹「グローバル化と行政法」髙木光＝宇賀克也編『行政法の争点』（有斐閣・2014年）12-13（12）頁。藤谷武史「グローバル化と公法・私法の再編」社会科学研究（東京大学）65巻2号（2014年）207-229（210）頁の「広義のグローバル化」と「狭義のグローバル化」の二分論も，共通の問題意識に基づくものと思われる。

えて拡大する現象が見られる。もう1つは「政策実現過程のグローバル化」である。市場のグローバル化により，例えば環境問題・労働問題に見られるように，公的主体が解決すべきと考えられる社会問題も国境を越えて発生している。これに対処するため，かつて国家を単位として展開されてきた政策目的の設定・政策基準の定立・基準の執行という政策実現過程が，国境を越えて拡大している。本章に言うグローバル化は基本的に後者の意味である。

(2) 政策実現過程のグローバル化の類型論

政策実現過程のグローバル化は形成途上にあり，分野ごとにその特色や深化の程度は異なる。ここでは，代表的な参照領域に見られるグローバル化を3つの類型に分けて紹介する[9]。

第1は，一定の政策実現に向けた国際レベルにおける制度化が顕著に進み，これと国内法制度とが密接に連携している国際レジームである[10]。具体例として，WTOに代表される国際経済法や，さまざまな地球環境条約が発達している国際環境法[11]が含まれる。

第2は，ある特定の分野における共通の課題の解決を目指し，国際法上の法主体ではないさまざまなアクター（典型的には国家の行政機関）が取り結ぶ諸関係群が構築する国際ネットワークである。国際的な銀行・証券・保険業規制が各国行政機関の連携組織を通じて発展している国際金融市場規制法や，国際競争ネットワーク（ICN）による情報交換が進む競争法領域[12]がその代表例である。

第3は，一定の政策目的の実現のために国際的な民事ルールを設定し，そのエンフォースメントは各国の裁判所が担う国際民事ルールである。例えば

---

9) 原田大樹「多元的システムにおける行政法学」同『公共制度設計の基礎理論』（弘文堂・2014年）8-48（18-25）頁［初出2011年］。
10) 国際租税レジームの見方とその問題点につき参照，増井良啓「日本における国際租税法」ジュリスト1387号（2009年）95-102（96）頁。
11) 包括的な検討として参照，「特集 環境条約の国内実施──国際法と国内法の関係」論究ジュリスト7号（2013年）所収の各論文。
12) 川島富士雄「企業結合規制に関する国際的協力及び調整」日本経済法学会年報34号（2013年）37-55（41-42）頁。

原子力損害賠償条約は，一方では国内立法者に対して一定額の損害賠償措置をとらせるように求め，他方では裁判管轄権を事故発生地国に限定すると共に締約国間での判決の承認執行義務を定めている。

2. 国際ネットワークの特色

(1) 典型例としての国際金融市場規制法

上記の3つの類型の中で本章が注目するのは，国際ネットワークである。その典型例として，ここでは国際金融市場規制法を取り上げる。

国際金融市場規制法におけるアクターは，各国の規制行政機関（中央銀行を含む）が参加する国際的な組織である。銀行分野では，各国の中央銀行により構成されるバーゼル銀行監督委員会が大きな役割を果たしている。証券分野では，各国の規制行政機関や自主規制機関により構成される証券監督者国際機構（IOSCO）や，証券規制に重要な役割を果たす国際会計基準に関しては民間組織である国際会計基準審議会（IASB）がさまざまな基準を策定している。保険分野では，IOSCOに類似する保険監督者国際機構（IAIS）が各国間の調整を行っている。これらは国際法上の権利主体ではなく，特定の国の法律に基づく民事上の法人格を得ているものがほとんどである。

国際金融市場規制法における規範形成は，こうしたアクターの策定するさまざまな基準によってなされる。例えば銀行分野では，バーゼル銀行監督委員会が策定する自己資本比率規制（Basel I〜III ⇨ ことば）が極めて有名である。これらが国内法化されるにあたって法律の改正を伴うことは稀であり，ほとんどは行政基準（とりわけ告示・通達）による対応や，法律の不確定概念の解釈指針としての処理がなされる。

国際ネットワークの特色の一つは，各国の法執行を調整するためにグローバルな政策基準が策定されるところにある。国際ネットワークは，国際的に調整されるべき政策内容の執行・実現が，専ら各国の規制行政機関に委ねられている場合に発達する類型である。執行共助における政策基準は，規制執行の水準の統一や実効性の確保のために有益であり，例えば銀行分野でのBasel Concordat，証券分野のIOSCO Multi-MOUがその例である。

> ●ことば●
>
> ## 自己資本比率規制
>
> 　自己資本比率とは，自己資本を総資産で割ったもののことであり，この比率が大きいことは，借入等に頼らず安定した経営がなされていることを意味する。銀行に関して言えば，高い自己資本比率があれば貸し倒れの際に経営危機に瀕する可能性が低くなる。
>
> 　国際的な銀行規制の枠組の設定に大きな影響力を持っているバーゼル銀行監督委員会は，1988年にこの自己資本比率規制を導入した（Basel I）。その背景には，国内の金融システムを安定させるためにアメリカが自己資本比率規制を強化しようとしていたこと，しかしアメリカだけが規制を強化するとアメリカの金融機関の競争条件が不利になり，当時飛ぶ鳥を落とす勢いであった日本の金融機関の勢力がさらに拡大する可能性があったという事情がある。国際的な金融機関に対する規制手段としての自己資本比率規制はその後も受け継がれており，2010年に決定されたBasel IIIではその内容が強化されている。

(2) 国際ネットワークの特色

　国際ネットワークの中心に位置付けられている組織は，政府間行政連携機構（TRN：Transnational Regulatory Networks）と総称されている。これは，各国の規制当局の職員が相互協力を行うインフォーマルな組織であり，極めて分散的な構造を持つ[13]。政府間行政連携機構を舞台とする政策形成では，組織のインフォーマル性にも起因する不透明な政策決定過程が問題視されている。政策実施過程においては，各国の行政機関が分散的に執行する点に大きな特色が認められる。このため，各国間の執行面での協力関係を構築する動きが見られる。他方で，国際レジームでしばしば発達している不遵守手続に該当するものは存在せず，不遵守がもたらすグローバル市場への負の影響が，各国の規制機関による遵守の背景要素となっている。

---

13) David Zaring, *International Law by Other Means*, 33 TEX. INT'L L.J. 281, 287 (1998).

3. 国際ネットワークの理論的課題

(1) 国際ネットワークとしての国際租税法

「経済はグローバル，課税はローカル」[14]という表現が，国際租税法を特色付けるものとしてしばしば用いられる。国際租税法はこれまで国際二重課税の排除に力点を置いてきたため，各国の実体法の調整に焦点が当てられがちであった。しかし，国際的な脱税・租税回避行為の抑制という国際租税法のもう1つの目的からは，手続法の工夫も要請される。その際に問題となるのが，国際租税法の分散的性格[15]である。「課税はローカル」の中には，徴税行政の執行が分散している[16]ということに加え，各国独自の租税政策が設定されていることに伴う政策目的の分散性[17]も含まれている。他方で納税義務を負う個人・企業は国境を容易に越えて経済活動を展開でき，少しでも納税負担が少ない国・地域へと移動することができる。国家がそのような個人・企業に対して有利な納税条件や執行環境を設定し合うと，国家の課税能力が世界全体として失われてしまうことになる（租税をめぐる race to the bottom の発生）。

このように国際租税法は，国際二重課税の排除や国家の課税能力の維持という共通の政策目的[18]を掲げつつ，その執行が各国の行政機関に委ねられている点において，国際ネットワークの性格を有している。その国際的な政策形成フォーラムとして用いられているのが経済協力開発機構（OECD）[19]

---

14) 増井・前掲註6) 45頁。
15) 金子宏『租税法［第19版］』（弘文堂・2014年）470頁。
16) 増井良啓＝宮崎裕子『国際租税法［第2版］』（東京大学出版会・2011年）3頁。
17) グローバル化の進行に伴う各国の税制改革の方向性を分析したものとして，諸富徹「グローバル化は世界の税制をどう変えたのか」同編『グローバル時代の税制改革』（ミネルヴァ書房・2009年）3-24頁がある。租税実体法をめぐる国際的な制度平準化につき参照，岩崎政明「法人税の国際的競争と調和」租税法研究26号（1998年）27-42頁，増井良啓「法人税制の国際的調和に関する覚書」税研160号（2011年）30-37頁。
18) 増井・前掲註10) 97-99頁。
19) OECDの活動につき参照，小手川大助「国際課税をめぐる政策協調」金子宏編『国際課税の理論と実務』（有斐閣・1997年）3-18頁。歴史的にみれば，租税条約ネットワークの形成に大きく寄与したのは，国際連盟における議論であった。詳細につき参照，渕圭吾「取引・法人格・管轄権（2）（3）」法学協会雑誌（東京大学）127巻8号（2010年）1151-1210頁，9号1279-

であり、その下に置かれているグローバルフォーラムである[20]。

　他方で、国際金融市場規制法と比較して、国際租税法には以下の3点にわたる特色がみられる。第1は、各国共通の政策目標を持ちつつも、個別具体的な課税の局面においては、各国の利害が対立することである。例えば移転価格税制（⇨ことば）をめぐる対応的調整に見られるように、国際二重課税を回避するためには、どちらか一方が課税すれば他方は課税を控えることが求められる。第2は、租税法律主義との調整が必要となることである（⇨第1章）。課税要件の変更を条約で行いうるか、国内法をどのように整備すべきかが課題となる。また、二国間の相互協議で決着できなかった場合の仲裁制度の存在も、法律による行政の原理との緊張関係を孕んでいる。第3は、義務履行強制における執行共助がなされうることである。我が国は2011年に租税に関する相互行政支援に関する条約[21]（以下「執行共助条約」という）に署名しており、この中では外国租税債権の強制徴収に関する執行共助が規定されている。行政上の義務履行強制に関する共助は、他の参照領域には見られない要素である[22]。

● ことば ●
移転価格税制

　企業系列内部の取引においては、系列外の相手方との取引とは異なる価格での取引がなされることがあり、この取引価格のことを移転価格という。例えば、ある部品メーカーが、系列内の別の組み立て業者に対しては、系列外の業者に対してよりも安い価格で部品を販売することがあり得る。系列外の業者との取引の価

1360 (1279-1330) 頁、同「国際課税と通商・投資関係条約の接点（上）（下）」ジュリスト1406号 (2010年) 149-156頁、1408号164-171頁。

20) 一高龍司「所得課税に係る情報交換を巡る動向とその含意」租税法研究42号 (2014年) 23-46 (23-34) 頁。グローバルフォーラムに対する批判的考察として参照、石黒一憲『スイス銀行秘密と国際課税』（信山社・2014年）379-380頁。

21) 条約の内容を詳細に紹介・検討したものとして参照、増井良啓「マルチ税務行政執行共助条約の注釈を読む」租税研究775号 (2014年) 253-291頁。

22) この点は、競争法領域との顕著な相違である。競争法における国際的執行の問題状況につき参照、根岸哲「国際的企業結合と域外適用」日本国際経済法学会編『国際経済法講座Ⅰ』（法律文化社・2012年）355-369頁、土田和博「独占禁止法の国際的執行」日本経済法学会年報34号 (2013年) 1-19頁。

> 格のことを独立企業間価格（正常対価）と呼ぶ。国境を越えて移転価格による取引が行われると、それが独立企業間価格で行われた場合と比較して、関係国の税収に増減が生じることになる。
> 　そこで、移転価格による取引が行われた場合に、独立企業間価格による取引がされたとみなして課税する制度が、二国間の租税条約で認められている（移転価格税制）。日本では1986年にこの制度が導入されている（租税特別措置法66条の4）。移転価格税制は、国際的な取引に関係する複数の国の課税額を調整する機能を有する。

(2) 国際租税法の理論的課題

　これまで国際ネットワークに関しては、組織のインフォーマル性に起因するグローバルレベルでの決定の不透明性や正統性の欠如、あるいは国内法化段階における議会の役割の低下が問題点として指摘されてきた。国際租税法ではこれらに加えて、以下の2つの理論的課題が存在する。

　第1は、租税行政の執行共助を理論的に基礎付ける要素の解明と、執行共助の限界の確定である[23]。執行に必要な情報を獲得するための行政調査や情報交換における協力関係は、経済法や金融法などにも存在する。これに対して、外国租税債権を国内の行政上の強制徴収手続を用いて徴収することは、現時点では租税法に特有の執行共助形態である[24]。租税行政執行共助条約やその国内実施法である租税条約等の実施に伴う所得税法、法人税法及び地方税法の特例等に関する法律（以下「実施特例法」という）が定めている要件や手続を詳細に検討し、執行共助の理論的基盤と共助を認めうる法的諸条件や限界を明らかにする必要がある。

　第2は、国際二重課税をめぐる権利救済手段の多層化への理論的対応の模索である。二国間租税条約には、条約上の扱いが明確でない場合になされる相互協議制度が規定されており、これが国内の行政争訟制度と機能的に重

---

23) 執行管轄権の議論につき参照、小寺彰「国家管轄権の域外適用の概念分類」村瀬信也＝奥脇直也編・山本草二先生古稀記念『国家管轄権』（勁草書房・1998年）343-367頁。
24) この点と関連して、行政上の義務違反に対する民事訴訟（私訴）による義務履行確保を、グローバルな空間のもとでどのように考えるかという問題がある。この点につき参照、横溝大「私訴による競争法の国際的執行」日本経済法学会年報34号（2013年）56-67頁。

り合う関係に立っている。また，相互協議に持ち込まれうる紛争を事前に予防する機能をも持つ事前確認制度や，相互協議で決着できなかった場合の仲裁制度が含まれていることもある。このような二国間租税条約に基づく権利救済制度が国内の法制度とどのような関係に立っているのかを検討し，制度設計上の留意点や限界を明らかにする必要がある。

Ⅱ．執行共助──調査・送達・執行

1．税務調査と情報交換

（1）税務調査

　日本の国内租税法においては，課税要件の確定のためになされる行政調査（国税通則法74条の2以下）と，租税犯に対する刑事手続の際に用いうる資料を収集する犯則調査（国税犯則取締法）とが区別され，行政調査の権限は犯罪捜査のために認められたものと解してはならない（国税通則法74条の8）とされている。これに対して，二国間租税条約や執行共助条約においては，次で検討する情報交換という形で規定が置かれていることが多く，税務調査そのものの規定としては，執行共助条約に同時税務調査（条約8条）と海外における租税に関する調査（同9条）の規定が存在するのみである。同時税務調査は各国の行政機関が自国の領域内で調査を行うものであり，また海外における調査も被要請国が行う調査に立ち会うことができるに過ぎないので，いずれも国内法上の特別の根拠を要しない。

　実施特例法は，情報交換の前提として税務調査を位置付けており，上記の行政調査・犯則調査の区別を維持している（同法9条3項）。このうち犯則調査については質問検査権（同法10条の2）と地方裁判所の裁判官の許可状を得た上での臨検・捜索・差押えの権限（同法10条の3）を認め，国税犯則取締法を準用している（同法10条の4）。これに対して行政調査については，その根拠規定（同法9条1・2項）と不服従の場合の刑事罰（同法13条4項）を除いては，身分証明書の携帯（同法10条）を調査の際に要求するのみで，国税通則法に見られる事前通知手続（国税通則法74条の9）の規定はなく，同法の準用もない。外国租税に関する行政調査であっても，その名宛人に対して与

える不利益は内国租税の場合とそれほど大きくは変わらないことからすれば，行政調査の手続水準のみを 2011 年改正[25]以前の状態にとどめていることには合理的な理由がないように思われる。

(2) 情報交換

条約等に基づく情報交換は，二国間租税条約・租税情報交換協定[26]・執行共助条約の中で規定されている。例えば日米租税条約 26 条 1 項（2013 年改正議定書による改正後，以下同じ）は，両締約国の法令の運用・執行に関連する情報を交換すると規定している。また，執行共助条約 4 条 1 項は「租税の賦課及び徴収並びに租税債権の徴収及び執行」と「行政機関への付託又は司法機関への訴追の開始」の目的に関連するあらゆる情報を交換するとし，その交換形態として「要請に基づく情報の交換」（条約 5 条），「自動的な情報の交換」（同 6 条），「自発的な情報の交換」（同 7 条）を規定している。

執行共助条約の批准に合わせ，実施特例法が改正された。そして，一定の条件の下に財務大臣が相手国に情報提供を行うことができるとする一般的規定（同法 8 条の 2）が設けられた。

情報交換は執行共助の典型的内容であり[27]，国際租税法のみならず多くの参照領域で発展している。国際租税法で特徴的なのは，情報交換のための国際的なネットワーク組織が発達し始めていることである。OECD の傘下に設置されたグローバルフォーラムが，各国の税務執行共助に関する調整の場と位置付けられ，各国の税務行政に関するピア・レビューが実施されている[28]ほか，国際タックスシェルター情報センター[29]という組織を設置して

---

25) 改正の内容につき参照，小幡純子「税務手続の整備について」ジュリスト 1441 号（2012 年）88-89 頁。
26) 情報交換条約の特色につき参照，増井良啓「タックス・ヘイブンとの租税情報交換条約 (TIEA)」税大ジャーナル 11 号（2009 年）11-31 頁。
27) Ekkehart Reimer, Transnationales Steuerrecht, in: Christoph Möllers u.a. (Hrsg.), Internationales Verwaltungsrecht, 2007, S. 181-207, 191 は，国際租税法の租税情報法としての側面の方が，租税実体法よりも国際的行政法の発展の指針としての機能を果たすとする。
28) 中島隆仁「OECD のタックス・ヘイブン対策」税大ジャーナル 14 号（2010 年）141-155 (150) 頁。
29) 杉江潤「租税条約等に基づく情報交換，相互協議を巡る最近の動向」租税研究 740 号（2011

恒常的なフェイス・トゥー・フェイスの情報交換も行われている。他方で，情報交換の対象に含まれている個人・企業にとって，その情報が要請国に提供されてしまうと，要請国の秘密保持が不十分な場合に不測の損害を被るおそれがある[30]。また，我が国においては行政手続と刑事手続の分離が明確に維持されているものの，要請国がそのような法制度を採用していない場合には，我が国において行政調査手続で獲得された証拠が要請国の刑事手続で用いられる可能性が出てくることになる。以下ではこの2つの問題について，現在の条約及び実施特例法の定めを確認することとする。

① 個人情報保護との関係

行政機関の保有する個人情報の保護に関する法律8条1項は，「法令に基づく場合を除き」利用目的以外の目的のために保有個人情報を提供してはならないと規定している。上記の実施特例法8条の2の規定は，目的外の情報提供を法令によって許容する趣旨の規定とも位置付けられる[31]。同条は同時に，情報の提供に制限をかけている（同条1～5号）。具体的には，①相手国が我が国の行う情報提供に相当する提供を行うことができないと認められるとき，②相手国において秘密保持が担保されていないと認められるとき，③相手国において税務当局の職務遂行目的以外の目的で使用されるおそれがあると認められるとき，④情報提供が我が国の利益を害するおそれがあると認められるとき，⑤相手国が要請に係る情報を通常用いるべき手段を用いずに獲得したとき，である。このうち，個人情報保護と関係が深いのは②③⑤である。とりわけ②は，相手国における秘密保持が十分でないことを理由に情報提供を拒否するものであり，③と相まって，日本からの税務情報の提供

年）7-20（15）頁．福島節子「租税条約等の『情報交換』規定で実務はどう変わる」経理情報1306号（2012年）44-47（46）頁．

[30] 自動的な情報の交換に分類されるアメリカの外国口座コンプライアンス確保法（FATCA）の特色とその問題点につき参照，吉村政穂「国際課税における金融口座情報の共有体制の確立」金子宏他編『租税法と市場』（有斐閣・2014年）532-550（538-539）頁．田中良「税務執行における情報交換」法律時報86巻2号（2014年）20-23頁．

[31] 情報の他国への提供という行政活動が国民に対する侵害作用であるとすれば，実施特例法8条の2の規定はこうした行政活動に事前に法律の根拠を与える根拠規範と位置付けうる．情報の問題が法律事項であるとすれば，大平三原則の下でも，情報に関する国際約束は国会承認が必要と考えるべきことになる．

が相手国で税務行政のみに使われることを確保しようとするものである。

② 刑事手続への流用可能性

これに対して，二国間租税条約や執行共助条約には，日本側が行政調査で集めた情報を相手国において刑事手続に用いてよいと読める条項が存在する。例えば，日米租税条約26条2項は，「租税の賦課……租税に関する執行若しくは訴追……に対してのみ……開示される」と規定する。また，執行共助条約4条2項は「締約国は，この条約に基づいて入手した情報を，当該情報を提供した締約国が事前の許可を与えた場合にのみ，刑事裁判における証拠として用いることができる」としており，日本側の事前許可を条件に，相手国の刑事裁判における証拠として用いうることを明確にしている。かつて日本が締結してきた二国間租税条約においては，情報提供の条件として，自国の課税利益が存在することや，相手国と自国の双方の犯罪の構成要件にあたること（双方可罰性）が含まれていた。しかし2005年のOECDモデル租税条約改定以後，これらの要件が効果的な租税行政の執行の阻害要因であるとの国際的コンセンサスが成立し，現在ではこのような制限は撤廃される方向にある[32]。

それでは，二国間租税条約や執行共助条約の国内実施法と位置付けられる実施特例法の8条の2の規定は，行政調査で得た情報を要請国の刑事手続で利用することを許容していると言えるだろうか。確かに，実施特例法には，要請国の刑事手続で使われないように適切な措置をとることを求める規定（例：関税法108条の2第3項，金融商品取引法189条4項[33]，独占禁止法43条の2第3項）は含まれていない。そこで，二国間租税条約・租税共助条約の上記規定の趣旨を考慮し，実施特例法8条の2第3号の「相手国等税務当局の職務の遂行に資する目的」に刑事手続を含めて解釈することが考えられなくはない。しかし我が国においては，刑事手続に関する憲法上の権利保障を重視して，これに対応した十分な手続のない行政調査と刑事手続とが明確に区分され，実施特例法9条3項のような「犯罪捜査のために認められたものと解

---

[32] 増井良啓「租税条約に基づく情報交換」日本銀行金融研究所ディスカッション・ペーパー 2011-J-9号（2011年）1-60（11）頁。

[33] 原田・前掲註9）22-23頁。

してはならない」との規定はこれを確認する趣旨に過ぎないと理解されている。このような権利自由保障の観点を重視し，加えて実施特例法が別途犯則調査に関する情報交換[34]の規定を準備していることからすれば，実施特例法8条の2に基づく情報提供によって要請国に引き渡された情報が，要請国の刑事手続で流用されることは想定されておらず，仮にそのようなおそれがあるときは，我が国は実施特例法8条の2第3号によって情報提供を拒否しなければならないと解するべきである[35]。

2. 行政処分の送達

(1) 行政処分の送達手続

　我が国においては，行政処分は相手方に到達すれば発効する即時発効原則

---

[34] 実施特例法には，犯則調査に関する情報提供について双方可罰性を要求する規定（例：国際捜査共助等に関する法律2条2号，出入国管理及び難民認定法61条の9第3項2号，関税法108条の2第4項2号）は含まれていない。このことが罪刑法定主義との関係で緊張関係をもたらす可能性がある（国際租税法分野における双方可罰性の意義に関する詳細な研究として参照，石黒・前掲注20））。租税犯に関して言えば，各国の犯則事件における構成要件には一定程度の類似性があること，要請国の刑事罰が極端に重すぎる場合や構成要件が我が国と著しく異なっている場合には情報提供を拒否しうること（このような場合に財務大臣が拒否しなければ，裁量権の消極的濫用と評価される可能性もある）から，犯則事件に関しては双方可罰性要件を除外しても私人の一定程度の権利自由保障は可能と考える余地があると思われる。なお，松田昇他「国際捜査共助法の解説（2）」法曹時報33巻3号（1981年）699-724（708）頁は，双方可罰性を要求した理由として，「我が国で行われたとしても犯罪にならないような行為について，国際協力のためとはいっても，証拠の収集を行ってこれを提供することは国民感情にも反するおそれもあることから，共助をするのが一般的に適当でないことが多いと考えられたので，絶対的拒否事由としたものである」と説明している。また，2003年の日米刑事共助条約の締結を受けた2004年の法改正で，「条約に別段の定めがある場合を除き」との文言が国際捜査共助法2条2号に付け加わったため，双方可罰性要件を条約で破る可能性が国内法的には認められている（山内由光「国際捜査共助法及び組織的な犯罪の処罰及び犯罪収益の規制等に関する法律の一部を改正する法律」ジュリスト1276号（2004年）86-89（87-88）頁）。

[35] ただし，我が国の最高裁（最二小決2004（平成16）・1・20刑集58巻1号26頁）によれば，はじめから犯罪捜査を意図して行政調査を行うのではなく，行政調査の結果出てきた情報が犯則調査の端緒となったに止まる場合には，刑事手続への流用とは考えない立場を採っている。この考え方を前提とすれば，要請国に引き渡された行政調査に基づく情報をもとに，要請国が自ら調査したり犯則調査に関する情報提供（共助）の手続をとったりして証拠を収集し，要請国における刑事手続にこれを用いることは許容されることになると思われる。

がとられ、これと執行不停止原則とが組み合わされることで、行政処分の内容が早期に実現される立法政策がとられている[36]。しかし、行政処分の送達手続に関する一般ルールは行政手続法にはなく、わずかに個別法の中でいくつかの規定が置かれているにとどまっている。例えば独占禁止法70条の17は書類の送達に関して民事訴訟法99条等を準用するとしており、外国においてすべき送達についてはその国の管轄官庁・その国の日本大使等に嘱託するとする民事訴訟法108条が準用される。この方法によって送達できない場合には、独占禁止法70条の18により公示送達（公正取引委員会の掲示場に6週間掲示）がとられることとされている[37]。また国税通則法にも送達の規定が置かれており（同法12条）、外国に置いてすべき送達につき困難な事情があると認められる場合の公示送達も認められている（同法14条1項）。

(2) 送達共助

執行共助条約17条は送達共助に関する規定を置いている。その内容は、要請国の要請があった場合の被要請国による送達、締約国による他の締約国国内に対する郵送による直接の文書送達の許容、自国法令に従って実施する文書送達の有効性の確認である。実施特例法11条の3は、相手国からの送達の要請に応じて国税通則法12・14条を準用して送達することを定め（同条1項）、日本から相手国の権限ある当局に嘱託して送達を行うことができるとしている（同条2項）。

3. 行政上の義務履行強制

(1) 徴収共助の進展

執行共助の中で最も多くの法的論点を含むのが、徴収共助である。伝統的には、特にアメリカ法において、他国の租税債権の徴収には協力しないレベニュールールがとられてきた[38]。また、国際私法における外国判決の承

---

36) 神橋一彦『行政救済法』（信山社・2012年）144頁。
37) 小寺・前掲註4) 70-71頁。この規定が設けられる契機となり、また公示送達が初めて用いられたBHPビリトン／リオ・ティントⅠ・Ⅱ事件につき参照、東條吉純「BHPビリトン／リオ・ティント事件Ⅰ・Ⅱ」舟田正之編『電力改革と独占禁止法・競争政策』（有斐閣・2014年）224-252頁。

認・執行の議論には外国租税判決を含まない扱いがとられてきた。日本が外国と締結する二国間租税条約においても積極的な徴収共助の規定は置かれず，日米租税条約では，条約上の特典を受ける権利を有しない者によって享受されることがないようにする目的でのみ徴収共助を認める制限的徴収共助が採られてきた。これに対して2003年に改定されたOECDモデル租税条約では徴収共助規定が新設され，上記のような制限がない包括的徴収共助を原則形態とし，外国租税債権が確定しかつ対象者が徴収停止を行えないものを徴収する方式が採用された。同時に，OECDモデル租税条約では外国租税債権への優先権の付与が否定された[39]ものの，2011年改正前までの実施特例法11条は，外国租税債権にも国税と同等の優先権を付与していた[40]。

2011年に日本は執行共助条約に署名した[41]。同条約11条1項は，被要請国が要請国の租税債権を自国租税債権と同様の方法で徴収することを規定する一方，同15条は要請国の租税債権には優先権を認めないとしている。そこで実施特例法が改正され，同法11条1項が一定の場合を除いて徴収共助実施決定を行うことを定め，同条5項は要請国の租税債権の優先権を否定している[42]。

(2) 徴収共助と法治主義

租税債権は明治憲法下以来，行政機関自身が裁判所を介在させずに強制的に徴収できる行政上の強制徴収が利用できる債権と位置付けられてきた[43]。

---

38) アメリカ法におけるレベニュールールの緻密な分析として参照，吉村政穂「徴収共助の許容性に関する法的視点」フィナンシャル・レビュー94号（2009年）57-73（60-68）頁。
39) 中里実「租税債権の私法的構成」村井正先生喜寿記念論文集刊行委員会編・村井正先生喜寿記念『租税の複合法的構成』（清文社・2012年）151-177（153）頁は，この規定が外国租税債権を私法上の金銭債権と同視していると解している。
40) 赤松晃「徴収法の国際的側面」租税法研究33号（2005年）47-67（62）頁は，これに対して否定的評価を与えている。
41) 矢内一好「税務行政執行共助条約の概要と我が国の最近の動向」国際税務31巻9号（2011年）87-93（93）頁は，アメリカが徴収共助に留保を付しているため，円滑な執行共助が望めないことが日本の執行共助条約への署名を遅くしたとする。同条約につきさらに参照，木下亮「租税に関する相互行政支援に関する条約の締結」国際税務32巻8号（2012年）59-72頁。
42) 執行共助条約の署名・批准に伴う倒産法制の整備の必要性につき参照，松下淳一「外国租税債権の徴収共助と倒産法制の整備」金融法務事情1941号（2012年）100-102頁。

行政上の義務履行強制と法律の根拠をめぐり，戦前は，義務を賦課する行政行為は当然に自力執行が可能とする行政行為の執行力の理論[43]が通説的地位を占めていた。しかし国税徴収法と行政執行法によって形成されていた包括的な行政上の義務履行強制制度が戦後解体されたことを受けて，義務を賦課する行為と執行行為の双方に法律の根拠が必要との理解が一般化した（法律の留保の二段階構造[45]）。

　このような行政法学の見方を前提とすると，実施特例法11条1項の規定は，執行行為についての法律の根拠規定であることになり，これとは別に義務賦課に関する法律の根拠が必要であることになる[46]。しかし，外国租税債権の根拠規範はそもそも要請国の法令であり，要請国の租税の一部が二国間租税条約で執行共助の対象とされていれば（例：日米租税条約2条・27条4項）租税条約が根拠規範と言えるかも知れない。もっとも，外国法令が我が国の行政作用の根拠規範になることは従来想定されておらず，また法律と条例の制定手続の違いに注目して法律の根拠の中に条約を含めない近時の行政法学の有力説からすれば，租税条約そのものを根拠規範とすることはできなくなる（⇨第1章）。そこで，執行共助と法治主義の緊張関係を克服しうるかも知れない3つの考え方を以下では検討する。

① 委任行政としての徴収共助

　第1の説明方法として，被要請国である我が国は，対象となっている租税債権の有無や適法性に関する法的責任を負わず，要請国からの要請を受けて徴収のみを行っているとする，委任行政類似の説明が考えられる。執行共助条約11条2項は，租税債権の徴収対象に関して「争われていないものについてのみ」という条件を付けている。また実施特例法11条1項1号は，共助実施決定の拒否事由として「当該共助対象者が，当該共助対象外国租税の存否又は額について，当該相手国等において争う機会を与えられていないと認められるとき」を規定している。これらの規定から，徴収共助を我が国が

---

43) 滞納処分手続の史的展開につき参照，仲野武志『国家作用の本質と体系Ⅰ』（有斐閣・2014年）380-381頁。
44) 美濃部達吉『日本行政法上巻』（有斐閣・1936年）260頁。
45) 大橋洋一『行政法Ⅰ［第2版］』（有斐閣・2013年）27頁。
46) 同様の見解として参照，石黒一憲『国際倒産 vs. 国際課税』（信山社・2010年）7頁。

行うのは要請国の争訟手続を経てその存在及び適法性が確定している債権のみであり[47]，我が国は単に要請国の手足として執行しているに過ぎないと言えるかもしれない。国内法における類例として，土地区画整理法41条1項・3項は，組合の賦課金等についての強制徴収を市町村長に行ってもらうよう組合が申請し，市町村長が地方税滞納処分の例により強制徴収するしくみを定めている（同様の例として健康保険法180条4項）[48]。公租公課の賦課と徴収との間では一般に違法性の承継が認められておらず，徴収に対する不服申立・訴訟においては賦課に関する違法主張ができない。このような構造は，上記の徴収共助に関する条約・法律のしくみと類似しているとも言える。

しかしこの説明では，徴収共助の際の課税根拠規範が要請国の法令であって我が国の法令ではないこと，租税条約単独では法律の留保にいう根拠規範としての法律にはあたらないことと整合性がとれない。また，国際的な執行共助を権限の委任の枠組で説明することがそもそも可能なのかという問題も残されている。

② **行政行為の相互承認としての徴収共助**

第2の説明方法として，徴収共助の前提となる外国の租税債権確定行為が我が国における課税処分とみなされ，これを前提に徴収共助がなされるという行政行為の相互承認の一種との説明が考えられる。行政行為の相互承認の例は日本法にも存在する[49]。例えば，道路交通法107条の2は，道路交通に関する条約に基づく国際運転免許証の所持者は，我が国の運転免許を持たずに自動車を運転できるとする規定を置いている。同条はまた，国際運転免許証を発給していない国・地域であっても「道路における危険を防止し，その他交通の安全と円滑を図る上で我が国と同等の水準にあると認められる運転免許の制度を有している国又は地域として政令で定めるもの」が発行する外国運転免許証も同様に日本国内で自動車を運転できる地位を認めており，同法施行令39条の4は，そのような国・地域として，スイス連邦・ドイツ

---

47) 西方建一他「国際租税手続」ジュリスト1447号（2012年）45-51（47）頁。
48) 原田大樹『演習 行政法』（東京大学出版会・2014年）522-523頁。
49) 斎藤・前掲註4）351頁。

連邦共和国・台湾など7つの国・地域を挙げている。行政行為の相互承認として徴収共助を説明するとすれば，特定の国際法または外国法の定める要件規定が我が国の同種の行政行為と内容的に等価であることを前提に，法律が当該外国行政行為の法的効果に関する根拠規範を日本法上設定する構造となっているため，根拠規範の問題は解決できるかもしれない。

しかしこの説明方法については，以下の3つの問題に応える必要があると思われる。第1は，我が国における自動確定方式や申告納税方式で税額が確定する租税についても「行政行為」の相互承認という枠組で処理できるのかという点である。第2は，要請国の租税に対応する租税が我が国にない場合でも「相互承認」という枠組で説明できるのかという点である。第3は，相互承認によって内国租税債権と法的には同視できるようになったはずの外国租税債権に優先権が認められていないことをどのように説明するかという点である。このうち第1の点については，執行共助条約11条2項が争われていない租税債権についてのみ共助の対象としていることから，仮に要請国において税額を確定する行政上の決定がなされていなくても，行政過程上不可争になっていることをもって，日本法に言う行政行為が要請国でも存在したとみなすことができるかもしれない。また，実施特例法11条1項の共助実施決定は，単に強制徴収過程に入ることを確定する意味のみならず，日本国内法上は課税処分としての意味も持っていると考えることができるかもしれない[50]。また第2の問題へのセーフガードとして，要請国の租税に対応する租税がないにもかかわらず我が国の税務当局が強制徴収することにより，我が国の利益を害するおそれがある（実施特例法11条1項2号）として共助実施決定を拒否する対応が考えられる。さらに第3の点については，執行共助条約15条の規定を国内法化するために，外国租税債権については内国租税債権と異なる取り扱いを政策的に行ったとの説明が可能かも知れない。

③ **外国租税債権＝私債権の実現としての徴収共助**

第3の説明方法として，外国租税債権はある種の私債権として日本国内法上は位置付けられており，それを実施特例法に基づいて行政上の強制徴収に

---

[50] この点で共助実施決定は，第二次納税義務者に対する納付告知に類似する法的効果を持つとも考えられる。

より徴収することができるという説明が考えられる。立案担当者の見解はこの立場に近いように思われる[51]。1959年に国税徴収法が改正される際に、国税に関する強い優先権を認める諸規定が整理され、実体面での優先性が縮小された。これは、租税債権が「債権」であることを梃子に、私法学の側が租税債権を私債権とできるだけ同様に扱うべきという考え方を強く提示したためである[52]。この結果、国税徴収法は、租税債権に関する行政機関の自力執行権は肯定しているものの、破産法制との関係では租税債権も私債権と本質的な違いがないことを前提にしている[53]。外国租税債権には執行共助条約15条及び実施特例法11条5項により優先権が認められていないから、実体法上は私債権と同列に位置付けられていることになる。しかし、国税徴収法により行政上の強制徴収の対象となる債権と位置付けられているので、私債権でありながら特別に行政上の義務履行強制のルートの利用が許されていると理解されることになる。

　この説明方法によれば、外国租税債権は、日本国内法上はある種の私債権であることになり、法律による行政の原理・租税法律主義との抵触関係は霧消する[54]。このため、外国租税債権の根拠規範・課税要件規定を国内法に求める必要がなくなる。また、外国租税債権に優先権が認められていない理論的な理由付けを行うことも可能になる。他方で、国内法上私債権であるはずの外国租税債権がなぜ行政上の強制徴収によって自力執行されるのかという問題が出てくる。その形式的な理由付けは、執行共助条約11条1項が

---

51) 西方他・前掲註47) 47頁。
52) 佐藤英明「国税徴収法改正の経緯と審議経過 (1)」青山善充＝碓井光明編『日本立法資料全集 租税法制定資料全集──国税徴収法〔昭和改正編〕(1)』(信山社・2002年) 3-65 (5-9) 頁、吉国二郎他『国税徴収法精解〔第18版〕』(大蔵財務協会・2015年) 12-17頁。
53) 租税法研究会編『租税徴収法研究 (上)』(有斐閣・1959年) 2-3, 8頁〔田中二郎発言〕。三ヶ月章「強制執行と滞納処分の統一的理解」同『民事訴訟法研究第2巻』(有斐閣・1962年) 89-218 (101) 頁〔初出1960年〕は、国税徴収法改正にともなう滞納処分と民事の強制執行との接近に注目する。
54) 石黒・前掲註20) 575頁は、鵺的な解決と評価する。この他の可能性として、実体面の問題を要請国における裁判を受ける権利の可能性の問題に還元する手法(石黒一憲「国際倒産と租税」同『ボーダーレス社会への法的警鐘』(中央経済社・1991年) 151-171 (157) 頁〔初出1991年〕) がありうる。

「自国の租税債権を徴収する場合と同様に徴収」することを求めており、その国内実施法である実施特例法 11 条が行政上の強制徴収を選択したからである。しかしこれまでの行政法学においては、民事上の債権を行政上の義務履行強制で実現することは全く想定されてこなかった。それは、民事法関係には見られない行政による自力執行の許容は行政の特権の最たるものであり、行政上の義務の中でも法律が行政上の義務履行確保が可能であると明確に定める一部分についてのみ認められるという考え方を背景にしていたように思われる[55]。確かに外国租税債権は、執行共助条約の下で便宜的に私債権の性格が付与されたものであって、実質的には租税債権であるから、自力執行に含めても問題ないという見方もあり得るかも知れない。しかしそうであるとすれば、その課税要件規定の日本国内法との等価性を理論上も厳しく問う姿勢の方が適切であるようにも思われる。

III. 権利救済——相互協議・事前確認・仲裁

次に、二国間租税条約に含まれている、納税者の権利救済機能をも有している手続として相互協議、これに時間的に先行する事前確認制度と、相互協議で決着がつかなかった場合に用いられる仲裁を取り上げることとする。

1. 相互協議制度と国内救済手段

(1) 相互協議制度の特色

相互協議は、二国間租税条約の適用をめぐる疑義が生じた場合に、外交ルートを通さずに課税当局者間でなされるもの[56]であり、一般に「個別事案協議」「解釈適用協議」「立法的協議」に大別される[57]。このうち納税者

---

[55] この点と関連して、田中二郎『租税法〔第 3 版〕』（有斐閣・1990 年）328 頁は、国税徴収法 142 条が裁判官の令状なしに徴収職員の捜索に実力行使を認める理由の一つとして、民事の強制執行における執行官の執行に令状が必要でないことを挙げている。これに対して塩野宏『行政法 I〔第 5 版補訂版〕』（有斐閣・2013 年）264 頁は、「国税徴収手続はいわば、国家債権の自力救済手続であるので、説得的でない」とし、執行官の共助等が必要との見解を示している。

[56] 藤井保憲「相互協議の制度と問題点」金子宏編『国際課税の理論と実務』（有斐閣・1997 年）34-61（34）頁。

の権利救済機能をも有しているのは，個別事案協議である。これは，条約の規定に適合しない課税を受けたと考える納税者側が申し立てることで開始される（例：日米租税条約 25 条 1 項）。この手続は，「締約国の法令に定める救済手続とは別に」なされるものである。

相互協議制度のうち個別事案協議には権利救済機能が確かに認められるものの，協議は二国の当局間でのみ行われ，納税者が参加する権利は与えられていない。また，協議には合意に向けた努力義務と，合意した場合の実施義務が条約上定められている（例：日米租税条約 25 条 2 項）ものの，合意する義務（＝納税者の権利救済を実現する義務）はない。このような制度的特色に注目すれば，個別事案協議を納税者の権利救済手続と端的に位置付けることは難しく，権利救済機能を果たすことがあると考える方が適当であろう。

(2) 相互協議制度と国内救済手段の関係

個別事案協議は上述の通り，国内の行政救済手続とは別になされる。そのため，国内の行政争訟を個別事案協議に先行させる必要はない。ただし，日本の現行法制では，行政不服申立に短期の期間制限が設定され，審査請求前置がとられている。これに対して，租税条約の定める個別事案協議の期間制限は極めて長く，OECD モデル租税条約や日米租税条約（25 条 1 項）では 3 年であり，二国間条約によってはそもそも期間制限がないこともある。そのため，実務上は異議申立・審査請求を行った上で，相互協議を優先することを求める嘆願書を提出する扱いがとられている[58]。

相互協議の終了の際には，相手国との合意の前に申立者が当該合意による解決策（相手国との仮合意）に同意するか確認する手続が通達で予定されている（相互協議の手続について（事務運営指針）（平成 13 年 6 月 25 日国税局長・沖縄国税事務所長宛国税庁長官通知）第 2・18（1））。そして，申立人の同意が得られない場合には，相手国と合意せずに相互協議終了の申入れを行うこととされ

---

[57] 金子宏「相互協議における権限ある当局間の合意の効力」同『租税法理論の形成と解明 下巻』（有斐閣・2010 年）239-249（239）頁［初出 1999 年］。
[58] 赤松晃「移転価格課税に係る紛争の処理」日税研論集 64 号（2013 年）235-302（238）頁。国内救済手続の停止申立権を納税者に認める立法をすべきとする見解として，谷口勢津夫「国際的租税救済論序説」租税法研究 42 号（2014 年）1-17（9）頁がある。

ている（同第2・20（1）ヘ）。申立人が仮合意に同意した場合でも，申立人の求めが部分的にしか実現されていない事態が想定できることから，仮合意の内容になお申立人にとっての不利益が残存している場合には，国内行政救済手段における不服申立・狭義の訴えの利益は失われないと解される[59]。

　申立者が個別事案協議を求めたにもかかわらず相互協議の申入れを行わないとする通知を日本の課税当局が申立人に行った場合，あるいは相互協議の結果として相手国との合意が成立せずに相互協議終了の通知がなされた場合，申立者が国内行政救済手段を用いてこれらの通知を争う場面も想定できる。不服申立・訴訟要件として最も問題になるのは，通知の処分性である。相互協議は二国間条約に基づく制度ではあるものの，上記のように国内手続は通達で規定されている。そこで，通知が国民の権利義務を形成し，またはその範囲を確定することが「法律上」認められているものと言えるかどうかが問われることになる[60]。二国間租税条約の適用が問題になる場面では，条約の適用が認められれば，二重課税部分について課税がなされなくなる。それゆえ，個別事案協議の結果として申立人の主張を受け入れないことは，機能的には給付拒否に類似すると言える。給付決定における法律の根拠に関して，最高裁は鷹揚な態度を示しており，広い意味で法律に根拠を有するものであれば，その詳細が通達で書かれていても処分性を認めている[61]。また，個別事案協議の直接的な根拠規定である二国間租税条約の背景には，課税要件を定める我が国の実定法律が存在する。このようなしくみ全体の構造からすれば，個別事案協議を行わない・終了する通知には処分性が認められると考えられる。他方で，個別事案協議を終了する通知の違法性の判断にあたっては，相互協議には合意の努力義務しか課されていないことを前提とすれば，合意しなかったことが直ちに違法とは判断されないと解される[62]。
　通常の国内租税法関係においては国と納税者は一般に利害対立関係にあ

---

59) 大橋時昭「相互協議を巡る諸問題」税務大学校論叢44号（2004年）1-93（71）頁。
60) 大橋・前掲註59）86頁はこれを肯定する。
61) 最一小判2003（平成15）・9・4判時1841号89頁［労災就学援護費事件］。同判決の評価として参照，山本隆司『判例から探求する行政法』（有斐閣・2012年）372頁［初出2008年］。
62) 髙久隆太「租税条約に基づく政府間協議（相互協議）手続について」租税大学校論叢23号（1993年）391-486（405）頁。

る[63]。これに対して相互協議の場合には，国が申立人（納税者）の利益を代表して相手国と協議する構造になり，国と納税者には一種の協力関係が成立する。そこで，相互協議終了通知の違法性の内容の多くを占めるのは，信義則違反の問題となることが想定される。

2. 事前確認の法的性格

(1) 事前確認の特色

事前確認制度は，移転価格税制[64]にあわせ，1987年に通達によって導入された[65]。当初は，独立企業間価格の算定に関して法人が選択した算定方法を日本の税務当局が確認する手続として出発し，1999年からは外国税務当局との相互協議の合意に基づく事前確認制度も追加されている[66]。前者の国内における事前確認は，申告後に移転価格税制が発動されることを事前に回避する意味で，個別事案協議に先行する手続と位置付けられるのに対し，後者の相互協議を伴う事前確認は，個別事案協議と並行して国内においてなされる手続である。

事前確認は，納税者の予測可能性や法的安定性を確保するとともに，課税庁が移転価格税制を円滑に執行することにも資することを目的としている。移転価格税制の導入に伴い，独立企業間価格という新たな概念が日本法に持ち込まれたことから，この点に関する紛争を事前に予防するために導入されたのが事前確認制度である。この意味で事前確認制度は「税務執行インフラストラクチャー形成型の制度」[67]とも評価されている。事前確認の利用は近年増加傾向にあり，OECD非加盟国との協議も増加しているという[68]。

---

63) 通商協定と租税条約の利害構造上の特色につき参照，浅妻章如「通商法と国際租税法」金子宏編『租税法の発展』（有斐閣・2010年）769-789（770）頁。
64) 移転価格税制につき参照，太田洋「我が国の移転価格税制の概要」中里実他編『移転価格税制のフロンティア』（有斐閣・2011年）2-20頁。
65) 吉川保弘「事前確認制度の現状と課題」税務大学校論叢50号（2006年）1-58（11）頁。
66) 現在では，「移転価格事務運営要領の制定について（事務運営指針）」（平成13年6月1日国税局長・沖縄国税事務所長宛国税庁官通知）に基づいて運営されている。
67) 谷口勢津夫「事前確認制度」日税研論集64号（2013年）103-139（107）頁。
68) 城地徳政「租税条約に基づく相互協議に関する最近の状況について」租税研究773号（2014年）312-325（316）頁。

(2) 事前確認の法的性格

　事前確認に基づく算定方法に基づいて法人が申告を行えば，日本の課税当局は移転価格税制の発動を行わない。もし移転価格税制が日本で適用されれば，当該法人は国外の関連企業等（国外関連者）との取引について，実際の取引価格ではなく，独立企業者間でなされる正常な対価と認定された額を前提に課税がなされることになるから，この差額部分について相手国との国際二重課税が生じることになる。これを事後的に調整するメカニズムが，上述の個別事案協議である。このような移転価格税制のしくみを全体として見れば，事前確認の機能は二国間の税収の分配にあると考えることができることになる[69]。他方で，移転価格税制の要件面というミクロ的な側面に注目すれば，その根拠規定である租税特別措置法66条の4第2項は，独立企業間価格について複数の計算方法（独立価格比準法・再販売価格基準法・原価基準法・これらに準ずる方法その他政令で定める方法）を定めている。2011年改正により，これらの算定方法の間での優先順位はなくなり，現在ではこれらのうち「最も適切な方法」（同項柱書）で算定することとされている。そこで事前確認は，課税要件事実を構成する取引価格の算定方法における選択の判断の余地[70]を前提に，当該法人について特定の算定方法をとることを課税庁と法人の間で確定させる手続と位置付けることができる[71]。

　事前確認制度をこのように捉えるとすると，事前確認それ自体は法人に対して納税義務を確定させるものではないことになる。また，事前確認が全体として通達に基づく制度であることからすると，何らかの手続的な地位を形成・確定させることが「法律上」認められている行為とも言い難い[72]。さらに，事前確認の後に最終的な課税処分が想定されることからすれば，成熟

---

[69] 増井良啓「租税政策と通商政策」小早川光郎＝宇賀克也編・塩野宏先生古稀記念『行政法の発展と変革 下巻』（有斐閣・2001年）517-541（540）頁。

[70] 谷口・前掲註67）125頁は，この点に注目して効果裁量と同じ効果が認められるとする。

[71] この問題を租税法律主義の観点から検討しているものとして参照，駒宮史博「租税条約に係る紛争処理制度のための比較研究」ジュリスト1257号（2003年）113-118（117-118）頁。

[72] 手続的地位に注目して処分性が認められた最高裁判例として，最一小判1970(昭和45)・12・24民集24巻13号2243頁［納税の告知］，最一小判2005(平成17)・4・14民集59巻3号491頁［登録免許税還付拒否通知］がある。

性の観点からも事前確認に処分性を認めることは困難であるように思われる。他方で，事前確認制度は，これに先行する事前相談の段階（移転価格事務運営要領の制定について（事務運営指針）5-10）から課税庁と法人とが継続的に協議を行い，法人側がさまざまな資料を課税庁に提供することで展開されている。しかし，制度が通達に基づくという現状において，課税庁が事前確認の内容から逸脱することを法的に抑制できる手段は信義則しかない。そこで，事前確認を計算方法に関する課税庁と法人との合意であると考えて当事者訴訟による権利救済の途を開くか，事前確認制度全体を法定化して，行政手続ルールと事前確認の法的拘束力を明確化させるかのいずれかの対応が必要であるように思われる[73]。

3. 仲裁と法治主義

(1) 強制仲裁手続の導入

　二国間租税条約に基づく相互協議には，上述の通り合意に向けた努力義務しかなく，見解の隔たりが埋まらない場合には申立人の権利救済ができない問題があった。そこで，2008 年に改定された OECD モデル租税条約で強制仲裁制度に関する条項が加えられ，我が国は 2010 年の日蘭租税条約で初めてこの規定を導入した[74]。2013 年の日米租税条約改定議定書でも仲裁手続の条項が付け加わっている（条約 25 条 5 項以下）。この強制仲裁手続の特色は以下の 3 点にまとめられる。第 1 は，あくまで相互協議手続を主体とし，協

---

[73] 事前確認制度の法定化の必要性につき参照，髙久隆太「移転価格税制を巡る諸問題（3・完）」税経通信 62 巻 5 号（2007 年）31-43（38-39）頁，谷口・前掲註 67）131-139 頁。ただし，いずれの方法についても理論的な課題が残されている。事前確認をある種の行政契約と考えるとすると，法律による行政の原理との関係が問題となる。事前確認は事実認定のレベルの合意なので，法定の課税要件を変更するものではなく，法律との抵触関係は確かに存在しない。しかし，事実認定が裁判所の専権に属すると考えられていることからすれば，事前確認と異なる計算方法を裁判所が用いる可能性は残されている。これに対して事前確認制度全体を法定化するとすれば，課税処分の前に事実認定に関する処分を前置し，そこに計算方法に関する行政の判断の余地＝要件裁量を認める制度設計になることが予想される。そうなると，租税法学が重視する要件裁量の否定の考え方（⇨第 1 章）と正面から衝突することになる。この点については本節（2）の記述も参照。

[74] 矢内一好「新・日蘭租税条約のあらまし」国際租税 30 巻 10 号（2010 年）27-34（32）頁。

議の結果として合意に至らない状態になって初めて仲裁手続が使われることである。この点で、紛争解決手段としてはじめから仲裁を予定している投資協定仲裁（⇨第9章）とは異なっており、仲裁手続は相互協議の合意を促進する補完的な要素に過ぎない[75]。第2は、個別事案協議の手続と異なり、仲裁手続ではその中で納税者が書面により意見表明できることである（例：日米租税条約25条7項(i)(vi)）。第3は、国際租税の専門家が仲裁人に選ばれる可能性が高いことである[76]。専門家が構成する国際的なコミュニティが仲裁人を供給する構図はすでに投資協定仲裁に見られるところであり、それが判断準則の平準化をもたらしていると言われる。同様の状況が租税における強制仲裁手続でも現出する可能性がある。

(2) 仲裁と法治主義

これまでの個別事案協議は、不利益を受けている納税者が申し立てることで手続が開始する点から、権利救済機能も果たしうると理解されてきた。ただし、協議の結果合意する義務が存在しないことや、協議の中で申立人が自己の意見を表明する機会を持たないことから、行政救済制度としての性格はなお希薄であった。しかし、ここに強制仲裁手続が接続し、その中で申立人の意見表明ができるようになると、これを行政救済手続としてより明確に位置付けることが可能となってきている。加えて、仲裁判断は両締約国を拘束するものの、申立人には仲裁判断を受け入れない選択肢も認められている（例：日米租税条約25条7項(e)）。申立人不利の結果を受け入れなくて良いという点では、仲裁は国内行政裁判よりも申立人の権利救済に有利な構造となっているとさえ言えるかもしれない。

強制仲裁制度が行政救済手続としての性格を強めることで問題となるのが、国内の行政争訟手続との関係である。二国間租税条約では、当該事案についていずれかの締約国の裁判所または行政審判所がすでに決定を行った場

---

[75] 赤松晃「OECDモデル租税条約25条5項に導入された仲裁規定の意義」租税研究727号（2010年）222-239（236）頁。

[76] 藤谷武史「租税法における国際的規範形成と国内法」法律時報84巻10号（2012年）36-41（40）頁。国際租税の専門家集団につき参照、浅妻章如「国際租税法におけるルール形成とソフトロー」中里実編『政府規制とソフトロー』（有斐閣・2008年）255-275（272）頁。

合や，両締約国の課税当局が当該事案を仲裁に適さないものとする合意を行って申立者に開始後2年以内に通知した場合には，仲裁への付託がなされないとする（例：日米租税条約25条6項）。そこで，仲裁判断と国内の争訟手続における判決・裁決等との齟齬が具体的に問題となるのは，仲裁判断が出された後に国内で同一事件に関する判決等が下される場面である。申立者は自己に不利な仲裁判断を受け入れないこともできるから，実際には申立人有利の仲裁判断が出された後で申立人不利の判決等が下される場面が問題となろう。ここでは2つの位相に分けて問題を検討する。

　第1の位相は，そもそも法治主義の観点から見て仲裁が可能なのかという点である[77]。租税法においてはさらに租税法律主義（⇨第1章）の要請から，法律自身で課税要件を規律し尽くし，行政機関はこれを平等に執行すべきとの考え方が加わる。この問題に対しては2つの応答が可能かも知れない。1つは，たとえ法律による行政の原理を持ち出して和解を禁じたとしても，実務上は原告側の訴えの取り下げと課税庁による課税処分の職権取消という形で和解と同じ結果が達成できるのであり，このような処理によって原告と課税庁の間の交渉過程が不透明になされるよりは，一定の要件を立てて和解を正面から認めた方がよいという見解である[78]（⇨第9章）。もう1つは，二国間租税条約の仲裁判断で問題となっているのは課税要件事実のレベルの問題であり，要件事実があるのに課税を見送るというような法定の課税要件に正面から抵触するものではないという説明である[79]。

　第2の位相は，仮に法治主義・租税法律主義との関係で和解・仲裁が可能であるとして，国内の税務当局や裁判所は仲裁判断をどのように扱うべきな

---

[77] 法治主義の観点から取消訴訟における和解を否定する見解として参照，塩野宏『行政法Ⅱ〔第5版補訂版〕』（有斐閣・2013年）180頁。

[78] 詳細な検討として参照，阿部泰隆「行政訴訟特に税務訴訟における和解に関する管見」自治研究89巻11号（2013年）3-31頁。

[79] 交告尚史「課税処分の事実認定と当事者の合意」商大論集（神戸商科大学）44巻1号（1992年）41-61頁，吉村典久「ドイツにおける租税上の合意に関する判例の展開」碓井光明他編・金子宏先生古稀祝賀『公法学の法と政策 上巻』（有斐閣・2000年）239-266（265）頁。事実関係に関する裁判上の和解を法律上明文で認めるべきと主張する見解として参照，渡辺裕泰「租税法における和解」中山信弘編集代表・中里実編『政府規制とソフトロー』（有斐閣・2008年）209-230（229）頁。

のかという点である。二国間租税条約では，仲裁判断は二国間の合意[80]とみなされ，両締約国を「拘束する」と規定されている（例：日米租税条約25条7項(e)）。仲裁判断が課税要件事実に関する判断であるとすれば，相互協議のみなし合意の一方当事者である日本の課税当局はこの合意に拘束され，行政不服申立においてはこの合意に従った課税要件事実の認定を行うべきことになろう。これに対して裁判所には日本の憲法構造上，事実認定に関する専権が認められており，租税立法の中に行政不服申立で認定された事実に関して実質的証拠法則を認める規定も設けられていないことから，仲裁判断に拘束されずに自らの判断で事実認定が可能と解される。確かに裁判所にも，条約及び確立された国際法規の誠実遵守義務は及ぶ（憲法98条2項）。しかし，個別事案に関する事実認定レベルの当局間合意を裁判上も通用させるのは，憲法上認められた裁判所の権限との関係から問題が残るように思われる[81]。他方で，仲裁を要件事実レベルに限定せず一般的に認める立場を採用するとすれば，相互協議や仲裁に属する事項は行政に自由な処分権があることが前提となる。このように考えれば，相互協議のみなし合意の一方当事者である日本の課税当局が仲裁判断に拘束され，行政不服申立においてはもとより，裁判手続上も行政裁量の問題とされることとなるから，裁判所は仲裁判断が課税行政庁に認められている裁量権の逸脱・濫用に該当しない限り，これを尊重することになる。この解決によれば，憲法上の司法権の概念との抵触は回避できるものの，租税法学が重視してきた租税法律主義のコロラリーとしての要件裁量の否定と正面から衝突することになる。

---

[80] 相互協議による合意の国内的効力として，裁判所が租税条約の規定の解釈に当たってその内容を「考慮する」義務があると指摘するものとして参照，伊藤剛志＝小原英志「相互協議と国内救済制度」中里実他編『移転価格税制のフロンティア』（有斐閣・2011年）282-305（297）頁。国内法に受容された条約それ自体の考慮事項提示機能につき参照，原田大樹「政策実現過程の多層化」同『公共制度設計の基礎理論』（弘文堂・2014年）319-350（323-325）頁。

[81] 他方で，裁判を受ける権利がこの問題の解決の切り札にならないことにつき参照，増井良啓「租税条約上の仲裁に関するIFA報告書」ジュリスト1244号（2003年）278-283（281）頁。

おわりに

　国際租税法は租税法の中でも近年最も活発に議論がなされている領域であるものの，これまでは国際二重課税に関する実体法的側面が中心で，執行や権利救済の局面を含む手続法的な内容にはあまり注目が集まってこなかった。しかし，本章が取り上げた諸論点が示すように，国際租税法には行政法の基礎理論を根底から揺るがす具体的な法制度が数多く存在する。それゆえ，国際租税法を行政法の参照領域に組み込むことは，行政法理論の発展の極めて強力な起爆剤となる。また，この作業は同時に，租税法理論に対しても再検討の契機をもたらすものと思われる。具体的には以下の3点が今後の検討課題として指摘できる。

　第1は，執行共助と法治主義・租税法律主義との緊張関係である。外国租税債権を日本国内で強制徴収する際に，租税債権に関する法律の根拠が欠けているという問題は，これまでの法治主義の理解を大きく揺るがすものとなっている。ここに行政行為の相互承認類似の理論枠組を持ち込むとすれば，自国の課税要件と相応の課税要件が相手国にあることを要求するのが自然な発想と思われる。この双方における課税可能性という発想が維持できないとすれば，これを機能的に分解して，相手国において自国の課税・徴税行政と同水準の執行・権利保護がなされていることを信頼するに足りる制度的諸前提（例：執行・権利保護基準の平準化[82]，執行面におけるピア・レビューの実施）を整備するとともに，信頼が欠如した場合には国内における執行共助を直ちに中止できる国内法制度を整備しておくべきであろう[83]。

　第2は，執行共助と租税債権論[84]との緊張関係である。戦後の国税徴収

---

[82] 増井良啓「国際課税ルールの安定と変動」税務大学校論叢40周年記念論文集（2008年）335-360（355）頁。

[83] このような方向性を一般論として提示するものとして，Eberhard Schmidt-Aßmann, Der Verfahrensgedanke im deutschen und europäischen Verwaltungsrecht, in: Wolfgang Hoffmann-Riem u.a. (Hrsg.), Grundlagen des Verwaltungsrechts Bd. 2, 2. Aufl. 2012, S. 495-555, 509, Rn. 22.

[84] 佐藤英明「『租税債権』論素描」金子宏編『租税法の発展』（有斐閣・2010年）3-20（16-19）頁。

法改正以後，租税債務の特殊性は行政が自力救済できることにのみ求められ，徴収の局面においては私債権との本質的な差異を認めない見解が強まっている。この理解を前提に，外国租税債権の徴収共助においては，外国租税債権をある種の私債権と観念することで第 1 の問題を回避する立法政策がとられているところである。しかし租税債権と私債権の差異や，行政が自力執行できることの法的含意について，公法学の立場からこれらを明確化する努力が引き続き求められるように思われる[85]。

第 3 は，仲裁・和解と租税法関係における要件裁量否定論との緊張関係である。要件事実の確定が複雑化すればするほど，この部分を課税処分本体とは分節化して一定の認定判断行為を観念し，そこに要件裁量を認める制度設計が求められるかもしれない。また，仲裁・和解・事前確認の法的効力を認めつつ課税処分との調整を図る手段としても，行政に要件裁量[86]を認める方法は一定の有用性があるかもしれない。他方で，要件裁量の肯定は，実体法を中心に発展を続けてきた租税法学の根幹を揺るがす可能性もある。この分野における議論の進展は，課税処分と租税債務関係をめぐる構造分析（⇨第 2 章）にも大きく寄与するように思われる。

---

[85] このような問題意識は，国税徴収法の 1959 年改正の際の議論にもすでに現れていた（「租税徴収制度調査会第 9 回速記録（昭和 31 年 9 月 17 日）」青山善充＝碓井光明編『日本立法資料全集 租税法制定資料全集——国税徴収法〔昭和改正編〕(1)』（信山社・2002 年）306-307 頁〔田中二郎発言〕，「租税徴収制度調査会第 18 回速記録（昭和 32 年 10 月 12 日）」青山善充＝碓井光明編『日本立法資料全集 租税法制定資料全集——国税徴収法〔昭和改正編〕(2)』（信山社・2002 年）255-256 頁〔田中二郎発言，兼子一発言〕）。問題の見取図と今後の議論の方向性を示す論攷として参照，佐藤英明「破産法改正と租税債権」租税法研究 33 号（2005 年）68-86 頁。

[86] 課税処分と裁量の関係につき基本的な考察枠組を提示するものとして参照，芝池義一「税法と行政法」同他編『租税行政と権利保護』（ミネルヴァ書房・1995 年）1-25（5-9）頁。

第2部 社会保障法

第4章

福祉契約の行政法学的分析

■ 本章への架橋

　社会保障法は，行政法学にとっての重要な参照領域である。もともと国民の権利を制限し，または義務を課す侵害作用にのみ注目してきた行政法学に対して，社会保障法は国民に対する財・サービスの給付という新たな作用を提示し，給付行政をめぐる法理論の発展を促してきた（村上武則『給付行政の理論』（有信堂・2002年））。しかし，経済の低成長と少子高齢化という新たな社会情勢は，給付の法制度設計に大きな変化をもたらした。その1つの例が，本章で取り上げている社会福祉分野における構造改革（措置から契約へ）である。社会保障法，とりわけサービス給付の過程を伴う法制度（ 例解 295頁以下）は，学習者にとって複雑で難解な印象を持ちやすい。このような法制度がどのような経緯・要請のもとで生まれたのかを知ることは，法制度の理解の一助となると思われる。

　そこでまず，日本の社会福祉法制の中核に存在した措置制度がどのような経緯で生まれ（ 例解 317/331頁），そこにどんな問題点があったのかを示した上で，社会福祉構造改革が何を目指し，そこで福祉契約にはどのような役割が期待されたのかを明らかにする。そして，福祉契約に対する民事法による対応の限界を確認し，行政法制度による解決が図られるべき課題を明確化することとする。

　次に，福祉契約の周辺に存在するさまざまな行政法制度をとりあげ，それらが福祉契約との関係でどのような役割を果たしているのかを検討する。具体的に取り上げるのは，介護保険の要介護認定（ 例解 338頁）に代表される給付決定，福祉サービスの供給基盤を確保する行政計画（ 例解 327頁）と事業者指定（ 例解 329頁），分立している給付提供者の間を調整して利用者に必要な給付をパッケージ化するケアプラン（ 例解 325頁）である。

　さらに，福祉契約そのものに対する法的統制手法に焦点をあてる。日本法の特色は，契約締結や契約内容に関して，事業者指定要件の詳細を定めた行政基準

> （運営基準）（例解 330頁）に規定を置き，その実効性を行政監督によって担保する点にある（運営基準中心主義）。これに対してドイツ法では，日本法と同様に行政と事業者との給付提供法により契約をコントロールする手法とともに，利用者と事業者との個別契約を直接的に規律する民事効規定をもつ契約規制手法をも用いている点にある。このような多層的な契約規律が，利用者の利益を個別的・集団的に支えている構造は，日本法における制度設計にも大きな示唆を与えるものである。

はじめに

1990年代に入って我が国では，社会の数多くの分野で既存のしくみの制度疲労が顕在化し，これまでにないスピードで制度改革が進んでいる。こうした流れは，「行政法一般理論に対する重要な素材の提供の場」[1]である社会福祉法の分野[2]にも認められる。戦後の福祉サービス給付の中核的なしくみであった措置制度に代わって，利用者がサービス提供者と契約（以下「福祉契約」という）を締結し，サービスを利用するしくみが導入されたのである。すなわち，給付内容を行政の職権処分ではなく福祉契約により決定することで，利用者の選択権やサービス内容形成権が制度上保障された。また，行政が現物給付義務を負うしくみが保育所分野を除き撤廃され，行政の役割はサービス利用にかかる費用の保障に限定された。これに加え，新しい成年後見制度の導入や消費者契約法の制定により，契約を支える民事ルールも準備された。こうした「措置から契約へ」の構造改革に伴い，社会福祉法は行政法中心から民事法中心へと転換したとの見方が示されている[3]。

---

[1] 塩野宏「社会福祉行政における国と地方公共団体の関係」同『国と地方公共団体』（有斐閣・1990年）127-182（127）頁［初出1984年］。
[2] 社会福祉の概念については，社会保障法学の体系論とも関係してさまざまな把握のしかたがある（体系論の現状につき参照，原田大樹『例解 行政法』（東京大学出版会・2013年）235頁）。本章では，自立して生活することが困難な人々に対し主として人的サービスを提供するしくみにかかわる法を広く「社会福祉」法と捉え，考察を行うこととしたい（同旨，荒木誠之『社会保障法読本［第3版］』（有斐閣・2002年）180頁）。
[3] 本澤巳代子「成年後見と介護保険」民商法雑誌122巻4＝5号（2000年）554-574（556）頁。

しかし，詳細に分析すると，福祉契約の周辺部や内部には行政法的しくみが多く投入されていることが判明する。そこに見られる手法は，行政法学の一般理論から見ても注目すべき特色を持っており，福祉契約の導入によって社会福祉法はこれまで以上に行政法学の参照領域としての価値を高めているとさえ言える。このような状況変化に対し，従来の行政法学の取り組みを振り返るならば，行政行為である給付の決定の分析はなされてきたものの，福祉契約の法的特色の解明はなお十分には行われていない[4]。そこで本章では，福祉契約を行政法学の立場から分析し，このような行為形式の進展が行政法総論にどのような変革を迫るものであるのかも合わせて考察対象とすることとしたい。

問題の検討にあたり，本章ではドイツ法との比較を行う。その理由は第1に，社会保険が重要な役割を担っているドイツの社会保障制度の基本構造が我が国に類似し，本章の考察の対象である福祉分野では両国とも介護保険のしくみを持っているという共通性があることである。第2に，ドイツでは以前から福祉分野において利用者と提供者との契約を中核とするシステムを採用しており，この点に関する実定法や判例が存在していることである。このため福祉契約の法的性格や制度設計の比較検討に際して多くの手掛かりが得られると考えられる。

本章は次の順序で福祉契約の分析を行うこととする。まず，社会福祉構造改革の背景及び理念と福祉契約に期待されている役割を明らかにした上で，今回の改革と同時期に整備された民事ルールでは対応できない福祉契約上の問題が存在することを指摘する（I.）。次に，福祉契約は単体として機能しうるのではなく，それを支える行政過程の中に組み込まれて初めてその役割を果たすことができるものであることを示す。具体的には，福祉契約締結の前提であり，契約内容の枠組を規定する機能を持つ要介護（要支援）認定や支援費支給決定（以下「給付決定」という）のしくみと，利用者の選択権を保

---

[4] 太田匡彦「権利・決定・対価 (1) ～ (3)」法学協会雑誌（東京大学）116巻2号（1999年）185-272頁，3号341-411頁，5号766-855頁は，法的仕組みに即した給付決定の分析を進めた浩瀚かつ緻密な理論研究である。同論文では我が国の社会保障法及び行政法の学説が詳細に検討され，それを踏まえた行政法一般理論の再検討が試みられている。

障するためのシステムを扱う（II.）。その上で，福祉契約に対する法的規律手法の分析をドイツ法との比較により行う。我が国において契約内容の形成に対して大きな役割を果たしているのは行政基準である。これに対してドイツでは，利用者と提供者との関係と，利用者利益を代表する組織と提供者組織との関係の2つのレベルで，合意によりサービス内容を形成するしくみがみられる。両国のしくみの比較を踏まえ，日本法において利用者中心の給付システムを実現する方策を検討する（III.）。最後に，福祉契約の行政法学的分析の結果をもとに，その行政法総論上の意義にも言及し，今後に残された課題を整理することとしたい（おわりに）。

I．社会福祉構造改革と福祉契約

1．福祉契約導入の背景

(1) 措置制度の成立と展開

措置制度の起源は1929年の救護法に求められる。同法では市町村長に救護義務を課し，養老院等の救護施設に被救護者の収容委託（救護法13条）を行うしくみを規定していた。地方長官の認可（同法7条）を得て私人が設置した施設に救護委託する場合に必要となる費用は市町村の負担とされた（同法18条）。救護法の適用を受けた施設は少数であったと思われるが，それでも今日の措置制度にかなり近いしくみが戦前の段階で既に登場していた[5]。

戦後，GHQは軍国主義の解体を目的として，扶助を軍人援護団体や民間社会事業者に行わせるのではなく，政府が直接実施することを要求した[6]

---

[5] 一方，1938年に制定された社会事業法は広く民間社会事業の統制と保護を目的とし，事業開始の届出制（同法2条），地方長官の収容委託（同法3条），予算の範囲での国庫補助（同法11条）などを規定していた。しかし同法の収容委託は「地方長官が其の施設が本来保護すべき種類の要保護者を引取り施設に収容することを促す行政処分」（灘尾弘吉『社会事業行政』（常磐書房・1940年）222頁）とされ，処遇に要する費用は施設が負担していた。

[6] 「GHQ覚書 社会救済」（1946年2月27日）（社会保障研究所編『日本社会保障資料I』（至誠堂・1975年）7頁所収）。措置制度の成立に関する詳細な研究として参照，北場勉『戦後社会保障の形成』（中央法規出版・2000年）102-118頁［初出1997年］。

（公私分離原則）。さらに憲法89条は公の支配に属しない慈善事業に対する補助を禁止した。このため1951年に制定された社会福祉事業法では5条1項で国が社会福祉事業者に責任を転嫁することを禁止し，公的福祉と民間福祉との分離を図った。一方で1946年の生活保護法でも踏襲された保護委託は，行政が費用を払い，また業務運営における公の責任を完全に果たしていれば，公私分離原則に違反しないことが確認された[7]（社会福祉事業法5条2項）。社会福祉の共通事項を規定する同法にこうした規定が置かれたことで，救護法以来の委託のしくみが社会福祉一般に拡大する可能性が開かれた[8]。

1960年の精神薄弱者福祉法（現：知的障害者福祉法）制定や1963年の老人福祉法制定の頃から，給付対象者が拡大する傾向が見られるようになる。低所得者を中心とする福祉施策という立場は維持され続けるものの，障害等の程度によっては所得と関係なく福祉サービスを必要とする知的障害者や高齢者の存在が法律上位置づけられた[9]。措置制度はその後，今回の改革までその基本構造を変化させずに存続してきた。すなわち，サービスを必要とする人に対して行政が職権処分により給付内容を決定し，サービスは行政が直接給付するか，社会福祉法人等に措置委託して提供を行う。その費用は本人またはその扶養義務者からその所得に応じて負担金を徴収し，残余を租税財源で賄うという構造である。

（2）措置制度の問題点

措置制度に対しては，福祉の公的責任を十全に果たすしくみである（はずである）とする肯定的な評価とともに，次の3点にわたる批判があった。

① 要援護者の措置請求権や措置申請に対する行政の応諾義務を行政実務は否定していた[10]。その理由は，措置決定が生活保護決定とは異なり職権処分の性格を持つことに求められる。児童福祉法施行規則や「社会福祉法人又

---

[7] 木村忠二郎『社会福祉事業法の解説［第2次改訂版］』（時事通信社・1962年）241頁。
[8] 江口隆裕「社会福祉の公的責任を考える」同『社会保障の基本原理を考える』（有斐閣・1996年）1-37（24）頁［初出1993年］。
[9] 炭谷茂「社会福祉基礎構造改革の展望と課題」社会福祉研究73号（1998年）22-30（26）頁。
[10] 大山正『老人福祉法の解説』（全国社会福祉協議会・1964年）124-125頁。

は心身障害者福祉協会の設置する施設への援護委託制度の運営について」（昭和35年10月13日社発632号）では要援護者やその家族が行政に対して申請を行うとされていたものの，それは職権発動の端緒となるにすぎず，行政に応諾義務は課されていないとされていた[11]。ではなぜ，手厚い法的保護がなされるべき受給者に対して，救護法以来のしくみが維持されていたのだろうか。これを正当化しうるとすれば，その根拠は第1に，福祉サービスの対象である児童・高齢者・障害者に法的な意味での行為能力がない，あるいは不十分であることに求められる。こうした人の世話をすべき立場にある人が適切な申請をしなければ対象者の福祉が実現されないため，公の責任である福祉の措置を申請に依存させてはならないと考えられたのかもしれない。第2に，措置請求権を法律で認めたとしても，一般財源を用いて給付を実施することに起因する財政上の制約から，希望者全てにサービスを割り当てることは不可能であった[12]。

② 措置制度では提供されるサービスの内容は行政が一方的に決定するしくみとなっていた。その背景には，専門的知識を持つ行政が効果裁量や選択裁量を適切に行使してサービスを決定することが本人にとって最も幸福であるはずという発想がある。換言すれば福祉の措置の内容を行政が一方的に決めることができることにこそ行政行為を中核とした福祉サービス提供システムの真髄があった[13]。しかしこのことは，提供者の選択や給付内容の形成に本人の意向を反映させることができないという帰結をもたらした。

③ サービスの提供は行政直営で行うことが公私分離原則からすれば望ましいはずであるものの，実際には社会福祉法人等への措置委託がなされること

---

[11] 堀勝洋「福祉施設入所の法律関係と権利」同『福祉改革の戦略的課題』（中央法規出版・1987年）171-241（233）頁。また，行政手続法立法時の考え方につき参照，仲正『行政手続法のすべて』（良書普及会・1995年）12頁。

[12] 例えば，精神薄弱者福祉法制定当時の成人施設はわずかに公立210名，民間約500名の定員しかなく，「施設の収容定員が推定される要収容者の数に比し遙かに少なくかつ予算上の制約もある以上，精神薄弱者又はその保護者に本条の援護の措置を要求する権利を与えるところまでふみきれなかったのである」（厚生省社会局更生課編『精神薄弱者福祉法 解説と運用』（新日本法規出版・1960年）95, 125頁）。

[13] 戦後直後の状況につき参照，武智秀之『行政過程の制度分析』（中央大学出版部・1996年）170頁。

も多かった。この場合，社会福祉法人は行政の受託者として受託業務を適正に管理していればよかった。逆に，利用者に応じて個性的なサービスを提供したり，費用対効果を高めたりしようとする場合には，施設の最低基準[14]を満たすように設定された措置費国庫負担基準が多くの地方公共団体で一律にそのまま適用されることや，措置費の使途が委託業務の実施に限定されることが阻害要因となった。さらに，施設サービスでは建設の際に国庫補助が必要とされたため[15]，その供給量は国家予算に依存することとなった。こうしたことから，提供者内部での競争状況を生み出せなかったのである。

2. 福祉契約の具体例と役割

(1) 社会福祉構造改革とその共通理念

右のような問題の解決を図ったのが社会福祉構造改革であった。まず1994年1月の保育問題検討会報告書[16]では措置制度の存続案とならんで保護者と保育所との直接契約方式を提言し，最終的に1997年の児童福祉法改正では保護者と市町村との契約のしくみがとられた。続いて1995年7月の老人保健福祉審議会の中間報告[17]では高齢者介護の費用保障方式として社会保険方式を用いることが提言され，1997年には介護保険法が制定された。さらに1998年6月には中央社会福祉審議会社会福祉構造改革分科会の中間まとめ[18]において障害者福祉における利用者＝提供者間契約と公費助成のしくみ（支援費方式）への転換が提言され，2000年の社会福祉事業法等改正により制度の変更がなされた。その基本的骨格は，2005年に制定された障害者自立支援法[19]及び2012年に制定された障害者の日常生活及び社会生活

---

14) 最低基準の法的性格については，河野正輝「社会福祉における最低基準保障の構造と法理」同『社会福祉の権利構造』（有斐閣・1991年）133-160頁［初出1988年］を参照。
15) 大橋洋一『行政規則の法理と実態』（有斐閣・1989年）304-315頁。
16) 厚生省児童家庭局編『利用しやすい保育所を目指して［増補版］』（大蔵省印刷局・1994年）。
17) 老人保健福祉審議会編『新たな高齢者介護システムの確立について』（ぎょうせい・1995年）。
18) 厚生省社会・援護局企画課監修『社会福祉基礎構造改革の実現に向けて』（中央法規出版・1998年）。
19) 障害者自立支援法の問題につき参照，原田大樹「立法者制御の法理論」同『公共制度設計の

を総合的に支援するための法律（以下「障害者総合支援法」という）や子ども・子育て支援法でも維持されている。これらは先に指摘した問題に対して，次のような対応を試みたものである。
① 措置の権利性を否定する最大の要因は，措置決定が職権型の行政行為であることにあった。そこで今回の改革では，行政による給付の決定行為を申請型の行政行為に変更して，行政に応諾義務を課すことが共通して行われた。また高齢者については，財政方式を社会保険方式に変更することによって安定的な財源を確保し[20]，サービス量の拡大を狙うことにより受給権の強化を図った。
② さらに，従来の措置決定が担っていた給付の必要性の認定と給付内容の決定という2つの機能を分離し[21]，前者を申請型の行政行為に，後者を利用者と給付提供者との間の契約に変更した。自己決定権の尊重やノーマライゼーションの考え方を背景として[22]，どの提供者からどのような内容のサービスを受けるかの決定権を利用者に認めたのである。また高齢者・障害者については，上乗せ・横出し給付を認めるため，行政がサービスを現物で給付する義務を負う現物給付原則を改め，現金給付方式が採用された。こうしたしくみは1938年の職員健康保険法[23]以来，医療保険分野の一部でとられており，特に保険外併用療養費（健康保険法86条等）との目的上の類似性が，介護保険・支援費方式への応用の背景にあったと考えられる[24]。
③ 利用者に対する現金給付へと方式を変更したことにより，提供者が受け取る公的資金の性格は委託費からサービスの対価へと変化した。このため措

基礎理論』（弘文堂・2014年）178-234（182-183）頁［初出2010年］。
20) 増田雅暢「介護保険制度の政策形成過程の特徴と課題」季刊社会保障研究37巻1号（2001年）44-58（45）頁。
21) 措置制度のもとでもこうした構成の可能性を示していた議論として参照，木佐茂男「保育所行政からみた給付行政の法律問題」公法研究46号（1984年）156-170（160）頁。
22) 古川夏樹「社会福祉事業法等の改正の経緯と概要」ジュリスト1204号（2001年）10-14（11）頁。
23) 簗誠「職員健康保険と船員保険」厚生省保険局＝社会保険庁医療保険部監修『医療保険半世紀の記録』（社会保険法規研究会・1974年）245-251（247）頁。
24) 倉田聡『これからの社会福祉と法』（創成社・2001年）79頁，同「保険診療と自由診療（自費診療）の使い分けに必要な知識」治療83巻7号（2001年）2189-2194頁。

置制度下で存在した措置費の使途制限[25]が撤廃されて提供者側には経営上の工夫の余地が大きく広がり，提供者間競争の前提条件が整った。さらに提供者の参入規制の緩和も競争状況の実現に大きな役割を果たすと考えられる。今回の改革でも施設サービスについては，事業の永続性確保の観点から[26]社会福祉法人以外の民間法人へは原則として開放されていない。しかし，居宅サービスへの民間法人の参入が認められ，いわゆる介護ビジネスが脚光を浴びることとなった。とりわけ介護保険については，かつての国民健康保険のように，社会保険方式そのものの市場創出効果によるサービス増加が期待されている[27]。また1998年に制定された特定非営利活動促進法（NPO法）も，サービス提供者確保策の1つである。介護保険・支援費方式の指定事業者となるためには法人格が必要であり，従来社会福祉法人になれなかった市民活動組織に対してもNPO法は法人格を付与しうるのである[28]。こうした利用者の選択による公的資金配分のしくみと参入規制の緩和によるサービス量の増大により，福祉サービス提供者の間に競争原理を働かせ，質の向上を図ろうとしているのである。

(2) 福祉契約の具体例

福祉サービスの給付を目的とする契約を福祉契約とするならば，社会保障と無関係に成立する有料老人ホーム入居契約や認可外保育施設との保育契約などもこの中に含まれる。しかし本章は，一連の社会福祉構造改革によって登場した福祉契約を素材に，契約と行政法システムとの連携を分析することを目標とするため，こうした契約は考察の対象から除外した。以下では，この改革で登場した3つの契約を主要な対象とすることとしたい。

第1は，(民間)保育所入所契約である。児童福祉法24条1項（平成24年

---

[25] 増田雅暢「措置費と社会保険診療報酬」月刊介護保険17号（1997年）28-31頁。
[26] 社会福祉法令研究会編『社会福祉法の解説』（中央法規出版・2001年）37頁。
[27] 増田雅暢「介護保険制度と社会福祉法人」月刊介護保険23号（1998年）40-43 (42)頁。
[28] 1999年12月の調査によれば特定非営利活動法人の活動分野に保健・医療・福祉分野が含まれている比率は67%，主たる活動分野が同分野である比率は45.1%にのぼっていた（経済企画庁国民生活局編『特定非営利活動法人の活動・運営の実態に関する調査』（大蔵省印刷局・2000年）21頁）。

法律第67号による改正前）は，保護者の監護すべき児童の保育に欠けるところがある場合で保護者から申込みがあったときに，市町村に保育サービスを現物給付する義務を課している。そして市町村が保育に欠けることを認定した場合には，市町村は原則として保護者の希望する民間保育所に入所させ，当該保育所と保育の実施委託契約を締結する。ここでは，保護者の申込みを受けて行われる保育に欠けるかどうかの認定行為と，保護者の希望する保育所で市町村が保育の実施をする契約関係が結合している[29]。

---

29) 保育所入所決定に関してはこれを行政処分と解する有力な見解がある。その理由は入所拒否に対する行政不服審査の利用を旧厚生省は前提としていたことにある（「児童福祉法等の一部を改正する法律の施行に伴う関係政令の整備に関する政令等の施行について」（平成9年9月25日児発596号），児童福祉法規研究会編『最新・児童福祉法・母子及び寡婦福祉法・母子保健法の解説』（時事通信社・1999年）181頁）。また仮に処分でないとすれば行政手続法の適用がなされないこととなり，利用者保護の観点から適当な解釈ではないとする考慮も影響している（田村和之「保育所制度改革案の問題点」保育情報243号（1997年）5-11（7）頁）。しかし，児童福祉法24条は保護者の「申込み」という文言を用いているから立法者はこれを契約と位置づけていると解する方が自然であるし，保育所入所関係に契約の要素を認めた方が構造改革で導入されたしくみを統一的に把握できる。本章では保育所入所関係の法的性質を以下のように考えている。①保護者は市町村に対して特定の保育所での保育サービスの提供を内容とする保育所入所契約の申込みを行う。同法では契約の前提条件として児童が「保育に欠ける」状態にあることを要求しているから，市町村は契約締結をするかどうかの判断に先行して，当該児童が保育に欠けているのかを認定する必要がある。ここで同法は法令で定めている要件を満たすかどうかを判断する権限を市町村に与えているから，この認定行為は行政行為（処分）である。保護者は契約締結の申込みをすると同時に，行政行為の申請を行っていることになる。②市町村には同法により保育の実施義務が課されているから，保護者が契約締結の申込みをした場合には，市町村には保育の実施義務の一形態として，契約を締結するか否かを速やかに保護者に表明する義務がある。市町村の応答は次の3通りありうる。第1は，保護者の希望する保育所での入所を認める場合である。資格認定の要件を満たし，保育所定員超過といった法定の契約変更・拒否事由（同法24条1項但書・3項）が存在しない場合には，認定と契約関係とが併存することとなる。第2は，児童の保育に欠けるところがないので保育所入所を拒否する場合である。資格認定の段階で要件を満たしていないので契約は不成立となり，行政行為の部分は拒否処分となって顕在化することとなる。このとき単なる契約関係だけでは主張できない法令の要件該当性の有無等を保護者は行政争訟手続で争いうる（こうした行政訴訟の救済上のメリットにつき参照，阿部泰隆「基本科目としての行政法・行政救済法の意義（3）（4）」自治研究77巻6号（2001年）23-45（43）頁，7号3-28（11）頁）。第3は，児童の保育には欠けているものの希望の保育所が一杯のため別の保育所に入所決定する，または保育所定員が一杯のため入所を拒否する場合である。この場合には資格認定の行政行為は成立している。しかし保育所定員超過等の法定の契約変更・拒否事由があるため，契約内容を市町村が一方的に変更し

● ことば ●
公立保育所の入所契約

　2012年に制定された子ども・子育て支援法（例解 337頁）は，施設の種類ごとに給付の法制度が分かれてきた幼稚園・保育所・認定こども園の3つを「教育・保育施設」（同法7条4項）として一体的に把握し，民間保育所を除いて共通の給付制度を導入しようとするものである。この共通の給付制度のもとで給付を提供する資格を認定するのが，市町村長による特定教育・保育施設の確認（同法31条1項）である。その法的性格は，介護保険・支援費支給方式における事業者指定に類似するものの，これを市町村長が行う点，利用定員を定める際に審議会または利害関係者の意見を聴取する手続が設けられている点（同条2項）は，この制度に特徴的な要素である。幼稚園と保育所という2つの施設を一体化する幼保一元化の問題は，以前から繰り返し提言されては失敗してきた。子ども・子育て支援法は，2つの施設体系を一体化するのではなく，施設はそのままで給付のしくみのみを一体化させることで，この問題の解決を図ったものと考えることができる。同法ではさらに，3歳児未満の児童を少人数で預かる地域型保育についても，共通の給付制度に含めている（同法43条）。

　この共通の給付制度について，公立保育所を例に説明する。保護者が給付を受けるには，市町村の支給認定を得る必要がある（同法20条1項）。支給要件は，幼稚園利用が想定される「満3歳以上の小学校就学前子ども」（同法19条1項1号），保育所利用が想定される「満3歳以上の小学校就学前子どもであって，保護者の労働又は疾病その他の内閣府令で定める事由により家庭において必要な保育を受けることが困難であるもの」（同項2号），0歳児から2歳児保育の利用が想定される「満3歳未満の小学校就学前子どもであって，前号の内閣府令で定める事由により家庭において必要な保育を受けることが困難であるもの」（同項3号）の3つの類型に分けられている。公立保育所を利用する場合には，2号の要件に基づく認定を得る必要があり，ここでは「保育を受けることが困難」（かつ

て契約関係を成立させるか契約締結を拒否するのである。ただしいずれの場合も法定の契約変更・拒否事由に該当することを市町村が認定していることから，この部分を行政行為として取り出すことができる。保護者は法定の契約変更・拒否事由を満たしているのかどうかを行政争訟手続で争いうる。なお，2012年に成立した子ども・子育て支援法においては，公立保育所・幼稚園・認定こども園の入所関係は直接契約（⇨ことば）とされ，介護保険法・障害者総合支援法類似の現金給付の現物化の方式が採用された（原田・前掲註2）337-338頁，衣笠葉子「子ども・子育て支援新制度と幼保改革」論究ジュリスト11号（2014年）43-49頁）。

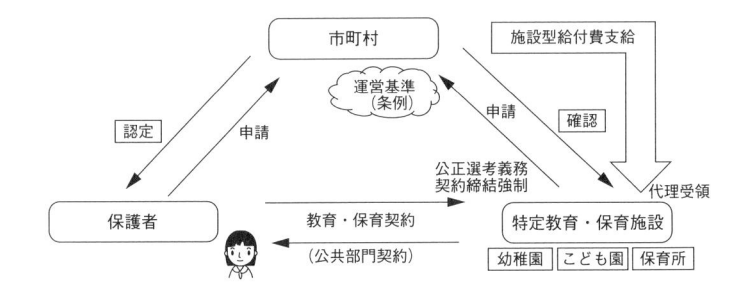

ての「保育に欠ける」）という要件の該当性を市町村が判断することになる。市町村が支給認定を行い，認定証を交付する（同法20条3・4項）と，保護者は公立保育所との間で直接契約を結び，保育サービスを受けることになる。市町村は，これに要する費用のうち保護者が負担する部分以外の金額を，公立保育所に対して支払う（代理受領方式：同法27条5・6項）。

このように，子ども・子育て支援法では，それまでの保育所入所契約で前提とされていた市町村の現物給付義務を廃止し，介護保険・支援費方式と同じ現金給付の現物化の方式を採用した。これに合わせて特定教育・保育施設と保護者との間で結ばれる契約に対しても，施設設置者に契約締結義務を課すとともに（同法33条1項），利用総数を超える申し込みに対しては「公正な方法で選考」する義務（同条2項）を規定している。同時に，市町村に対しては利用のあっせん・要請を行うことを求めており（同法42条），これらの規定によって，保護者の選択権と保育資源の適切な配分がなされることを期待しているものと考えられる。

第2は，介護保険サービス利用契約（介護契約）である。介護保険サービスを利用するためには，市町村の要介護認定（介護保険法27条）を得る必要がある。認定を受けた利用者は指定事業者との間で介護契約を締結し，介護保険サービスを利用する。費用の一割は利用者が直接事業者に支払い，残りは市町村が指定事業者に支払う（代理受領方式）（同法41条6・7項等）。保育所入所契約の場合と異なり，行政に現物給付義務が課されているのではなく，行政の役割はサービス費用を保障することにある。また給付決定と福祉契約の当事者が異なる場合が多いので，サービスの必要性の認定判断と利用するサービスを決定する法的行為との分離が明瞭である。

第3は，支援費方式に基づく契約（障害者福祉契約）である。支援費方式によるサービスを利用するためには，市町村の支給決定を受ける必要がある（障害者総合支援法19条1項）。決定を受けた利用者は指定事業者との間で障害

者福祉契約を締結し，サービスを利用する。その費用は，応能負担原則により支給決定で定められた額を利用者が事業者に直接支払い，残額を市町村が事業者に支払う（同法29条）。

このように，社会福祉構造改革により登場した福祉契約の中には，民間保育所入所契約のように行政の現物給付原則を法律上維持し，利用者側と行政とが契約を締結するものと，介護契約・障害者福祉契約のように行政の役割を費用保障に変更し，給付決定と契約関係とを完全に分離しているものとがある。本章では後者を検討の中心としたい（以下「福祉契約」は介護契約・障害者福祉契約の意味で用いる）。その理由は，この方式の利用範囲が広いことに加え，職権処分から利用者と提供者との契約へとドラスティックに構造が変化しているため，法的に検討すべき課題が多いからである。すなわち前者では保護者の養育義務を前提に，保護者と市町村との間の契約により家庭の保育機能を外部化するしくみになっている。これに対し，後者は高齢者・障害者を介護する家族の存在を給付システム上は重要視せず，本人が権利擁護システムの助けを借りて契約を締結するという自己決定重視のしくみをとっている。また民間保育所入所契約よりも介護契約・障害者福祉契約の方が，利用者に認められる給付内容形成の自由度が高い。このような差異を前提とすれば，より高度な利用者利益保護のしくみが求められる後者の方が検討の対象として適切である。

(3) 福祉契約の役割

それでは，今回の改革において福祉契約にはどのような役割が期待されているのだろうか。第1は，利用者のサービス提供者選択権を法的に承認することである。伝統的には効果裁量を強調してきた福祉の措置決定を変革し，提供者選択の自由や給付内容形成権を利用者に保障する法形式が福祉契約である。第2は，利用者と提供者との関係を法的意味で対等とすることである。措置制度の下では提供者は行政と一体であり，利用者と提供者との関係は対等とは言い難かった。ここに契約を導入することにより，利用者と提供者とが対等な法主体として位置づけられることとなった。第3は，給付内容を利用者と提供者との間で形成・確定することである。福祉契約により確定されたサービスに不履行があった場合には利用者は民事訴訟によりその履行

を請求することができる。また福祉契約には事故の場合等の責任分担を予め明確に規定しておくことで，提供者側のリスクマネジメント[30] を促進する効果も認められる。

3. 民事法による対応とその限界

社会福祉構造改革とほぼ同時期に，民事法では新しい成年後見制度と消費者契約法という福祉契約に密接に関連する重要な立法がなされた。しかしいずれも福祉契約の利用者利益を保護する観点からは十分な対応策ではない。

(1) 成年後見制度

1999年に成立した新しい成年後見制度は，社会福祉構造改革に対応する基盤整備の意味も持っている。中でも多くの利用が予想されるのは，法定後見に新たに加えられた補助と，本人が任意後見人と契約を締結し，その権限や事務を全て契約で決定する任意後見である。また新しい成年後見制度では法人後見人も許容された（民法843条4項）。そこで社会福祉協議会，弁護士会等が後見人を提供する組織をスタートさせている[31]。

それでは，成年後見制度は福祉契約の締結のために利用されているのだろうか。最高裁判所事務総局家庭局によれば2001年度の後見・保佐・補助開始及び任意後見監督人選任事件申立件数（合計11088件）に占める介護保険契約締結を動機とする事件の割合は2.2%である[32]。成年後見制度の利用を妨げている原因として考えられるのは費用，時間，裁判所での手続であろう[33]。成年後見制度が使いやすいものとならない限り，第三者のためにす

---

30) 菊池馨実「介護におけるリスクマネジメント」賃金と社会保障1319号（2002年）26-40（28）頁。福祉・介護契約の特色を事故の観点から分析したものとして参照，中野妙子「介護保険法および障害者自立支援法と契約」季刊社会保障研究45巻1号（2009年）14-24（17-19）頁。
31) 秦悟志「成年後見制度における弁護士の役割」自由と正義51巻6号（2000年）44-55（52）頁。
32) これに対し，2013年1月～12月の統計によると，成年後見関係事件の申立件数34548件のうち，介護保険契約締結を動機とする割合は35.2%（12162件）にまで上昇している（最高裁判所事務総局家庭局「成年後見関係事件の概況——平成25年1月～12月」実践成年後見52号（2014年）83-94（89）頁）。

る契約や本人名での契約が用いられている現実を一概に批判すべきではない。また，もともと成年後見制度は高齢者等の財産管理制度の色彩が強く[34]，新しい成年後見制度で身上等への配慮（同法858条等）が規定されてからもその性格は変わっていない。現状では，成年後見制度は福祉契約利用者の行為能力を補完するという，利用者支援として最低限の内容しか持たないのである。

(2) 消費者契約法

　福祉契約の利用者は，消費者法にいう消費者でもある。2000年に成立した消費者契約法の制定の背景となったのは，従来の行政規制中心に対する反省である。業法規制は個別業法が制定されていない分野では対応ができないこと，業法違反により直ちに民事法的効果が発生するわけではないこと，規制緩和の進展で事前規制から事後チェックに転換する方向性が示されていることから，消費者契約に関する包括的民事ルールが必要とされた[35]。

　消費者契約法は，契約締結過程に対する規制と契約内容に対する規制から構成されている。契約締結過程に関して消費者契約法は，事業者の説明努力義務と消費者の理解の努力を規定し（同法3条），消費者側に不当勧誘・困惑に基づく契約の申込又は承諾の意思表示の取消権（同法4条）を認めている。例えば事業者が介護保険給付対象かどうかについて不実告知をした場合には，消費者契約法により意思表示の取消が可能であろう[36]。一方，契約内容規制として消費者契約法は，任意規定の適用と比較して信義則に反するほど消費者の利益を害する条項を無効とする条文（同法10条）を置いている。これを用いれば利用者に不利となる契約条項を一定程度無効にできる。

　しかし，消費者契約法による契約規制は福祉契約にとってなお十分ではない。第1に消費者契約法は消費者契約に共通する最低限度の民事的規制立法

---

33)「高齢者を守れない成年後見制度の空白」（日本経済新聞2002年6月23日朝刊）。
34) 本田純一「成年後見制度の利用上の課題について」月刊福祉84巻9号（2001年）16-17（17）頁。
35) 落合誠一『消費者契約法』（有斐閣・2001年）171-188頁。
36) 國光登志子「介護保険制度と高齢者の消費者被害」研究年報（神奈川大学）18号（2000年）15-32（30）頁はその例として介護保険による住宅改修を挙げている。

であり，福祉契約に特化したものではない。このため福祉契約に特有のニーズ，例えば事業者側に対する情報提供義務の徹底，契約期間，事業者側による契約解除事由の制限等についての規定は何もない。第2に消費者契約法のような民事ルールは裁判規範としての性格が強く，裁判で争うまでは救済されるかどうかが不明確である。しかも，福祉契約における利用者は訴訟を行うだけの余裕がない場合が多い。第3に，消費者契約法では，適格消費者団体による差止請求（同法12条以下）を除いては，被害が発生するのを待ってからの事後的対応にならざるを得ない。しかし，福祉契約は提供者側の不履行が利用者の生命や身体に直接影響し，かつ特に施設サービスでは提供者を容易に変更できないから，事前予防的な措置が不可欠であろう[37]。以上述べた点を整理するならば，費用保障以外にも福祉契約に対する広範な行政関与の必要性が認められるのである。

II. 福祉契約を支える行政過程

社会福祉構造改革により給付方式が現金給付に変更されても行政による給付決定の意義はなお大きく，福祉契約と給付決定とは不即不離の関係にある。また現物給付原則が撤廃されたとはいえ，改革の目的を実現するため，利用者のサービス選択権を実質的なものとする一連の行政法システムが発展しつつある。福祉契約はこうした行政過程が存在して初めて機能する。

1. 給付決定の法的性格と機能

(1) 給付決定の法的性格

① 給付決定は申請に基づく行政行為である。給付決定の申請に対しては行政に応諾義務が課されており，また行政手続法の申請に対する処分に関するルール（同法5条以下）が適用される。申請型への転換により，利用者の手続的権利を確立することが意図されている。一方で，次のような解決すべき新たな問題が提起されている。

第1は，利用者の行為能力との関係である。給付決定では，法的に有効な

---

[37] 大村敦志『消費者法［第4版］』（有斐閣・2011年）166頁。

申請をなしうる行為能力が利用者にあることが前提となることから，こうした前提を欠く場合に対応する法的しくみが求められる。しかし成年後見制度は福祉サービス利用の観点からは使い勝手が悪く，利用は進んでいない。そこで注目されるのが，判断能力が不十分な人に対し福祉サービスの利用を行うための助言や手続援助等を行う福祉サービス利用援助事業である（社会福祉法2条3項12号・81条）。しかし同事業は契約締結能力が全くない人は成年後見を利用しない限り対象外としている[38]。これを改善するためには，成年後見制度を取り込んだ行政主導の契約締結サポートシステムを発展させることが必要である[39]。横浜市後見的支援を要する障害者支援条例（2001年制定）に見られるように，市町村長の成年後見の申立の積極的な活用や低所得者を対象とした後見手続費用及び後見人報酬の公費負担などのしくみを準備すべきである[40]。また後見人の養成を行政が積極的に行い，適当な後見人がいない場合には公共部門が後見人となるしくみが必要である[41]。契約締結能力の問題のように措置から契約へシステムを改革したために新たに生じたニーズに対しては，行政も積極的に裁判所を支援し，利用者にとって使い勝手のよいシステムを形成していくべきである。

　第2は，福祉分野固有の手続ルールを確立させる必要性である[42]。今回

---

[38] 厚生労働省社会・援護局地域福祉課「地域福祉権利擁護事業の改正のポイント」月刊福祉85巻12号（2002年）52-55頁。同事業の展開につき参照，河野正輝「権利擁護サービスの法」同『社会福祉法の新展開』（有斐閣・2006年）179-256頁［初出1997-2003年］、濱畑芳和「福祉サービス利用援助事業の法構造」龍谷法学（龍谷大学）43巻3号（2011年）1144-1177頁。

[39] 同旨，片本隆「成年後見制度における自治体の役割」地方自治職員研修35巻9号（2002年）78-81（80）頁。

[40] ただし横浜市がこの条例を制定した背景には，同市が年来推進してきた障害者の在宅福祉政策が親の高齢化により新たな法的手当を必要としたという事情があり，必ずしも支援費制度の準備のためではなかったとのことである。参照，横浜市障害者施策推進協議会専門委員会「後見的支援を要する障害者に対する施策を実施するための条例制定に向けた検討について（中間報告）」（2001年）。その後，障害者総合支援法の地域生活支援事業（⇒第5章）の一種として，成年後見制度利用事業（同法77条1項4号）が法定化されている。

[41] 同旨，内田貴『民法Ⅰ［第4版］』（東京大学出版会・2008年）119頁。この点で参考になるのがドイツの世話行政機関（Betreuungsbehörde）である。Vgl. Horst Deinert, Handbuch der Betreuungsbehörde, 2. Aufl. 1994, S. 63-110. 他方で，行政が後見人となる場合には，少なくとも介護サービスに関する給付決定の部局とは別の部局が担当することにより，利益相反となることを防ぐ工夫も必要である（この点に関しては，新井誠教授から私信でご教示を頂いた）。

の改革により福祉分野でもようやく行政法の一般的な水準の手続的保護がなされるに至った。しかし給付決定の特性を考慮すれば，事実認定の正しさを確保する手続ルールが必要である。こうした観点から一定の工夫が見られるのが要介護認定の手続である（介護保険法27条）。その特色は，申請者の日常生活動作の調査を市町村職員等が行った上で，専門家組織である介護認定審査会が判断を行うところにある。「介護認定審査会の運営について」（平成11年9月13日老発597号，現在は平成21年9月30日老発0930第6号）によれば，日常生活動作の調査は基本調査と特記事項とに分かれ，前者についてはコンピュータによる一次判定の資料となる。審査会による審査は基本的には一次判定を踏襲するものの，特記事項や主治医の意見書を加味して要介護度の変更が必要かどうかを判断することとなる。介護保険法に見られる認定基準の定型化は受給権の安定に資する一方，認知症等の非定型的な状況を十分に把握できない欠点も持つ。こうした問題点を緩和するために専門家組織を手続に関与させることは高く評価されてよい[43]。

② 措置決定は，福祉サービスの必要性と給付するサービスの内容とを一体的に決定していた。これに対し，給付決定は福祉サービスの必要性に基づくサービス費用保障の上限額の決定であり，具体的にどんなサービスを誰から提供してもらうかについては後続の福祉契約に委ねている。福祉契約を締結し，サービスの提供を受け，それにより生じた費用に対して現金給付がなされるのである。このような給付決定と給付の開始とのタイムラグを短縮するためには，サービス量を十分確保することや，提供者に契約締結強制を課すことにより早期の契約成立を図ることが重要である。それでも給付開始が遅れてしまう場合には，今回の改革でもなお補完的に存続された措置制度を暫定的に利用することが考えられる[44]。

---

[42] 大橋洋一「社会福祉行政手続の法的特質」同『行政法学の構造的変革』（有斐閣・1996年）172-206（174）頁［初出1995年］。

[43] 2003年に障害者に対する支援費制度が導入された段階では，このような専門家組織が介在する手続が設けられていなかった。しかし，地方公共団体の中には独自に組織上の工夫を行っている例も見られた（小川美智子「支援費制度の導入に向けての西宮市の取り組み」月刊福祉85巻13号（2002年）58-61（60）頁）。2005年に制定された障害者自立支援法では，介護保険法類似の支給決定手続が導入された（⇨第5章）。

(2) 福祉契約の枠組を規定する給付決定

　利用者中心の福祉サービス利用システムを構築するため，今回の改革では従来一本化されていたニーズの認定と給付内容の形成を分離した。しかし両者の結合関係は強固なものである。第1に，給付決定を得ることは福祉契約締結の前提となっている。福祉契約の締結の際に利用者は給付決定を受けているか，少なくとも利用者に給付申請の意思があり，将来的に給付決定を受ける可能性がある必要がある。第2に，給付決定は現金給付額の上限を定めるものであり，とりわけ居宅サービスを利用する場合には契約締結サービスの種類や給付内容の形成に大きな影響を与える。第3に，要介護認定の場合には認定の際に審査会がサービス利用に関する意見を述べることができる。市町村長は要介護認定の際にこの意見も含めて被保険者に通知する（介護保険法27条5・7項）。行政行為の附款によってサービス内容を個別にコントロールしうるしくみがここでは見られる[45]。このように給付決定は福祉契約締結の前提であり，その内容の枠組を規定する機能をもっている。

　給付決定と福祉契約に見られるような行政行為と契約の結合（⇨ことば）は，給付の実体要件を法定することで制度の概観性を確保し，受給権を安定させることができる行政行為の利点と，利用者による選択権や給付内容形成権を確保する契約の利点とを両立させるためにとられたものであると考えられる。行政行為と契約との結合の例としては公営住宅の入居決定と賃貸借契約，母子福祉資金の貸付決定と消費貸借契約のような行政と市民との間で行政行為による資格認定と契約による内容形成が2段階で行われる場合が知られていた。また私人間の契約や協定の有効要件として行政の認可を必要とする場合も存在した。給付決定と福祉契約との不即不離の関係は，こうした行

44）前田雅子「介護保障請求権についての考察」賃金と社会保障1245号（1999年）19-29（25）頁。

45）さらに市町村は審査会の意見に基づき，利用できる介護給付対象サービスを指定することができる（介護保険法37条）。しかしこれはサービスの必要性の認定という要介護認定の性格を越えるものであり，要介護認定とは別の行政行為である。このしくみは今回の改革の基本理念である利用者のサービス選択権の尊重と緊張関係に立つため，立案担当者は医療的観点から必要な場合等に限って例外的に運用するものと説明している（遠藤浩＝神田裕二「介護保険法案の作成をめぐって」法政研究（九州大学）66巻4号（2000年）1791-1831（1819）頁）。

政行為と契約の結合手法に新たな一例を加えるものである。

> ● ことば ●
> ### 行政行為と契約の結合
>
> 　法律の規定に基づいて法効果が発生する行政行為と，当事者間の合意に基づき法関係が変動する契約は，対照的な性格を有するものとして扱われる。しかし，両者を組み合わせて一定の法制度を設計することもありうる。両者の結合という見方の契機となった考え方の１つは，ドイツ法における二段階説（Zweistufentheorie）であった（村上武則「二段階論，行政行為一元論および形式的行政行為論」同『給付行政の理論』（有信堂・2002年）54-85頁［初出1974年］）。これは，公的資金貸付の法関係に関して，（西）ドイツの判例及び一部の学説が戦後発展させてきた考え方である。もともと資金貸付は純然たる民事契約に基づいてなされると考えられてきた。しかしそれでは，補助金交付をめぐる法関係に基本権保護・平等原則が働かず，行政訴訟による解決が図られない。そのため，行政機関が資金貸付を行うかどうかの判断（第１段階）と，具体的な貸付関係を定める民事契約（第２段階）とを分け，第１段階は行政行為とする考え方が登場した。もっとも，ドイツの現在の学説では，両者を統一的に把握すべきとの見解が強い。しかし，給付決定と福祉契約のように，法関係の当事者が異なる場面では，このような見方がなお有効と思われる。

2. 利用者の選択権保障システム

　社会福祉構造改革では，利用者の選択権を保障するため福祉契約が導入された。ただし，利用者の選択権が本当に保障されるためには，いくつかの前提が必要となる。例えば利用者の選択が可能となる程度のサービス量が確保され[46]，サービスの質が一定程度以上に保たれた提供者市場が形成されなければならない。また，利用者の特性を考慮すれば，提供者に関する正確な情報が利用者に伝えられるしくみや，利用者一人一人にとって最適なサービスは何かを助言し，契約締結を支援するしくみも必要であろう。以下では，こうした要請に応える行政法上のしくみを検討し，利用者の選択権を実質化

46）阿部泰隆「行政の法システムの改善」同『行政法の進路』（中央大学出版部・2010年）131-189（146）頁［初出2001年］はこの点の重要性をとくに強調する。

するためのシステムが発達しつつあることを示すこととしたい。

(1) サービス確保手段としての行政計画

　福祉分野における行政計画は，1990年代に入って急速に発展している。法律に基づくものに限定しても枚挙に暇がない（⇨第5章）。こうした行政計画にはサービス確保の財政的裏付け機能が認められ，計画を通じて利用者が選択しうるだけの十分なサービス量の確保が可能となる。この機能が最もよく発達しているのが，介護保険法上の行政計画である。

　市町村が策定する介護保険事業計画は，保険者としての市町村が必要なサービス総量の見込みを計算した上で保険料を算定することを主要な課題としている[47]。これに対し，都道府県の策定する介護保険事業支援計画は，必要施設サービスの確保や整備，介護労働力確保等を内容としている。「介護保険事業に係る保険給付の円滑な実施を確保するための基本的な指針」（平成18年3月31日厚生省告示314号）によれば，介護保険事業計画の策定にあたっては，まず介護保険事業計画作成委員会を設置し，被保険者代表等が委員として参加する。被保険者の計画策定への参加は法律上の要請である（介護保険法117条8項）。次に必要サービス量を確定するために被保険者全体を対象としたアンケート調査，要介護者への聞き取り調査，待機者調査等の実態調査が行われる。これをベースに委員会でサービスの必要量が設定されると保険料水準がおおむね決まる。介護保険事業支援計画はこうして策定された事業計画を積み上げて作成される。

　次に計画の実現手法の側面を検討しよう。市町村の策定する介護保険事業計画で算定された保険料の総額は，当該市町村の介護保険サービスのために準備される公的資金の総量を規定する性格を持つ。介護保険の会計は一般財源とは切り離されているため，経済状況や政治的要素の影響を比較的受けにくい。このため提供者は，計画で算定された公的資金の総量のうちどれだけを獲得できるかをめぐって競争関係を展開することとなる。介護保険サービス提供の目的だけのために一定の金額をプールしておくことで，参入意欲を

---

[47]　村川浩一「介護保険事業計画策定の意義と課題」同編『高齢者保健福祉施策と介護保険事業計画の実際』（東京法令出版・2000年）1-33（14）頁。

刺激するしくみとなっているのである。

　一方，施設サービスの場合には初期投資の額が莫大で，かつ社会福祉法人以外の民間参入が制限されているため，以上に述べたものとは別のしくみも必要である。それが見られるのが都道府県の策定する介護保険事業支援計画である。1つは施設建設補助金との連動である。介護保険事業支援計画で算定された施設の必要定員数の枠内であることが補助金交付の条件となっている[48]。もう1つは施設許認可との連動である。介護保険事業支援計画に定める必要定員数を超過する介護老人保健施設の開設許可，都道府県老人福祉計画に定める必要定員数を超過する特別養護老人ホームの開設認可を知事は拒否することができる[49]（介護保険法94条5項，老人福祉法15条6項）[50]。施設建設費を公費補助するとしても，行政計画を用いて制度設計することは必然的ではない。投資的経費も含めて報酬を算定する方法や，ドイツの一部の州が介護施設に対する補助で採用している個人単位の補助金（介護住宅手当）が代替的手法である[51]。サービス量確保の観点からこれらと比較した行政計画の利点は2点ある。第1に，補助金の配分を市場原理に委ねるのではなく，公共空間での討議により決定するため，サービス量の現状への認識が深まり，サービス量拡大への社会的圧力が働きやすい。そのためには，計画策

---

48) 参照，東京都福祉局「平成15年度特別養護老人ホーム等施設整備基本指針」（2002年）。
49) 介護保険法に基づく計画のしくみと老人福祉法に基づく老人福祉計画とは密接な関係を有しており，介護保険給付対象サービスに関しては両者の内容は共通となる。特別養護老人ホームは老人福祉法に基づき設置され（同法15条），介護保険法上のサービスを提供する指定介護老人福祉施設は特別養護老人ホームの中で開設者の申請があったものが指定対象となるから（介護保険法86条1項），特別養護老人ホームの整備に関する計画は老人福祉計画となる。これに対し介護老人保健施設は介護保険法のみに基づく施設であるから（同法94条），その整備に関する計画は介護保険事業支援計画となる。
50) さらに，構造改革特別区域法（⇒第12章）に基づく区域計画の認定（同法4条9項）を内閣総理大臣が行い，都道府県老人福祉計画で算定された特別養護老人ホームの必要入所定員総数に達していない特別養護老人ホーム不足区域において，社会福祉法人以外の民間法人が民間資金等の活用による公共施設等の整備等の促進に関する法律（PFI法）の選定事業者となると，都道府県知事の認可を受けて特別養護老人ホームを設置することができるようになる（構造改革特別区域法30条）。このしくみも計画実現手法の一つである。
51) Heinz Rothgang, Pflegebedarfsplanung in Deutschland, Zeitschrift für Sozialreform 2000, S. 1003-1021, 1014.

定への多様な主体の参加のチャンネルを確保しておくことが重要である。第2に，需要と供給の関係に任せるだけでは不可能な，地域的特性を考慮したサービス量の適正配分が可能になる。一方で，政治的圧力により不適切な資源配分がなされる可能性を排除するには，策定過程の透明性確保が欠かせない。また，適正配分の実現による利用者の選択権保障を確実なものとするため，サービス提供の最終的・補完的な責任を行政に課すことも必要である[52]。

(2) 事業者指定のしくみと役割

　行政計画によりサービス量確保を財政面から保障することができた場合，次の課題として，一定以上の水準の質を確保しつつ多様な提供者が参加して競争関係を展開する提供者市場を形成することが重要となる。こうした市場の創設が，利用者の選択権保障の前提となろう。介護保険・支援費方式では，事業者指定がこれに対応するしくみである。

　国・地方公共団体以外が経営主体となって入所サービスを提供する場合には通常，社会福祉法人の認可を受け，施設建設の届出（個別法で定めがある場合は認可）が求められる。さらに介護保険・支援費方式での指定事業者となるためには，指定を別途受ける必要がある。これに対し，居宅サービスについては，これまでは行政が限られた提供者（とりわけ社会福祉協議会）と契約を締結することで給付提供者が決定されたため，提供者が個別の利用者のニーズに関心を示す契機を欠いていた[53]。今回の改革で導入された事業者指定では，一定の基準さえ満たしていれば全ての事業者が指定を受けることができ，指定事業者間で利用者獲得競争が行われることが想定されている。

---

52) 同旨，佐藤進＝河野正輝編『介護保険法――権利としての介護保険に向けて』（法律文化社・1997年）148頁［河野正輝］。また，日本法と同様に介護計画による施設建設補助金の配分を決定するしくみを採用しているバーデン＝ヴュルテンベルク州では，民間によるサービス不足の際に，特別市・郡に基礎的サービス提供義務を課している（バーデン＝ヴュルテンベルク州における介護保険の実施のための法律（州介護法）(Gesetz zur Umsetzung der Pflegeversicherung in Baden-Württemberg (Landespflegegesetz)) 1条2項）。

53) 小宮一慶「成功するための経営戦略」かながわ福祉サービス振興会編『介護保険と福祉ビジネス』（中央法規出版・2000年）139-173 (160) 頁。

競争原理を導入するために行為形式の転換が行われ，それにより利用者の意向に合わせたサービスの提供が促進されるようになったのである。

事業者指定は，参入条件を均一化・明確化することにより参入意欲を高める手法である。また，最低限の給付の質を一律に担保し，基準に満たない事業者を市場から排除することにより，利用者に不測の損害が及ぶことを避ける機能を持つ。事業者指定要件であり給付の質の最低基準を提示しているのが，運営基準[54]とこれに基づく条例である。この運営基準により事業者の活動を広範囲かつ一律に規律している点に日本法の特色がある。

(3) サービス評価手法の発展

利用者が提供者を選択するためには，正確な提供者情報が十分に流通している必要がある。そのためには広告規制と並んで，サービス評価が有用である。現在先進的な地方公共団体で実施されているサービス評価のしくみは，地方公共団体が直接実施しサービス改善を重視するタイプ[55]と，地方公共団体以外の第三者組織が介在し利用者に対する情報提供を重視するタイプ[56]の大きく2つに分けることができる。

---

54) 介護保険法に関して①指定居宅サービス等の事業の人員，設備及び運営に関する基準（以下「居宅運営基準」という）②指定居宅介護支援等の事業の人員及び運営に関する基準③指定介護老人福祉施設の人員，設備及び運営に関する基準（以下「老福運営基準」という）④介護老人保健施設の人員，施設及び設備並びに運営に関する基準⑤指定地域密着型サービスの事業の人員，設備及び運営に関する基準の5つの省令，支援費方式に関して①障害者の日常生活及び社会生活を総合的に支援するための法律に基づく指定障害福祉サービスの事業等の人員，設備及び運営に関する基準②指定障害者支援施設等の人員，設備及び運営に関する基準（以下「支援運営基準」という）③障害福祉サービス事業の設備及び運営に関する基準④地域活動支援センターの設備及び運営に関する基準⑤福祉ホームの設備及び運営に関する基準⑥障害者支援施設の設備及び運営に関する基準の6つの省令を総称して「運営基準」と呼ぶ。

55) この類型に属するものとしては他に東京都品川区の評価システムがある。同区では独自の協定制度を中核として事業者の給付の質の向上に力点を置いた評価システムを構築しているため，Web上での公開といった一般市民に対する情報提供は行っていない（品川区介護サービス向上委員会「品川区介護サービス向上委員会答申書」(2001年))。

56) 本文で紹介したもののほか，福岡市では2002年10月から介護サービス評価センターふくおか（社会福祉協議会）が評価を行い，評価の高い事業者を認証するしくみを導入した（福岡市介護サービス評価システム検討会「福岡市介護サービス評価システムに関する報告書」(2002年))（同事業は2012年度に終了）。また東京都では2003年度から，ISO的な複数認証機関によ

前者のしくみの具体例として福岡県北九州市がある。評価はあらかじめ公表されている評価基準に基づいてまず事業者が自己評価を行い，その後，評価委員会調査部会が約1日かけて現地調査とヒヤリングを行う。調査部会の報告を受け，最終的な評価を下すのは評価決定部会である。評価結果は事業者に通知され，事業者が同意すれば（北九州市介護保険条例21条の2第1項2号）評価結果の概要がWeb上や市民福祉センターに配布する資料に掲載される[57]。ただし評価項目間に重要度の差があることから，公表されるのは利用者の嗜好に関係する情報に限られる。

　これに対し，後者のしくみを採用しているのが神奈川県であり，評価事業は社団法人かながわ福祉サービス振興会により行われている。調査は事業者と利用者に対して調査票への記入を求め，それを分析する方法で行われる。その後，事業者に対して評価結果通知書と公開同意書が送付され，同意書を提出した事業者についての評価データは，事業者名を明らかにした上でデータブック[58]やWeb上に掲載される。事業者育成に配慮して，事業者に通知される評価結果の全てが公開対象とされてはいないとはいえ，点数評価を公表している点で同会の評価は最も評価情報の公表が進んでいる。

　給付者としての行政がサービス評価を行うことは給付システム内部のランク付けの色彩を持つこととなり，また利用者に対する情報提供の要請と事業者の営業上の情報保護の要請とが衝突する。しかし利用者の選択権保障を目標とした構造改革の理念からすれば，利用者に対する情報提供は強化していくべきである。給付システムから独立した組織による評価であれば，こうしたジレンマを避けることができる。ただしその場合でも，評価の公正性や信頼性を確保するため，組織の設置や評価基準の定立，評価結果の管理や公表などに求められる配慮は評価組織が行政組織の場合とほぼ同一である。また評価システムの制度設計やその適正な運用確保の面で，行政の果たす役割は非常に大きい。つまり評価組織が行政組織ではないとしても，評価システム

　　　る評価制度を導入した（東京都福祉局総務部福祉改革推進課編「福祉サービス第三者評価システム検討会報告書」（2002年））。
57)「北九州市保健福祉局総務部監査指導課「北九州市介護サービス評価事業」（2001年）。
58) かながわ福祉サービス振興会『2001年版介護サービス評価データブック』（2001年）。

そのものは選択権保障の行政過程の枠内になお位置づけられるのである[59]。

(4) ケアプランによる契約締結支援

利用者が施設サービスを希望する場合には，当該施設のサービス内容全体の評価を基準に選択が可能となるので，サービス評価手法を前提とする情報提供が十分になされれば契約締結交渉をする対象は絞りやすい。これに対し，居宅サービスの場合には複数の居宅介護事業者から複数種のサービスの提供を受けるケースが多いため，個別の契約をたばね，調整を行うしくみが不可欠となる。この役割を果たすのが居宅サービス計画（ケアプラン）である（介護保険法8条23項）。ケアプランは，個人を対象として契約締結や支援の実施などの個別行為を調整する給付計画の性格を持つ。このようなしくみは福祉分野にとどまらず，分立した給付措置の調整・統合を行う局面に適合的で[60]，調整組織を設置する手法と選択関係にある。ケアプランの作成は義務ではないものの，利用者がケアプランの作成を依頼した居宅介護支援事業者名を市町村に届出することが代理受領の要件となっている（同法41条6項・46条4項）。また，ケアプランの作成費用の全額が保険給付の対象となっている（同法46条2項）。このことから，ケアプランは，利用者個人のニーズを給付内容に確実に反映させることを制度的に保障するために，現行法が採用した規律技術と評価されうる。

居宅介護サービスを希望する場合，要介護認定を得てからまず居宅介護支援事業者を選択し，ケアプランを作成してもらうことが標準的な手順となる。介護支援専門員は利用者と面接して課題状況を把握し，介護認定審査会が要介護認定に付した意見も踏まえてケアプランの原案を作成する。その原案に含まれている居宅サービスの担当者を集めてサービス担当者会議を開催し，担当者から意見を求める。原案を利用者に説明し，文書で利用者の同意

---

59) 2005年の介護保険法改正により，介護サービスに関する情報の公表制度が法定化されている（同法115条の35以下）。また，ドイツの介護保険法が定める介護サービス評価につき参照，原田大樹『自主規制の公法学的研究』（有斐閣・2007年）190-191頁。

60) Karl-Jürgen Bieback, Effizienzanforderungen an das sozialstaatliche Leistungsrecht, in: Wolfgang Hoffmann-Riem/Eberhard Schmidt-Aßmann(Hrsg.), Effizienz als Herausforderung an das Verwaltungsrecht, 1998, S. 127-173, 154.

を得ることでケアプランは成立する。それに従って利用者は居宅サービス事業者と契約を締結する。さらに支援専門員はケアプランの実施状況を把握し，内容の修正を行い，利用者からのサービス利用に関する苦情に対応し，場合によっては入所施設を利用者に紹介する（指定居宅介護支援等の事業の人員及び運営に関する基準13条）。

社会福祉構造改革が目指した利用者中心の福祉サービス給付システムは極めて重要な理念である。もっとも，利用者の個別的状況に差異があるにもかかわらず一律に契約方式を導入したことから，提供者に関する情報の収集やその評価の面での不安を抱えつつ契約を締結せざるを得ない利用者も存在することは事実である。こうした状況では利用者の選択権を実質的なものとするための媒介行政作用（⇨第5章）が大きな役割を果たすこととなる。

Ⅲ. 福祉契約統制論の日独比較

利用者中心の給付システムを実現する上では，福祉契約の内容形成がどのように行われるかが重要な意味を持つ。契約規律のあり方をめぐっては日本法とドイツ法との間に大きな違いがある。日本法では，運営基準などの行政基準によって契約規律を行うしくみがみられる。これに対しドイツ法では，利用者と提供者との合意形成を多段階で行うことで契約内容を確定する手法がとられている。日独比較を踏まえ，日本法において利用者中心の給付システムを実現する方策について検討を加えたい。

1. 行政主導型内容形成——日本法

(1) 運営基準中心主義

福祉契約の内容形成を適切に行うため，日本法では運営基準によるコントロールが大きな役割を果たしている（運営基準中心主義）。運営基準は事業者指定要件の大枠を定めた省令であり，これを前提に制定された条例に事業者が違反した場合は，指定権者である都道府県知事により指定取消がなされうる（介護保険法77条1項等）。また市町村は，運営基準に基づく給付が行われているかを審査した上で，報酬基準[61]に基づく額を支払うとされている（同法41条9項等）。運営基準は本来，行政と指定事業者との法関係を規律

し，行政の事業者に対する規制監督活動の基準としての性格を持つ。しかし，実際には次のような契約に関する規定が含まれ，報酬基準と相まって契約規制機能を発揮している。

契約締結過程に関しては，重要事項説明・同意（居宅運営基準8条等，老福運営基準4条，支援運営基準7条），事業者の提供拒否禁止（居宅運営基準9条等，老福運営基準4条の2，支援運営基準9条），契約締結の相手方となる利用者を決定する場合の考慮要素（老福運営基準7条2項（入所の必要性の高い要介護者を優先的に入所させる努力義務）[62]，支援運営基準10条（連絡調整に対する協力の努力義務））等に関する定めがある。契約内容については，身体拘束の禁止（老福運営基準11条4項），週2回以上の入浴等（老福運営基準13条2項），要介護認定・支給決定申請に関する援助（老福運営基準6条・支援運営基準13条），退所時援助（老福運営基準7条6項，支援運営基準11条）等の規定がある。

(2) 運営基準中心主義の意義と限界

運営基準中心主義には消費者保護の機能が認められる。運営基準の要件を満たさない不適格事業者を提供者市場から排除することは，事前規制の必要性が高い福祉分野においては適切な制度設計である。また報酬基準で統一的な報酬を設定することにより，利用者の交渉力の弱さから不当な金額の対価を支払うことを防止できる。さらに，社会保障審議会への諮問手続（介護保険法41条5項等・74条4項等）だけで足りる報酬基準や運営基準の方が，報酬や給付内容を行政と提供者との間で個別に決定したり，私法的効力を伴う福祉契約規制立法を行ったりするよりも迅速に対応可能である。加えて，

---

61) 介護保険法に関して①指定居宅サービスに要する費用の額の算定に関する基準②指定居宅介護支援に要する費用の額の算定に関する基準③指定施設サービス等に要する費用の額の算定に関する基準④指定地域密着型サービスに要する費用の額の算定に関する基準，支援費方式に関して⑤障害者の日常生活及び社会生活を総合的に支援するための法律に基づく指定障害福祉サービス等及び基準該当障害福祉サービスに要する費用の額の算定に関する基準の5つの告示を総称して「報酬基準」と呼ぶ。
62) この点に関し，2002年の省令改正によってこの規定が追加される以前から行われている地方公共団体独自の取り組みの例として参照，神奈川県福祉部高齢者保健福祉課「神奈川県介護保険事業支援計画」（2000年）38頁（神奈川県），古井豊「特別養護老人ホーム入所指針の導入」地方自治職員研修36巻1号（2003年）66-68頁（神戸市）。

サービスの総量が不足している現段階で事業者に不利な民事ルールを導入することは，事業者育成の観点から好ましくない。こうした観点から行政による指導や援助を通じた事業者育成が運営基準中心主義では重視されている。

他方で，運営基準中心主義の背景には，行政による規制や監督が行き届いていれば利用者の利益保護は十分になされるはずであるとする発想がある[63]。しかし，監査指導のための行政資源が限定されている現状では，監督権限の行使が機動的になされることは期待できない。例えば，介護保険の指定事業者に対する都道府県の実地指導は，施設に対しては原則2年に1回，居宅事業者に対しては原則3年に1回行うこととされているものの[64]，実際にはこのペースを維持することさえ困難という。今回の改革により導入された運営適正化委員会や国民健康保険団体連合会・市町村による苦情解決のしくみは，監督権限行使の契機を市民からの苦情に求めるものであり，行政による監督が適時になされることを確保するためのものである。しかし，これらは法律に定められた調査権や指導権限（社会福祉法85条1項，介護保険法176条1項3号）に基づく苦情解決活動で，都道府県知事による指定取消権限の発動を前提としたしくみ（社会福祉法86条，介護保険法77条）である[65]。換言すれば，規制権限の行使可能性が調査に対する事業者の協力確保策や紛争解決の最終的担保策となっている。従って，苦情解決のしくみが適切に機能するかどうかは，都道府県による規制監督活動に依存するのである。

運営基準中心主義の問題点は，次の2点にまとめられる。第1は，運営基準の法的性格が不明確である点である。前述の事情により市場から締め出されなかった不適格事業者から不適切な給付を受けたり，市場から締め出されるほどではないにしても不適切なサービス履行が行われたりした場合，利用者の侵害された利益を個別的に調整することは民事ルールが得意とする領域

---

63) 措置制度におけるこうした発想を指摘したものとして参照，大橋洋一「福祉オンブズマンの制度設計」同『対話型行政法学の創造』（弘文堂・1999年）111-159（112）頁［初出1997年］。社会福祉構造改革を経てもなお，この考え方が維持されているといえよう。

64) 介護保険施設等指導監査指針ハンドブック編集委員会編『介護保険施設等指導監査指針ハンドブック』（中央法規出版・2000年）5頁。

65) 関口日出夫「国民健康保険団体連合会による対応」小笠原祐次＝若穂井透監修『実践Q&A 介護保険の苦情対応』（東京法令出版・2000年）49-56（54）頁。

である[66]。しかし、運営基準の法的性格が不明確であるため、福祉契約に関する民事紛争の解決に運営基準を援用することが可能なのかは不透明である[67]。第2は、運営基準により福祉契約の内容形成を一律に行うため、利用者側や提供者側の意向を反映した給付内容形成の自由度が低い点である。しかし、利用者本位のシステムを実現するのであれば、より自由度が高く、かつ利用者利益の保護にも配慮した方法を検討すべきである。

2. 合意型内容形成——ドイツ法

日本法とは対照的にドイツの給付システムでは利用者と提供者との契約が中核に置かれている。ドイツでは伝統的に民間提供者中心の給付システムがとられていた。社会扶助の実施者として歴史的に大きな役割を果たしてきたのは民間福祉団体（Verbände der freien Wohlfahrtspflege）であり、社会法典12編（SGB XII）の前身の扶助義務令以来、民間福祉団体（⇨ことば）が固有の資格で扶助を実施する場合には国家は実施を行わないとする原則があった[68]。この場合に、国家は現金給付を行って経済的な支援をしていた（社会法典12編5条4項）[69]。また民間福祉団体の中でも大きな地位を占めるキリスト教系組織の場合には、教会自治権の保障により国家介入を排除することができた[70]。こうした沿革の中で成立した提供者優位の状況に風穴を開けたのが、1974年のホーム法の制定である。同法は入居者（Bewohner）利益の保護を目的として、当時はまだ一般的ではなかった入居者＝施設間契約

---

66) 山本隆司『行政上の主観法と法関係』（有斐閣・2000年）322-328頁〔初出1997年〕。
67) 解釈論上、運営基準の民事上の効力を導出する試みとして参照、岩村正彦「社会福祉サービス利用契約の締結過程をめぐる法的論点」同編『福祉サービス契約の法的研究』（信山社・2007年）16-41（39）頁〔初出1999年〕、倉田聡「医療・福祉分野におけるサービス供給主体論」社会保障法14号（1999年）55-69（65）頁。
68) 扶助義務令でこのような規定が置かれた背景につき参照、豊島明子「ドイツ連邦社会扶助法における行政の責任（1）」法政論集（名古屋大学）166号（1996年）159-190（173-177）頁。
69) Ursula Friedrich, Die neue Pflegesatzregelung im Bundessozialhilfegesetz, NDV 1994, S. 166-173, 168. これに対し、民間福祉団体が社会扶助団体の事務委託を引き受ける（社会法典12編5条5項）場合は、国家事務を遂行することとなるので、このような原則は適用されない。Vgl. Dirk Ehlers, Rechtsfragen der freien Wohlfahrtspflege, NJW 1990, S. 800-807, 803.
70) Volker Neumann, Freiheitsgefährdung im kooperativen Sozialstaat, 1992, S. 16-29.

(ホーム契約)を締結することを施設に義務付けた。この規定は,提供者側に偏在していた給付内容形成権を入居者と提供者の合意に移し,営造物的発想から脱却する契機となった[71]。2006年のドイツ連邦制改革(⇨第12章)により,ホーム事業に対する規制権限は州の専属的立法権限に変更された。これを受けて,ホーム契約規制に関しては連邦法であるホーム・世話契約法[72]が2009年に消費者民事特別法として制定され[73],ホーム事業に対する規制を行う州法[74]と並立するしくみに転換している。こうした立法と並んでドイツでは,利用者と提供者との契約で確定される給付内容を,利用者利益を代表する組織と提供者利益を代表する組織との間で段階的に合意形成するしくみが発達している。この2つのしくみとその連携により利用者利益の保護がなされている点に,ドイツ法の特色がある。以下ではドイツの福祉法制を概観した上で,個別レベルでの合意形成を支援するホーム法制,組織レベルでの合意形成を支援する枠契約のしくみを検討する。

● ことば ●
民間福祉団体

　民間福祉団体とは,ドイツにおける社会福祉・介護・保健のサービス提供を担っている民間の非営利組織である。カトリック系のドイツ・カリタス福祉連盟(Deutscher Caritasverband),プロテスタント系のディアコニー事業団(Diakonie Deutschland)が宗教と密接にかかわる民間福祉団体である。これに

---

71) Gerhard Igl, Das Leid mit der Heimgesetz-Novellierung, RsDE 7 (1989), S. 47-63, 49.
72) 正式名称は「介護・世話給付を伴う居所に関する契約の規律のための法律(Gesetz zur Regelung von Verträgen über Wohnraum mit Pflege- oder Betreuungsleistungen)」である。契約に関する民事法は連邦の競合的立法権限に含まれている(基本法74条1項1号)ことから,連邦が契約規制を切り出して同法を制定している(BT-Drucks. 16/12882 S. 1f.)。立法権限の問題につきさらに参照,Michael Drasdo, Der Heimvertrag nach der Förderalismusreform, NVwZ 2008, S. 639-641, 641.
73) Edna Rasch, Wohn- und Betreuungsvertragsgesetz Kommentar, 2012, S. 18.
74) ここでは,連邦制改革後の介護事業所規制を最も包括的に規律しているとされる,2014年に制定されたバーデン=ヴュルテンベルク州ホーム法(支援を要する居住形態・参加と介護に関する法律(Gesetz für unterstützende Wohnformen, Teilhabe und Pflege),以下「州ホーム法」という)の規定を参照することとする。連邦制改革直後に各州で制定されたホーム法は,Rasch (Anm. 73), S. 166ff. に掲載されている。

> SPD系の労働福祉団（die Arbeiterwohlfahrt），自助団体の上位団体であるパリテーティシュ福祉事業団（der Paritätische Wohlfahrtsverband），ドイツ赤十字社（das Deutsche Rote Kreuz），ユダヤ人中央福祉機関（die Zentralwohlfahrtsstelle der Juden in Deutschland）を加えて，一般に民間福祉6団体といわれる。これらの中でもカリタスとディアコニー事業団の規模が大きい。この背景には，両団体が教会税を収入源にできるという事情がある。これらは19世紀から，個人の寄付金等を財政的基盤として社会的活動を行っており，社会法典12編の前身である扶助義務令も，このような団体の存在を前提に，協力関係に関する規定をすでに置いていた。

(1) ドイツの福祉サービス給付システム

ドイツにおける福祉サービス給付システムとしては，特別市や郡，行政管区や州といった社会扶助団体（Träger der Sozialhilfe）（社会法典12編3条）が租税財源を使って行う社会扶助と，疾病金庫に併設された介護金庫（Pflegekassen）（社会法典11編（SGB XI）1条3項）が保険料を財源に給付を行う介護保険の2つが代表的なものである。

① 社会扶助で行政以外の第三者が介在して給付を行う場合には日本の代理受領に似た方式がとられている[75]。社会扶助団体は事業所（Einrichtungen）[76]との間で予め協定（以下「扶助協定」という）を締結し，給付内容・報酬・経済性とサービスの質の監査に関して合意しておく（社会法典12編75条2項）。受給希望者は協定締結事業所の中から自ら選定した事業所と契約を締

---

[75] もとは連邦社会扶助法11条2項（現・社会法典12編19条5項）を根拠にこのような取り扱いが行われていたという。Vgl. Jochem Schmitt, Leistungserbringung durch Dritte im Sozialrecht, 1990, S. 432ff.

[76] Einrichtungen の中には入所施設だけではなく在宅介護サービス提供施設も含まれるため本章では「事業所」の訳語を用いている。この概念については Walter Schellhorn u.a., SGB XII-Sozialhilfe 18. Aufl. 2010, S. 114, Rn. 1ff.［Karl-Heinz Hohm］; Christian Grube/Volker Wahrendorf, SGB XII Kommentar 5. Aufl. 2014, S. 588, Rn. 9f.［Thomas Flint］を参照。またこの用語法は介護保険でも同様である。Vgl. Gerhard Igl/Felix Welti, Sozialrecht, 8. Aufl. 2007, S. 136, Rn. 2. Einrichtungen の概念及び訳語につきさらに参照，倉田聡「ドイツの介護保険法における介護契約規制」岩村正彦編『福祉サービス契約の法的研究』（信山社・2007年）68-103 (74) 頁。

結し，社会扶助団体に給付を申し出るか事業所が届出を行う[77]。社会扶助団体には，扶助決定に際して個別事例に最も適する扶助の方法を選択する裁量が認められている（社会法典12編17条2項）ものの，協定締結事業所間での受給希望者の選択は一定程度尊重される（社会法典12編9条2項）[78]。扶助の実施に必要な費用は，社会扶助団体が受給者の自己負担分を差し引いた扶助費を事業所に支払い，受給者は自己負担分を事業所に支払う[79]。

② 介護保険では，介護金庫の連合組織である介護金庫州連合会は，広域社会扶助団体[80]の承認を得て，事業所との間で供給契約（Versorgungsvertrag）を締結する（社会法典11編72条2項）。報酬については，介護金庫・社会扶助団体と個別の事業所との間で締結される介護費協定（Pflegesatzvereinbarung）で決定される（社会法典11編85条2項）。サービスを利用したい被保険者は金庫に給付を申請する。金庫は専門家組織（MDK）の調査を踏まえ[81]（社会法典11編18条）被保険者の介護の必要性や介護度を確定して給付額の上限とともに被保険者に通知し，供給契約を締結している指定介護事業所（zugelassene Pflegeeinrichtungen）の一覧表を交付する（社会法典11編7条3項）。入所介護給付を受ける場合には被保険者はその必要性を金庫に伝え，事業所とホーム契約を締結し，事業所は金庫に被保険者の受け入れを通知する[82]。金庫が事業所に費用支払承認をする[83]と当該事業所で現物給付を受

---

77) BVerwGE 69, 5 はこの例である。この他，社会扶助団体が主導的な役割を果たしてサービス提供者の決定に関わるケースもありうる。

78) 旧連邦社会扶助法3条2項の規定につき参照，Otto Fichtner（Hrsg.），Bundessozialhilfegesetz Kommentar, 1999, S. 24ff. Rn. 10ff.［Otto Fichtner］。

79) Grube/Wahrendorf（Anm. 76），S. 595, Rn. 40.

80) 広域社会扶助団体は各州の連邦社会扶助法施行法により定められる。州が担当する例としてラインラント＝プファルツ州，福祉連合等の広域行政組織が担当する例としてバーデン＝ヴュルテンベルク州，行政管区が担当する例としてバイエルン州がある。地域社会扶助団体と広域社会扶助団体とは上下関係に立つものではなく，州法で定められた事務区分に従って（広域社会扶助団体の事務でなければ地域社会扶助団体の事務となる）扶助の事物管轄を分担している（社会法典12編97条）。Vgl. Peter Trenk-Hinterberger, Sozialhilferecht, in: Bernd Baron von Maydell/Franz Ruland（Hrsg.），Sozialrechtshandbuch, 2. Aufl. 1996, S. 1177-1219, 1190ff. Rn. 38ff.; Grube/Wahrendorf（Anm. 76），S. 66, Rn. 14; S. 773f. Rn. 1ff.［Volker Wahrendorf］。

81) 松本勝明『社会保障構造改革』（信山社・1998年）195-211頁。

82) 本文の記述は第1次連邦勧告（1995年）5条1項，第2次連邦勧告（1996年）7条1項・8

けることが確定する。費用は要介護の程度に応じて介護費協定で定められた額を金庫が提供者に支払い，賄えない部分については被保険者が事業所に支払う。この部分を自ら支払えない場合には介護扶助として社会扶助団体が支払う[81]（社会法典12編61条）。

(2) ホーム法制上の契約規制——個別レベルの合意形成支援

ドイツの福祉契約規制としては約款規制法[85]のほか在宅介護保険サービスに対して社会法典11編120条，医療・児童福祉以外の施設関連サービスに対するホーム・世話契約法がある。ここでは詳細な契約規制規定と関連する判例や学説の蓄積があるホーム法制を検討する。

ホーム法は，入居者の生命や身体の不可侵に関する国家の保護義務を果たすための規制法としての性格を有する[86]。施設に対する包括的規制立法が遅れていたドイツでは，1967年の営業法改正により民間営利事業者の経営する成年者対象施設の最低条件に関する法規命令が各州で出され，不適切な施設に対しては営業法による営業禁止が可能となった。しかし入居者の利益保護のためには事前予防的なしくみが必要であり，また公立・民間福祉団体立の施設へも規制をすることの必要性が認識されていた。1971年に老人ホームの問題状況がマスコミ報道されたことをきっかけに施設規制立法化の動きが強まり，ホーム法が制定された[87]。ホーム規制法の中核は届出制[88]

条2項に基づく手続である。
83) Peter Udsching, SGB XI: Soziale Pflegeversicherung, 2. Aufl. 2000, S. 147, Rn. 2.
84) 介護扶助と介護保険との相違点や相互関係についてはWolfgang Gitter/Jochem Schmitt, Sozialrecht, 5. Aufl. 2001, S. 320f. Rn. 21ff. が簡潔にまとめている。
85) ドイツではホーム側が作成したモデル契約（Musterverträge）がホーム契約の締結に際して利用されるのが通例である。このためホーム法の契約規制が十分でない分野では約款規制法による規制が大きな役割を果たす（Anja Sofia Gaiser, Fallstricke bei der Altenheim-Vertragsgestaltung, NJW 1999, S. 2311-2315.）。またモデル契約はホーム監督庁への届出書類に含まれているためホーム監督の対象となる（州ホーム法11条1項10号）ことに加え，ホーム評議会（2014年法9条1項では「居住者評議会（Bewohnerbeirat）」）がモデル契約の策定に関与する規定が置かれている（例：バーデン＝ヴュルテンベルク州ホーム協力令2条1項7号）。ホーム契約の統制が多様な手法の組み合わせによりなされている点に，ドイツ法の特色がある。
86) Vgl. OVG Koblenz Urt. v. 6. 12. 1988 in: Thomas Klie, Heimrecht: Rechtsprechungssammlung zum Heimgesetz samt Nebengebieten, 1997, S. 43-48.

と助言・監督を中心とする事業規制である。ホームを経営するためには州ホーム法10条（通所施設につき同法13条）に定める必要条件を満たしている必要がある。ホームを設置しようとする者は経営開始の3ヶ月前までに監督庁に対して届出を行い（同法11条：通所施設につき同法14条），必要条件を満たしていることを示さなければならない。州ホーム法で定められた行為義務や必要条件の遵守を確保するため，監督庁には立入検査を含む監督権限が与えられている（同法17条：通所施設につき同法18条）。問題が見つかった場合はまず助言（同法21条）により解決を図り，それでも改善されない場合には改善命令（同法22条）や営業禁止（同法24条）が発動される。このようにホーム規制法は，我が国の社会福祉法等の施設規制に相応する性格を持つ。しかし，ホーム契約に関する以下のような規定がホーム・世話契約法に存在する点に，一般的な営業規制とは異なる大きな特色が認められる[89]。

① 契約締結過程に関してホーム・世話契約法では，契約締結前にホーム経営者の文書による情報提供義務（同法3条）と事後的な給付・対価の変更の可能性を指摘する義務を定めている（同法8条）。また契約を締結した場合には，経営者は入居者に対して契約書面を交付しなければならない（同法6条1項）。契約には給付の内容と対価が，給付の種類ごとに明示されていなければならない（同法6条3項）。これらにより，契約に基づき給付される内容を明確にして紛争を予防することや，他ホームとの比較を可能にして競争を促進することが意図されている[90]。

② 契約期間に関してホーム・世話契約法は，無期限契約原則を定めている

---

[87] Eduard Kunz/Manfred Butz, Heimgesetz Kommentar, 10. Aufl. 2004, Einführung XIII ff. また制定当初のホーム法の内容については本澤巳代子「西ドイツ老人ホーム法の実証的研究」経済研究（大阪府立大学）34巻2号（1989年）83-118頁を参照。

[88] ホーム法の制定当初は営利施設に対しては許可制，公立・民間福祉団体立の施設に対しては事後届出制をとっていたのに対し，1997年改正で規制緩和のため統一的に事前届出制をとることとなった。しかし必要条件を満たしていない場合には暫定的営業禁止がなされることから，実質的な意味で規制緩和になっているとは言いがたい（Klaus Füßer, Regulierung und Deregulierung im Heimrecht, NJW 1997, S. 1957-1959, 1959.）。

[89] Gerhard Igl, Entwicklungen und Probleme auf dem Gebiet des Heimgesetzes, RsDE 3 (1988), S. 1-26, 4.

[90] BT-Drucks. 14/5399 S. 22.

(同法4条1項)。入居者にとってホームへの入居は,従前の居住地を離れて新しい生活の中心を定めることを意味するから,安定的に生活の場を確保しておく必要性が高いためである[91]。入居者保護の考え方は契約解除の規定にも見られる (同法11・12条)。入居者側からの解約は理由を問わず解約予告期間をおけば可能であるのに対し,経営者側の解約権はホーム経営の中止,入居者の健康状態の悪化,入居者の重大な契約義務違反による信頼関係の破壊といった重大な理由がある場合に限定されている。さらに入居者は,契約関係に入ってから2週間以内,または経営者側の債務不履行等の重大な理由により契約の存続が期待できない場合にはいつでも,予告期間を置かず解約可能である (同法11条2・3項)。こうした入居者有利の解約規定の背景には,経営者も入居者の事情を十分知った上で経営を行っているはずであるという発想がある[92]。

③ 契約内容に関して注目されるのは,給付と対価との関係が適切であれば,利用者に対価支払義務があるとする規定である (同法7条2項)。我が国の消費者契約法が契約の中心条項へは不介入の姿勢をとっているとされる[93]のと対照的に,ホーム法では抽象的な定め方ではあるにせよ給付と反対給付の均衡を要請している。

以上のようにホーム・世話契約法では,入居者の特性に配慮しつつ両当事者の実質的対等性を確保し,適切な内容の合意形成がなされるような契約規律を置いている。そして,この契約規律の担保策として,ホーム・世話契約法では私法的効力を用いている。すなわち同法16条は「消費者に不利となるこの法律の規定に反する合意は無効である」とし,入居者不利の契約条項を民事上無効とすることで,入居者の利益保護を図っている。こうした営業規制法としては異例のしくみの背景には,行政行為論における「認可」のような規制の実効性確保手段としての役割[94]とともに,執行の欠缺に起因す

---

91) Kunz/Butz (Anm. 87), S. 152, Rn. 1.
92) Vgl. AG Münster, Urt. v. 22. 10. 1993 in: Klie (Anm. 86), S. 273-275.
93) 山本豊「消費者契約法 (3・完)」法学教室243号 (2000年) 56-65 (62) 頁。
94) 阿部泰隆『行政の法システム (上) [新版]』(有斐閣・1997年) 157頁。また民事特別法と行政法との親近性につき Hans-Heinrich Trute, Verzahnungen von öffentlichem und privatem Recht, in: Wolfgang Hoffmann-Riem/Eberhard Schmidt-Aßmann (Hrsg.), Öffentliches Recht und

る入居者利益の侵害を防止しようとする発想があると考えられる。ホーム契約に基づく給付を提供することはホーム経営の必要条件であり（州ホーム法10条3項2号），営業開始前に監督庁により届出書類に基づく審査がなされ，問題があれば助言や改善命令により是正がなされる。加えて，ホーム契約のレベルでも給付と対価の均衡に反する契約を私法上無効とすることで，入居者の利益を個別的にも保護しようとしている。

(3) 給付提供法上の枠契約──組織レベルの合意形成支援

さらに給付組織と提供者との法関係（以下「給付提供法」[95]（Leistungserbringungsrecht）という）によって利用者と提供者との契約をコントロールするしくみが見られる。

① 社会扶助における給付提供法上の行政契約は，社会扶助団体と各事業所またはその連合体との間で締結される（扶助協定）。扶助協定は給付の内容や施設・人員の基準を定める給付協定，宿泊・食費や給付措置費の総額及び投資的経費を内容とする報酬協定，給付の経済性と質の確保及び審査手続の原則と基準を定める審査協定の3つで構成される（社会法典12編75条3項）[96]。扶助協定はもともと給付内容コントロールの性格を持ってはいなかった。しかし，国家財政の悪化を背景に扶助費の削減圧力が高まり，1983年末の改正で協定に経済性・倹約性・給付能力の原則への配慮を求める文言が挿入された。1993年改正では扶助費のみならず給付の内容・範囲・質を協定で定めることとされ，同年末の改正で事後的な扶助費の調整を認めないこととされて，扶助費の報酬としての性格がより明確化された[97]。1996年改正では

Privatrecht als wechselseitige Auffangordnungen, 1996, S. 167-223, 175 が示唆的である。認可の法的性格を精緻に分析した業績として参照，髙木光「認可＝補充行為説の射程（1）（2・完）」自治研究90巻5号（2014年）3-15頁，6号3-15頁。

95) 医療分野における給付提供法の詳細な比較法研究の成果として参照，笠木映里『公的医療保険の給付範囲』（有斐閣・2008年）［初出2006年］。

96) これらの協定を「総合協定」としてまとめて締結することもできる。Vgl. Dietrich Schoch, Sozialhilfe, 3. Aufl. 2001, S. 140.

97) もともと扶助協定による社会扶助団体の支出は旧・連邦社会扶助法10条3項（現・社会法典12編5条3項）にいう民間福祉団体への支援の一環と位置づけられ，介護費用の負担とは明確に区別されていた。Vgl. Volker Neumann, Leistungserbringungsveträge im Einrichtungsbe-

報酬の定額払化と扶助協定の内容に関する詳細な法的規律がなされた。同時にこれらの協定の内容について州レベルで一定の統一性を確保するため，広域社会扶助団体・州レベルの自治体中央組織が，州レベルの事業所協会と枠契約（Rahmenverträge）を締結するしくみが規定された（旧・連邦社会扶助法93d条2項，社会法典12編79条1項）。枠契約の扶助協定に対する拘束力は協定当事者の同意がある場合のみ認められる[98]。その理由は，州は枠契約と同一の内容を，法規命令によって定めることができ（社会法典12編81条1項），この方法で法的拘束力を一般的に及ぼしうるにもかかわらず，あえて枠契約という形式を利用するところに見出されている[99]。この枠契約の指針を示すのが，広域社会扶助団体の連邦協議会・自治体中央組織の連邦協会（以下「社会扶助団体の連邦組織」という）と連邦レベルの事業所協会が共同で出す連邦勧告（Empfehlungen）である（社会法典12編79条2項）。

② 介護保険における給付提供法上の行政契約は給付内容・報酬の2つに関して締結され，その締結当事者は契約類型ごとに異なる[100]。第1に，事業所の被保険者に対するサービス供給責任と金庫の報酬支払義務を設定し，給付内容を規律する効果を持つのが供給契約であり，介護金庫州連合会と事業所との間で締結される。しかしその内容の大枠は，広域社会扶助団体や州レベルの自治体中央組織も参加して介護金庫州連合会と事業所協会の間で締結される枠契約（社会法典11編75条1項）によって与えられることから，個別交渉の余地は少ない。枠契約の拘束力は法律によって国内全ての金庫と事業所に及ぼされており（社会法典11編75条1項4文），社会扶助の場合と異なり，個別事業所が枠契約の内容に同意したかどうかは問題とならない。枠契

---

reich der Sozialhilfe, RsDE 33 (1996), S. 124-145, 135.

98) Fritz Baur, Die Bundesempfehlungen nach §93d Abs. 3 BSHG zu den Leistungs-, Vergütungs- und Prüfungsrahmenverträgen auf Länderebene Teil 1, NDV 1999, S. 392-397, 394.

99) Grube/Wahrendorf (Anm. 76), S. 626, Rn. 5.

100) かつてはさらに，介護費協定と同じ当事者により給付の質を定める，給付及び質に関する協定（Leistungs- und Qualitätsvereinbarung）（旧・社会法典11編80a条）が締結されていた。この協定には，介護の質を確保する上で重要な要素となる職員数や設備などが協定内容に含まれ，介護費協定の算定基準と位置付けられていた（Ronald Richter, Das neue Heimrecht, 2002, S. 19ff. Rn. 22ff.）。しかし，契約交渉の手間と負担の割に効果が薄いことから，2008年の法改正で廃止されている。Vgl. Gerhard Dalichau, SGB XI Kommentar, 2014, S. 1354, Rn. 4.

約のモデルとしての役割を果たすのが介護金庫中央組織と連邦レベルの事業所協会が社会扶助団体の連邦組織と共同で出す連邦勧告である（社会法典11編75条6項）。第2に，介護報酬を定めているのが介護費協定であり，事業所ごとにその経営者と一定以上の利用のある金庫・当該事業所を管轄する社会扶助団体との間で締結される（社会法典11編85条・89条）。入所介護に関する宿泊・食費は要介護者の自己負担であるにもかかわらず，協定当事者はこれらについても協定を締結する（社会法典11編87条）。こうした協定は介護金庫州連合会等と経営者協会が設置する介護費委員会（Pflegesatzkommission）での交渉により集団的に締結することもできる（社会法典11編86条）。

このように給付提供法は給付内容や報酬といった契約の中心条項に対してコントロールを行うしくみを持っている。それではホーム法制と給付提供法はどのような関係に立つのだろうか。伝統的には，ホーム法と連邦社会扶助法は全く性格を異にする別個のシステムであると理解されていた。たとえ社会扶助受給者のホーム入居者に占める割合が高く，また社会扶助における給付提供法の発達によってホーム契約に対してコントロールを及ぼすことができるとしても，それは事実上の効果にとどまると考えられてきた[101]。こうした峻別論に変化の兆しが見え始めたのが1994年の介護保険の導入である。介護保険では現物給付方式が採用され[102]，給付組織である介護金庫が要介護者利益の弁護者（Sachwalter）としての役割を果たすことが強調された。すなわち一人一人の要介護者が個別に提供者と交渉するのではなく，その利害関係を介護金庫という組織に集積させることにより交渉力を高め，それによって要介護者の利益保護を図ろうとしたのである[103]。保険給付外である

---

101) ホーム許可条件に全額自己負担者と扶助受給者の対価を同額にすることを含めるのは違法と判断した OVG Lüneburg, Urt. v. 5. 10. 1987, NJW 1988, S. 1341 と扶助協定の中にそうした内容を含めることは競争法に違反すると判断した BGHZ 119, 93 が代表例である。
102) Vgl. Karl-Jürgen Bieback, Fünf Jahre SGB XI und die Besonderheiten der Pflegeversicherung, VSSR 1999, S. 251-274, 257. 条文上現物給付であることが明らかな在宅介護給付とは異なり，施設介護給付については法律上は費用引受が規定されている。にもかかわらず供給契約・枠契約による給付内容コントロールや報酬協定による給付の経済性確保のための影響力の行使が給付組織には可能であることから，施設介護給付についても現物給付であると考えられている。Vgl. Volker Neumann, Leistungserbringungsrecht, in: Bertram Schulin (Hrsg.), Handbuch des Sozialversicherungsrechts Bd. 4. Pflegeversicherungsrecht, 1997, S. 513-535, 531, Rn. 58.

宿泊・食費についてまで金庫とホーム経営者の協定で定めるしくみの背景にはこうした発想があった[104]。このため対価の変更等に関するホーム法の契約規制規定は，介護保険の被保険者との契約では適用除外とされた。一方で全額自己負担者や扶助受給者については従来のままであり，ホーム法と給付提供法の棲み分けによる問題解決が志向された。

このような両者の関係に重大な変革を迫ったのが2001年のホーム法[105]・社会法典11編改正であった。この改正によって，ホーム法の契約規制と給付提供法によるコントロールとの結合が法律上も予定されることとなったのである。具体的には次の2つの局面で両者の連携が実現した。

① 介護保険の被保険者や社会扶助受給者とのホーム契約では，給付内容や対価が給付提供法上の行政契約で定められたものと一致していなければならず，不一致がある場合には入居者及び給付組織に契約内容を相応に適合させる請求権が認められた（ホーム法5条5・6項）。現金給付方式である社会扶助についても現物給付方式の介護保険と同程度の給付提供法によるコントロールが可能となった[106]。

② 介護保険・社会扶助におけるホーム対価の値上げ手続に，入居者代表であるホーム評議会またはホーム指定代理人（ホーム法10条1・4項）が参加するしくみが導入された。介護保険の報酬協定，給付及び質に関する協定，社会扶助の扶助協定の交渉開始前に，経営者はホーム評議会の代表者等に値上げの必要性と適切性を証拠書類を提示して説明し，代表者等に書面による意見表明の機会を与えなければならない。また代表者等は経営者の求めがあれば協定交渉に参加するものとされた（ホーム法7条4・5項，社会法典11編85条3項2文）。

---

103) BSGE 87, 199, 201 は介護金庫が要介護者の利益を代表することに着目し，介護費協定に関する仲裁決定を不服としてホーム経営者が提起した訴訟へのホーム評議会の訴訟参加（社会裁判所法75条）の必要性を否定している。
104) Vgl. BT-Drucks. 12/5262 S. 147.
105) 2001年改正後のホーム法が定める契約規制の分析として参照，丸山絵美子「ドイツホーム法2001年・2002年改正の紹介」岩村正彦編『福祉サービス契約の法的研究』（信山社・2007年）104-144頁［初出2005年］。
106) Frank Brünner, Das Dritte Gesetz zur Änderung des Heimgesetzes aus Sicht der Freien Wohlfahrtspflege, RsDE 49 (2001), S. 66-89, 72.

このように，現在のドイツ法では給付提供法上の行政契約に利用者の利益保護機能を認めている[107]。利用者利益を組織化する方法としては以前からホーム評議会のしくみが存在していたが，ホーム単位の組織のため提供者に対する立場は強くなかった[108]。これに対して介護金庫は需要サイドをほぼ独占できるため，ホーム評議会に比べて大きな交渉力を獲得できる。ただし，給付組織は本当に弁護機能を発揮できるのかという問題は検討を要する。社会扶助では給付組織は市町村や州といった一般的行政組織であり，組織原理上は受給者利益だけを集積しているとは言えない。また他方で給付費用の削減圧力が社会扶助の給付組織には強く働いており，伝統的には提供者である民間福祉団体こそ受給者の代弁者を自認していた[109]。確かに不当な給付費用削減圧力から利用者を守るのは提供者であり，利用者保護の観点からも枠契約のしくみによって当事者の力関係の均衡を図ることは必要である[110]。これに対し介護金庫では一定の共通利害関係者を構成員とする自治

---

107) 連邦制改革後も，この構造は基本的に維持されている。①の契約内容に関しては，ホーム・世話契約法 15 条により，介護保険・社会扶助に関する給付提供法に合致しない利用者・事業者間の合意は無効とされている。また②のホーム代表者に関する規定は州法に委ねられているものの，入居者代表の意見を聞くことは連邦法である介護保険法上なお求められている（社会法典 11 編 85 条 3 項 2 文）。Vgl. Dalichau（Anm. 100), S. 1441, Rn. 18.
108) Dieter Giese, Öffentlich-rechtliche Körperschaft ≫Heimbewohner≪?, RsDE 37 (1997), S. 91-109, 101.
109) Dirk Meyer, Wettbewerbliche Neuorientierung der Freien Wohlfahrtspflege, 1999, S. 50.
110) 枠契約の手法は，各提供者と給付組織が個別に契約で給付内容や報酬を決定すると提供者側が構造上不利な立場に置かれるため，給付組織側と提供者側がそれぞれ連合組織を形成して交渉力を対等にした上で契約内容を形成し，それを個別の給付組織＝提供者間の法関係に反映させようとしたことから発展した（Schmitt（Anm. 75), S. 123ff.）。こうした観点からすると，提供者組織に属していない提供者（アウトサイダー）が存在する場合には両者の力関係の均衡が崩れる可能性が生じる。枠契約が最初に発達した契約医法では契約医の強制加入組織である金庫医師協会が存在するのに対して（社会法典 5 編 77 条），病院法（社会法典 5 編 107 条以下）や介護保険のように教会自治権との関係から提供者強制加入組織を導入できない分野ではこの問題が特に表面化するのである（Peter Udsching, Die vertragsrechtliche Konzeption der Pflegeversicherung, NZS 1999, S. 473-479, 475f.）。現行法では法律でアウトサイダーに対しても枠契約の拘束力を拡張することによりこの問題に対処し，供給契約を締結したことでアウトサイダーも職業遂行の自由に対する枠契約による規制に同意したと見なしている。これに対しては，契約という方法で締結当事者以外にも法的拘束力を及ぼす「規範」を定立することが民主的正統性を欠くこととあわせて学説からの批判が強い（Volker Neumann, Normenvertrag, Rechtsver-

組織の形態をとるため，こうした問題はないように見える。しかし，労使同権原則をとる金庫もやはり純粋な被保険者利益の集積組織とは言い難く[111]，また金庫内部の意思形成が民主的になされなければ利益弁護機能は損なわれてしまう[112]。そこで，利用者利益保護のしくみをホーム法による契約規制に一元化すべきであるとする見解も存在する[113]。

　しかし，契約締結手続や存続期間・責任分担などと異なり，給付内容や報酬に関してはホーム法制で一律かつ明確な規律基準を設けることは難しい。給付内容や報酬は状況に応じてその水準が不断に変化するため，ホーム法制による規律は抽象的なものにとどまり，判例の蓄積を待たない限り利用者利益を実効的に保護することは困難である。そこで，利用者利益を集積しつつ提供者との多段階の交渉過程を経て形成される給付提供法上の行政契約と私法的効力を伴うホーム・世話契約法の契約規制との組み合わせにより，個別的なレベルでも利用者利益の保護を図ろうとしているのである。給付提供法によるコントロールの手法を放棄するよりも，給付組織内部の「民主性」を確立したり，給付提供法上の行政契約の締結過程への参加手続を拡充したりする方が，利用者利益の保護につながると考えられる。

　このような交渉に基づく内容形成システムでは提供者の立場が強くなるため，日本のように行政基準を用いる場合よりも利害調整のコストがかかると思われがちである。しかし行政契約を用いて制度設計する場合でも，合意形成のための工夫を埋め込むことにより調整コストを削減することができる。

---

ordnung oder Allgemeinverbindlicherklärung?, 2002. S. 23ff.)。給付提供法上の枠契約とは性格がやや異なるものの，将来的な規範制定の合意である規範制定契約の具体例とその法的課題を検討した業績として参照，岸本太樹「契約と行政立法――序説」北大法学論集（北海道大学）65巻3号（2014年）495-550頁。

111) Vgl. Frank Brünner, Vergütungsvereinbarungen für Pflegeeinrichtungen nach SGBXI, 2001. S. 139.
112) こうした観点から問題視されているのが金庫内での代表者を選出する際にとられる平和選挙とよばれる方法である。Vgl. Jan Castendiek, Der sozialversicherungsrechtliche Normsetzungsvertrag, 2000. S. 130f. 平和選挙と民主的正統性の関係につき参照，門脇美恵「ドイツ疾病保険における保険者自治の民主的正統化（4・完）」名古屋大学法政論集（名古屋大学）252号（2013年）155-210（185-189）頁。
113) Brünner（Anm. 111), S. 192.

契約交渉の場として給付組織と提供者の代表による合議組織を形成したり，合意不成立の場合に仲裁機関による仲裁手続を準備したりする（社会法典11編76条・社会法典12編80条）ことはこうした工夫の一例である。また，枠契約を代替する法規命令が予定されていれば（社会法典11編83条等），法規命令を避けるため給付組織と提供者に合意形成を目指すインセンティブが働く。枠契約は調整コストを削減するメカニズムを内包しつつ，大量に存在する給付組織＝提供者間契約の標準的内容を予め確定させておき，個別的状況に合わせて内容を最適化するための契約間調整手法である[114]。

3. 比較法研究の総括──ドイツ法からの示唆

契約規律に見られるドイツ法の第1の特色は，ホーム・世話契約法のように契約そのものを対象に私法的効力を伴う規制を行っている点である。福祉契約に特有のニーズに対応した契約規制を個別の民事紛争に明確に援用しうる方法で定めていることは，福祉契約における利用者利益の個別的保護に資するものである。ここで注目すべきことは，日本法にもその萌芽が見られることである。地方公共団体のレベルでは先進的な地方公共団体が福祉契約のモデル契約を策定し，中心条項以外についてはホーム法にほぼ対応する契約規律を設定している[115]。ただ，モデル契約は契約書のひな形にすぎず，福祉契約の契約書として用いられなければ法的拘束力は発生しない点にこの手法の限界が認められる[116]。国のレベルでは社会福祉法75条以下に事業者の情報提供努力義務，契約申込時の説明努力義務，契約成立時の書面交付義務などの契約規制が規定されている[117]。ただしこれらは事業者に行為義務を

---

[114] Hartmut Bauer, Anpassungsflexibilität im öffentlich-rechtlichen Vertrag, in: Wolfgang Hoffmann-Riem/Eberhard Schmidt-Aßmann (Hrsg.), Innovation und Flexibilität des Verwaltungshandelns, 1994, S. 245-288, 277f. も学術法における枠契約を例としつつ同様の見解をとる。
[115] 参照，福岡県弁護士会北九州部会＝北九州市保健福祉局「北九州市版 介護サービス利用標準契約書」（2000年）171-205頁，かながわ福祉サービス振興会「介護保険制度における介護サービス標準契約書[第2版]」（2001年）112-137頁。
[116] ただし，たとえ地方公共団体が策定したモデル契約が契約書として利用されていなくても，こうしたモデル契約が消費者契約法10条にいう任意規定の中に含まれると解すれば，同条を用いて不当条項を無効とする可能性もある。参照，中田裕康「消費者契約法と信義則論」ジュリスト1200号（2001年）70-76（74）頁。

課す形式をとり，私法的効力も罰則も伴っていない点で，現段階では運営基準による契約規律と同様の性質を持つものと考えられる。しかし，もともと施設規制法から出発したホーム法制が，私法的効力を伴った詳細な契約規制を発達させてきたことを念頭におけば，我が国でも社会福祉法の契約規制をドイツ法と同様の方向で発展させる可能性は開かれている[118]。

　ドイツ法の第 2 の特色は，利用者利益と提供者利益をそれぞれ集積した組織が多段階で合意を形成することによって，給付内容や報酬といった福祉契約の中心条項を確定する点に見られる。給付提供法による契約コントロールは，給付費用が公的資金であることに起因する給付の効率性の要請に応えると同時に，利用者利益を集積化した給付組織と提供者側との間で力関係を対等にしつつ，交渉によって当該時点にふさわしい給付内容と報酬を決定するしくみである。こうした行政過程の存在により，契約内容の柔軟性を確保しつつ，利用者利益の保護を図ることが可能となるのである。いわゆる保険者機能強化論[119]は，戦時中に医療保険の分野で廃止された給付提供法上の行政契約[120]を再び日本法が採用する契機となりうる。仮に再導入がなされる場合には，被保険者による自治を実現しうる組織・手続上の法整備とともに[121]，ドイツの給付提供法に見られる合意形成支援のしくみが制度設計に

---

117) 認可外保育施設との契約に関して児童福祉法59条の2の3・59条の2の4が社会福祉法と同様の規制をしている。しかし，認可外保育施設に対しては給付提供法による規制が存在しないのであるから，社会福祉法よりも高い水準の契約規制が検討されるべきである。また，老人福祉法には，有料老人ホームが入居一時金（前払い金）を受領する場合における契約規制が盛り込まれている（同法29条6～8項）（その意義につき参照，丸山絵美子「ホーム契約規制論と福祉契約論」岩村正彦編『福祉サービス契約の法的研究』（信山社・2007年）42-67（51）頁，嵩さやか「福祉サービス契約と不当条項規制」法学（東北大学）77巻1号（2013年）1-34頁）。このように，正規の社会保障給付の対象外の部分に契約規律が盛り込まれる一方で，給付の対象内では運営基準中心主義が現在でも貫かれている点に，この分野の特色がある。
118) 同旨，嵩さやか「社会保障法と私法秩序」社会保障法研究3号（2014年）27-72（50）頁。とりわけ施設サービスの参入規制を緩和する場合にはこのことは必須の前提となろう。参照，伊奈川秀和「社会福祉法人法制についての一考察」法政研究（九州大学）68巻1号（2001年）25-47（46）頁。
119) 新田秀樹「医療保険における保険者と医療機関の直接契約制の導入の可能性」同『社会保障改革の視座』（信山社・2000年）109-164（143-155）頁［初出1998年］。
120) 厚生省保険局編『健康保険30年史（下巻）』（全国社会保険協会連合会・1958年）266-301頁。

あたって参照されるべきであろう[122]。

おわりに

本章では，社会福祉構造改革により登場した福祉契約を素材として，その法的特色を行政法学の立場から分析した。以下では，基本的な分析結果について整理することとしたい。一般的な民事契約には見られない福祉契約の特徴は次の3点にまとめられる。第1は，行政行為である給付決定がサービスの必要性の総枠を決定し，この枠内で契約関係が展開されるという構造的特色である。第2は，利用者の選択権を保障するための行政過程が発達しつつあり，福祉契約はこうした周辺的行政制度の整備を基盤として成立している点である。第3は，福祉契約の内容形成が適切に行われるように給付提供法による内容コントロールがなされている点である。このように，一般に民事契約と捉えられている福祉契約は行政法的しくみと密接な関係を有しており[123]，この点に行政法学の取り組むべき課題が認められる。契約内容の適正性を確保するための行政過程が存在して初めて契約は機能するのであり，契約の法的性質を論じるにあたっては背景にある行政法システムの考察が不可欠である（⇨第5章）。

福祉契約が登場した背景には，給付内容の決定や給付の実施を全て行政が独占する行政直営システムが限界に達したという認識があった。すなわち，給付提供を行政が独占することによるサービスの量的不足に加え，行政とその委託を受けた社会福祉法人だけで構成される提供者集団内に競争原理が働

---

121) 倉田聡『医療保険の基本構造』（北海道大学図書刊行会・1997年）325頁。
122) ドイツに見られる合意形成支援のしくみの中にはかつての我が国の法制にも見られたものもある。例えば戦前期の国民健康保険法では，保険者と医療機関との契約締結をめぐる紛争を道府県に設置される国民健康保険委員会で解決するしくみを用意していた（国民健康保険法50条［当時］）。委員会は組合・医師・官吏により構成され（国民健康保険委員会規程5条1項），斡旋の結果は原則として公表することとされていた（同規程32条）。参照，川村秀文他『国民健康保険法詳解』（巌松堂書店・1939年）278-281頁。
123) 額田洋一「福祉契約論序説」自由と正義52巻7号（2001年）14-21頁も，福祉契約は選択・権利性・対等性を導くための手段として「借用」されているにすぎず，福祉サービス提供の制度全体は依然として公的システムであることを指摘する。

かず，サービスの質の停滞と公的資金の非効率的使用が批判されたのである。こうした問題状況は福祉分野だけに特有のものではない。近年では，給付行政の分野を例にとっても，教育法における学校選択制の議論[124]や公共施設法における PFI の導入など，従来行政直営による給付が当然と思われていた分野で，行政以外の第三者による事務遂行の可能性が示されている。また規制行政の分野でも，行政部内での規制活動を行う人的資源の不足を背景に，とりわけ検査検定分野で指定法人等に検査活動を行わせる動きが見られる（⇨第10章）。このように行政が従来は直接行っていた任務を行政以外の第三者へと移行する傾向は社会福祉分野以外でも幅広く見られる[125]。

こうした現象の多くは従来「委任行政」の枠内で扱われ，主として行政組織論の文脈で，行政と第三者の関係に大きな関心が向けられてきた[126]。一方，第三者と市民との関係については，それが権力的作用を含む場合であれば第三者を行政と同一視して行政法学の対象に含めたものの，そうでない場合には単なる民事契約として行政法学の考察から除外される傾向にあった。しかし，本章によって明らかにされたように，福祉契約には，関連の行政法システムを前提として初めて機能しうる特質にみられるように，一般的な民事契約にはない法的特色が認められ，これを行政法学の検討対象に含めて検討する必要性は高い。

従来の行政契約論は，契約の一方当事者が行政主体であることに注目し，平等原則などの行政法の一般原則の適用を行おうとするものであった。近時の行政契約論は，行政過程における市民の立場を保護するための理論構築，あるいは行政による公金使用の適正性を担保するための議論へと展開している[127]。こうした傾向をさらに一歩進めるなら，福祉契約が予め設計された

---

124) ただし，学校選択制は就学指定制度（原田・前掲註2）336頁）の枠内で行われており，福祉分野に見られるような構造改革を伴ったものではない。参照，佐藤博志「東京都品川区における学校選択制度の導入」学校経営研究26巻（2001年）38-45（40）頁。

125) 多賀谷一照「非営利組織の公法理論」法学論集（千葉大学）15巻1号（2000年）41-56頁。

126) 塩野宏「指定法人に関する一考察」同『法治主義の諸相』（有斐閣・2001年）449-474（460-467）頁［初出1993年］，米丸恒治「指定機関による行政の法律問題」同『私人による行政』（日本評論社・1999年）325-375（350-355）頁［初出1994年］。

一連の行政過程の中で一定の政策目的を達成するための手法として，予定された機能を果たしているのかどうか，あるいは公的資金の適正使用に配慮しているのかどうかを検討対象に加える余地は残されている。

　このような考察の拡張により，これまで素材不足のため発展が遅れていた行政契約論に深化の契機を与える一方，従来個別レベルの考察にとどまっていた，行政過程における行政主体が締結当事者に含まれない契約に共通の議論の場を設定することで，問題発見や制度設計のヒントが得られることが期待される。こうした分析を踏まえ，行政契約論を公的任務遂行者が多様化する時代に即応した理論として再構成していくことが残された課題である[128]。

---

127) 大橋洋一『行政法Ⅰ［第2版］』(有斐閣・2013年) 255-260頁。
128) この問題に対する現時点での考え方を示した「公共部門法論」につき参照，原田・前掲註59) 268-276頁。

第5章

媒介行政と保障責任

■ **本章への架橋**

　国家が国民に財・サービスを直接給付するモデルが社会保障法の基盤を成すことは，現在でも変わっていない。しかし，第4章で見たように，とりわけサービス給付行政において，サービス提供が国家とは切り離された法的地位にある事業主体によってなされる構造が見られるようになっている。このような構造において特徴的な行政作用として，「媒介行政」がある。これは，行政自らが給付を行うのではなく，「助言，情報斡旋あるいは組織化の援助」（エバーハルト・シュミット-アスマン（太田匡彦他訳）『行政法理論の基礎と課題』（東京大学出版会・2006年）171頁）を行うような作用を指し，ドイツでは社会保障行政においてまず登場したとされる。日本でも，介護保険法導入時に，主として英米の法制度の影響を受けて導入されたケアプラン・ケアマネジメント（居宅介護サービス計画）が制度化され，現在では他の社会福祉法にも類例が広がっている（例解 325頁）。

　本章では，この「媒介行政」という概念を用いて，所得再分配における国家の役割を再定位することができないか検討することを目標とする。まず，民営化論・媒介行政との関係でしばしば言及される「保障責任」という考え方を，これまでの民営化論の文脈の中に位置付けることとしたい。次に，媒介行政の具体例を，分立した給付を媒介・調整する「給付媒介型」，サービス供給主体を確保する「サービス基盤確保型」（例解 328頁），法定の金銭納付義務を免除することによって私的な給付を促進する「義務免除型」（例解 281頁）に分け，どのような制度が現に存在しているかを分析する。最後に，媒介行政概念の理論的意義について，類似概念との比較を踏まえて模索することとしたい。

はじめに

　我が国の行政法学は，ドイツ・フランス・アメリカ・イギリスなど他国の行政法学との比較法研究を土台にこれまで発展を遂げてきた。比較法的知見の摂取は現在でも進行しており，本章が検討対象とする公的任務遂行の複線化（民営化・公私協働）の文脈においてもこのことがあてはまる。中でもドイツ法からは，「保証人的地位」「保障責任」「私行政法」などの重要な概念が日本法に持ち込まれている。しかし，この文脈とも密接に関連する「媒介行政」（仲介的行政作用）の概念には，これまで注目が集まってこなかった。

　媒介行政という概念は，ドイツの行政法学をリードしてきたシュミット・アスマン教授が用いており，同教授の著書[1]において媒介行政は，秩序行政，給付行政，誘導行政と並ぶ行政作用の一類型と位置づけられている。行政法学にとって新規の概念である「誘導」と「媒介」のうち，誘導については日本においても1990年代以降，研究が進展している[2]。これに対して媒介行政は，近時，保障行政との関係で取り上げられたにとどまっている[3]。

　これに対して本章では，所得再分配をめぐる新たな法技術の集合体として媒介行政（間接給付）の概念を用いることを提唱したい。この着想に至った背景には，介護保険法の居宅介護サービス計画の存在がある。媒介行政の概

---

1) エバーハルト・シュミット–アスマン（太田匡彦他訳）『行政法理論の基礎と課題』（東京大学出版会・2006年）171-172頁（Eberhard Schmidt-Aßmann, Das allgemeine Verwaltungsrecht als Ordnungsidee, 2. Aufl. 2004, S. 169, Rn. 107f.）。
2) 代表的な研究業績として，中原茂樹「金銭賦課を手段とする誘導の法的構造および統制」本郷法政紀要（東京大学）3号（1994年）181-213頁，中里実「誘導的手法による公共政策」『岩波講座 現代の法4 政策と法』（岩波書店・1998年）277-303頁。また，小早川光郎『行政法（上）』（弘文堂・1999年）188頁が行政作用の類型として「誘導」を位置付けて以降，体系書・基本書のレベルでも誘導への言及がなされるようになっている（宇賀克也『行政法概説Ⅰ〔第5版〕』（有斐閣・2013年）132-141頁，大橋洋一『行政法Ⅰ〔第2版〕』（有斐閣・2013年）279-286頁）。
3) 板垣勝彦『保障行政の法理論』（弘文堂・2013年）42頁〔初出2011年〕。同書は，媒介行政を「常に行政にとって望ましい方向へ"誘導"するわけではなく，助言や情報提供を通じて，市場における私的アクターの活動を"媒介"する働きに留まる」ものと定義し，具体的な内容として「行政指導」「行政の自発的な情報提供（制裁目的の公表を含む）」「法律・条例に基づく情報公開」を挙げる（同書531-534頁）。

念は，分立した給付提供者を束ねるケアマネジメントという手法を，行政法学的にどう位置付けるべきかに関して大きな示唆を与えるものであった (⇨第4章)。媒介行政の概念は，現実の給付提供主体が誰であるのかには焦点を当てず，受給者・利用者のニーズの把握・調整や，給付の実現基盤形成を国家が行う側面に光を当てるものと言える。

そこで本章では，以下の手順で媒介行政概念が所得再分配をめぐる法制度に対して持つ理論的な意義を検討する。まず，媒介行政概念が用いられる主要なフィールドである民営化論において，媒介行政とセットで議論されることが多い保障責任の概念を確認する (I.)。次に，日本やドイツにおいて媒介行政作用に該当すると考えられる法的しくみを，給付媒介型・サービス基盤確保型・義務免除型の3つに分けて分析・検討する (II.)。その成果を踏まえ，最後に媒介行政概念の理論的意義を明らかにし，これを用いて国家による直接的な再分配の図式を相対化することで，所得再分配をめぐる法制度設計上の選択肢の拡大を目指すこととする (III.)。

I. 保障責任論の系譜

媒介行政の概念と密接な関係にあるのが国家の「保障責任」[4]の考え方である。この概念は，民営化への公法学の対応の一環として登場した。ここでは民営化を，従来国または地方公共団体（行政組織法上の行政主体性のある組織を含む）が担っていた任務を民間主体が実施するようになることと定義する[5]。戦後の日本の行政法学は，伝統的な意味での公法・私法の枠組にとらわれず，行政主体が行う活動を広く行政法学の対象に含めてきた。しかし，この主体説的な立場によれば，民営化された事務遂行を行政法学が把握することが困難になる[6]。

---

4) 憲法学からの分析として参照，三宅雄彦『保障国家論と憲法学』（尚学社・2013年）。
5) 原田大樹「複線化への理論的対応」同『公共制度設計の基礎理論』（弘文堂・2014年）114-129 (115) 頁［初出2008年］。
6) 民営化や規制緩和が行政法・行政法学の存在意義を問う問題であるとする見解として，晴山一穂「日本における民営化・規制緩和と行政法」同『行政法の変容と行政の公共性』（法律文化社・2004年）116-133 (122) 頁。

そこで，民営化による行政法からの逃避を防ぐため，行政法学の観点から民営化の許容条件を提唱する議論がこれまで相次いで示されている。以下ではこれを2つのアプローチに分けて紹介する。1つは，一定の作用の特性に注目し，当該作用を含む領域は民営化が禁止されていると考える領域的アプローチである。もう1つは，一定の作用の国家による適正な実現を確保するための法的規律に注目し，私人がこの事務を遂行する場合に同等程度の法的規律が担保されている（国家による直接実施と機能的に等価である）ことを許容条件として要求する[7]機能的アプローチである。

1. 領域的アプローチ

(1) 権力的作用

　領域的アプローチの代表的な考え方として，権力的作用（物理的強制行為・一方的な権利義務の変動）は民営化できないとする見解がある[8]。これは，権力的権限の行使は恒常的任務としては通常は公勤務関係にある公務員に委ねられねばならないことを規定したドイツ基本法33条4項（機能留保）の規定に示唆を得たものである。しかし，基本法のこの規定における「権力的権限」や「通常は」という概念には解釈の幅が認められるし，そもそも日本法において行政手続法や行政救済法の対象を画する概念として発展してきた「公権力の行使」概念をこの場面で用いるのは不適切との指摘もある[9]。例えば，公務員法制が有する諸規制（秘密保持・利害からの中立性等）に相応する法的規制を行えば，民間に権力的権限を行使させることも一律には排除されないように思われる[10]。

---

[7] 許容条件論の必要性を示した業績として参照，大脇成昭「民営化法理の類型論的考察」法政研究66巻1号（1999年）285-335（334）頁。

[8] 米丸恒治「指定機関による行政の法律問題」同『私人による行政』（日本評論社・1999年）325-375（357）頁［初出1994年］。

[9] 山本隆司「日本における公私協働」稲葉馨＝亘理格編・藤田宙靖博士退職記念『行政法の思考様式』（青林書院・2008年）171-232（196）頁。ただし同論文197頁は，「人権保障および民主制原理の要請から，重大な人権侵害効果を持つ作用や，政策的裁量の行使を伴う決定を私人に委ねることが，許されないのではないか」とする。また，手島孝他「学としての公法」法学教室319号（2007年）70-89（86）頁［手島孝発言］は「基本的な政策の形成決定」が国家に留保されるとする。

(2) 公共事務・公共性

　領域的アプローチのもう1つの代表的な考え方として，公共事務ないし公共性のある事務が国家に留保されているとする見解がある。伝統的な「公企業の特許」における公企業の発想はこの系列に属するものであり，廃業の自由がないことが国家事業であることの重要な徴表とされていた[11]。また，民営化論の進展に対抗して公共性分析論が提示され，憲法の諸規定から導出される公共性のある事務は直接行政が実施すべきとの見解が示されている[12]。さらに，イギリス法におけるパブリック・サービス・エートスの考え方[13]も日本に紹介されており，公共サービスを民間営利企業が提供することは，公平・平等で政治部門に責任を負うというパブリック・サービス・エートスの侵害と考えられている。これらの考え方に共通して見られる特色は，何が国家の実施すべき事務かの判断に関する立法者の役割を重視していないことである。確かに憲法により一定の事務が国家事務として措定されることはあり得るものの，時代の変遷や社会の要請の変化によってその範囲が変動することを日本国憲法が禁止しているとまでは言えないと思われる[14]。

(3) 領域的アプローチの陥穽？

　このように領域的アプローチは，国家が担っている作用の特性に注目し，その特性を有する事務を民営化禁止領域と考えるものである。しかし最近では，このようなアプローチでむしろ民事法の世界にこれらの事務を取り込む

---

10) 原田大樹『自主規制の公法学的研究』（有斐閣・2007年）292頁。
11) 美濃部達吉『日本行政法下巻』（有斐閣・1940年）652頁。
12) 室井力「行政の公共性と効率性」同『行政の民主的統制と行政法』（日本評論社・1989年）228-236（229-232）頁［初出1986年］。
13) 榊原秀訓「比較の中の行政民間化」三橋良士明＝榊原秀訓編『行政民間化の公共性分析』（日本評論社・2006年）43-72（55）頁，同「イギリスにおける行政サービス提供主体の多様化に伴う基本理念の変容と法的対応」南山法学（南山大学）33巻3＝4号（2010年）123-166（127）頁。
14) この点から興味深いのは，手島孝教授の提示する行政概念（本来的および擬制的公共事務の管理および実施）である（手島孝『行政概念の省察』（学陽書房・1982年）37頁）。この考え方は，一定の領域の事務が先験的に公共事務であることを認めると同時に，その範囲が政治過程によって変化しうる（擬制的公共事務の概念）ことをも直視する見解であるように思われる。

議論が示されている。すなわち，民事契約の規制原理として「外部性」（公共性）に注目し，財やサービスの給付の性質に注目して集団的な意思決定を個別の契約規制に反映させる「制度的契約論」[15]が提唱されている。この議論によれば，民営化された事業に対して特別な法的規制が及ぼされるのは，もともとそれが国家事務であったからではなく，当該事業により提供される財・サービスに外部性が認められるからである。その際には，イギリスにおける common callings の法理（合理的価格で差別なく給付を提供すべき義務）が参照されている。

行政法学の立場からも，主体の活動の実質に注目する functional なアプローチ[16]に注目する見解が提示されている。組織法上の行政主体性（institutional なアプローチ）により行政法学の対象を画するのではなく，むしろ作用の側面に注目することで公法規範と私法規範の共通性を見出すこの立場は，作用の特性に注目すれば一定の領域の事務を国家が遂行すべきとの結論に必ずしも達するわけではないことを示すものである。

2. 機能的アプローチ

(1) 保証人的地位論

これに対して機能的アプローチは，民営化が禁止される一定の領域を画する発想とは異なり，民営化されても国家の責任がなお残ることを強調し（責任の分有モデル），民営化の許容条件論を展開するものである。その出発点となったのは，国や公共団体がその任務を私人によって遂行させても，国や公共団体は市民に対して保証人的地位にあるとする「保証人的地位論」[17]で

---

15) 内田貴『制度的契約論』（羽鳥書店・2010年）50頁［初出2006年］。この点に関する行政法学から見た理論的意義につき参照，原田大樹「行政法学から見た制度的契約論」同『公共制度設計の基礎理論』（弘文堂・2014年）130-142頁［初出2008年］。

16) 北島周作「行政法における主体・活動・規範（6・完）」国家学会雑誌（東京大学）122巻11=12号（2009年）1466-1493（1489）頁，同「公的活動の担い手の多元化と『公法規範』」法律時報85巻5号（2013年）23-30（28）頁。なお，同「行政法理論における主体指向と活動指向」成蹊法学（成蹊大学）68=69号（2008年）172-149頁では「主体指向」と「活動指向」という対比が用いられている。

17) Hans-Ullrich Gallwas, Die Erfüllung von Verwaltungsaufgaben durch Private, VVDStRL 29 (1971), S. 211-233.

あった。保証人としての国家に何が要求されるのかという具体的内容は不明確ではあったものの，この議論が日本に導入された段階から既に，国家補償法において「保証人的地位」が道具概念の性格を有するとされていた[18]ことは見逃されるべきではない（⇨第10章）。

(2) 波及的正統化責任

保証人的地位論が切り開いた民営化後の責任の分有というあり方を前提に，国家が果たすべき役割をより詳細な形で提示したのが，公私協働論の文脈で議論される「波及的正統化責任」という考え方である。この考え方は，民間組織に行政任務を委ねる場合に民間組織に対して一定の組織・手続的規律の遵守を要求するものである。この規律は法治国原理や民主政に由来するものであり[19]，行政法に類似した内容を有することから「私行政法」とも呼ばれる。その具体的な内容として，十分な中立性の確保，事理に即した任務の遂行の確保，諸利益の同等な表現の機会の確保等が挙げられている[20]。

(3) 公共部門法論と保障行政論

この考え方の延長線上に位置づけられるのが公共部門法論と保障行政論である。公共部門法論は，従来国家が担っていた任務の遂行を民間の公的任務遂行主体に委ねた場合に，利用者の利益が守られることと公的任務遂行主体の国家に対する自律性が確保されることを目的とするものであり，4つの基本戦略による解釈論・制度設計論の整序を図るものである。この中の1つである立法者の規律責務を更に敷衍したのが「国家の枠組設定責任」であり，この中には枠組責任と監視責任が含まれる[21]。

これに対して保障行政論は，国家が私人の活動により公益を実現する「保

---

18) 角松生史「『民間化』の法律学」国家学会雑誌（東京大学）102巻11=12号（1989年）719-777（770）頁。
19) 山本隆司「公私協働の法構造」碓井光明他編・金子宏先生古稀祝賀『公法学の法と政策 下巻』（有斐閣・2000年）531-568（556）頁。
20) 山本隆司「民間の営利・非営利組織と行政の協働」髙木光＝宇賀克也編『行政法の争点』（有斐閣・2014年）188-189（189）頁。
21) 原田・前掲註10) 265-276頁。

障行政」の働く典型的な局面を「公企業の民営化」と「手続私化」の2つに整理し，前者においてはユニバーサル・サービスの保障[22]，後者においては指示・監督・内容の適正性判断（最終決定）権の国家への留保[23]を，国家による保障の内実と捉えている。

　公共部門法論は従来の機能的アプローチの詳細化と民事法学との連携を図ろうとする議論であるのに対して，保障行政論の特徴は国家の役割としての市場規律（「規整」）を強調する点にあるように思われる[24]。換言すれば，保障行政論は民営化論や公私協働論が対象としていた，従前の国家事務を民間化する際に必要となる法的規律の探究という射程を超えて，国家が市場を規律する局面一般を議論の対象とする方向性を持っている。その1つの現れとして，本章で検討する「媒介行政」の概念を情報による媒介一般と捉え，市場における情報流通の文脈で議論していることが挙げられる。

　このような保障行政論のアプローチは，国家と市場の関係あるいは行政法と民事法の関係を再考する貴重な契機と言える。他方で，国家の責任論の射程が大きく広がって私人による自律的決定の領域が狭隘なものとなり，逆に民営化固有の法理論が希釈されるおそれもないとは言えないようにも思われる。そこで例えば公私協働論においては，国家の公共善実現の責務を提示すると同時に，協働相手方の自律性や民事上の責任を強調している[25]。本章においては，保障責任・枠組設定責任の議論を民営化論に限定して用いることで，国家の責務と私人の自律性との均衡を図るアプローチを採用したい。すなわち，ある事務を一旦国家事務化し，それを再度民間化するという立法者の2度にわたる「決定」という契機を重視し，立法者による「市場創出」という政策手法の選択の際に要請される法理論の提示を目指すこととす

---

22) 高橋明男「保障国家における法律の役割」岡村周一＝人見剛編著『世界の公私協働』（日本評論社・2012年）161-182（161）頁，山田洋「『保証国家』とは何か」同『リスクと協働の行政法』（信山社・2013年）47-59（56）頁〔初出2009年〕。

23) 板垣・前掲註3) 510頁。

24) 板垣勝彦「保証国家における私法理論」行政法研究4号（2013年）77-136頁では極めて幅広い私法制度が検討対象となっている。ただし同論文95頁は制度的契約論との対比の中で，保障国家論は民営化に伴って公的な財・サービスの提供主体に対して，法律を通じてしかるべき配慮の義務を課す規範の設定を求める考え方であるとする。

25) 山本隆司『判例から探究する行政法』（有斐閣・2012年）613-622頁〔初出2009年〕。

る[26]。このような問題意識との関係で，本章では「媒介行政」の概念を情報一般の流通促進ではなく，国家による給付（再分配）の際に見られる行政作用に限定して用いることとしたい。

Ⅱ. 媒介行政の類型論

　媒介行政の概念を，国家が直接受給者に対して給付を行うのではなく，受給者・利用者のニーズの把握・調整や，給付の実現基盤形成を行う作用と捉えた場合，これに該当する現在の日本法の具体的法制度は，3つに類型化できる。第1は，分立した給付主体・給付提供者から提供されるサービスを受給者・利用者単位で調整する給付媒介型であり，媒介のための組織を設置するものと，個人を単位とする行政計画（ミクロ行政計画）を策定するものとに分かれる。第2は，行政自身がサービスを提供するのではなくサービスの基盤を確保するサービス基盤確保型であり，地方公共団体単位で策定される行政計画（マクロ行政計画）によるものと，行政契約によるものとがある。第3は，私的な給付制度を設定すれば法律に基づく金銭の支払い義務を免除する方法によって私的給付制度を促進する義務免除型である。

1. 給付媒介型

(1) 組織による媒介
① 要保護児童対策協議会
　要保護児童対策協議会は，児童虐待のケースに典型的に見られるような要保護児童の適切な保護を図るため関係団体・関係機関の関係者により構成さ

---

26) このことは，給付されるサービスの質に注目した法的規律の正当性の導出作業を否定するものではない。例えば，電気通信事業法が定める規制のうち，接続義務（同法32条）に代表される競争環境を確保するための規制の必要性は，ボトルネック性やネットワーク外部性といった電気通信サービスの性格に由来するものである。これに対して基礎的電気通信役務に対する規制，とりわけユニバーサル・サービスを維持するための負担金制度（同法110条）は，民営化によって利用者に不利益が生じないようにすることがその正当化根拠と考えられる。このように，規制の正当化の側面では領域的アプローチと機能的アプローチは相互に補完する関係にあり，市場創出に関する法理論の模索の際には双方のアプローチを視野に収める必要がある。

れる協議会である（児童福祉法 25 条の 2 以下）。設置は地方公共団体の努力義務となっており，必置ではない（同法 25 条の 2 第 1 項）。協議会は関係機関に対して情報提供の要請を行うことができる（同法 25 条の 3）。また協議会の委員に対しては，守秘義務が課されている（同法 25 条の 5）。

　要保護児童対策協議会のルーツは，厚生省の児童虐待ケースマネジメントモデル事業（1996 年）である[27]。この事業では，地域虐待対応ネットワークの構築やケースマネジメントの実施が試行された。その後，2000 年に児童虐待防止法が制定され，児童虐待防止市町村ネットワーク事業として，児童虐待防止協議会の設置と，協議会における情報交換・虐待事例の検討がなされていた。2005 年の児童福祉法改正でこの協議会が法定化され，2007 年改正で現在の設置努力義務規定への変更がなされている。その目的は，関係機関の狭間で支援が及ばない事態の防止や，医師・地方公務員からの虐待情報の提供促進にあったとされる[28]。

　要保護児童対策協議会の特色は，情報交換と関係機関ネットワークの維持にある。ここでは，虐待等の保護を必要とする事例の管理（ケースマネジメント⇨ことば）が予定されており，児童福祉法の規定する諸措置（同法 28 条）へと接続することが期待されている。これに対して，児童虐待が疑われる事例を継続的に調査し，必要な処遇を提供するケースワーク（⇨ことば）の手法は，要保護児童対策協議会ではあまり想定されていない[29]。

●ことば●　　ケースマネジメントとケースワーク

　何らかの支援を要する者（要支援者）に対する社会的な支援を行う場合に，要

---

27) 鈴木崇之「会津管内における市町村要保護児童対策地域協議会の現状と課題」会津大学短期大学部研究年報（会津大学）67 号（2010 年）181-202（184）頁。
28) 柴田拓己「児童福祉法の一部を改正する法律」ジュリスト 1285 号（2005 年）49-54（51）頁。
29) 児童虐待の事例の場合には緊急対応が要求される場面が多く，ケースワークのような手法では間に合わないと考えられているのかもしれない。この点につき参照，塩見准一「児童虐待が問題となる家事事件における家庭裁判所と児童相談所との連携の実情及びその在り方」調研紀要 75 号（2003 年）47-66（53）頁，岩佐嘉彦「児童福祉法と法の実現手法」佐伯仁志編『岩波講座 現代法の動態 2 法の実現手法』（岩波書店・2014 年）201-231（208）頁。

支援者の問題状況や需要に注目して支援の内容を組み立てる手法はケースワークと呼ばれ，公的扶助領域（生活保護法）では戦後の早い段階から導入されていた。生活保護法27条の指導・指示（原田大樹「『生活保護法』の適用」法学教室408号（2014年）29-34頁）は，その一部を法定化したものと言える。これに対して，介護保険法におけるケアマネジメントに代表されるケースマネジメントと呼ばれる手法は，要支援者に着目してその需要を把握する点はケースワークと同様であるものの，ケースマネージャーはあくまで要支援者に必要な給付を管理・調整するにとどまり，自らが何らかの社会的サービスを提供するわけではない。ケースマネジメントは，一方では分立した給付提供者と要支援者とをつなぐ機能をもち，他方では給付の管理者と実施者を分けることによって要支援者に本当に必要な給付を専門性のある中立的なケースマネージャーが判断するという意味をも有する（林倖如「適切な福祉利用の確保とその公法的構成（1）」名古屋大学法政論集（名古屋大学）249号（2013年）1-62（24）頁は，介護利用の権利実現過程の分節化が，利用者の選択権と介護利用の専門性とを調和させる過程であると指摘する）。

② 保育コンシェルジュ

　非法定の媒介組織として，保育コンシェルジュを挙げることができる。これは，横浜市が2011年度以降，待機児童対策の一環として導入したものである。横浜市では待機児童対策を区中心に行わせることとすると同時に，各区に1～2名程度の保育コンシェルジュを設置し，保育所サービスに関する問い合わせに応じている。また，希望の認可保育所に入所させることができなかった保護者に対して，コンシェルジュ側から積極的な働きかけ（アフターケア）を行っている[30]。コンシェルジュになっているのは，子育て経験のある幼稚園教諭・保育士資格保有者が中心である[31]。横浜市の成功を受け，名古屋市，福岡市，札幌市，東京都杉並区など他の地方公共団体でも類似の取り組みが始まっている。

　保育コンシェルジュの特色は，サービスのマッチング問題への対処に正面

---

30)「待機児童ゼロ，目指して　横浜市『保育コンシェルジュ』の取り組み」毎日新聞2013年3月31日朝刊。
31) 保育コンシェルジュには資格要件はなく，身分は横浜市の非常勤嘱託員である。2014年10月現在で，27名が配置されている（保留児童が多い区には2～3名を配置し，各区に最低1名を配置）。

から取り組んでいることにある。従来の待機児童対策は保育所定員の増加が中心であったものの，予算の制約から即効性は期待できなかった。これに対して保育コンシェルジュは，認可保育所しか知らない保護者に認可外の保育施設を紹介したり，保護者ごとに異なる保育ニーズに適合的な保育所を提案したりする点に特色を有する。保育コンシェルジュの多くは自らの子育て経験があり，これを生かした情報提供がなされることで，保護者のニーズに適合的な施設を紹介することが可能になっている。さらに，入所できなかった保護者へのフォローアップを行うアウトリーチ（⇨ことば）戦略[32]と，月ごとに開催されるコンシェルジュ会議における情報交換を踏まえて保育サービスの新増設を検討する体制も，保育コンシェルジュの大きな特色と言える。

③ 障害者自立支援協議会

障害者自立支援協議会（障害者総合支援法89条の3）は，関係機関が障害者等に関する情報を交換し，地域の支援体制を充実していくための組織である[33]。2006年頃から厚生労働省が設置を推奨し[34]，2007年10月段階で設置率は51.8％に達していた[35]。2005年の障害者自立支援法の段階では協議会に関する法律の規定はなく，地域生活支援事業の一環として位置づけられていた[36]（障害者自立支援法77条1項1号，同法施行規則65条の10）。その後，2012年の障害者総合支援法では，協議会設置努力義務を法定化している。

障害者自立支援協議会の特色は，個別の相談支援（ケアマネジメント）では対応できない課題の調整を行う点にある[37]。居宅支援の場合には障害者の

---

32) 白石亜紀子＝八木慶子「保育コンシェルジュ事業」調査季報172号（2013年）36-38（37）頁。このアウトリーチ戦略は，市民サービスの向上と同時に，待機児童に関する詳細な情報の把握をも目的としたものであり，横浜市が待機児童ゼロを達成した原動力ともなった。
33) 障害者福祉研究会編『逐条解説 障害者総合支援法』（中央法規出版・2013年）256頁。
34) 福岡寿「地域支援と自立支援協議会の役割」ノーマライゼーション29巻5号（2009年）13-15（14）頁。
35) 笠原千絵「地域自立支援協議会とローカルガバナンス」日本の地域福祉23巻（2010年）142-153（145）頁。
36) 障害者福祉研究会編『逐条解説 障害者自立支援法』（中央法規出版・2007年）181頁，佐藤真澄「『自立支援協議会』の活性化に関する一考察」山口芸術短期大学研究紀要（山口芸術短期大学）44巻（2012年）11-16（11）頁。
37)「地域資源のネットワーク 自立支援協議会が相談支援専門員（ケアマネ）をバックアップ」月刊ケアマネジメント22巻10号（2011年）7-11（7）頁。これに対して，2014年の医療介護

生活ニーズを支えるサービス提供者が分立しており，これらを利用者ごとに調整する必要性が高い[38]。また施設サービスの総量がなお限られている現状においては，施設入所者の利用調整が必要となる場面も考えられる（兵庫県北播磨圏域の事例[39]）。こうした課題に対処するために障害者自立支援協議会が設けられている[40]。

▎ことば▕　アウトリーチ

　社会保障給付の多くは，申請に対する処分の形式をとって行われる。この場合，申請を行えば給付がもらえたのに，行政側がそのことを情報提供しなかったために申請と給付の機会を逸したとしても，行政側には法的責任が生じないとするのが，従来の一般的な理解であった。これに対して，職権利益処分の形式である措置制度（⇨第4章）の場合には，申請をまたず行政側が給付の必要性を判断して給付を与えるかどうか決めるものである。例えば老人福祉法の措置に関しては，「老人からの申請を待つという態度を一歩進めて，措置の実施機関自ら管内の老人の実態を把握し，積極的に措置を要する老人の発見に努めることを要請するものである」（大山正『老人福祉法の解説』（全国社会福祉協議会・1964年）125頁）という説明がなされ，これをアウトリーチの一種と解する立場もあった。しかし，従来の理解によれば，生活保護法とかつての社会福祉各法の規定の形式の差異から，申請に対する処分と請求権とが表裏の関係と解され，職権主義をとる福祉の措置には請求権がなく，受給希望者には受給の諾否を行政争訟によって

　総合確保推進法により新設された介護保険法115条の48が規定する会議（地域ケア会議）は，介護と医療を包括する地域ケアを要介護者個人単位で促進するために設置された組織であり，地域の課題発見というマクロ的な問題意識は前面に出ていない（宮島俊彦『地域包括ケアの展望』（社会保険研究所・2013年）190-193頁，稲森公嘉「介護保険制度改革」論究ジュリスト11号（2014年）18-24（21）頁）。

38) 中島秀夫「障害者自立支援協議会」病院・地域精神医学53巻3号（2011年）250-254（251）頁。

39) 谷口泰司「地域自立支援協議会の課題と展望」知的障害福祉研究57巻6号（2010年）12-15（14）頁。

40) 障害者自立支援法時代の障害者自立支援協議会が，個別の相談支援との連携を欠いていると指摘していたものとして参照，中島秀夫「自立支援協議会とまちづくり」知的障害福祉研究59巻3号（2012年）12-14（14）頁。

争う地位が認められないとされてきた。

これに対して，保育コンシェルジュが行っている活動は，申請に対する処分（＋行政契約）の場面においても，行政側からの情報提供との結合が可能であることを明確に示している好例である。2013年に制定された行政手続における特定の個人を識別するための番号の利用等に関する法律（番号法）も，申請に対する処分の場合でも行政が特定個人情報を利用した情報提供（プッシュ型サービス）を情報共有の具体的効果の一つとしていることから（宇賀克也他『施行令完全対応 自治体職員のための番号法解説【制度編】』（第一法規・2014年）119頁），今後は申請型手続とアウトリーチの接合が進むものと考えられる。

④ ドイツ法に見られる類似の法制度

給付主体や給付提供者が分立している場合に媒介組織を置いて調整する方法は，日本法のみに見られるものではない。以下のように，ドイツ法にもこの類型に属する例が存在する[41]。

障害者福祉におけるサービス機関（Servicestellen）は，2001年に制定された社会法典9編（リハビリテーションと障害者の参加）23条に規定された。リハビリテーションサービスの給付主体（リハビリテーション担当団体）の分立状況を前提に，サービス機関は受給者にとって必要なリハビリテーションサービスを助言し，受給者の申請行為に結びつける役割を有している[42]。

失業者支援における共同窓口（gemeinsame Einrichtung）は，ドイツにおける失業扶助・社会扶助改革の過程で登場した。2003年に制定されたHartz IV法（2005年施行）は，従来の失業手当・失業扶助・社会扶助・高齢者基礎保障を再編した[43]。この改革で制定された社会法典2編（失業者基礎保障）

---

41) さらに，給付の前提となる成年者世話法においても，ケースマネジメントの性格を有する世話計画が導入されている。参照，渡部朗子「ドイツ成年者世話法における個人的な世話（persoenlich Betreuung）と世話計画（Betreuungsplan）について」千葉大学法学論集（千葉大学）28巻1=2号（2013年）403-433頁。

42) Michel Kossens u.a. (Hrsg.), Praxiskommentar zum Behindertenrecht (SGB IX), 2002, S. 192, Rn. 4 [Günther Schäfer].

43) Johannes Masing, Umbau des Doppelregimes von Sozial- und Arbeitslosenhilfe, DVBl. 2002, S. 7-14; Hans Lühmann, Die Zusammenführung von Arbeitslosen- und Sozialhilfe im Sozialgesetzbuch II (SGB II), 2005, S. 38ff.; 田畑洋一「ドイツ労働市場改革と最低生活保障給付の再編」福祉社会学部論集（鹿児島国際大学）24巻4号（2006年）1-15頁，嶋田佳広「生活保護と就

において，失業扶助（連邦が担当）と社会扶助の一部（市町村が担当）が統合された[44]。しかし給付主体はなお連邦労働機構（Bundesagentur für Arbeit）と地方公共団体（郡・特例市）に分立したままであったため，両者が共同事務処理機構（Arbeitsgemeinschaft）に委任することで給付窓口を一元化する制度設計が当初はなされていた（社会法典2編44b条）[45]。この規定が混合行政（Mischverwaltung）の禁止[46]に反するとする違憲判決（2007年）[47]が下されたことから，現在では共同窓口という方式に変更されている。ここでも，給付主体の分立を組織のレベルで統合し，給付内容を受給者ごとに調整することがなされている。

さらに，介護保険における介護相談員（Pflegeberater）が2009年の社会法典11編（介護保険）改正によって追加された（社会法典11編7a条）。介護相談員の役割は，介護のニーズの分析やケアプラン（Versorgungsplan）の作成・実施の管理である[48]。この制度の導入時には，後述の日本の法制度（ケアプラン・ケアマネジメント）が影響を与えた可能性が指摘されている[49]。

労支援」季刊労働法217号（2007年）108-124（110）頁。
44) Hartmut Bauer, Hartz IV und die Kommunen, in: Christiane Büchner/Olaf Gründel (Hrsg.), Hartz IV und die Kommunen, 2005, S. 28-40, 30.
45) Brigitte Strobel, Die Rechtsform der Arbeitsgemeinschaften nach §44b SGBII, NVwZ 2004, S. 1195-1199, 1196; Daniela Winkler, Die Umsetzung von ≫Hartz IV≪ als Herausforderung an das Organisationsrecht, Verwaltungs-archiv 99 (2008), S. 509-537, 514ff.; Christian Waldhoff, „Hartz IV" vor dem Bundesverfassungsgericht, ZSE 6 (2008), S. 57-74, 59.
46) 原田大樹「多元的システムにおける行政法学」同『公共制度設計の基礎理論』（弘文堂・2014年）8-48（40）頁［初出2010年］。
47) BVerfGE 119, 331. 混合行政の禁止につきさらに参照，白藤博行「行政主体間の混合行政禁止原則と自己責任原則」紙野健二他編・室井力先生追悼『行政法の原理と展開』（法律文化社・2012年）78-98（92-94）頁, Hans Lühmann, Verfassungswidrige Zusammenlegung von Arbeitslosen- und Sozialhilfe im SGB II?, DÖV 2004, S. 677-685, 682; Markus Mempel, Hartz IV-Organisation auf dem verfassungsrechtlichen Prüfstand, 2007, S. 67ff.; Christoph Worms, Verwaltung der Grundsicherung für Arbeitsuchende, 2012, S. 300ff.
48) Jens M. Schubert, Pflegeberater und zusätzliche Betreuungskräfte, NZS 2009, S. 353-360, 353; Gerhard Dalichau, SGB XI Kommentar, 2014, S. 96, Rn. 20.
49) 小西啓文「ドイツ介護保険法における権利擁護システムの展開」法学新報（中央大学）119巻5=6号（2012年）707-731（729）頁。

(2) ミクロ行政計画による媒介
① 特定教育・保育施設利用のあっせん・調整

次に，組織法ではなく作用法的な手段で給付を媒介する手法を概観する。最初に取り上げるのは，福祉分野に見られる「あっせん・調整」の規定である。1997年に児童福祉法が改正され，保育所選択制度が導入された。保育所における保育の実施は市町村の現物給付であり，市町村は保護者が希望した保育所が定員超過時には公正な選考を行うことができるとの規定が設けられた（同法24条3項）。これに対して，現金給付の現物化が採用された2000年の社会福祉基礎構造改革の際に，市町村が利用をあっせん・調整するとの規定が設けられた。具体的には，障害者からの求めがあれば，市町村がサービス利用のあっせん・調整を行うとの内容であった（例：身体障害者福祉法17条の3[50]）。さらに，2012年に制定された子ども・子育て支援法（⇨第4章）では，公立保育所に関しても現金給付の現物化が導入され，保護者からの求めがあれば，市町村が特定教育・保育施設の利用のあっせん・調整を行うとの規定が設けられている（42条）。

これらのあっせん・調整規定にミクロ行政計画の性格がない理由は2点にまとめられる。第1は，現物給付から現金給付への転換[51]によってサービス給付そのものに関する決定権がなくなった市町村が，サービス提供に関する調整・決定権を残存させるためにこの規定が置かれていることである。第2は，保育所における保育の実施は単一の施設での給付となるため，分立したサービス提供をパッケージ化する必要がないことである。

② 居宅介護サービス計画

これに対して，サービス提供者が分立する居宅サービスにおいて，それらを調整しパッケージ化するために設けられたのが居宅介護サービス計画である。これは，1997年の介護保険法制定の際に，ケアマネジメントの考え方を法定化したものである[52]。具体的には，介護保険給付の一種として居宅

---

50) 平成12年6月7日法律第111号による改正後，平成17年11月7日法律第123号による改正で削除。この規定の趣旨は，現在ではサービス等利用計画の基本相談支援の規定に取り込まれている。
51) 現物給付と現金給付の差異につき参照，原田大樹『例解 行政法』（東京大学出版会・2013年）311頁。

介護サービス計画費（同法 46 条）が位置づけられ，他と異なり 10 割給付（かかった費用の全額の給付）が予定され，居宅介護サービス計画の作成が居宅サービスの代理受領による利用の前提になっている。介護保険法は介護支援専門員（ケアマネージャー）の登録制度（同法 69 条の 2）を設け，公正誠実義務（同法 69 条の 34）を定めると共に，指定居宅介護支援事業者の指定要件の中で専門員を一定数配置することを要求している（同法 81 条 1 項）。

③ サービス等利用計画

　障害者福祉の分野でも，この居宅介護サービス計画に類似した計画制度が導入されている。まず，2005 年の障害者自立支援法制定時に，「サービス利用計画」という名称で制度が導入された（同法 32 条）。その後，2012 年の障害者総合支援法の段階で，給付の媒介に強く関係する「相談」の分節化と強化がなされた。具体的には，利用のあっせんや調整を含む基本相談支援（5 条 17 項）は単独で市町村の事業（地域生活支援事業：77 条）と位置づけられた。これに対して，基本相談事業と地域相談支援（5 条 18・19 項＝入所から地域生活への移行支援）は民間の一般相談支援事業者に，基本相談事業と計画相談支援（5 条 20・21 項＝サービス等利用計画の作成・管理）は民間の特定相談支援事業者に割り当てられた。

　障害者福祉における給付決定の特色は，決定までに民間事業者が関与する部分が大きいことである。まず，ニーズの発見や把握を促進するため[53]，指定一般相談支援事業者等に調査委託を行うことができる（障害者総合支援法 20 条 2 項）。次に，支給決定の際に指定特定相談支援事業者が作成した計画案が勘案される（22 条 6 項）。さらに，指定特定相談支援事業者の指定要件の中に，前述の障害者自立支援協議会との連携体制の確保が含まれている（51 条の 20，施行規則 34 条の 59 第 2 項）。このような給付の媒介と給付の決定との密接な関係が，障害者福祉における給付決定の 1 つの特徴である。

④ ドイツ法に見られる類似の法制度

　ミクロ行政計画による給付の媒介はドイツ法においても類例がある。最も

---

52) 堤修三『介護保険の意味論』（中央法規出版・2010 年）55 頁。
53) 前田雅子「障害者・生活困窮者」公法研究 75 号（2013 年）204-215（210）頁は，「個人のニーズの探知・審査に関わる協働」の重要性を指摘する。

近い例は，連邦建設法典 180 条が規定している社会計画（Sozialplan）である。これは，1971 年に都市建設促進法で導入され，1976 年の連邦建設法典改正で規定が整備されたものである[54]。市街地再開発によって影響を受ける個人に対する包括的な支援措置が計画の中に規定されている[55]。また，社会法典 12 編 58 条では，障害者社会統合給付をさまざまな給付主体が行う場合に，社会扶助団体がケースマネジメントの一環として支援総合計画（Gesamtplan）を策定することを定めている[56]。

計画ではなく行政契約を用いて類似の効果を達成しようとするものとして，社会統合協定（Eingliederungsvereinbarung）がある（社会法典 2 編 15 条）。この協定の締結当事者は連邦雇用機構と，失業手当 II を受給しようとする者である。協定の内容の中心は，再雇用のために必要な給付・助言と受給者の就職のための努力である。協定の有効期限は 6 ヶ月（更新あり）であり，状況の変化に応じて変更することが予定されている[57]。協定と並行してケースマネージャーが選任されることも予定されており，ケースマネジメントの発想がここにも見られる[58]（社会法典 2 編 14 条）。この協定は，両当事者の意思表示の合致に意味があるものではない。なぜなら，協定不成立時には行政行為で同一の内容についての規律がなされることが予定され（社会法典 2 編 15 条 1 項），かつその場合には失業手当 II が減額される（社会法典 2 編 31・31a 条）という形で，受給希望者に対する事実上の契約締結強制がかけられているからである。ここで行政契約という行為形式が選択されている理由はむしろ，給付内容を個人の事情に応じて柔軟化すること[59]，失業問題

---

54) 神谷国弘「西独都市再開発における社会計画と社会的現実 (1)」関西大学社会学部紀要（関西大学）17 巻 1 号（1985 年）1-35 (4) 頁。
55) 大橋洋一「市街地再開発と社会計画（Sozialplan）(2・完)」自治研究 70 巻 4 号（1994 年）66-83 (75) 頁。
56) Christian Grube/Volker Wahrendorf, SGB XII Kommentar 5. Aufl. 2014, S. 495, Rn. 2〔Volker Wahrendorf〕.
57) Christian Kocialkowski, Eingliederungsvereinbarungen nach dem SGB II aus Sicht der Bundesagentur für Arbeit, Sozialrecht aktuell 2006, S. 38-40, 39.
58) Rolf Seutemann, Aufgabenaufteilung des Zweiten Buches Sozialgesetz (SGB II), in: Christiane Büchner/Olaf Gründel (Hrsg.), Hartz IV und die Kommunen, 2005, S. 20-27, 26.
59) Uwe-Dietmar Berlit, Eingliederungsvereinbarungen nach dem SGB II, Sozialrecht aktuell

解決のために関係する全ての当事者の活動を活性化すること[60]に求められる。つまり、契約という法形式によって、給付の受け手としての私人という位置づけからの脱却が意図されている[61]。

2. サービス基盤確保型

(1) マクロ行政計画の利用
① 子ども・子育て支援事業計画

　次に、地方公共団体を対象とするマクロ行政計画の策定によってサービス基盤を確保する手法を挙げる。その第1の例は、2012年の子ども・子育て支援法で導入された子ども・子育て支援事業計画である。すでに、2003年の児童福祉法改正の段階で、待機児童50人以上の特定市町村と特定市町村を含む都道府県を対象に、市町村・都道府県保育計画の策定が法定化されている（児童福祉法56条の8・56条の9）。この計画の策定は、国・地方公共団体の援助努力義務（同法56条の11）と結びつけられており、保育所の建設に係る補助金計画としての色彩を有する。子ども・子育て支援法における市町村事業計画（子ども・子育て支援法61条）、都道府県事業支援計画（同法62条）も同様に補助金計画としての性格を有する[62]。保育計画との相違は、全ての市町村・都道府県が計画策定の対象となっていること、計画策定手続が一定程度法定化されていること（同法61条7・8項）、全体的なサービス基盤を整備する性格を有していることである。

② 介護保険事業計画・介護保険事業支援計画

　行政計画によってサービス基盤整備を図る方法は、1997年の介護保険法制定時に盛り込まれた市町村事業計画（介護保険法117条）及び都道府県事業

2006, S. 41-50, 44.

60) Kai-Holmger Kretschmer, „Sozialhilfe" durch Vertrag, DÖV 2006, S. 893-901, 895; Hartmut Bauer, Verwaltungsverträge, in: Wolfgang Hoffmann-Riem u.a. (Hrsg.), Grundlagen des Verwaltungsrechts Bd. 2, 2. Aufl. 2012, S. 1255-1387, 1290, Rn. 39.

61) 契約という法形式がもつこのような意義につき参照、原田・前掲註51) 340頁。社会統合協定の法的課題を詳細に検討した業績として、Kai-Holmger Kretschmer, Das Recht der Eingliederungsvereinbarung des SGB II, 2012 がある。

62) 内閣府「平成24年9月18日自治体説明会における主な質疑について」（2012年）7頁。

支援計画（同法118条）を起源とする。この計画では，介護給付対象サービスの必要量の見込みの算定が中心となっており，施設サービスに関しては補助金との連動がみられる（⇨第4章）[63]。子ども・子育て支援事業計画との違いは，介護保険に関する計画は施設サービス量の抑制にも用いられ得ることである（例：介護保険法78条の2第6項4号，94条5項）。

③ 障害福祉計画

障害者福祉の領域でも，行政計画によるサービス確保の手法が導入されている。社会福祉基礎構造改革による2000年の社会福祉法改正時に導入された市町村地域福祉計画（社会福祉法107条）は，必ずしも障害者福祉に特化した内容ではなく，またサービスの量の必要量の見込みを含むものではなかった。これに対して，2005年の障害者自立支援法制定の際に導入された市町村・都道府県障害福祉計画（障害者自立支援法88・89条）は，サービスの量の必要量の見込みを含むものであり，これが現在の障害者総合支援法でも受け継がれている。障害福祉計画にも，サービス基盤の整備と同時にサービス量の抑制の機能（例：障害者総合支援法36条5項）が認められる。

④ ドイツ法に見られる類似の法制度

ドイツ法においてサービス基盤を確保するために行政計画が用いられている例として，州法レベルにおける病院計画を挙げることができる[64]（例：バーデン＝ヴュルテンベルク州病院法6条）。

(2) 行政契約の利用——指定管理者

サービス基盤の確保を行うもう1つの手法として，行政契約を挙げることができる。その代表例として，地方自治法の指定管理者を取り上げる。

① 指定管理者制度の概要と特色

地方自治法は，図書館・博物館・スポーツ施設等の市民が利用する施設を公の施設（地方自治法244条1項）として規律しており，その設置を地方公共団体のみに認めるのに対して，管理は民間主体を含む指定管理者も可能とし

---

[63] 碓井光明『社会保障財政法精義』（信山社・2009年）481-488頁。
[64] バイエルン州の病院計画を検討したものとして参照，松本勝明『社会保障構造改革』（信山社・1998年）108-112頁。

ている。1963年に公の施設の規定が導入された際には，直営方式に加えて，公共団体・公共的団体（農協等）への管理委託が可能とされていた。その後，1991年の法改正で，管理委託方式の対象を地方公共団体が出資する法人（第三セクター）にも拡大した。さらに2003年の改正で管理委託方式を廃止し，指定管理者制度を導入した。

指定管理者制度の特色は以下の4点にまとめられる[65]。第1は，地方公共団体が施設の管理者を行政行為（処分）によって指定することである。第2は，指定管理者に利用者に対する使用許可権限を委任することであり，これが行政行為による指定という方式を採った大きな理由であるとされる。第3は，指定管理者の範囲に民間営利法人を加えたことである。第4は，指定手続・管理基準・管理範囲・利用料金基準等は全て条例の規定に委ねたことである。このため地方自治法には，指定管理者に関する最低限度の枠組しか規定が置かれていない。

② **媒介行政としての指定管理者制度**

指定管理者制度の導入は，公の施設に対する行政の役割に大きな変容を加えるものとなった。行政が直営する公の施設の場合には，行政の役割は直接的なサービス提供にある。これに対して指定管理者に管理を委ねる場合には，行政の役割はサービス提供の確保・管理に移行することになる。その際に重要な役割を果たしているのが，指定管理者と地方公共団体の間で結ばれる協定である。両者間には行政行為（指定）の関係に並行して協定[66]が締結され，サービス提供の内容・利用料金・責任分担などの詳細が確定される。この協定が工夫されることで，例えばサービスの改善（休館日廃止・開館時間延長）[67]や指定管理者独自の自主事業の拡大[68]，さらには従前の事実上の独

---

[65] 稲葉馨「公の施設法制と指定管理者制度」法学（東北大学）67巻5号（2004年）685-714（702）頁。

[66] 成田頼明監修『指定管理者制度のすべて［改訂版］』（第一法規・2009年）52頁，大橋・前掲註2）245頁。指定管理者協会編『あなたの理解で大丈夫？指定管理者制度運用のツボ』（ぎょうせい・2012年）131頁は，協定が行政行為（処分）の附款であるとの解釈がすでに一般化しているとする。協定書の実態につき参照，小林耕平「指定管理者制度のもとでの図書館運営」図書館雑誌103巻3号（2009年）156-157頁。

[67] 「指定管理者制度導入事例に迫る 北九州市立玄海青年の家」sports facilities 41巻6号（2012年）38-41（40）頁。

占的利用者を排除しての公平な利用の実現[69]がなされうる。行政の役割は指定管理者の活動への評価[70]，監督作用が中心となる[71]。このような任務の変更によって行政の人的資源を戦略的に再配分し，いわば「筋肉質の自治体」[72]を目指す必要性が今後ますます高くなるとはいえ，行政はなお，直営能力を維持しておかなければならない。その理由は，指定管理者に対する監視や評価能力を維持するためにはノウハウを把握し続ける必要があること[73]，指定管理者が途中撤退した場合に直営に戻せる体制をとる必要があること[74]にある。

　指定管理者制度にはさらに，公の施設の維持・存続のためのスキームとして用いる可能性が開かれている。指定管理者導入当初は，指定期間が短期（3年程度）に過ぎ，長期的な視点に立った運営ができないとの批判が強かった[75]。この点に配慮した結果，現状では指定期間の延長傾向（5年程度）が認められるとともに，再指定の比率が極めて高くなっていることが注目される[76]。指定管理者と行政との間で締結される協定においては，施設修繕・

68）間野義之「スポーツ行政と指定管理者制度」地方自治職員研修45巻10号（2012年）21-23（22）頁。

69）荒木修「指定管理者制度の課題」法律時報84巻3号（2012年）26-30（29）頁。

70）小田光宏「指定管理者が行う図書館運営に対する第三者評価」図書館雑誌103巻3号（2009年）151-153（152）頁。

71）永利和則「指定管理者から直営へ移行した図書館長の図書館運営私論」図書館雑誌105巻7号（2011年）434-437（435）頁は，このことで政策決定サイクルから距離が生じることを問題視している。

72）「地方自治体における業務の標準化・効率化に関する研究会報告書」（2015年）3, 156頁。

73）中沢恵美子「指定管理者による都立公園管理の状況」都市公園187号（2009年）17-19（19）頁。自治大学校第2部課程第161期第5班「指定管理者制度に係る監視と評価の最適化」自治実務セミナー51巻10号（2012年）30-35（33）頁は，施設を管理する公務員の人事異動のタイミングを遅くすることを提案する。この要請は民営化論一般にあてはまる（角松生史「行政事務事業の民営化」髙木光＝宇賀克也編『行政法の争点』（有斐閣・2014年）184-187（186）頁）。

74）市川嘉一「広がる民間参入，途中撤退のケースも 民間ノウハウ過大評価せず，十分な制度設計を」地方財務641号（2007年）49-56（55）頁。倉敷市では途中撤退を防ぐため，協定に基づき契約保証金（管理運営費の4ヶ月分）を指定管理者から徴収している（渡邉直樹「なぜ，指定管理者制度に閉塞感が漂っているのか！」地域政策研究46号（2009年）14-19（15）頁）。

75）塩見昇「指定管理者制度をめぐる現状の考察」図書館雑誌105巻7号（2011年）428-431（429）頁。

維持に関する責任分担が規定されることから，指定管理者は当該施設の修繕・維持を行政に促進させる効果を持つものになっている[77]。また，指定が複数年にわたり，管理委託料を支払う内容となっている場合には，指定の際に債務負担行為（地方自治法214条）がなされる必要があり，このことによって公の施設の維持のための財源が確保されることになる[78]。さらに，仮に指定管理者に対して内部留保を認めれば，指定管理者に施設の建て替えのための財源を確保させることができるので，公の施設の永続的維持のためのスキームとして指定管理者が用いられ得ることになる。現在の公の施設は老朽化しているところが多く，地方公共団体の深刻な財政状況からすれば，老朽化を理由に施設が廃止される可能性が高い。仮に内部留保が認められれば，指定管理者制度の導入が地方公共団体にとって施設の維持財源を外部にプールする意義を持ち，サービス基盤を確保するための有効な手段ともなると考えられる。

3. 義務免除型

最後の類型として，法律で義務付けられた金銭負担を免除することと引き替えに，私的な給付スキームを形成する義務免除型を取り上げる。具体的には，日本法における厚生年金基金と，ドイツ法における民間疾病保険が対象となる。

① 厚生年金基金

戦後の労働運動を背景に退職一時金制度が普及[79]し，その給付形態の1

---

76) 2012年4月現在の総務省調査によれば，指定期間を5年とする割合が最も高く（56.0％），再指定の比率は78.8％にも及ぶという。参照，岡田芳和「指定管理者制度の導入状況等について」地方自治782号（2013年）51-77頁，「全国自治体における指定管理者制度導入状況の最新動向（後編）」月刊指定管理者制度84号（2013年）2-13（4-5）頁。

77) 谷川修「指定管理者の2年目…」Sound art & technologies 59号（2009年）30-31（31）頁。逆の評価を示すものとして，前川幸豊「指定管理者となって」Sound art & technologies 59号（2009年）26-27（27）頁。これに対して，大杉覚「指定管理者制度の目的志向的活用と自治体経営」地方自治775号（2012年）2-16（11）頁は，地方公共団体と指定管理者との恒常的な協議による問題解決を指向する。

78) 小林真理「指定管理者制度の成果と課題」地域政策研究46号（2009年）6-13（12）頁。

79) 佐々木大「企業年金と社会保障」ジュリスト258号（1962年）10-14（10）頁。

つとして企業年金の制度が形成されてきた。1962 年に導入された適格退職年金制度は，事業主掛金を法人税の損金に算入することを認め，年金基金に対する軽度の課税を行うことを内容とする租税優遇措置を中心とするものであった[80]。これに対して，1964 年に導入された厚生年金基金制度は厚生年金保険の延長に位置づけられる企業年金制度である。その特色は 1966 年に導入された代行制度[81]にあった（旧・厚生年金保険法 44 条の 2）[82]。これは，国が厚生年金を直接給付するのではなく，厚生年金基金が給付の一部を代行するものである。その前提として，事業主・被保険者には保険料納付義務が免除される（旧・厚生年金保険法 81 条の 3）。これは，保険料納付義務の免除を用いた私的給付のスキームの形成可能性を示唆するものである。しかし，2001 年の確定拠出型年金の導入[83]，2002 年の確定給付型年金の導入[84]に見られるように，不況と低金利で運用困難になった企業が企業年金を縮小する傾向が続いてきた[85]。さらに，2012 年に発生した AIJ 事件[86]を契機に，2013 年の法改正では厚生年金基金の新規の創設を認めないこととされた。もっとも，保険料納付義務の免除による私的給付のスキーム形成促進という手法は，社会保障のグローバル化に対応する政策手段となる可能性[87]を秘めているようにも思われる（⇨第 6 章）。

② **民間疾病保険**

ドイツ法における類例として，民間疾病保険（private Krankenversicherung）を挙げることができる。公的疾病保険（gesetzliche Krankenversiche-

---

[80] 佐藤英明「企業年金と課税」ジュリスト 1128 号（1998 年）15-21（16）頁。
[81] 導入の背景につき参照，森戸英幸『企業年金の法と政策』（有斐閣・2003 年）53 頁。
[82] 代行の法構造を分析したものとして，小島晴洋「企業年金の法理論」季刊社会保障研究 32 巻 2 号（1996 年）199-209（202）頁がある。
[83] 尾崎俊雄「確定拠出年金制度の導入の背景とその概要」ジュリスト 1210 号（2001 年）33-41 頁。
[84] 柳楽晃洋「確定給付企業年金法」ジュリスト 1210 号（2001 年）21-32 頁。
[85] 久保知行「日本の企業年金の現状と未来」海外社会保障研究 151 号（2005 年）110-121（113）頁。
[86] 浅川和彦「損失隠し，やめられず」日経ビジネス 1687 号（2013 年）24-25 頁。
[87] 企業年金制度の国際的な動向につき参照，島崎謙治＝宮里尚三「企業年金をめぐる国際的潮流と企業年金の役割・課題」海外社会保障研究 151 号（2005 年）4-23 頁。

rung）の加入義務免除者（社会法典5編6～7条）の多くは，以前から民間疾病保険に加入してきた。民間疾病保険の特色は，給付反対給付均衡の原則と契約自由の原則にあり，保険給付の内容を個別化できる点に特色が見られた[88]。2007年の医療制度改革[89]においては，公的疾病保険の加入義務がない者に対して民間完全医療保険に加入させることとされた。具体的には，基礎保険料（給付反対給付均衡の原則が適用されない）での保険契約締結義務が保険者に課され，民間保険者は連邦財務省の妥当性監督（Fachaufsicht）の下におかれた[90]。ここでも，保険加入義務を免除することで私保険に社会保障機能の一部を担わせる可能性[91]が示唆されている。

Ⅲ. 媒介行政概念の理論的意義

1. 媒介行政の特色

　媒介行政概念の意義は，従来ばらばらに検討されていた諸手法をまとめて検討する場を設定し，国家が直接給付の方式を採らずに再分配に関与する法的手法を分析することができる点に認められる。

(1) 類似概念との比較
　媒介行政に類似する概念として以前から使われてきたものとして，「調整」「誘導」「行政指導」がある。
① 調　整
　調整という語は，「調整的」行政指導[92]という用語法に端的に見られるよ

---

88) Jan Boetius, Alterungsrückstellung und Versicherungswechsel in der privaten Krankenversicherung, VersR 2001, S. 661-678, 664.
89) 改革の意義を詳細に検討したものとして参照，水島郁子「ドイツ社会保険法における民間医療保険」阪大法学（大阪大学）60巻2号（2010年）293-320頁。
90) Helge Sodan, Das GKV-Wettbewerbsstärkungsgesetz, NJW 2007, S. 1313-1320, 1319.
91) フランス法を素材とするこの点に関する興味深い研究成果として，笠木映里『社会保障と私保険』（有斐閣・2012年）がある。
92) 髙木光『行政法講義案』（有斐閣・2013年）164頁は，規制的行政指導の三面関係における現れとして調整的行政指導を位置付ける。

うに，ある紛争を解決するコンフリクトマネジメントの意味合いを強く有している。これに対して本章で検討してきた媒介は，社会的資源の組み合わせを意図して国家が主として間接的に関与するものと言える。国家が，財・サービスの交換関係の基盤形成に乗り出す背景には，民営化またはグローバル化に起因するサービス提供者の分立という状況を前提に，受給者（＝人）に注目した分野横断的な調整を行う必要性が生じている点に求められる。

② 誘　導

誘導作用に含まれる具体例として従来指摘されてきたのは，補助金，租税特別措置，障害者雇用納付金，マーク制度，誘導容積率，グリーン購入[93]であった。これらはいずれも，一定の政策目的の達成に向けて，金銭や情報を政策媒体として私人の行動を誘引するものであった[94]。これに対して媒介は，所得再分配（非営利型移転）を目的とする作用であり，それ以上に詳細な政策目的の特定を要しない手段である。それゆえ，政策目的を特定すべきでない分野（例：文化芸術政策[95]）においても利用可能であり（例：指定管理者），また政策目的形成過程を誘導する法理論（立法者制御の法理論[96]）（⇨序章）との接続可能性[97]をも秘めているように思われる。

③ 行政指導

情報を媒介とする行政活動は従来，「助成的行政指導」[98]の概念で整理されてきた。これに対して本章が検討した媒介の諸事例は，必ずしも行政指導

---

93) 宇賀・前掲註 2) 132-141 頁。
94) 金銭を媒体とする政策実現の特質と法的課題につき参照，藤谷武史「市場介入手段としての租税の制度的特質」金子宏編『租税法の基本問題』（有斐閣・2007 年）3-22 頁，同「経済的手法」高橋信隆他編『環境保全の法と理論』（北海道大学出版会・2014 年）146-164 頁。
95) 小島立「著作権と表現の自由」新世代法政策学研究（北海道大学）8 号（2010 年）251-282（260）頁，同「現代アートと法」知的財産法政策学研究（北海道大学）36 号（2011 年）1-56（35-44）頁，原田大樹「政策形成過程の構造化」同『公共制度設計の基礎理論』（弘文堂・2014 年）257-272 頁［初出 2011 年］。
96) 原田大樹「立法者制御の法理論」同『公共制度設計の基礎理論』（弘文堂・2014 年）178-234 頁［初出 2010 年］。
97) Hiroki Harada, Atomenergie: Freund oder Feind des Gemeinwohls?, DÖV 2014, S. 74-78.
98) 塩野宏『行政法Ⅰ［第 5 版補訂版］』（有斐閣・2013 年）202 頁は，助成的行政指導を「私人に対して情報を提供し，もって私人の活動を助成しようとするもの」と定義する。板垣・前掲註 3) 54 頁は，媒介行政のわが国における典型例として行政指導を挙げている。

という行為形式には収斂されない多様な内容（例：行政計画・行政契約・義務免除）を含むものである。それゆえ，助成的行政指導の概念でこれらを説明することは不適当と思われる。

(2) 媒介行政の特色と課題

以上の検討を踏まえ，本章では媒介行政の概念を，規制・給付・誘導と並ぶ第4の国家作用類型ないし政策手法[99]と位置付けることとしたい。

	私人の行動を制御する目的	所得再分配目的
国家による直接的活動	規　制	給　付
市場を経由させる国家の活動	誘　導	媒　介

国家作用の類型は，その目的と活動の態様によって次の4つに分類されうる。私人の行動の制御を目的とし，国家が直接的に介入するのが「規制」であり，間接的に（市場を経由させて）活動するのが「誘導」である[100]。これに対して所得再分配を目的とし，国家が直接的に再分配を行うのが「給付」であり，間接的に（市場を経由させて）活動するのが「媒介」である。

このように媒介行政を定義した場合，媒介行政論の主要な課題は以下の点に認められる。まず制度設計レベルでは，国家が枠組設定責任をいかに履行するかが問題となる。枠組設定の際には，これまで検討してきたように調整組織の設置・行政計画・行政契約が用いられることになる。法律の規定の仕方から見れば，要件・効果構造をとらない活動形式が多く，国家関与は間接的なものとなる。他方で，枠組設定責任が十分に果たされなかった場合には国家賠償責任が追及されうる（⇨第10章）。ただし，その多くは立法不作為・権限不行使[101]の追及の形式をとることとなり，民間事業者の民事上の責任との分担をどのように実現するべきかが課題となる。

次に執行レベルに関しては，行政の中立性問題と介入のモメントへの警戒

---

99) 政策手法論の意義につき参照，原田・前掲註96) 213頁。
100) 原田・前掲註10) では，この両者を「規制」と捉えて自主規制に対する公法学的なアプローチを検討した。
101) 板垣・前掲註3) 534-537頁。

が課題となる。行政の中立性は必ずしも媒介行政に限定された要請ではない。しかし，中立性が要求される原因が財政的措置との結びつきにある点は新規の考慮要素と言える。また，特に義務免除型においては，国家による強制的な金銭徴収が背景に存在した上での媒介作用が展開されることから，介入の要素への警戒をなお怠るべきではないと考えられる。

2. 媒介行政概念の理論的意義

(1) 保障責任の考え方の明確化

　媒介行政概念は，保障責任の考え方の明確化に資するものと考えられる。現在の保障責任論は，民営化に伴う国家の保証人的地位論と「行政の主体」の多様化[102]を一般的に論ずるにとどまっており，具体的に何が「保障」の内実なのかは十分に明らかにされているとは言えない。そこで，保障責任の議論の精緻化に向け，具体的な制度の参照先として「媒介行政」作用が有用と考えられる。

　また，保障責任が市場を経由させる国家の活動における国家の責任を論ずるものであるとすれば，保障責任に対応する行政作用として「誘導」と「媒介」を位置付ける可能性がある。従来の保障責任の議論は「誘導」の側のみを視野に収めてきた。そこで「媒介」をも検討対象に含めることで，「財政的措置」の要素を取り込んだ新たな議論が展開できる可能性がある。

(2) 保障責任の実現方法の解明

　本章で検討したように，媒介行政に見られる典型的な活動形式は「計画」「契約」「組織」である。そこで，どのような場面でこれらが用いられているのか，これらは相互間でどこまで互換性があるのかを検討する必要がある。

　媒介行政の適法性との関係では，既に指摘したように国家賠償責任の帰属問題が重要である。これと同時に，情報提供義務[103]に関して，媒介行政概

---

102) 山本隆司「行政組織における法人」小早川光郎＝宇賀克也編・塩野宏先生古稀記念『行政法の発展と変容　上巻』（有斐閣・2001年）847-898頁。

103) 児童扶養手当制度の周知義務（京都地判1991（平成3）・2・5判時1387号43頁）や，介護者割引の周知義務（東京高判2009（平成21）・9・30判時2059号68頁）がその例である。

念が新たな考え方を提示できるのかが検討されなければならない。

(3) 連帯の単位の多元化の可能性

　媒介行政は，国家が給付主体の地位から撤退し，市場を通じた給付が実現されるように確保する作用である。そうすると，媒介行政は国家なき社会保障[104]を指向する可能性がある。具体的には，再分配の作用が権力性の要素から分離されることで，生活の質の向上を主眼とする対人サービスとしての色彩が強まることになる。同時に，国家から再分配作用を分離することは，連帯の単位としての国民国家からの逸脱可能性をも示唆するものかもしれない。しかし他方で，義務免除型に現れているように，租税（金銭債務免除）を利用した私的給付システム構築という観点からは，むしろ国家による強制的な金銭徴収作用がグローバル社会保障制度[105]の前提条件となる可能性も残されている（⇨第6章）。

おわりに

　本章では，ドイツ公法学においてもなおその理論的発展の方向が明示されていない「媒介行政」を，国家が間接的に（市場を経由させて）所得再分配の活動を行うことと定義し，実定法制度を踏まえた「保障責任」の内容の解明の手がかりとして利用する方向性を検討した。いわば「間接給付」として媒介行政概念を用いることは，国家の直接給付なしに再分配を実現する制度設計技術を豊かにする可能性を秘めているもののように思われる。

　本章は，媒介行政作用に対する検討のささやかな一歩であり，今後の検討課題はなお多い。ここでは具体的に3点の課題を指摘して，本章を閉じることとする。第1は，連帯の単位が多元化した場合の国家固有の機能の解明である（⇨第6章）。本章の検討からは，強制的な金銭賦課徴収機能がなお国家

---

104) Claudio Franzius, Gewährleistung im Recht, 2009, S. 639 は，保障は国家作用に独占されるものではなく，EU などの supranational な枠組でも実現可能とする。

105) Hiroki Harada, *Establishing Partnership between Public and Private Law in Globalized Policy-Making and Enforcement Process: a Focus on Social Security Law*, 57 JAPANESE YEARBOOK OF INTERNATIONAL LAW [in print].

固有の役割として残されることが示唆された。第2は，媒介行政が組み込まれた契約の解釈の問題である。媒介行政は給付を媒介するにとどまり，現実の給付は民間事業者と利用者との契約で確定されることが多い。この契約の解釈に媒介行政作用がどの程度影響を与えるのか，影響を与えるとしてどのような契約解釈が考えられるか[106]が検討される必要がある（⇨第4章）。第3は，民間保険に対する法的規律・行政監督と社会保険制度との比較である。伝統的に保険業に対する行政規制は，経済行政法の一環と捉えられてきた。しかし今後は，社会保障制度との関連性に留意し，両者の比較という視座を加える必要があるように思われる。

---

[106] 具体的な検討として参照，原田大樹『演習 行政法』（東京大学出版会・2014年）160-165頁。

第6章

グローバル社会保障法？

■ **本章への架橋**

　国家が個人に対して財・サービスを給付するという社会保障法の基盤をなす構造に対して，福祉・介護分野に代表されるサービス給付の過程においては，給付提供者として国家とは独立した地位にある事業者が登場する構造（公的任務遂行の複線化）が発展してきていることは，第4章や第5章で取り上げたとおりである。しかし，国家対個人という二面関係に再検討を迫る要素は，この複線化のみではない。経済活動が国境を越えて展開されるようになれば，人の越境移動も活発化し，それが各国の社会保障制度の調整を要請することになる。さらに，経済活動に伴う財の捕捉が国家の能力を超えてしまう場合には，国家が直接給付を行うのではなく，グローバルレベルで国家以外の主体に再分配を行わせる必要さえ出てくるかも知れない。

　本章では，国家が構築し，運営する社会保障制度に対するグローバルレベルからの変容可能性（公的任務遂行の多層化）に焦点を当てて，社会保障法の発展可能性を模索することとしたい。まず，国家がなお再分配の単位として位置付けられ，国家間での給付・負担の調整が問題となる国際社会保障法の問題を取り上げる。具体的には，社会保障協定と国籍要件（例解 267 頁）が検討対象となる。次に，国家以外の再分配単位が給付を行う可能性を模索するため，そのヒントとなりそうな法制度の特色と法的課題を検討する。国際的な補償基金，グローバル・タックス，私保険，企業がその対象となる。このような作業を踏まえ，国境を越える再分配の可能性を理論的に模索するとともに，本章の検討から明らかになった日本の社会保障制度の特色を改めて確認することとしたい。

はじめに

　社会保障法は，個人の自立した日常生活を支えるための所得再分配を規律する法である[1]。そこには，個人の需要に応じて給付を行う分配に関する法と，給付を行うための費用調達に関する法とが存在しており，社会保障法を単に給付行政の一環と捉えることは正確ではない。そして，その再分配の単位であり，再分配を実施する包括的な責任を担ってきたのが国家である。もちろん，社会保険組合（健康保険組合等）にみられるように，再分配の単位や実施主体が国家とは言えない社会保障給付も存在する。しかしその場合でも，国家は社会保障制度を設計し，その中に社会保険組合を位置付け，国庫負担・国庫補助などの財政的支援・財政調整を行っている。このように，社会保障制度と国家とは極めて密接な関係にあり，社会保障における国家の役割が法律学においては以前から強調されてきた。

　それでは，国際化・グローバル化の文脈において社会保障法はどのような現状にあるのだろうか。確かに，年金保険に関する社会保障協定や，社会保障給付における国籍要件の問題のように，国際化に伴う法的な課題は発生している[2]。しかし，これらを一括して捉えた上で，国際社会保障法ないしグローバル社会保障法の議論を体系的に展開する機運はあまり盛り上がっていないように思われる。その理由として次の2点が考えられる。第1は，国境を越えた人の移動に伴う社会保障給付の問題の大半は，給付要件論に解消されうるものであり，それ自体特に新しい理論的な枠組を必要としないことである。例えば，生活保護法における国籍要件の問題は，生活保護給付要件の解釈問題であり，グローバル化が叫ばれるずっと以前の生活保護法制定当時

---

[1] 原田大樹『例解 行政法』（東京大学出版会・2013年）230頁。黒田有志弥「社会保障制度を通じた所得再分配の意義と機能」荒木尚志他編・菅野和夫先生古稀記念『労働法学の展望』（有斐閣・2013年）717-735（722）頁は，従来の社会保障法学が所得再分配を社会保障の目的ではなく機能と捉えてきたのに対して，需要に応じた給付がなされるわけではない給付付き税額控除の場合には，所得再分配の観点から給付水準が定められる点に注目する。
[2] 社会保障法学における最新の単著の体系書である菊池馨実『社会保障法』（有斐閣・2014年）43頁は「社会保障の国際化」と題する款をおき，ILO等による社会保障の国際基準の設定，国連の取り組み（世界人権宣言・国際人権規約等），ODA・NGO等による国際協力，外国人労働者問題，二国間社会保障協定を取り上げている。

から外国人への適用の問題は存在し続けていた。第2は，グローバル化が進展したとしても，再分配に関する包括的な責任はなお国家にあり，かつ再分配の単位も国家のまま変わらないことである。社会保障法の「国際化」はあくまで国内法の適用の問題に収斂されるのであり，グローバルな単位で再分配が展開するわけではない。租税法や環境法が多元的システムにおける行政法学の参照領域として頻繁に登場する[3]にもかかわらず，「国際社会保障法」「グローバル社会保障法」が公共部門の多層化の議論においてあまり参照されてこなかった背景には，このような事情があるように思われる。

　では，公共部門の多層化という問題に対して社会保障法から学ぶべき要素は何もないのだろうか。確かに社会保障法は，行政法学の他の参照領域と比べても，国家の民主政の過程との結びつきが強い。どのような社会保障給付がなされるべきかは，第一義的には立法者が判断すべきものであって，国民は給付の受給者であると同時に社会保障給付の決定に参画する権利ないし資格を有するべきという考え方は，給付行政論が誕生した時期からすでに存在している。このような国家による社会統合作用の含意を法的な観点からより詳細に検討するには，社会保障法における国家の役割を分節化する試みが有用であるように思われる。この手法は，社会保障給付実施の民営化の分析の際にもすでに用いられていた（⇨第4・5章）。これを多層化の問題に応用することで，再分配をめぐる国家の機能や役割をより明確に分析できるように思われる。具体的には，本章では国家の責任と再分配の単位の2つの要素に注目する。まず，国家の責任については，財源調達や財の分配を行う「再分配の実施責任」と，再分配を実現する法制度の設計やその運用の支援を行う「再分配の制度設計責任」の2つに区分する。この区分は，民営化における国家の責任を検討する際にも用いられたものである。そして，再分配の単位としては「国家」と「国家以外の主体」を想定する。このようなマトリックス（次頁表参照）を前提に，社会保障法における国際化・グローバル化の現状を把握した上で，これに対応しうる法理論を模索し，社会保障法が公共部

---

3) 例えば，藤谷武史「市場のグローバル化と国家の制御能力」新世代法政策学研究（北海道大学）18号（2012年）267-291（276）頁，原田大樹「多元的システムにおける行政法学」同『公共制度設計の基礎理論』（弘文堂・2014年）8-48（9）頁［初出2012年］。

門の多層化の参照領域たりうるか，参照領域となるとすれば行政法総論にどのような刺激をもたらしうるかを検証することが，本章の目的である。

本章では，社会保障法と多層化の関係を分析する観点から，多層化に固有の要素である再分配の単位に注目して，問題状況を２つに切り分けることとする。第１は，国家を単位とする再分配である。これまでの社会保障制度が前提としてきた国家単位の再分配構造を維持しながら，国際化・グローバル化に起因する問題にどう対処すべきか，再分配の実施責任と制度設計責任の２つの観点から検討する（I.）。第２は，国家を単位としない再分配である。現在の日本法との関係では，国家を単位としない再分配は存在しない。そこで，現在制度形成の萌芽が確認できるいくつかの事例を手がかりに，国家を単位としない再分配構造はありうるのか，もしあり得るとすればいかなる法的構成が考えられるのかを，再分配の実施責任と制度設計責任の観点から検討する（II.）。この作業は社会保障法と多層化の関係の分析のみならず，日本の社会保障法の特色をも浮き彫りにする意味を持つものと考えられる。

	再分配の実施責任	再分配の制度設計責任
再分配単位としての国家 （国際社会保障法）	社会保障協定 国籍条項	政策協調アプローチ 国際人権アプローチ
再分配を支援する国家 （グローバル社会保障法）	国際的な補償基金 グローバル・タックス	私保険 多国籍企業による再分配

I．国際社会保障法──再分配単位としての国家

1．再分配の実施責任

国家が再分配の単位としての位置づけを維持したまま，国際化・グローバル化に対応する社会保障制度を運営する具体的な局面として，ここでは社会保障協定と国籍条項を取り上げる。この局面における法的課題の中心は，関係する複数の国家法の適用調整にあり，その意味では抵触法的な国際的行政法の問題関心と類似している。本章では，国家が再分配の単位としてグローバルな問題に対処する局面を「国際社会保障法」と捉えることとしたい。

国際社会保障法における国家法の適用調整に関する代表的な考え方は，

「母国主義」「属地主義」「相互主義（⇨ことば）」である。母国主義とは，社会保障受給者が海外に居住する場合でもその母国が給付に責任を持つという考え方であり，外国人の社会保障受給権を認めない論理としてしばしば登場する。これに対して属地主義とは，当該国家の領域内に居住していれば国籍・滞在資格等を問わず国内法を適用して社会保障給付を行うという考え方である。最後に相互主義とは，相手国に居住する自国民に対する給付と同水準の給付を自国に居住する相手国民に実施する考え方である。

> ● ことば ●
> ### 相互主義
>
> 　国際法上の管轄権をめぐっては，一般に立法管轄権と執行管轄権の区別が語られる。このうち執行管轄権に関しては，公権力の行使が国境を越えてなされることは許されないとの理解に基づく属地主義の考え方がとられることが通例である。しかし，社会保障給付それ自体には，相手国の管轄権を侵害しうるような作用は含まれていない。社会保障給付をめぐる適用調整は，どちらの国の費用で社会保障給付を行うかという問題に帰着するため，国際法上の管轄権一般の議論とは異なる様相を呈している。
> 　日本の社会保障法制の中で，給付調整に相互主義が採用されている実例はない。他方で，国家賠償法6条は，外国人が被害者である場合に相互主義を定めている。日本国憲法17条が「何人も」国家賠償請求できるとしていることとの整合性が，国家賠償法の制定後まもなく問題とされていたものの，現在では憲法17条が認める立法裁量の範囲内であるとして合憲と解する立場が一般的である（詳細につき参照，宇賀克也『国家補償法』（有斐閣・1997年）357-358頁）。

(1) 社会保障協定

　国際社会保障法に属する法制度の代表例としてしばしば言及されるのが社会保障協定である[4]。社会保障協定は，年金保険に代表される社会保険料の二重負担を回避するために二国間で締結される国際協定である。企業が海外の事務所等に従業員を短期間派遣する場合，当該従業員は日本の企業との雇

---

[4] 西村健一郎『社会保障法入門 [第2版]』（有斐閣・2014年）10頁。同書は社会保障と国際化の文脈においてほかに，ILOによる社会保障の国際基準の形成（ILO102号条約）を挙げる。

用関係に基づいて日本の厚生年金保険の加入者としての地位を維持する一方，相手国においても雇用関係や居住関係に基づいて同様の社会保険の被保険者となりうる。この場合には従業員も雇用者である企業も，日本と相手国の双方で社会保険料を負担することになる。しかも，一般に年金保険では，短期間の保険料支払いでは年金受給権が成立しないことから，相手国で支払った保険料は掛け捨てになる可能性もある。こうした事態を避けるために締結されるのが社会保障協定である。その内容は，年金保険に関する保険料の二重負担の回避を中核とし，相手国によってはさらに年金受給権の調整（掛け捨ての防止）や，医療保険に関する適用調整も含まれる[5]。日本は2014年10月現在で18ヶ国と社会保障協定を締結し，うち15ヶ国の協定がすでに発効している。社会保障協定の国内実施にあたっては，かつては協定を締結するたびに実施法を制定していたものの，これでは手間がかかりすぎることから2007年に「社会保障協定の実施に伴う厚生年金保険法等の特例等に関する法律」（国内実施一括法）が制定された。この法律では，社会保障協定によって合意されうる特例のメニューをすべて規定しており，社会保障協定の規定に基づいてその一部分ないし全体が効力を有する構造となっている。

　社会保障協定の特色は次の3点にまとめられる。第1は，制度化された行政連携の一種であることである。社会保障協定の内容の核心は，両国間の法令の適用調整にある。しかし社会保障協定はそれだけにとどまらず，両国間の情報交換や執行協力，さらには紛争が生じた場合の仲裁までも含まれていることがある（例：日独協定21条，日英協定11条）。ただし，日本の協定締結実務においては，適用関係をめぐる細かな適用調整がすべて解決されてから協定が締結されており[6]，協定の適用をめぐる紛争が仲裁判断（⇨第3・9章）に持ち込まれる可能性は極めて低い。第2は，二国間租税条約（⇨第3章）との類似性が見られることである。租税条約でも両国の租税法令の適用調整が中心となっており，情報交換に関する詳細な規定もあわせて設けられている。両者の差異は，徴収共助のしくみが社会保障協定には存在しないこ

---

5) 江口隆裕「グローバル化と年金制度の課題」社会保障法20号（2005年）119-122（120）頁。
6) 西村淳「社会保障協定と外国人適用」季刊社会保障研究43巻2号（2007年）149-158（150）頁。

と[7]，保険料の賦課徴収に関する実体的規定が含まれないことである。第3は，国民個人の側から見れば，社会保障協定が，使途の限定のある徴収金に関するポータビリティーを一定程度認めていることである。我が国がこれまで締結している社会保障協定においては，相手国においても社会保険方式がとられている場合にのみ二重負担の調整規定が置かれており，相手国が一般財源（税方式）によって社会保障給付を行う場合には，相手国における当該租税の支払いは我が国における保険料の支払いとみなされていない。これは，相互の社会保障制度の類似性が社会保障協定の締結の前提となっていること，一般財源の場合には相手国で支払った金銭が給付に充てられる保障はなく，社会保障給付の調整という問題ではなくなることが影響している[8]。

(2) 国籍条項

国家による再分配の実施責任との関係で取り上げるべきもう1つの具体例は，日本の社会保障に関する実定法の中に規定された国籍条項の問題である。健康保険法や厚生年金保険法のような被用者を対象とする社会保険制度においては，雇用関係が給付の前提となっていることから，国籍要件はもともと含まれていなかった。これに対して，居住関係を基礎とする国民年金法・国民健康保険法や，一般財源に基づく生活保護法には，給付に際して日本国籍を要求する規定が含まれていた。しかし，1981年に日本が「難民の地位に関する条約」（以下「難民条約」という）に加入する際に，同条約が公的扶助・労働法制・社会保障について内国民待遇を難民に与えることを規定していることから（難民条約23・24条），国籍要件を持つ法律の多くが改正されて国籍要件が撤廃された。現在国籍条項が残っているのは，生活保護法（同法1・2条）と戦傷病者戦没者遺族等援護法（同法附則2項，なお恩給法9条1項3号）であり，他に国民健康保険法（同法5条）や介護保険法（同法9条）

---

[7] 租税条約の中で社会保険料についてもカバーされているものの，日本は社会保険料を条約の対象に含めていない。参照，増井良啓「マルチ税務行政執行共助条約の注釈を読む」租税研究775号（2014年）253-291（260）頁。

[8] さらに，相手国の年金保険制度が確立し，一定程度成熟していないと，通算協定をそもそも運用できないという問題も生じることになる。参照，岩村正彦「外国人労働者と公的医療・公的年金」季刊社会保障研究43巻2号（2007年）107-118（112）頁。

における住所要件の解釈に際して国籍や在留資格が問題とされうる[9]。

最高裁はこれまで，国籍条項をめぐるいくつかの判決を下している。そのリーディングケースとなったのは，障害福祉年金に関する塩見訴訟（最一小判 1989（平成元）・3・2 判時 1363 号 68 頁）である。1981 年改正以前の国民年金法は国籍条項を有しており，原告は国民年金法施行日には韓国籍で，後に日本国に帰化した。原告が障害福祉年金の裁定を申請したのに対して，大阪府知事は，廃疾認定日である国民年金法施行日に日本国籍を有しなかったことを理由に拒否処分を行った。また 1981 年改正の際には，日本国籍非保有者に対する救済を内容とする移行措置は設けられなかった。最高裁は，憲法 25 条にいう「健康で文化的な最低限度の生活」は抽象的・相対的な概念であって，その内容の具体化には国の財政事情をはじめとするさまざまな政策的判断を要するから，立法府の広い裁量に委ねられているとした。そして，限られた財源の中で自国民を在留外国人より有利に扱うことや，国籍条項廃止時に移行措置を設けなかったことは，いずれも立法裁量の範囲内にあるとした。また，外国人を日本国籍保有者と別異に取り扱うことは，その区別に合理性が認められる以上，憲法 14 条違反にもあたらないとされた。さらに，社会保障の最低基準に関する条約（ILO102 号条約）が一般財源に基づく給付に関して外国人を自国民と別異に取り扱うことを認め，国際人権規約（社会権規約）が社会保障に関する権利の内国民待遇を「漸進的に達成する」ことを求めていることからすれば，これらの規定には国籍条項を禁止するような法的拘束力がなく，憲法 98 条 2 項との関係でも違憲ではないとした。

その後も，社会保障に関する広範な立法裁量と国際法の法的拘束力の不存在が，最高裁判例の基調をなしている。戦傷病者戦没者遺族等援護法・恩給法が，もと日本国籍を有していた台湾住民に対する給付の適用を除外したことが憲法 14 条に反するかが問題となった事件（最三小判 1992（平成 4）・4・28 判時 1422 号 91 頁）でも，日華平和条約等における特別取極の主題とされ，外交的な解決が予定されたことに基づき適用除外の規定が置かれていると解されるから，国籍条項による差別には合理的な理由があり，憲法 14 条に違反

---

[9] 山崎隆志「外国人労働者の就労・雇用・社会保障の現状と課題」レファレンス 56 巻 10 号（2006 年）18-43（34-35）頁。

しないとの判断が示されている。また，不法残留外国人に対する生活保護法の適用が問題となった中野宋事件（最三小判2011（平成23）・9・25判時1768号47頁）では，生活保護法が不法残留者を保護の対象としていないことはその規定及び趣旨から明らかであるとした。そして，不法残留者に対する緊急医療保障については，医師法19条1項（応召義務）の規定があること[10]等を考慮して立法府が生活保護法上の保護の対象とするかどうかの判断ができるから，憲法25条・14条1項違反ではないとした。また，国際人権規約や世界人権宣言との関係でも，生活保護法が不法残留者を保護対象外としたことが各規定に違反すると解することはできないとしている[11]。

これらの最高裁判決では，原告側が引用する内国民待遇を求める国際法規範に法的拘束力がなかったことから，国籍条項を定める国内法との抵触関係が正面から問題とはされなかった。これに対して，公的扶助に関する内国民待遇を明確に規定した難民条約と，「国民」の文言を給付要件に残す生活保護法との関係が主題となったのが，大分生活保護訴訟である。この事件の福岡高裁判決（福岡高判2011（平成23）・11・15判タ1377号104頁）は，永住者の在留資格を有する者に生活保護法の準用による法的保護を認め，生活保護開始決定拒否処分の取消判決を下したことで注目を集めた。1950年以前の旧生活保護法がその適用対象を日本国民に限定していなかったのに対して，現行の生活保護法は保護請求権を規定すると同時に，その対象を「すべての国民」とした。その一方で1954年に出された厚生省社会局長通知（「生活に困窮する外国人に対する生活保護の措置について」（昭和29・5・8社発第382号））では，当面の間，外国人に対しても生活保護法を準用するとしていた[12]。難民条約への加入の際に，国籍要件と条約23条との関係が問題となり，国民

---

10) その含意につき参照，堀勝洋『社会保障法総論［第2版］』（東京大学出版会・2004年）153頁。

11) 地方公共団体の中には，外国人に対する緊急医療の費用を塡補するために，病院等に対する独自の医療費補助制度を設定したり，第2種社会福祉事業としての無料定額診療事業を実施したりしているところがある。参照，高藤昭『外国人と社会保障法』（明石書店・2001年）125-128頁，手塚和彰『外国人と法［第3版］』（有斐閣・2005年）316-317頁，高畠淳子「外国人への社会保障制度の適用をめぐる問題」ジュリスト1350号（2008年）15-20（17）頁。

12)『生活保護手帳 別冊問答集 2014』（中央法規出版・2014年）438-439頁。

年金法等では国籍要件が削除された。しかし，生活保護法では以前から準用という形で予算上も国民と同様の待遇をしていることから，法改正の必要はないとの認識が政府から示され，改正は見送られた。その後，1990年10月に厚生省の担当係長の口頭指示として，通知の適用対象となる外国人を永住者等に限定した。福岡高裁判決は，こうした難民条約批准における経緯とこれまでの取り扱いを根拠に，「生活保護法あるいは本件通知の文言にかかわらず，一定範囲の外国人も生活保護法の準用による法的保護の対象になるものと解するのが相当」とし，外国人による申請に対する拒否の処分性を肯定した[13]。これに対して最高裁（最二小判2014(平成26)・7・18判例集未登載[14]）は，上記の事実関係を前提としつつも，①現行の生活保護法が旧生活保護法と異なり「国民」に保護請求権を認め，その後法改正がなされていないこと，②難民条約への加入の際の経緯を勘案したとしても，通知を根拠として外国人が同法の保護の対象とされるとは解されないことを挙げ，生活保護法に基づく受給権を有しない外国人からの申請を却下したことは適法とした。

　本件最高裁判決は，保護請求権を規定した生活保護法の条文解釈というレベルで，旧法と現行法の文言を比較し，またその後の法改正がなされていないことをもって，立法者が外国人に保護請求権を認めたとは解されないとの立場を採用したものと考えられる[15]。これは，社会保障における広範な立法裁量を認めてきた，これまでの最高裁判例とも整合する見方である。他方で，難民条約との関係で生活保護法を改正しなかったことが国際法上の義務違反と判断されて憲法98条2項違反とされる余地がないのか，あるいはそのような違憲の評価を避けるため，生活保護法を憲法（国際法）適合的に解釈する可能性がないのかという問題に対しては，明確な判断は示されていない。そこで次に，社会保障に関する国際的な基準が国内立法にどのような影響を与えうるのかを，再分配の制度設計責任の観点から検討する。

13）奥貫妃文「外国人の生活保護の法的権利に関する考察」賃金と社会保障1561号（2012年）10-25（21）頁，河野善一郎「判批」国際人権24号（2013年）81-83（83）頁。
14）判決文の入手にあたり太田匡彦先生（東京大学）のご協力を得た。記して御礼申し上げる。
15）福田素生「判批」季刊社会保障研究48巻4号（2013年）457-464（461）頁は，明確な立法がなされていないのになぜ法的保護の対象となるのかが，控訴審判決においては不明確であることを批判していた。

2. 再分配の制度設計責任

(1) 政策協調アプローチ

　国内で実現すべき社会保障に関する基準を国際的に設定する試みは，第二次大戦前後の国際労働機関（ILO）で活発化した[16]。ILO は，1919 年のパリ平和会議で国際労働立法委員会の設置が決定されたことを受けて成立した。戦間期の ILO は，労働災害補償・疾病保険・年金保険など個別の社会保険制度の最低基準に関する条約を次々と採択した。この段階ではあるべき社会保険の理想を示すことが課題と認識されており，また ILO が労働問題に関する国際機構であることから，全国民を対象とする社会保障への関心は乏しかった[17]。これに対して第二次大戦中からは，「社会保険から社会保障へ」をキャッチフレーズに，社会保障全体に対する最低基準を設定する動きが加速し，1952 年に採択されたのが「社会保障の最低基準に関する条約」（ILO102 号条約）である[18]。この条約では，医療・疾病給付・失業給付など全部で 9 つの分野ごとに給付の内容等に関する最低基準を定めており，給付対象は労働者に限定されていない。我が国は 1976 年に条約を批准しており，2014 年時点で批准している国は全部で 50 ヶ国である[19]。同条約は，社会保障に関する国際的な基準の代表としてしばしば言及されてきた[20]。しかし，社会保障の最低基準に関する見直しが行われないまま現在に至っていることや，9 部門中 3 部門で最低基準の達成ができれば批准可能であることからす

---

16) 柳川和夫「ILO（国際労働機関）の歴史」日本 ILO 協会編『講座 ILO（上）』（日本 ILO 協会・1999 年）41-75（52-58）頁。

17) 伊奈川秀和「国際社会保障条約から見た保険者の自律性」同『フランスに学ぶ社会保障改革』（中央法規出版・2000 年）1-60（40-49）頁。

18) 佐藤進「社会保障」日本 ILO 協会編『講座 ILO（下）』（日本 ILO 協会・1999 年）312-339（316）頁。

19) ただし，ILO 憲章 19 条 5・6 項は，加盟国が条約・勧告を未批准・未実施の場合でも，事務局長に対し自国の法律等の現状を報告する義務を加盟国に課している（吾郷眞一「条約・勧告の採択と適用」日本 ILO 協会編『講座 ILO（上）』（日本 ILO 協会・1999 年）113-173（131）頁）。

20) 角田豊（佐藤進校訂）『社会保障法［新版］』（青林書院・1994 年）82-93 頁，高倉統一「国際社会保障基準の形成と日本法の課題」日本社会保障法学会編『21 世紀の社会保障法』（法律文化社・2001 年）269-286（271）頁，西村健一郎『社会保障法』（有斐閣・2003 年）31 頁。

ると，現時点では社会保障の国際水準を継続的に引き上げる機能を果たしていると考えることはできない。

これに対して，各国の社会保障の構造の差異を認めつつ，少子高齢化などの各国に共通しうる課題に関する知識と経験を国際的に共有する枠組として，1990年代後半から進展しているのが「政策対話」である。例えば，1996年のリヨンサミットで橋本龍太郎首相（当時）が提唱した「世界福祉構想」がその例である[21]。日本は，1996年の東アジア社会保障担当閣僚会議以降，アジアの途上国等との間での政策対話を継続し[22]，また先進国との間でも，OECDにおける厚生大臣会議[23] や，二国間の政策対話・共同研究事業[24] を積み重ね，社会保障政策の「知恵と経験」[25] の共有を図っている。

(2) 国際人権アプローチ

政策協調アプローチが社会保障「制度」の側面から国際的な平準化を模索するのに対して，社会保障受給権すなわち「人権」の側面から一定の社会保障給付を要請する国際人権アプローチもこれまで展開されてきた。1948年に国連総会で採択された世界人権宣言22条は「すべての人は，社会の一員として，社会保障を受ける権利を有し」と規定した。また，1979年に日本

---

21) 厚生省編『厚生白書（平成9年版）』（ぎょうせい・1997年）248-250頁。
22) 厚生省監修『厚生白書（平成10年版）』（ぎょうせい・1998年）321頁。2012年には高齢者対応に関する政策対話を日中韓の三カ国で実施している（厚生労働省編『厚生労働白書（平成25年版）』（日経印刷・2013年）399頁）。
23) 1988年に第1回OECD厚生大臣会議が開催されている（厚生省編『厚生白書（平成2年版）』（ぎょうせい・1991年）223頁）。
24) 北欧諸国，オーストラリア，カナダとは定期的で継続的な二国間政策対話がなされている（厚生省監修『厚生白書（平成11年版）』（ぎょうせい・1999年）293頁，厚生労働省監修『厚生労働白書（平成13年版）』（ぎょうせい・2001年）304頁，同『厚生労働白書（平成14年度）』（ぎょうせい・2002年）259頁，厚生労働省編『厚生労働白書（平成22年版）』（日経印刷・2010年）392頁）。また，ドイツ・フランスとの間でも，特定のテーマを決めたシンポジウムを開催している（厚生労働省編『厚生労働白書（平成21年版）』（ぎょうせい・2009年）231頁，同編『厚生労働白書（平成26年版）』（日経印刷・2014年）478頁）。
25) 伊奈川秀和「社会保障をめぐる国際協力」日本社会保障法学会編『21世紀の社会保障法』（法律文化社・2001年）287-308（304）頁。

が批准した国際人権規約(社会権規約)9条は,「この規約の締約国は,社会保険その他の社会保障についてのすべての者の権利を認める」とした一方で,「立法措置その他のすべての適当な方法によりこの規約において認められる権利の完全な実現を漸進的に達成」(規約2条1項)するとする漸進的アプローチを採用した[26]。さらに,前述の難民条約では23条で公的扶助の内国民待遇を,また24条で(全額公費財源を除く)社会保障の同一待遇を規定し,漸進的アプローチも相互主義の規定も置かなかったことから,難民に対する加盟国の義務を極めて明確に規定したものと考えることができる。

　国際人権法は条約という法形式をとることが多い。我が国の通説的見解によれば,条約の国内法上の効力は憲法に劣後し,法律に優位するとされる[27]。国際人権法は憲法の規定と比較して詳細な内容をもっている[28]。そこで,憲法規定の具体化として国際人権法を捉え,憲法解釈の指針としての機能を担わせようとする考え方がある[29]。他方で,国際人権法があくまで国家を名宛人として人権保障が実現されている結果を要求するものであると理解した上で,国際人権法の立法指針としての機能に純化して把握する見解がある[30]。これに対して,国際人権法と国内行政法の関係に眼を向けると,条約は批准とともに国内法化され(受容方式),条約が法律に優位すると考えれば,条約の内容に反する国内行政法は違法・無効となると考えられる。しかし他方で,法律の留保の考え方(⇨第1章)からすれば,一定の行政活動に先行してその内容が法律で定められていることが必要であり,そこでいう「法律」には条約が含まれないとする近時の有力な理解に従うと,条約のみ

---

[26] 宮崎繁樹編『解説・国際人権規約』(日本評論社・1996年)61頁。
[27] 議論の現状につき参照,江島晶子「憲法と条約」法学教室405号(2014年)45-47(46)頁。
[28] 芦部信喜『憲法学Ⅱ人権総論』(有斐閣・1994年)36頁。他方で,日本国憲法と人権条約の内容との予定調和論が誤りであることを指摘するものとして参照,小畑郁「国際人権規約」ジュリスト1321号(2006年)10-15(14)頁,伊藤正己「国際人権法と裁判所」芹田健太郎編『国際人権法と憲法』(信山社・2006年)5-15(14)頁。
[29] 国内法の条約適合的解釈につき参照,寺谷広司「『間接適用』論再考」坂元茂樹編・藤田久一先生古稀記念『国際立法の最前線』(有信堂・2009年)165-207(182-187)頁。
[30] 高橋和之「国際人権の論理と国内人権の論理」ジュリスト1244号(2003年)69-82(74)頁。

で法律の留保領域と抵触する行政法制度が形成されることはない。

　本章が問題にしている社会保障領域において，国際人権法はいかなる役割を果たすと考えられるだろうか。条約の法規範としての効力が憲法に劣後することを前提とすれば，国際人権法の問題は憲法解釈の議論の枠内に取り込まれることになる。前述の通り，社会保障に関する日本国憲法の規定は広範な立法裁量を予定したものと考えられるから，国際人権法の社会保障に関する規定も，我が国の立法者に対する立法指針としての機能を持つと解される。また，社会保障給付そのものは侵害作用ではないものの，給付の前提として財源調達を含む制度の構築を行う必要があり，調達時には強制的な財の移転が想定される。そしてその財の給付そのものが，社会保障制度の目的である。このことからすれば，社会保障制度の創設には法律の根拠が要請され，国内の立法者による制度形成の契機が重視されることになる[31]。

(3) 立法者と裁判所の役割分担

　それでは，国際人権法が国家に対して一定の社会保障への権利の実現を義務付けたにもかかわらず，国家の立法者がこれを制度化しない場合に，これによって不利益を受けた個人が裁判所を通じて救済を求めることはできるだろうか。政策協調アプローチと比較して，国際人権アプローチにはこの方法による解決可能性が含まれている。また従来の国際人権の議論でも，立法者による制度設計責任よりも国際人権条約の自動執行性（直接適用可能性）を前提とした裁判所による権利救済に焦点が当てられてきた。ここでは，前述の大分生活保護訴訟を具体例として念頭に置くこととする。

　国際法学においては，条約の直接適用可能性（自動執行性）が認められる条件として，国内議会による具体化・制度化をまたなくても条約の執行に必要な機関・手続も含めて条約に規定されていることと，条約の文言自体が一義的に明確で私人の側から見た予測可能性・法的安定性が確保できることが挙げられている[32]。公的扶助に関する内国民待遇を定める難民条約は，条

---

31) 再分配の観点から法律の根拠を要求する考え方を示唆していた論攷として，Max Imboden, Das Gesetz als Garantie rechtsstaatlicher Verwaltung, 1962, S. 42 がある。
32) 小寺彰『パラダイム国際法』（有斐閣・2004 年）63-66 頁。

約の文言自体は一義的に明確である。しかし，一般財源という限られた財源の中で誰に給付を与えるのかについては国内議会の政治的な決定が必要と考えられるから，条約の規定内容に完結性がなく，自動執行性があるとまでは言えないと思われる。

　次に，難民条約が公的扶助に関する内国民待遇を加盟国の義務として定めたにもかかわらず，生活保護法がこれに対応する形で改正されなかったことが，憲法 98 条 2 項違反とされる可能性について検討する。国際人権法を立法指針として位置付ける場合でも，条約上の加盟国に対する義務づけが明確なものであれば，これに反する立法が条約違反にあたり，それが条約の誠実遵守義務を定めた憲法 98 条 2 項に反するとされる場合はありうる。このとき裁判所としては，生活保護法の憲法適合的解釈（この場合には実質的には条約適合的解釈⇨ことば）を行って生活保護法の規定自体を違憲とすることを回避することをまず試み，それが難しければ生活保護法の国籍要件を違憲無効と判断することになる[33]。確かに現行生活保護法は，保護請求権を認めることと引き換えに，その対象を「国民」とし[34]，その後の法改正は行われていない。しかし，その規定の仕方は給付要件規定の中に日本国籍を明確に要求する 1981 年改正以前の国民年金法のスタイルではなく，法律の目的規定（生活保護法 1 条）や無差別平等原則（同法 2 条）規定の中に含まれる形をとっている[35]。また，難民条約批准時における国会審議の中で，政府側は通達による準用でも実質的に国民に対する扶助と同等の給付を行っているという認識を示していた。このような審議の経緯を考慮すれば，少なくとも難民条約上の難民に関する生活保護受給権が問題とされる紛争事例においては，生活保護法 1・2 条の「国民」に難民条約上の難民を含める条約適合的解釈（拡張解釈）を行う余地は十分にあると思われる。

　国際人権アプローチではさらに，多層的な人権保障構造を視野に入れる必

---

[33] 園部逸夫「日本の最高裁判所における国際人権法の最近の適用状況」芹田健太郎他編『国際人権法と憲法』（信山社・2006 年）17-24（23）頁。

[34] 小山進次郎『生活保護法の解釈と運用』（日本社会事業協会・1950 年）51 頁。

[35] 倉田聡「外国人の社会保障」ジュリスト 1101 号（1996 年）46-50（49）頁はこの点に注目して，生活保護法の目的解釈により，外国人に対する緊急医療は生活保護法の解釈論によって十分可能であるとする。

要がある。国際人権規約などいくつかの国際人権条約には，条約違反に関して個人が条約実施機関に対して申立を行うことができる個人通報制度をもつものがある。また，欧州人権条約のように，このようなしくみが裁判所の形をとっていることがある。日本はこのような個人通報制度[36]に参加していないものの，例えばヨーロッパにおいては，欧州人権裁判所の判決が国内の裁判・立法実務に強い影響を与えている[37]。さらに，国際人権という共通の基準をめぐって，各国の裁判所とグローバルな人権裁定機関との間で判断が相互に参照され，人権法をめぐる判例理論が漸進的・共時的に発展する現象（judicial dialogue）[38] も見られる。

● ことば ●

憲法適合的解釈

　法令の文言を文理解釈すると，上位法である憲法に違反する結果となる場合に，法令の文言を限定または拡張して解釈することで，法令を合憲とする解釈手法を，憲法適合的解釈という。とりわけ法令が多義的な文言を用いている場合に，その意味の範囲内である解釈をとれば憲法上の権利の規定との緊張関係を生じさせる際に，法令の文言の意味を限定することによって行政裁量の余地を否定する解釈が，行政法ではよく知られている（例：泉佐野市民会館使用不許可事件（最三小判1995（平成7）・3・7民集49巻3号687頁），収用の補償金額（最三小判1997（平成9）・1・28民集51巻1号147頁））。

　最高裁判所が法令そのものを違憲無効と判断した事例は極めて少ない。しかし最高裁は，憲法適合的解釈という手法を用いて，行政法令の合憲性を実質的に確保する方向性を，近時より明確に示している（行政基準に関する例として，世田谷事件（最二小判2012（平成24）・12・7刑集66巻12号1722頁）や，医薬品ネッ

---

36) 詳細につき参照，薬師寺公夫「国際人権法から見た憲法規範の『限界』と可能性」法律時報84巻5号（2012年）17-24頁。
37) 齋藤正彰「国際人権条約と憲法学のスタンス」同『憲法と国際規律』（信山社・2012年）99-123（113-123）頁〔初出2011年〕，西原博史「『人権』規範の構造と国際人権の憲法学的レレヴァンス」国際人権22号（2011年）51-55（53）頁。
38) 山元一「憲法解釈における国際人権規範の役割」国際人権22号（2011年）35-40（38）頁，同「グローバル化世界における公法学の再構築」法律時報84巻5号（2012年）9-16（11）頁，申惠丰『国際人権法』（信山社・2013年）104頁。

ト販売禁止事件（最二小判 2013（平成 25）・1・11 民集 67 巻 1 号 1 頁）がある）。憲法適合的解釈は，憲法学と行政法学が今後協力してその法的特色や限界を解明すべき理論的課題の一つである（参照，原島啓之「ドイツ連邦行政裁判所の『憲法判断』の考察（1）（2・完）」阪大法学 64 巻 5 号，6 号（2015 年）掲載予定）。

　以上の検討をまとめると，再分配の実施責任に関しては，立法者と裁判所との次のような役割分担が考えられる。再分配という作用が国家の民主政の過程と密接な関わりを持つこと，再分配においては財源調達の部分で侵害作用を伴うことを念頭に置くと，社会保障給付の制度や内容構築にあたっては，国家の立法者に第一次的な制度設計責任があると考えられる[39]。政策協調アプローチでも国際人権アプローチでも，国際的なスタンダードは，幅広い立法裁量をもつ国家の立法者に対して制度設計の方向性を示すものとして機能する[40]。これに対して，国内の裁判所や多層的な裁判所ネットワークは，立法者による制度設計への牽制機能を果たすべきである[41]。国際人権法には，目指すべき価値や政策課題を各国間で共通化する点や，個別具体的な政策分野に限定されず分野横断的に個人の権利利益を保障しうる点に大きな特色が認められる[42]。そこで裁判所[43]は，再分配に関する国家の立法者の制度設計の余地を尊重しつつも，国際人権法の拘束の程度や，紛争当事

---

39) 高橋武『国際社会保障法の研究』（至誠堂・1968 年）525 頁もこのことを指摘していた。
40) 小山剛「基本権保護義務論と国際人権規範」国際人権 22 号（2011 年）41-48（46）頁。国際人権一般につき，寺谷広司「国際人権が導く『法』と『国家』再考」憲法問題 17 号（2006 年）20-35（32）頁は，「むしろ重要なのは，司法過程に止まらない社会現象全般の中で包括的な価値実現過程を動態的に把握すること」であると指摘する。
41) 同旨，江島晶子「憲法と『国際人権』」憲法問題 17 号（2006 年）7-19（16）頁。また，薬師寺公夫「国際人権法の解釈と実施をめぐるわが国の課題」法律時報 80 巻 5 号（2008 年）31-37（35）頁は，自由権規約委員会等の見解の先例法理が，法的拘束力を持つのではなく，事実として無視できない効果を持つことに注目し，条約実施機関と国家との規約解釈・適用をめぐる相互作用の展開に注意を促す。国内法におけるこうした協力関係につき参照，尾形健『福祉国家と憲法構造』（有斐閣・2011 年）145-148 頁［初出 2007 年］。
42) 国際人権規範の実体面での特殊性につき参照，寺谷広司「国際人権の基礎」ジュリスト 1244 号（2003 年）51-61（54）頁。
43) 佐藤幸治「憲法秩序と国際人権」芹田健太郎他編『国際人権法と憲法』（信山社・2006 年）27-41（39）頁は，憲法の保障する「基本的人権」それ自体も未来に開かれた課題であるとした上で，裁判所が基本的人権の保障を拡充する方向で憲法の関連規定の解釈に国際人権条約を取り入れることは司法の責務とする。

者が国内の政治過程にどの程度参加できる立場にあるのか，また紛争の中でどの程度の法益侵害が生じているのかを総合的に考慮し，必要に応じて行政法規の違憲無効や条約適合的解釈を行うことで，法制度の継続的な形成に国際人権法の要請を取り込むべきと考えられる。

II. グローバル社会保障法？——再分配を支援する国家

　グローバル化の進展に伴い，国家がもはや再分配の単位としては適切でなくなり，国境を越えた再分配が要請される可能性がある。ここでは，国家が再分配を支援する役割を果たす制度化の可能性を示す具体例として，補償基金，グローバル・タックス，私保険，企業による再分配の4つを取り上げることとする。

1. 再分配の実施責任

（1）補償基金

　国境を越えた再分配を実現するには，国家の枠を超えた再分配のための金銭プールが設置される必要がある。これまでのところ再分配を目的としたこのような金銭プールは存在していないものの，損害賠償ないし補償を目的とするものはある。例えば，石油タンカーからの油が海洋に流出することで発生する油濁損害賠償[44]に関しては，「油による汚染損害についての民事責任に関する国際条約」（民事責任条約）と「油による汚染損害の補償のための国際基金の設立に関する国際条約」（基金設立条約）に基づき，船主の厳格責任と責任限度額が定められ，船主が賠償責任を果たせない場合等には賠償請求権者は基金に対して補償を求めることができる[45]。我が国では，船舶油濁損害賠償保障法がその国内実施法として制定されており，国際基金に対する支払請求（同法22条以下）や拠出金の支払い（同法29条以下）に関しても規

---

44) 油濁損害に関する損害賠償制度の全体像につき参照，小林寛「一般船舶油濁損害をめぐる法律関係に関する一考察」法学研究（慶應義塾大学）85巻1号（2012年）31-77頁。
45) 山下文利「油濁損害賠償責任に関する新しい制度の確立」時の法令932号（1976年）19-32（26-28）頁。

定が置かれている。拠出金の支払者は，1年間に一定量以上の原油・重油を受け入れた者であり，受入量の報告に基づいて拠出金が賦課される。

同様に損害賠償・補償のための国際的な金銭プールを設置しようとするものとして，原子力損害の補完的補償に関する条約（CSC）がある[46]。国際的な原子力損害賠償に関する枠組としては，ヨーロッパを中心とするパリ条約と，IAEAが主導するウィーン条約がある。CSCはこれらの条約体制とは別に，民事上の原子力損害賠償制度の設定（⇨第8章）と，国内での賠償が実現できない場合の補完的補償を規定している。補完的補償のための基金には加盟国が拠出し，その額は原子力設備容量と国連分担金の負担割合に応じて決まる（CSC4条1項）。ただしこの基金は，油濁損害のように事故以前から拠出を求めるものではなく，原子力事故が起こった後に実際に必要になる金額を上限とする拠出を加盟国に求めるものとなっている（CSC7条1項）。CSCは現時点で発効していないものの，日本が加盟することで発効要件を満たせば，上記のような金銭プールが観念上は成立することになる。

このように，国家を超える単位で一定の金銭プールを設定して各国が拠出金を拠出し，何らかの支払が必要な事実が発生した場合に特定の国に金銭を支払えば，国家を超える再分配過程を設定することは可能である。ただしその際には，国家が拠出金を支払義務者から徴収したり，給付対象者に給付したりする事務を行うことが想定されている。

(2) グローバル・タックス

これに対して，再分配の実現をも目的に国家を超えた単位で資金調達を行おうとする構想が，グローバル・タックスである。これはその名の通り，地球規模での租税の賦課・徴収を行い，それを地球規模の政策課題の解決に用いようとするものである[47]。この構想の背景には，国際的な租税回避に対する決定的な対策として地球規模での課税を構想すべきという考え方と，環

---

[46] 条約の詳細につき参照，日本エネルギー法研究所原子力損害法制検討班『原子力損害の補完的補償に関する条約各条の解説及び法的問題点の検討』（日本エネルギー法研究所・2012年）21-38頁。

[47] 増井良啓「国際連帯税」ジュリスト1413号（2010年）42-43（42）頁。

境問題・貧困問題に代表される地球規模の政策課題（国際公益の実現が課題となる政策課題）に対してその原資の調達のため，あるいは一定の政策課題を実現する手法として地球規模の課税を検討する考え方がある[48]。

　グローバル・タックスの構想の嚆矢となったのは，1972 年に提唱されたトービン税であった。これは，ブレトンウッズ体制の崩壊の結果，通貨投機による金融不安が生じてきたことに対する対策として，外国為替取引の売り手・買い手に対する課税を求めるものであった。その後，2006 年にフランスが航空券連帯税を導入し，現在までにチリ・韓国などが類似の税を導入している。さらに，EU においては，投機的な金融取引を抑制し，金融危機に対応する資金を調達する目的で，金融取引税を導入する動きが進行している[49]。このうち，フランスの航空券連帯税は，国内線・EU 内路線の航空券に対して，片道ごとにエコノミークラスには 1 ユーロ，ビジネスクラス以上には 4 ユーロを課税し，国際線航空券に対してはエコノミークラスには 10 ユーロ，ビジネスクラス以上には 40 ユーロを課税するものである[50]。フランスの民間航空総局が航空会社から徴収し，フランスなど 6 ヶ国が創設国となった UNITAID（ユニットエイド）という国際的非政府組織に金銭を拠出する。この UNITAID は三大感染症（エイズ・結核・マラリア）に対する医薬品を長期・大量に購入して，途上国の患者に安く治療薬を提供している。グローバル・タックスの現在のところ唯一の具体例であるこの航空券連帯税は，フランスという国家が賦課徴収し，その資金を途上国の保健医療水準の向上に用いている。そのため，見方によってはフランス国内の税金をフランスが一定の使途に限定して用いているものとも考えられる。しかし一般に国際航空運賃に対する付加価値税は，当該国家の領土主権外の行為に対する課税と考えられてきた。そこで，本来国際社会が課税権を持つ消費行為に対し

---

48) 上村雄彦『グローバル・タックスの可能性』（ミネルヴァ書房・2009 年）179 頁，望月爾「グローバル化と税制」中島茂樹＝中谷義和編『グローバル化と国家の変容』（御茶の水書房・2009 年）155-183（159-161）頁。

49) 小立敬＝井上武「欧州の金融取引税の導入に向けた進展」野村資本市場クォータリー16 巻 4 号（2013 年）137-150（140）頁，諸富徹『私たちはなぜ税金を納めるのか』（新潮社・2013 年）221 頁。

50) 望月爾「国際連帯税の展開とその法的課題」租税法研究 42 号（2014 年）51-73（55）頁。

て各国が代わりに徴収するしくみがグローバル・タックスであると考えることもできるかもしれない[51]。

　このようにグローバル・タックスは，地球規模の再分配を実現するために国家の一般財源とは一定程度独立した税収ルートを設定し，その使途もグローバルに決定しうる構造をもっている[52]。将来的に国際機構が直接賦課・徴収を行い，またその使途を決定するようになれば，国家とは別の再分配の単位が明確に成立するかもしれない。しかし，行政法学から見ると，この構想には次のような問題点を指摘しうる。まず，現在のフランスの航空券連帯税のような，国家が賦課徴収するグローバル・タックスは，機能的には一定の政策目的の実現のための国家間の財政調整のしくみと見ることができ，国内における賦課徴収は国内租税法や国内公法の論理が妥当する。そこで，課税要件が明確に法定されていれば，租税法律主義（⇨第1章）との関係での問題は生じない。ただし，グローバル・タックスが目的税として徴収され，特定財源として扱われるようになると，一方では賦課金額が国内の一般の税金と別枠で決定されることにより高額化するおそれがあり[53]，他方では特定財源の壁に守られて使途の合理性への民主政的な統制が及ばなくなるおそれがある。そこで，使途決定を担う組織のガバナンス[54]や民主的コントロールの余地を確保するとともに，課税根拠に合理性が認められるかを法律学が常に吟味する作業が求められる。次に，国際機構が租税の賦課徴収から使途決定までを一貫して行うグローバル・タックスの場合には，国家に

---

[51] 金子宏「国際人道税（国際連帯税）の提案」同『租税法理論の形成と解明 下巻』（有斐閣・2010年）662-671（668-670）頁［初出1998/2006年］。
[52] 田中徹二「国際連帯税ならびにUNITAIDをめぐる動向と課題」公共研究（千葉大学）3巻4号（2007年）117-143（127-128）頁は，現在のODA援助が供与国の国益に左右され，途上国のニーズに応じて展開されているとは限らない問題点を指摘し，国際連帯税がこの問題の解決となりうるとする。
[53] 兼平裕子「国際連帯税」愛媛大学法文学部論集総合政策学科編（愛媛大学）31巻（2011年）1-32（16）頁。
[54] 例えばUNITAIDの理事会は，創設国から1人ずつのほか，アフリカ連合・アジアから各1名，NGO等から2名，世界保健機関から1名，財団から1名の構成をとっており，NGO等の代表を含めている点に特色を有する。参照，上村雄彦「金融取引税の可能性」世界844号（2013年）248-256（251）頁。

対して要請されている租税法律主義・財政民主主義と同様の内容が，国際機構に対しても求められなければならない。すなわち，国際機構の決定に関与する代表者を送り出し，代表者が賦課徴収の要件を定めることが必要となる。ただしこの場合でも，国際機構が独自に徴税機構を全世界に構築することは非現実的であり，徴収に関しては国家の徴税組織に委託することが十分考えられる。その際には，国家間の徴収共助と同様の法的問題（⇨第3章）が生じることになる。

2. 再分配の制度設計責任

（1）私保険の活用可能性

　社会保障法において社会保険と対置される私保険は，日本においては国民皆保険政策のもとで，補完的な役割を果たしているに過ぎない。ここで医療保障の分野に眼を向けると，日本ではすべての国民に医療保険への加入義務があり，医療保険により提供される医療サービスの範囲は比較法的に見て広いとされる。さらに，保険診療と自由診療を同時に行う混合診療は一般的に禁止され，一部の高度先進医療や選定医療などで認められているに過ぎない。このような社会保険としての医療保険制度の充実により，私保険が用いられ得る場面はそれほど多くない[55]。日本では，生命保険でも損害保険でもない第三分野の保険として，保険業法上この種の私保険が位置付けられており[56]，入院時の給付金やがんの場合の医療費保障を謳った保険商品が数多く販売されている。ただしこれらは社会保険としての医療保険とは異なり，保険期間が長く，定額の現金給付が予定されている。そのため日本の医療に関する私保険は，医療保障と所得保障の双方の要素が混在している[57]。

　これに対して，アメリカの医療保障においては，公費によって提供されるのはメディケア・メディケイドにとどまり，それ以外は私保険が用いられている[58]。私保険の大半は，雇用者が保険者と契約を締結するものとされる。

---

[55] 小坂雅人「公的医療保障制度の存在下における民間医療保険の役割」保険学雑誌625号（2014年）33-50（46）頁。
[56] 山下友信「『第三分野』の保険」商事法務1435号（1996年）8-15頁。
[57] 堀田一吉「民間医療保険をめぐる現状認識と構造的特徴」保険学雑誌596号（2007年）1-12（7-8）頁，中浜隆「民間医療保険の役割」保険学雑誌596号（2007年）69-88（74）頁。

このような構造の下では，政府は自らが給付を実施するのではなく，私保険の保険者が適正な給付を行うようにさまざまな規制を行うことになる[59]。また，日本が医療保険導入時にモデルとしたドイツでも，自営業者や官吏等には法定疾病保険の加入義務がなく，民間疾病保険が一定の役割を果たしている[60]。2007年の公的医療保険競争強化法により，私保険に対する規制を行う保険監督法が改正され，保険会社に対する保険引き受け義務が規定されると共に，被保険者の健康状態に応じた保険料の徴収が禁止された[61]。

　国境を越えた再分配を構想する場合，現在の社会保険のように国家（あるいは国家内の公共組合）の単位で保険料のプールを設定するのではなく，民間の保険者により広域の金銭プールを設定させ，国家はこれに対する監督や給付保障のための規制を行うというモデルが考えられる[62]（⇨第5章）。環太平洋パートナーシップ（TPP）協定交渉に関して反対派から主張された国民皆保険体制破壊の危険性という議論[63]は，この点とも関わっている。通商問題の観点から見れば，日本の金融資産運用の市場開放の文脈において，かつては第三分野の保険の問題に焦点が当てられ，また現在では民間医療保険のビジネスチャンスの拡大を意図した混合診療解禁論が語られている[64]。社会保障の観点から見れば，社会保険と私保険の違いは従来，給付・反対給付

58）田近栄治＝菊池潤「医療保障における政府と民間保険の役割」フィナンシャル・レビュー111号（2012年）8-28（12）頁。
59）石田道彦「アメリカの民間医療保険」健保連海外医療保障98号（2013年）27-32（29）頁。近時の医療制度改革の内容と問題点につき参照，関ふ佐子「アメリカにおける医療保険改革」論究ジュリスト11号（2014年）73-80頁。
60）松本勝明「医療保険の公私関係」フィナンシャル・レビュー111号（2012年）90-110（91-96）頁。
61）川端勇樹「ドイツ民間医療保険市場の動向」損保ジャパン総研クォータリー50巻（2008年）2-29（14）頁，田中耕太郎「ドイツの民間医療保険」健保連海外医療保障98号（2013年）1-10（7）頁。
62）このほか，再保険という方式を利用することも考えられる。近時の再保険市場の動向につき参照，小林篤「再保険の進化と最近の再保険市場」損保ジャパン総研レポート61巻（2012年）30-54頁。
63）「公的医療保険はTPPから除外を」国保実務2784号（2011年）16-17頁，東谷暁『間違いだらけのTPP』（朝日新聞出版・2011年）166頁。
64）田近栄治＝菊池潤「日本の公的医療制度の課題と民間医療保険の可能性」フィナンシャル・レビュー111号（2012年）29-47（37-43）頁。

均等の原則と保険技術的公平の原則が私保険にはあてはまり，社会保険には当てはまらない点に求められてきた[65]。つまり，被保険者の個別のリスク（例えば健康状態）に対応した保険料率の設定がなされず，保険金額は保険事故の内容によって一律に決まるところに，社会保険の特色が求められてきた。これと所得に応じた保険料の設定とが結びつくことで，（公的扶助と比べて弱いとはいえ）所得再分配の要素が社会保険についても存在していた。これを私保険に転換し，保険料率・保険金額設定を当事者の自由に任せれば，国境を越える給付システムは構築できても，そこに再分配の要素はなくなることになる。しかし，ドイツの民間疾病保険に対する規制に見られるように，公的な医療保険を機能的に代替する民間医療保険に対して保険料率・保険金額を画一的に設定する基礎タリフを導入し，被保険者の健康状態に応じたリスク保険料の徴収を禁止すれば[66]，私保険を用いても社会保険に近い再分配機能を一定程度果たすことが法技術的には可能と考えられる[67]。

(2) 企業による再分配の可能性

　国境を越えた再分配を国以外の主体が実施するもう1つの選択肢が「企業」（多国籍企業）である。経済のグローバル化によって企業は競争環境に恵まれた国に自由に立地できるのに対して，規制主体としての国が企業活動を捕捉することは極めて困難になってきている。そこで発想を転換して，企業自身に再分配を担わせる法制度を設定することはできないだろうか。企業の活動と公益との整合性を図ることを目的とする議論としては，コーポレー

---

[65] 西村・前掲註20) 26頁。
[66] 水島郁子「ドイツ社会保険法における民間医療保険」阪大法学（大阪大学）60巻2号（2010年）293-320（303-306）頁。
[67] あわせて，これまで混合診療禁止原則が守ってきた医療サービスの公平性や財源面を含む適正な制度運営（笠木映里「日本の医療保険制度における『混合診療禁止原則』の機能」新世代法政策学研究（北海道大学）19号（2013年）221-238（234）頁）を，私保険を用いた制度設計の場合にどう確保するかも重要な課題となる。もっとも，このような制約が加えられた私保険は，もはや「私保険」と呼べないかもしれない。本章では，民間の事業主体による保険事業を私保険と捉えた上で（主体説的な理解），そこにいかなる法的規律を及ぼせば国境を越えた再分配に用いうる法技術となるかを検討することを主目的としているため，私保険の概念にはこれ以上立ち入らないこととする。

ト・ガバナンス論が盛んに展開されており，あわせて企業の社会的責任（CSR）の議論[68]も21世紀に入って注目を集めている。2010年にはISOが社会的責任に関する国際規格であるISO26000を発行している。また国際連合でも，多国籍企業等に対してグローバル化に対応した社会的責任を果たすことを求める国連グローバル・コンパクトが1999年に提唱され，人権・労働・環境・腐敗防止に関する10の原則が盛り込まれている[69]。

　具体的に企業に再分配を行わせる方法として参考になるのが，日本の企業年金制度である（⇨第5章）。我が国の厚生年金保険制度では，企業が法定の給付を上回る独自の年金給付を行う場合に，厚生年金保険料の支払義務を免除する代わりに，法定の厚生年金給付の一部を企業に代行させる代行制度が設けられてきた。また，フランスの医療保険（私保険）に関して，被保険者の医療情報を収集せず，被保険者の健康状態に応じた保険料設定をしない「連帯契約」に対しては，保険契約一般を課税対象とする保険契約税を課税しないという制度が設定されている[70]。このように，民間主体に対して一定の給付を約束する代わりに公租公課を減免するという手法は，国家が企業による再分配を保障する（＝企業に再分配を行わせ，企業が実施しない場合には国家が実施する）ことを可能とするように思われる。その際には，給付を実施する民間主体と受給者との間の契約関係を法的に統制する契約規制手法を設定しておき，その遵守を減免の条件とすることで，国家の制度設計責任を果たすことが考えられる（⇨第4章）。

おわりに

　本章では，国際化・グローバル化と社会保障の接点に存在する問題群を分析するため，再分配の単位と国家の責任の要素に注目し，いくつかの具体例を取り上げてきた。最後に，グローバル化と社会保障の関係を，日本の社会

---

[68] 吾郷眞一「CSR――法としての機能とその限界」季刊労働法234号（2011年）50-60頁。
[69] 大西祥世「グローバル化における企業の公法上の位置づけ」公法研究74号（2012年）112-124（121）頁。
[70] 笠木映里『社会保険と私保険』（有斐閣・2012年）115頁。

保障制度の特色と関連させて3点に整理することとしたい。

　第1に，これまでの社会保障法は国家の責任を強調し，国家に対する給付請求権を強固にすることに努力を傾注してきた。その結果，国際化との関係では給付に関する法規範の適用調整が主たる課題として意識され（社会保障協定・国籍条項），国家以外の主体による給付には十分な関心が向けられなかった。日本の社会保障制度においては一般統治機構としての国・地方公共団体が社会保障給付を担うものが多く，これとは組織上区別された公共組合が給付を行う場合でも，その自律性はあまり重視されてこなかった。さらに，給付の中で私保険が占める割合も先進諸国と比べてそれほど高いものではなく，こうした背景から，再分配の単位と再分配の実施責任を須く国と捉える見方が支配的になったものと思われる。

　第2に，社会保障制度は必ずしも「国家」「国民」「国籍」と結びつかなければ成立しないわけではない。人々の社会生活を維持するために連帯を図る法制度を社会保障制度と捉えれば，国家との切り離しは不可能ではない。例えば，「国籍要件」との関係では，社会権は人間が社会の一員として存在することを基礎とするものであって，国籍を媒介とする連帯意識ではないから，国籍の有無での外国人の給付請求権の排除には根拠がないとする見解が示されている[71]。また，市町村が保険者となる社会保険（国民健康保険・介護保険）の被保険者資格に含まれる「住所要件」は，居住関係を基礎とする強制加入の社会保険制度を設定する趣旨のものであるから，当該市町村に安定的に居住していれば，論理的には国籍の有無は問われないはずである[72]。在留資格を有しない外国人の国民健康保険の被保険者資格に関する最高裁判決（最一小判2004（平成16）・1・15民集58巻1号226頁）でも，在留資格がないだけで「住所を有する者」に該当するとは考えず，「少なくとも，当該外国人が，当該市町村を居住地とする外国人登録をして，入管法50条所定の在留特別許可を求めており，入国の経緯，入国時の在留資格の有無及び在留期

---

71) 大沼保昭「『外国人の人権』論再構成の試み」法学協会編『法学協会百周年記念論文集（2）』（有斐閣・1983年）361-417（411）頁。
72) 岩村・前掲註8) 117頁。開放的強制加入団体としての地方公共団体という視角から，地方公共団体と国籍の関係を論じた業績として参照，太田匡彦「住所・住民・地方公共団体」地方自治727号（2008年）2-22（11）頁。

間，その後における在留資格の更新又は変更の経緯，配偶者や子の有無及びその国籍等を含む家族に関する事情，我が国における滞在期間，生活状況等に照らし，当該市町村の区域内で安定した生活を継続的に営み，将来にわたってこれを維持し続ける蓋然性が高いと認められることが必要」との基準を示している。

第3に，国家による社会保障制度の設計には，国家の立法者の幅広い立法裁量の余地が認められている。そして上述の通り，我が国では民間主体や中間団体ではなく[73]国・地方公共団体という一般統治機構が再分配を担う構造が選択されている。その結果として，雇用関係ではなく居住関係に着目した社会保障給付関係において，国籍や在留資格の要素が組み込まれている。このような制度設計は，国内公法学の立場から見た場合には，著しく合理性を欠くとまでは言えず[74]，立法裁量の範囲内と評価される[75]。そうすると，国内公法学の論理のみで，国籍条項が憲法25条に違反する，あるいは社会保障法の一般原則との関係で避けるべき立法であると解するのは困難と思われる[76]。そこでこのような場面では，政策協調アプローチや国際人権アプ

---

[73] 浅野有紀「社会保障システムの再構想」ジュリスト1422号（2011年）58-66（62）頁は，グローバル法多元主義から社会保障の再構築を考察する利点として，中間団体の役割を正当に評価できることを挙げる。

[74] 逆に，一般財源による給付でありながら伝統的に国籍要件を含めてこなかった社会福祉各法（河野正輝「外国人と社会保障・社会福祉」同『社会福祉の権利構造』（有斐閣・1991年）249-267（256）頁［初出1983年］）に関しても，同じ理由で，そのことが違憲であるとは評価されないことになる。

[75] 外国人の国民健康保険の被保険者資格に関する2004年の最高裁判決でも，横尾和子・泉德治裁判官反対意見は，在留資格を有しない外国人はいつでも退去強制されうる状態にあるから，日本国内に生活の本拠を置くことが法律上認められておらず，「住所を有する者」には該当しないと述べている。また，法廷意見も「一般的には，社会保障制度を外国人に適用する場合には，そのよって立つ社会連帯と相互扶助の理念から，国内に適法な居住関係を有する者のみを対象者とするのが一応の原則であるということができるが，具体的な社会保障制度においてどの範囲の外国人を適用対象とするかは，それぞれの制度における政策決定の問題」であるとし，「国民健康保険法施行規則又は各市町村の条例において，在留資格を有しない外国人を適用除外者として規定することが許されることはいうまでもない」としている。この判示を受けて，2004年に改正された国民健康法施行規則では，在留資格のない外国人を一律に適用除外としている。

[76] 福井章代「判解」『最高裁判所判例解説民事篇平成16年度（上）』（法曹会・2007年）70-96

ローチによる国際的な制度平準化の動きを国内公法が摂取し，各国の社会保障制度や受給権の調和に向けた努力を重ねるべきである。また，国家による再分配が経済のグローバル化に対応できなくなる事態が生じた場合には，国家が自ら再分配を行うのではなく，民間による再分配を支援する制度を設計することも考えられる。その際には，民間給付主体の組織や給付の手続，さらには給付契約に関する詳細な法的規律や，再分配を可能とするための民間給付主体に対する公租公課免除や公費投入など，さまざまな政策手段を用いる必要がある。

このように，グローバル社会保障法の可能性やそのあり方を検討することは，現在の実定社会保障制度の特色を認識する契機となるとともに，社会保障の枠組を越えてさまざまな法的手法の組み合わせを構想することにも繋がる知的営為である。この作業は同時に，行政法総論におけるグローバル化対応の法理の検討にも多大な示唆を与えるものと考えられる。

---

(93) 頁。稲森公嘉「判批」民商法雑誌131巻1号（2004年）127-144 (143) 頁は，個別の保険者に任せる解決策もありえたはずとしつつ，施行規則での適用除外の定めは，国民健康保険法による施行規則への委任の範囲に含まれているとの立場をとる。

第3部
環境法

第7章

原子力発電所の安全基準

■ 本章への架橋

　2011年3月に発生した東日本大震災と，これに起因する東京電力福島第一原発事故は，我が国の原子力法制を大きく変えた（例解 373頁）。本章はこの原子力法制の変化のうち，原子力発電所の設置・運転にかかる規制と，その要件を規定する安全基準（とりわけ耐震基準）を対象とするものである。事故後になされた事故原因に関する様々な検証報告書の中で，日本の原子力法制が国際的なスタンダードから乖離していたことが指摘された。そこで本章では，国際的な耐震基準の形成過程やその実現過程にも焦点を当て，国際的な規範と国内的な規範の相互作用の現状を明らかにすることとしたい。

　まず，我が国の原子力規制法制がどのような変遷を遂げ（例解 370/372頁），2012年の法改正でどのような変容がなされたかを確認した上で，この枠内で耐震基準がどのような手続と形式で設定されてきたのかを検証する。次に，国際的な原子力法がどのような形で形成・発展してきたかを，原子力平和利用法・原子力損害賠償法（⇨第8章）・原子力安全法の3つに分けて紹介し，原子力安全法の構造上の特色と課題を提示する。さらに，国際的規範と国内的規範の多層構造と，多様な技術基準の存在に示される複線的構造の中で，耐震基準がどのように実現されるのかを，国際レベルと国内レベルに分けて分析し，その法的課題を明確化することとしたい。

はじめに

　2011年3月に発生した東京電力福島第一原子力発電所事故は，地震と津波，とくに津波が原因で起きたとされる。しかし，原子力発電所が地震に見

舞われる事態は，これが初めてではない。21世紀に入ってから立て続けに原子力発電所周辺を震源とする地震が発生しており[1]，とりわけ2007年に発生した新潟県中越沖地震では，柏崎刈羽原子力発電所の変圧器で火災が発生し，微量の放射性物質が漏れ出した。

　発電用原子炉に関する耐震設計の基準に関しては，1981年に原子力安全委員会（当時）が策定した審査指針が長く用いられていた。その後，1995年の阪神・淡路大震災を受けて見直しの必要性が認識され，2006年に新指針が策定されていた。しかし，福島第一原発事故を受けて，指針をとりまく法制度にも大きな変更が加えられ，また指針の内容も2013年に改定されている。

　これに対して，原子力安全をめぐる国際的なルール形成はなお遅れている。福島第一原発事故を受けて，同年の主要国首脳会議やIAEA閣僚会議で国際的な安全基準の強化が検討されたものの，具体的な動きは緩慢である。他方で，福島事故を受けた2012年の国内法改正（原子力規制委員会設置法の制定）の際には，国際的な安全基準との整合性が意識され，それまで法令に含まれていなかった重大事故（シビアアクシデント）対策などが盛り込まれるに至っている。

　本章においては，原子力発電所の耐震基準を素材として，国内レベルと国際レベルにおける基準形成過程やその相互の調整システムの現状を分析し，あわせて耐震基準の実効性を担保する手段についても検討することとする。はじめに，国内法制において耐震基準がどのような法的性格を有しているかを，原子力発電所に関する既成の枠組の中で確認する（I.）。次に，国際レベルにおける原子力安全法の実情や，隣接法分野との比較を踏まえたその特色を指摘する（II.）。最後に，国際レベルと国内レベルで形成される耐震基準をはじめとする原子力安全基準の履行確保について，国際レベルと国内レベルでどのような方策が考えられるのかを検討することとする（III.）。

---

1) 西川孝夫「原子力発電施設の耐震設計」日本原子力学会誌53巻3号（2011年）185-188（185）頁。

Ⅰ. 国内法制における耐震基準

1. 原子力発電所の設置手続

(1) 原子力発電に対する規制枠組――旧法下

　2012年の法改正以前の原子力発電所に対する規制枠組は，次のようなものであった。まず，発電用原子炉を設置しようとする電力会社が地点を選定し，重点電源開発地点指定を受ける。この電源開発地点選定はかつて電源開発促進法に基づいたものであった[2]（同法3条1項）。しかし，後述の通り同法は現在では廃止されており，現在では地点指定は法律に基づくものではなくなっている。この地点指定により，一方ではエネルギー対策特別会計から交付金がもらえるようになり，他方では原子炉設置の諸手続が始まることになる。その後，電力会社は原子炉設置許可申請を経済産業大臣に対して行う。大臣は，内閣府に設置された原子力委員会と原子力安全委員会に諮問し，その答申をも踏まえて設置許可を与える。この手続に前後して，電気事業法に基づく電気工作物変更届出がなされる。原子炉設置許可後の手続は電気事業法に規定されており，工事計画認可，使用前検査，保安規定認可と進み，原子力発電所が完成して運転に入ると，定期検査がなされる。これらの許認可権を持っているのは経済産業大臣で，実際に規制を行っているのは，資源エネルギー庁の特別の機関である原子力安全・保安院であった。

(2) 旧法下の設置手続の特色

　この2012年改正以前の設置手続の特色は，次の3点にまとめられる。

① ダブルチェック体制

　原子炉の安全審査の際に，許認可権者である経済産業大臣と内閣府に置かれている原子力安全委員会の双方が，原子炉の安全性をチェックする体制がとられており，これを「ダブルチェック体制」と呼んでいた。ただし，原子力安全委員会はゼロから安全をチェックするのではなく，経済産業大臣が一度行った安全審査の審査書に基づき，同委員会が作成した審査指針に照らし

---

[2] 高橋滋『先端技術の行政法理』（岩波書店・1998年）44-51頁。

て審査をする方法を取っていた[3]。

　このダブルチェック体制は，国家行政組織法3条に基づく行政委員会による規制が実現しなかった結果として生じたものである。原子力法制の黎明期にあたる原子力基本法制定時において，原子力委員会は3条機関の行政委員会として設置すべきとの意見がとりわけ学界から強く出されていた。しかし，当時の与党あるいは官僚がこれに反対し，結果として8条機関である諮問機関として設置されるに至った。ただし，両者の妥協の産物として，内閣総理大臣が原子力委員会の答申を尊重しなければならないとする義務規定がおかれ，かつ原子力委員会の委員長は科学技術庁長官＝国務大臣が兼任する大臣委員会という方式がとられた[4]。その後，1974年の原子力船「むつ」放射能漏れ事故を契機として，原子力委員会が第三者的立場から安全審査をしていないことが批判され[5]，その結果として原子力政策を推進する原子力委員会と安全審査を担当する原子力安全委員会の2つに組織を分ける法改正が1978年になされた。その改正の際に，発電用，研究開発用など事業ごとに許認可権が一元化され，発電用原子炉についてはそれまでの内閣総理大臣から通産大臣に許認可権限が移された。このような経緯でダブルチェック体制が形成されたのである。

② 段階的安全規制方式

　原子炉の設置に際してはいくつかの段階があり，段階ごとに行政が許認可を与える行政過程が存在する。これを段階的安全規制方式と呼ぶ。2012年改正前は，具体的には，原子炉設置許可の段階では基本設計について審査し，次の工事計画認可（電気事業法に基づく手続）では詳細設計を確認し，さらに使用前検査，保安規定認可の際には建設工事を踏まえた審査を行い，完成したら定期検査を行うこととされていた。逆に言えば，原子炉設置許可の段階では基本設計のみが対象となり，後続の許認可の対象となる事項は設置許可の違法性主張の対象にならないことになる[6]。ここで注意が必要なの

---

[3] 原子力安全委員会編『原子力安全白書（昭和56年版）』（大蔵省印刷局・1981年）21頁。
[4] 川上幸一「原子力行政と体制の問題」ジュリスト580号（1975年）24-28（25）頁，保木本一郎『原子力と法』（日本評論社・1988年）168頁。
[5] 下山俊次「原子力」山本草二他『未来社会と法』（筑摩書房・1976年）413-560（507）頁。
[6] 伊方原発訴訟最高裁判決（最一小判1992(平成4)・10・29民集46巻7号1174頁）。

は、①で指摘したダブルチェック体制はあくまでも設置許可段階だけ、つまり基本設計段階だけに及んでおり、そこから後は経済産業大臣だけが審査を行っていたことである[7]。

③ 事業者優位の規制構造

他の行政規制分野と比較すると、以下の３つの観点から、構造としては事業者が優位に立つと言えるものとなっていた。

第１に、原子力発電所を設置するかどうか、どこに設置するかということの第一義的な責任は法制上事業者にあり、国が決めるのではないということである。かつては電源開発促進法３条に基づいて電源開発基本計画が策定され、これによりどこに何を放置するかが決まっていた[8]。この法律は現在では廃止されており、代わりにエネルギー政策基本法に基づくエネルギー基本計画が策定されている。ただしこのエネルギー基本計画の中では、発電所を設置する数の目標は示されているものの[9]、どこに設置するかまでは書かれていない。このように、少なくとも法制上は、国がイニシアティブをとって原子力発電所の場所を決めるようにはなっていない。

第２に、原子力発電所の運転技術や安全に関する知見は行政側よりも事業者側に多く存在する構造が見られる[10]。この結果、行政側としてはどのようにして人材を確保するか、いかに人材を育てるかが常に大問題になっており[11]、これと規制機関の中立性の問題とが強く関連していた。

第３に、被規制者の数が少なく、しかもそれぞれが地域独占であるということである。これは行政と事業者との力関係に関しては両方向に働きうる。

---

7) 高橋滋「原子力施設法の法律問題――個別的検討」同『先端技術の行政法理』(岩波書店・1998年) 79-144 (82) 頁 [初出 1990年]。
8) これとは別に原子力委員会が策定する原子力長期計画 (現在は「原子力政策大綱」) があったものの、これと電源開発基本計画との関係は不明確であった。参照、山田洋「原子力長期計画の計画法理」ジュリスト 1186号 (2000年) 55-59 (56) 頁。
9)「エネルギー基本計画」(第３次・2010年) 27頁。ただし、2014年４月に策定された第４次エネルギー基本計画には数値目標はない。
10) この構造を生かしたのが、定期事業者検査の法定化 (電気事業法 55条) であった。参照、片山正一郎「原子力安全規制・電力安全規制の新しい制度の整備」火力原子力発電 55巻１号 (2004年) 4-18 (7) 頁。
11) 城山英明「原子力安全委員会の現状と課題」ジュリスト 1399号 (2010年) 44-52 (52) 頁。

つまり、数が少ないために行政側が強く指示を出す場面も当然想定できる。震災直後に菅直人首相や海江田万里経産大臣（当時）が浜岡原発停止の行政指導を行ったのは、その一例である[12]。他方で、被規制者が少ないことは、被規制者相互間の連携によって規制機関にその意向を反映させたり、その結果として自主規制を選択させたりしやすい状況にあったとも言える[13]。

(3) 法改正後の設置手続とその特色

2012年の法改正により、規制権限を一元化して国家行政組織法3条に基づく行政委員会である原子力規制委員会に担わせる改革がなされた。同委員会は環境省の外局として設置され、事務局として原子力規制庁がおかれている。原子力安全・保安院は廃止された。設置手続のうち、原子炉設置許可申請よりも前の部分と、許可後の部分については基本的には変更されていない。原子炉設置許可申請は原子力規制委員会に対して行われ、平和利用目的かどうかの判断についてのみ、原子力委員会の意見を聴取することが予定されている（原子炉等規制法43条の3の6第3項）。

この方式を改正前の特色と比較すると、まず、ダブルチェック体制については、上述のように規制権限が原子力規制委員会に一本化され、同委員会の許可手続の中で原子力委員会の意見聴取がなされる方式に変更された。原子力規制委員会は、それまでの所管省庁であった経済産業省・文部科学省とは異なり環境省の外局として設置されている。これは、規制者と被規制者との距離確保を実現するためにとられた方策とされる。規制者の中立性確保の必要性は後述のIAEA安全基準や原子力安全条約で以前から規定されており、省庁再編後に設置された原子力安全・保安院は、経済産業省の外局の資源エネルギー庁の特別の機関（⇨ことば）として設置されることで、一定程度の独立性が確保されると考えられていた。しかし、福島第一原発事故の原因を解明した各種の報告書[14]は、原子力安全・保安院の（本省及び）被規制者か

---

12) 行政法学から見た問題点につき参照、原田大樹「法律による行政の原理」法学教室373号（2011年）4-10頁、塩野宏『行政法Ⅲ〔第4版〕』（有斐閣・2012年）61頁。
13) 原田大樹『自主規制の公法学的研究』（有斐閣・2007年）65-68頁。
14) 東京電力福島原子力発電所における事故調査・検証委員会「最終報告」（2012年）355頁、国会事故調「東京電力福島原子力発電所事故調査委員会報告書」（2012年）554頁。さらに、福島

らの独立性が確保されていなかったことを強く指摘している[15]。2008年の運輸安全委員会[16]以来となる行政委員会の新設と，これを環境省の所轄の下に置いたこと[17]は，この問題に対する一応の解答を示すものとなった。次に，段階的安全規制方式そのものは変更されていないものの，規制権限が全て原子力規制委員会に一元化している。さらに，事業者優位の規制構造のうち，行政側の人材確保についての改善策として，これまで独立行政法人原子力安全基盤機構として存在していた規制補助スタッフを原子力規制庁に取り込む方向性が示され，規制資源を集中させる方策がとられた[18]。また，推進側との分離のために採用された人事上のノーリターンルールは，規制に関する知見を内部に蓄積することに役立つ可能性がある[19]。

原発事故独立検証委員会『福島原発事故独立検証委員会 調査・検証報告書』（ディスカヴァー・トゥエンティワン・2012年）303頁は，原子力安全・保安院の予算がエネルギー対策特別会計から支出されていた点を指摘する。

15) 事故発生以前の段階で，斎藤誠「国際法の国内適用におけるエネルギー法と環境法」『エネルギー関係国際法制の国内適用例』（日本エネルギー法研究所・2008年）19-35（32）頁は，原子力安全・保安院の経済産業省からの独立性は低いと指摘していた。

16) 運輸安全委員会は，国際海事機関（IMO）において海難調査は懲戒から分離した原因究明型とすべきとの国際的なルールが成文化され，2010年1月から発効予定となったことから設置された（国土交通省運輸安全委員会「陸・海・空にわたる事故原因究明と再発防止」国土交通98号（2009年）6-9頁）。内閣府に設置された特定個人情報保護委員会を含め（藤原静雄「税・社会保障と情報」荒木尚志編『岩波講座 現代法の動態3・社会変化と法』（岩波書店・2014年）211-232（222）頁），近時新たに設置された行政委員会が，いずれも国際的な政策基準との関係を意識しながら導入されている点は興味深い。

17) 運輸安全委員会について，宇賀克也「運輸安全委員会の現状と課題」ジュリスト1399号（2010年）10-20（19）頁は，運輸安全委員会の所掌事務の中には航空管制官（国土交通省職員）の責任が問題になる事故も含まれているため，同委員会は内閣府の外局とすることも検討すべきと指摘している。これに対して原子力規制委員会の場合には，環境省に原子力利用促進部門がないため，同種の理由から内閣府の外局にすべき事情はない。

18) この問題については，城山・前掲註11）52頁の指摘を参照。また，西脇由弘「我が国のシビアアクシデント対策の変遷（下）」原子力eye 57巻10号（2011年）40-45（43）頁は，それまでの原子力安全委員会と機構とのインターフェイス問題の解消に有用と指摘する。

19) 高橋滋「福島原発事故と原子力安全規制法制の課題」髙木光他編・阿部泰隆先生古稀記念『行政法学の未来に向けて』（有斐閣，2012年）395-421（415）頁は，仮に原子力規制庁（当初の政府案）を内閣府に設置すると，固有のノウハウが蓄積されない点を問題視していた。

● ことば ●

特別の機関

　内閣府以外の国家行政組織の構成単位を標準化することを目的としている国家行政組織法では，省・委員会・庁（同法3条1項）に特別の機関を設置することを認めている（同法8条の3）。この「特別の機関」は同法が定めている他の組織類型（例：審議会・施設等機関）には該当しないもの全てを指す概念であり（宇賀克也『行政法概説Ⅲ〔第3版〕』（有斐閣・2012年）224頁），日本学術会議のように行政内部での独立性を確保するためにこの形式が採用されている例もあるものの，必ずしも「特別の機関」だからといって独立性が確保されるわけではない点には注意が必要である（参照，原田大樹「原子力規制委員会」日本エネルギー法研究所月報217号（2012年）1-3頁）。

2. 耐震基準の法的性格

(1) 耐震基準の多元性

① 耐震基準規範の歴史的展開

　発電用原子炉に関する耐震基準は，1978年に当時の原子力委員会が「発電用原子炉に関する耐震設計審査指針について」と，それを具体化する基準として「原子力発電所の地質，地盤に関する安全審査の手引き」を策定したことに始まる。この指針に原子力安全委員会が1981年に手を加えて「発電用原子炉施設に関する耐震設計審査指針」が作成され，これが長く通用してきた。この指針の基本的発想は，活断層の上には原発を作らない，作るのであれば岩盤の上に直接作る，最大の地震を考慮した設計とする，ということにあった[20]。1995年の阪神・淡路大震災の際に，この耐震設計審査指針の見直し論が強まり[21]，さらに2000年の鳥取県西部地震ではまだ知られていない活断層でかなり大きな地震が起きたため，分かっている活断層だけを耐震設計の対象とするのは危険であることが広く認識されるようになった[22]。

---

[20] 通商産業省資源エネルギー庁編『原子力発電所の耐震安全性』（原子力発電技術機構・1995年）3-7頁。

[21] 日本原子力産業会議編『原子力年鑑 平成7年版』（日本原子力産業会議・1995年）85頁。

ところが専門家の間で議論が分かれて見直しの作業はなかなか進まず[23]，2006年にようやく改定された新指針が策定されるに至った。

　この改定のポイントの1つは，活断層調査の範囲を5万年前から13万年前にまで拡大したということである。その際には，活断層か否かの判断に用いうる直接的な判断基準を追加している[24]。もう1つのポイントは，重要な施設ほどより強い地震に耐えるように，施設を3つのクラス（S・B・C）に分けることとしたことである。このようなクラス分け自体は前の指針からあったものの，クラス分けの基準を若干変えて[25]，最も重要なSクラス施設については，普通の建築基準法上の耐震基準の3倍の地震に耐えるようにしなければならないとした。これに基づいて既存の原発に対するチェックを行っている最中に新潟県中越沖地震が発生し，柏崎刈羽原発では設計想定値の2.5倍もの揺れを観測した[26]。この地震は大きな事故に繋がらなかったものの，これを受けて，耐震設計審査指針の下位ルールである「原子力発電所の地質，地盤に関する安全審査の手引き」の改訂作業を迅速化することとなり，2008年にその一部が改定された[27]。

② **耐震基準規範の多元性**

　発電用原子炉の耐震基準はこの一種類だけではなかった。上述の審査指針は，原子力安全委員会がダブルチェックの際に用いる基準として策定されていた。これは，原子炉等規制法で委任されたものではなく，原子力安全委員会の内部ルールであった。それが行政手続法の審査基準としての性格を持

---

22) 原子力安全委員会編『原子力安全白書（平成18年版）』（佐伯印刷・2007年）44頁。
23) 山口聡「原子力発電所の地震対策」調査と情報515号（2006年）1-10（6）頁。
24) 杉山雄一「耐震安全性確認のための地質調査」日本原子力学会誌53巻3号（2011年）174-178（174）頁。
25) Sクラスに含まれるのが原子炉格納容器・非常用発電機など，Bクラスが廃棄物処理施設など，Cクラスが発電機・タービン施設などである。旧指針のAsクラスとAクラスとをSクラスに一本化したことから，実質的には旧指針のAクラスを一つ上のレベルの耐震性に格上げしたことになる。耐震クラスと耐震性につき参照，落合兼寛「原子力発電所の耐震性能を知る」日本原子力学会誌56巻2号（2014年）70-74（73）頁。
26) 日本原子力産業協会監修・原子力年鑑編集委員会編『原子力年鑑2008』（日刊工業新聞社・2007年）26-28頁。
27) 原子力安全委員会編『原子力安全白書（平成19・20年版）』（佐伯印刷・2009年）16頁，同編『原子力安全白書（平成21年版）』（佐伯印刷，2010年）14頁。

ち[28]，審査の際に基準として使われていた。この基準は，経済産業大臣（原子力安全・保安院）による審査の際にも用いられており，同じ基準で審査することが「ダブルチェック体制」の意義を減少させたと指摘されている[29]。

　この原子力安全委員会が作っている基準とは別に，電気事業法の系統の基準があった。電気事業法の事業用電気工作物に関する基準として「発電用原子力設備に関する技術基準を定める省令」（省令62号）があった[30]。その耐震性に関する規定は性能規定化され，その内容を具体化するものとして，業界団体である社団法人日本電気協会が技術指針を出していた[31]。

③ 法改正後の耐震基準

　2012年の法改正により，耐震基準に関する2点の変更が，法形式面で加えられている。第1は，原子炉等規制法の原子炉設置許可に関する規定に，原子力規制委員会規則への委任が定められたことである。原子炉等規制法43条の3の6第1項4号は，「発電用原子炉施設の位置，構造及び設備が核燃料物質若しくは核燃料物質によって汚染された物又は発電用原子炉による災害の防止上支障がないものとして原子力規制委員会規則で定める基準に適合するものであること」を許可要件としており，この規定を受けて，「実用発電用原子炉及びその附属施設の位置，構造及び設備の基準に関する規則」

---

28) 川合敏樹「原子力発電所の安全規制の在り方に関するノート」國學院法學（国学院大学）47巻3号（2009年）133-153（135）頁。
29) 福島原発事故独立検証委員会・前掲註14）289頁。
30) この省令（昭和40年6月15日通商産業省令第62号）の5条に，耐震性の定めがある。
　「第5条　原子炉施設並びに一次冷却材又は二次冷却材により駆動される蒸気タービン及びその附属設備は，これらに作用する地震力による損壊により公衆に放射線障害を及ぼさないように施設しなければならない。
　2　前項の地震力は，原子炉施設ならびに一次冷却材により駆動される蒸気タービンおよびその附属設備の構造ならびにこれらが損壊した場合における災害の程度に応じて，基礎地盤の状況，その地方における過去の地震記録に基づく震害の程度，地震活動の状況等を基礎として求めなければならない。」
31) 野本敏治「機械・電気設備への影響評価」日本原子力学会誌53巻3号（2011年）189-193（190）頁。「発電用原子力設備に関する技術基準を定める省令の解釈について」（平成17・12・15原院第5号）において，「具体的な評価手法については，日本電気協会電気技術指針「原子力発電所耐震設計技術指針」（JEAG4601-1987），同補「原子力発電所耐震設計技術指針重要度分類・許容応力編」（JEAG4601-1984）及び「原子力発電所耐震設計技術指針（追補版）」（JEAG4601-1991）によること」（省令5条の解釈）と定められていた。

（平成 25 年 6 月 28 日原子力規制委員会規則第 5 号）（以下「設置許可基準規則」という）が制定されている。従来，原子炉等規制法 24 条 1 項 4 号（2012 年改正前）には委任規定はなく，その解釈基準ないし裁量基準として原子力安全委員会の指針が位置づけられていたことと比較すると，その法的性格が明確になり，また法律の委任規定の趣旨に反する規則が制定された場合には，裁判所が規則を違法無効とする可能性も開かれた[32]。同規則には，耐震性に関する基本的な事項（例：同規則 3・4 条）のみが定められ，詳細は「実用発電用原子炉及びその附属施設の位置，構造及び設備の基準に関する規則の解釈」（平成 25 年 6 月 19 日原規技発第 1306193 号・原子力規制委員会決定）で定められている。ここに記載されている内容に関しては，従前と同様，解釈基準ないし裁量基準として取り扱われることになると思われる。

　第 2 は，改正法以前は電気事業法で規定されていた原子炉設置許可以降の許認可が原子炉等規制法に移され，原子力規制委員会の権限に変更されたことに伴い（例：[工事計画認可] 原子炉等規制法 43 条の 3 の 9，[使用前検査] 同法 43 条の 3 の 11），省令 62 号で定められていた内容が，原子炉等規制法 43 条の 3 の 14 第 1 項[33]の規定に基づく「実用発電用原子炉及びその附属施設の技術基準に関する規則」（平成 25 年 6 月 28 日原子力規制委員会規則第 6 号）（以下「技術基準規則」という）で規定されたことである（両者の関係につき電気事業法 112 条の 3）。設置許可基準規則と技術基準規則はいずれも性能規定方式を採用しており，技術基準規則の解釈基準の性格を持つ「実用発電用原子炉及びその附属施設の技術基準に関する規則の解釈」[34]（平成 25 年 6 月 19 日原規技発第 1306194 号・原子力規制委員会決定）には，民間規格を参照している箇所が見られる（例：第 2 条の解釈 6）。しかしこの中では，耐震基準に関して民間規格を直接参照してはおらず，この下位解釈指針である「耐震設計に係

---

32) 原田大樹『例解 行政法』（東京大学出版会・2013 年）377 頁。
33) この規定も，「発電用原子炉設置者は，発電用原子炉施設を原子力規制委員会規則で定める技術上の基準に適合するように維持しなければならない。」と定め，やはり規則への委任を規定している。またこの規定は，後述のバックフィット義務を定めたものであり，この技術基準への適合は，原子炉の設置段階に限られていない。
34) この決定の冒頭において，「発電用原子力設備に関する技術基準を定める省令の解釈について」（平成 17・12・15 原院第 5 号）は以後用いないことが表明されている。

る工認審査ガイド」(平成25年6月19日原管地発第1306195号・原子力規制委員会決定)の中で，これまでも参照規格とされていた原子力発電所耐震設計技術指針JEAG4601-1987などが参照されている(ガイド1.3)[35]。

(2) 耐震基準の適用範囲
① バックチェックとバックフィット

　耐震基準の法的性格を検討する上で重要な点として，どの時点の耐震基準が稼働中の原子炉に適用されるのかという問題がある。まず，2012年改正以前の法制度と議論を整理することとしたい。

　2006年に改定された指針が既存の原子炉にも適用されるかどうかに関して，同指針には明文の規定はなかった。しかし，指針決定前の意見公募手続に対する応答の中で，原子力安全委員会の分科会は，「改訂指針はその策定目的からすれば，指針の改訂時及びそれ以降における『安全審査』の対象となる原子炉施設に適用されるものであり，既存の原子炉施設には直接的に適用されるものではなく，また，あえてそのことを改訂指針案の記述に盛り込む必要もないとの判断に至った」[36]との見解を表明していた。

　新たな技術基準を既存の原子炉に反映させる方法には，次の2つがあると整理されてきた。1つは「バックチェック」と呼ばれるもので，行政指導によって事業者に新基準への適合を要請する方法である。もう1つは「バックフィット」と呼ばれるもので，法律で新基準への適合義務を課し，従わない

---

35) 原子力規制委員会は，設置許可基準規則や技術基準規則の性能規定に関する民間規格の参照には慎重な姿勢を示してきた。その理由は，民間規格の策定委員の過半数が電力会社・メーカー等の原子力事業関係者によって占められ，また策定過程の透明性・公開性に欠ける点にあった(原子力規制委員会「平成24年度原子力規制委員会第11回会議議事録(平成24年11月14日)」(2012年)13-18頁)。日本原子力学会・日本機械学会・日本電気協会に対して，原子力規制庁が規格策定委員会の委員構成に関する考え方を確認したところ，現状の原子力事業者中心の構成を改めるつもりはないとの回答があった。そこで原子力規制委員会は，民間規格の策定プロセス等によらず，規定内容が技術的に妥当かどうかの技術評価を行い，パブリックコメントを実施した上で参照する規格を決定する(エンドースする)方針を表明している(原子力規制委員会「原子力規制委員会における民間規格の活用について」(2014年)12-13頁)。
36) 原子力安全委員会原子力安全基準・指針専門部会耐震指針検討分科会「耐震指針検討分科会報告書(その2)」(2006年)2(2)。

場合には改善命令・適合命令を出して実現させる方法である。

2006年の基準の改定後に行われたのは，バックチェックであった。具体的には，原子力安全委員会が「『耐震設計審査指針』の改訂を機に実施を要望する既設の発電用原子炉施設等に関する耐震安全性の確認について」という文書を出し，新指針はあくまでも新規申請のもので既設施設には関係がないとしつつ，既設施設に対しては，この基準に基づく再評価をそれぞれの事業者が実施するよう要請し，さらに原子力安全・保安院がその妥当性を確認した上で，原子力安全委員会に報告するよう要請するものであった[37]。

政策手段としてのバックチェックを支える論理は，大別すると次の2つに整理できる。第1は，改定前の旧指針でも十分に耐震安全性は確保されているという考え方であり，原子力安全・保安院はこのような見解に立っていたようである[38]。第2は，2012年改正以前の原子炉等規制法がバックフィットを想定していなかったという解釈である。確かに当時の法律には，原子力事業者に対して技術基準への適合義務を明文で定めた規定はなかった。

ただしこの点に関しては，次の2つの原子炉等規制法及び電気事業法の解釈論により，バックフィットが可能と考える余地もあった（このほか，原子炉等規制法の許可の規定を根拠に撤回を認める可能性もあった[39]）。1つは，不確定概念による処理可能性である。耐震設計指針をはじめとする原子力安全委員会の審査指針は，原子炉等規制法の許可要件に言う「原子炉による災害の防止上支障がない」という不確定概念を具体化するルールと位置づけられていた。これに関して，1992年の伊方原発最高裁判決は，処分の違法性判断の問題として，処分時ではなく現在の科学技術水準に照らして判断すべきであると述べている。原子炉の安全性は事実認定の問題だと考えると，科学技術

---

37) 原子力安全委員会編・前掲註22) 63頁。
38) 「発電用原子力設備に関する技術基準を定める省令の解釈について」（平成17・12・15原院第5号）5条の解釈に，「なお，耐震設計審査指針策定以前において原子炉の設置または増設に係る許可を受け現在運転中の原子力発電所にあっては，重要な建物・建築物及び機器・配管系の耐震安全性が評価され，その結果に基づいて，資源エネルギー庁がとりまとめた「指針策定前の原子力発電所の耐震安全性（平成7年9月）」において耐震設計審査指針の考え方に照らしても耐震安全性が確保されていると判断されていること。」との見解が示されていた。
39) 原田大樹『演習 行政法』（東京大学出版会・2014年）423-425頁。

水準の変化に対応して安全性の評価は変化し得ると考えられるため，許可時点で安全性の問題が全て確定していると考えることはできない（安全基準の変化に対応する条件付きでの許可）と言えるかもしれない[40]。もう1つは，段階的安全規制方式との関係である。前述のように，原子炉設置の過程においては設置許可がなされた後に，工事設計認可・保安規定認可などが続く。2012年改正以前の原子炉等規制法においては，その適用があるのは設置許可の部分だけで，後続の許認可は電気事業法に基づくものであった。その電気事業法40条には，技術基準に適合していないと認められる場合に主務大臣が適合命令を出すことができるという規定があり，この規定を使ってバックフィットができないかが議論されていた。段階的安全規制方式に忠実な理解によれば，電気事業法の適合命令は省令62号しかその基準にできず，原子力安全委員会が策定した耐震設計指針に違反しても命令は出せない[41]。他方，省令62号と原子力安全委員会の指針との連動が原子力安全・保安院の内規で要求されていることを手がかりに，電気事業法40条の適合命令を指針違反の場合でも発令する余地はあるという見解も示されていた[42]。

② **法改正後の耐震基準**

福島第一原発事故はバックチェックの作業中に発生した。バックチェックは本来3年で終了させる予定であるはずであったにもかかわらず，福島第一原発に関しては2016年に最終報告書が提出される予定とされており，緩慢な作業を許容していたバックチェックというあり方そのものに批判が寄せられた[43]。そこで2012年の法改正ではバックフィットが明確に導入された[44]。具体的には，発電用原子炉設置者に原子力規制委員会規則で定める

---

40) 阿部泰隆『行政法解釈学Ⅱ』（有斐閣・2009年）250頁は，設置許可処分取消訴訟の間に科学的知見が変化した場合を念頭に置き，「原発の安全性は事実認定の問題と考えれば，原発設置許可に安全性を欠くことが判明したのが現時点であっても，処分当時から客観的には瑕疵（原始的瑕疵）があったと解される」とする。事実認定に係る処分時基準と判決時基準の関係につき参照，山本隆司「取消訴訟の審理・判決の対象（2・完）」法曹時報66巻6号（2014年）1317-1355（1351）頁。
41) 高橋・前掲註7）124頁，同・前掲註19）407-409頁。
42) 川合・前掲註28）139頁，阿部泰隆「原発事故から発生した法律問題の諸相」自治研究87巻8号（2011年）3-33（9）頁。
43) 国会事故調・前掲註14）507頁。

技術基準に適合するように原子炉を維持する義務を課し（原子炉等規制法43条の3の14），これに違反した場合には，原子力規制委員会は，施設の停止や改造等の必要な措置を命令することができる（同法43条の3の23）とした。また，違反時の罰則は設けられていないものの，原子力事業者等に対して最新の知見を踏まえつつ災害防止に関して必要な措置を講ずる責務を規定した（同法57条の9）。旧基準に準拠した既存の原子炉を仮に運転した場合には措置命令が出される可能性が高いため，事業者は2013年7月の新規制基準の施行に合わせて，原子炉設置変更許可申請（同法43条の3の8第1項）とこれに伴う工事計画認可申請（同法43条の3の9第1項），さらに保安規定変更認可申請（同法43条の3の24第1項）を行った。

原子力発電に関する科学技術の知見の水準の変化の速さや，事故が起きた場合の被害の甚大性を念頭に置けば，バックフィットを正面から法制化したことは，適切な立法政策と考えられる。他方で，バックフィットと財産権保障や信頼保護とは緊張関係にあり，この点はバックフィットの導入が先行したドイツにおいても多くの議論がある[45]。2012年の法改正では，バックフィットは導入されても，損失補償規定は導入されなかった。これは，原子炉という危険な施設を保有・運転している事業者には，規制強化に自らの経済的負担で対応する義務があるとする考え方（財産権の内在的制約）に立つものと思われる。また，一部の規制に関しては移行措置で適用時期を遅らせる方策がとられている（設置許可基準規則附則2項）。しかし，新たな規制への対応のために特定の事業者に莫大な経済的負担を強いる場合や，必ずしも危険性や危険発生の可能性が高くない事象への対応のための規制強化である場合には，損失補償を立法で導入する余地はあるように思われる[46]。

---

44) 諸葛宗男＝西脇由弘「原子力規制委員会設置法の概要」日本原子力学会誌54巻12号（2012年）774-779（776）頁。

45) 川合・前掲註28) 143-144頁，同「ドイツ原子力法における既存の原子力発電所に対するバックフィットの在り方について」立教法学（立教大学）80号（2010年）280-327（317-323）頁。

46) 同旨，川合・前掲註45) 305頁。損失補償につき憲法29条3項から請求権が直接発生すると解する現在の我が国の判例・通説の立場を前提としても，バックフィットの権限行使の機動性確保と事業者の損失塡補とのバランスをとりうる通損補償規定を立法で置く意味は小さくないと考えられる。

Ⅱ. 国際的な耐震基準の形成過程

1. 国際原子力法の形成

(1) 原子力平和利用法

　原子力平和利用に関する国内法規範は国際的な規範と密接に結びついている。1953年のアイゼンハワー大統領の国連総会演説を契機とする原子力平和利用のための国際機関設立構想は，1957年の国際原子力機関（IAEA）設立に結実した。世界の核物質を一元的に管理する機関としてのIAEAという当初の構想は実現せず[47]，結局わが国にはアメリカ等との二国間の原子力協定に基づき，核燃料が供与されることとなった。その後，地球規模の原子力平和利用レジームとして次の2つが発達した。

　第1は，核兵器不拡散条約である[48]。これは，核物質の平和利用を目的に，軍事目的への転用を防ぐ目的で制定されたものである。この核兵器不拡散条約の履行確保手段として「保障措置」が用意されており[49]，国家の国際法上の義務が現実に果たされているかを確かめるために国際機関が査察に入るという，他の分野ではあまり見られない強力なしくみである。保障措置はかつて，二国間協定により提供された核物質のみを対象としていた。その後，核不拡散条約によって包括的な保障措置が取られるようになった[50]。

　第2は，核物質防護条約，核テロ防止条約がある。このような核セキュリティ対策は，もともとは国際輸送中の核物質が奪われることを防止するためのものであった[51]。その後，2001年の同時多発テロを受けてテロ対策の要

---

[47] 下山・前掲註5) 474頁。
[48] 今井隆吉「核拡散防止条約の問題点」ジュリスト580号（1975年）57-61（57）頁。
[49] 山本草二「原子力利用の法規制とIAEA保障措置の限界」『国際原子力利用法制の主要課題』（日本エネルギー法研究所・1998年）1-28（4）頁。
[50] 村瀬信也「原子力平和利用国際レジームの法構造」『国際原子力利用法制の主要課題』（日本エネルギー法研究所・1998年）67-91（73）頁，小林俊「国際保障措置の展開とその国内適用」『エネルギー関係国際法制の国内適用例』（日本エネルギー法研究所・2008年）83-102（89-92）頁。
[51] 山本草二「核物質の国際移転をめぐる国際法基準の展開」『核物質の国際移転に関する国際法と国内法』（日本エネルギー法研究所・2002年）73-92（81）頁。

素が加わり，2005年の条約改正では対象を国内における移動にまで広げた。その結果，国内における核物質防護は各国の責任である，という前提はもはや成り立たなくなっている[52]。

(2) 原子力損害賠償法

　原子力関連で国際的なルール形成が進展しているもうひとつの領域が，原子力損害賠償法である。条約は大きく2系統に分かれている[53]。OECDが中心となって策定されたパリ条約（1960年[54]・2004年改正議定書）とブラッセル補足条約（1963年）はヨーロッパ諸国を中心に加盟国がある。これに対して，IAEAが全世界をカバーする目的で策定にかかわったウィーン条約（1963年・1997年改正議定書）[55] は，途上国の加盟国が多い。両者を跨ぎ，また両条約とも締結していなくても加入可能なスキームとして，原子力損害の補完的補償に関する条約がある（⇨第6章）[56]。これらは，国境を越える原子力損害の解決を目的としており，国内法から見れば，裁判所を利用して国際ルールの内容を実現する手法として評価できる[57]。日本は，条約と国内法との整合性が必ずしもとれていないこと（⇨第8章），近隣諸国が加盟していないことから，これまでどの条約にも加盟していない[58]。

---

52) 戸田絢史「核物質防護に関する国際法制と国内適用」『エネルギー関係国際法制の国内適用例』（日本エネルギー法研究所・2008年）103-119（109）頁。
53) 飯塚浩敏「原子力責任条約概観」『原子力損害賠償に係る法的枠組研究班報告書』（日本エネルギー法研究所・2007年）1-29（6）頁。
54) 1958年にアメリカとユーラトムとの共同原子力発電計画のための条約で，アメリカがヨーロッパに対して原子力賠償法制に関する条約の締結を要請したのが契機とされる。参照，谷川久「原子力損害賠償制度の特色」『原子力損害賠償に係る法的枠組研究班報告書』（日本エネルギー法研究所・2007年）109-124（112）頁。
55) 道垣内正人「国境を越える原子力損害に関する賠償責任」ジュリスト1015号（1993年）157-163（158）頁。
56) 日本エネルギー法研究所原子力損害法制検討班『原子力損害賠償の補完的補償に関する条約各条の解説及び法的問題点の検討』（日本エネルギー法研究所・2012年）。我が国で現在加入が検討されているのはこの条約である（冨野克彦「原子力損害賠償に関する国際的な枠組み」日本原子力学会誌54巻8号（2012年）527-530（530）頁）。
57) 原田大樹「多元的システムにおける行政法学」同『公共制度設計の基礎理論』（弘文堂・2014年）8-48（23）頁［初出2012年］。
58) 今野和寿「日本の原子力損害賠償制度の課題」『原子力事故による越境損害の法的救済』（日

2. 原子力安全法の現状

(1) IAEA 安全基準の構造

　これに対して原子力安全に関する国際的なルール形成は，なお不十分である。1986 年のチェルノブイリ原発事故の際に，原子力事故が起きた場合の通報に関する国際ルール（原子力事故対応法）の必要性が指摘され[59]，同年に IAEA 原子力 2 条約（原子力事故の早期通報に関する条約・原子力事故および放射線緊急事態における援助に関する条約）が締結されている。IAEA には IRS (Incident Reporting System) と呼ばれる情報収集システムが存在していたものの，事故情報の共有が目的で緊急対応には不向きであったことから，こうした条約が生まれた[60]。しかし，原子力安全に関して IAEA がそれまで何もしていなかったわけではない。IAEA は 1975 年以降，原子力安全基準プログラム（安全シリーズ）と呼ばれる IAEA 安全基準を策定している[61]。

　現在，IAEA 安全基準は，「総合」「原子力施設安全」「放射性安全」「放射性廃棄物安全」「輸送安全」の 5 分野で策定されている[62]。この 5 分野のなかで，IAEA 安全基準は三層構造になっている。すなわち，「安全原則 (Fundamental Safety Fundamentals)」「安全要件 (Safety Requirements)」「安全指針 (Safety Guides)」という 3 つの類型である。「安全原則」は 1 つであり，ここでは基本的な原則や目標が掲げられている。そして，この安全原則を実現するための具体的な要件が記載されているのが「安全要件」である。さらに，この要件をどのように実現するかを規定するのが「安全指針」となる。安全要件および安全指針は，例えば一般安全要件，特別安全要件のように，それぞれ「一般」と「特別」といった分かれ方をしている。さらにその下に

　　本エネルギー法研究所・1991 年）19-38（21）頁。高橋康文『解説 原子力損害賠償支援機構法』（商事法務・2012 年）151 頁は，加入のメリットとして，管轄裁判所による一元化な司法処理と約からの資金受取の可能性の 2 つを挙げる。
59) 日本原子力産業会議編『原子力年鑑 62 年版』（日本原子力産業会議・1987 年）232 頁。
60) 原子力安全委員会編『原子力安全白書（昭和 61 年版）』（大蔵省印刷局・1987 年）50 頁。
61) 原子力安全委員会監修『原子力安全 10 年のあゆみ』（原子力安全委員会設立 10 周年記念行事実行委員会・1988 年）52 頁。
62) 白石重明「原子力安全委員会の国際活動」日本原子力学会誌 43 巻 9 号（2001 年）862-865（862）頁。

「安全レポート（Safety Reports）」が存在する。これは，以下の策定手続を経ていないものを指す。

　IAEA安全基準の策定手続に係る組織構造としては3つのレベルがあり，「分野別委員会」「安全基準委員会（CSS）」「理事会または事務局長」に分かれている。このうち「分野別委員会」は4つあり，先ほど述べたIAEA安全基準の5分野のうち「総合」を除いた4つの分野に対応する安全基準委員会が存在している。策定手続は，まず分野別委員会で案を練り，これがその上のレベルの安全基準委員会（CSS）で承認される。そして，コメント手続を経て，最終的に理事会あるいは事務局長の承認がなされる。

　IAEA安全基準が1975年に策定されはじめた当時は，途上国向けのひな型としての性格が強いものであった。つまり，途上国がこれから原発を導入するときに一緒に導入する，あるいは，導入すべき基準として，IAEA安全基準が位置付けられていた。1986年のチェルノブイリ原発事故の後，それまでの安全基準には存在しなかったシビアアクシデントを考慮した基準に変更するとともに，現在の形に近い階層構造を明確化した新しい安全基準を策定するようになった。この当時の構造は四層構造になっており，四層の一番下の「安全手引」が，現在「安全レポート」に代わってはいるものの，その点以外の構造は現在と概ね変わらない。1986年以降の動きで非常に興味深いのは，欧州原子力先進国の状況や経験が基準に反映されるようになり，かつてのような途上国向けのひな型という性格から，先進国でも参照すべき基準に変化してきたことである[63]。

(2) 原子力安全条約とIAEA安全基準

　原子力安全に関する多国間の枠組として，チェルノブイリ事故を受けて1994年に締結された原子力安全条約がある。これは，旧ソ連・東欧諸国の原子力発電所の改善を主目的とし，原子力安全の実現指針を示すものである[64]。その意味では，原子力利用の安全に関する国際規制の端緒を開いた

---

63) 平野光將＝佐藤秀治「IAEAの国際安全基準に関する活動」日本原子力学会誌42巻10号（2000年）994-999頁。
64) その具体化は，加盟国の裁量に委ねられている。参照，山本草二「原子力安全をめぐる国際

条約との評価も可能である[65]。しかし，同条約には具体的な安全基準が示されているわけではなく[66]，IAEA 安全基準がこの条約に文言上取り込まれているわけではない。また，義務の実施手段は各国の報告のピア・レビューのみで，強制的な手段を持たない奨励条約（Incentive Treaty ⇨ ことば）と呼ばれている。2011 年の福島第一事故を受けて同条約の改正を目指す動きも見られるものの，なお実現の目処は立っていない。

> ● ことば ●
>
> 奨励条約（インセンティブ条約）
>
> 原子力安全条約は，その前文 vii 項に incentive Convention という文言が使われている（条約の日本語訳では「奨励条約」という語が用いられている）。その意味の捉え方にはいくつかの立場がある。例えば，原子力安全条約上の義務の性格に注目し，あくまで各国の国内法制で実現されるべき政策内容に関する一定の指針を示している点に「奨励」の内実を求める立場がある。また，条約上の義務履行手段に注目し，条約実施のための手段が締約国会合の場におけるピア・レビューに限定されている点に「奨励」の性格を見出す立場も見られる。さらに，原子力安全の実現が各国の共通利益である点，またそれを前提に先進国が途上国に技術協力等を行うニュアンスを含む点に「奨励」の意味の力点を置く見解もある。本章では，主として条約上の義務履行手段に注目して奨励条約の意味を捉える立場を採用している（詳細につき参照，森川幸一「インセンティブ条約の特質と実効性強化へ向けた動き」『原子力安全に係る国際取決めと国内実施』（日本エネルギー法研究所・2014 年）9-30 頁。地方自治法上の連携協約制度にインセンティブの性格を見出すものとして参照，斎藤誠「連携協約制度の導入と自治体の課題」市政 63 巻 12 号（2014 年）18-20（19）頁）。

法と国内法の機能分化」『国際原子力安全・環境保護規制と国内法制の接点』（日本エネルギー法研究所・1997 年）1-29（13）頁，斎藤誠「多国間条約の展開と国内行政法」『国際原子力利用法制の主要課題』（日本エネルギー法研究所・1998 年）29-37（36）頁。

65) 兼原敦子「原子力損害に関する国際法の近年の動向」『国際原子力利用法制の主要課題』（日本エネルギー法研究所・1998 年）39-65（58）頁。

66) 国際基準の義務化に対しては，アメリカをはじめとして強い反対が示されたという。参照，I. セリン「国際的な安全基準と条約」原子力資料 257 号（1992 年）6-10（8）頁。

(3) 原子力安全法の発展可能性

　国際的な原子力安全法が発展していない理由は次の2点にまとめられる。第1は，原子力安全は国家主権の問題とする考え方が根強いことにある[67]。保障措置という強力な履行確保手段を伴う核兵器の不拡散に関する条約は，核兵器保有国を現状維持とする一方，平和的目的のための原子力の研究・生産・利用は，各国の「奪い得ない権利」（同条約4条1項）と規定している。軍事利用や核セキュリティにおける強力な国際的規制とのいわばバランスをとる形で，平和利用に関係する原子力安全法については国際的な介入が抑制されているとも言える。第2は，原子力発電所の事故に伴う被害は（チェルノブイリ事故のような規模でない限り）国内にとどまることが多く，国際的な枠組による調整を必要とする事態が起こる可能性が低いことである。

　しかし，第2の点との関係で言えば，福島第一原発事故で放出された放射性物質は海外においても検出されており，事故の波及効果は必ずしも一国の範囲内におさまるとは限らない[68]。そこで少なくとも，大気や海流の流れによって事故の影響を相互に受ける可能性がある地域単位での原子力安全に関する国際的な枠組は，チェルノブイリ事故と福島第一原発事故の教訓から要請されると思われる。また，第1の点との関係では，重大事故が相次ぐことで原子力発電の安全性に対する信頼が失われれば，地球規模で原子力発電から撤退する方向にもなりうる。他の発電方法と比べて科学技術上の知見がなお未成熟・未確立であるという原子力発電の特性は，グローバルな単位での安全規制の必要性を導出するとも考えられる。

　そこで，今後の方向性としては，原子力安全条約の機能強化を図るべく，一方では実体上の基準の明確化，他方では履行促進手段の開発が求められる。たしかに原子力安全条約は文言上，IAEA安全基準との連携を謳ってはいない[69]。しかし，IAEA安全基準は，原子力安全条約の実体ルールを事

---

67) 山本・前掲註64) 12-13頁。
68) このような見方は，核物質防護条約の改正の際に示されていた正当化理由でもあった。参照，兼原敦子「核物質防護条約の改正を巡る議論の意義」『核物質の国際移転に関する国際法と国内法』（日本エネルギー法研究所・2002年）93-110 (99) 頁。
69) 同条約前文には「この条約が原子力施設のための安全に関する詳細な基準ではなく基本的な原則の適用についての約束を含むこと」を認識し，との文言がある。

実上形成する方向にある[70]。2013年8月に提出された原子力安全条約第6回国別報告書においては，日本の安全規制とIAEA安全基準との対応関係が附属書の中で示されている[71]。これは，2012年8月に開催された第2回臨時総会において，第6回国別報告書の中でIAEA安全基準が条約上の義務履行にどのように考慮されているかに関する情報を示すよう推奨する合意がなされたことに対応するものである[72]。加えて，ピア・レビュー以外の条約上の義務履行促進確保策を導入することで，加盟国の原子力安全規制の平準化へのインセンティブを働かせる方策を検討するべきである。

Ⅲ. 耐震基準の多層化とその実現過程

1. 国際機構による実現

(1) 保障措置とIAEAピア・レビュー

現在の原子力安全条約が定めているピア・レビュー以上に強い実現手段として想定できるのが，保障措置（⇨ことば）とIAEAピア・レビューである。保障措置は核兵器不拡散条約で採用されている履行確保手段である。核物質の軍事転用を防止するため，核物質供与国はもともと二国間の原子力協定によって査察を行う方式をとっていた。この二国間協定に基づく査察はIAEAによる核査察（INFCIRC/66型）に吸収された。その後1970年の核兵器不拡散条約では締約国が保障措置を受諾することとされ，締約国に対しては対象を拡大した包括的保障措置（INFCIRC/153型）の査察がなされるようになった。この核査察はIAEAが直接各国の各関連施設に立入調査するも

---

70) 独立行政法人原子力安全基盤機構「平成21年度原子力施設の国際安全基準に係る調査に関する報告書」(2011年) 1-1頁，児矢野マリ「原子力災害と国際環境法」世界法年報32号 (2013年) 62-126 (70) 頁。

71) Nuclear Regulation Authority, Convention on Nuclear Safety National Report of Japan for 6th Review Meeting August 2013, pp. 139-141.

72) 2nd Extraordinary Meeting of the Contracting Parties to the Convention of Nuclear Safety Final Summary Report (CNS/ExM/2012/04/Rev. 2), 2012, p. 5. この内容は，国別報告書に関するガイドラインにも盛り込まれている (Guidelines regarding National Reports under the Convention on Nuclear Safety (INFCIRC/572/Rev. 4), 16. April. 2013, 19.)。

のであり，わが国は1977年に核不拡散条約に加入した際にIAEAと保障措置協定を結び，同時に原子炉等規制法を改正して，立入調査できる者に「国際原子力機関の指定する者」を加えている（同法68条13・14項）[73]。

これに対してIAEAピア・レビューは，福島第一原発事故直後に開催されたIAEA閣僚会議で，IAEAの天野事務局長から提案されたものである。これは，加盟国が互いに専門家を派遣し合って，抜き打ちで安全性の評価を行うものである[74]。その後2011年9月にまとめられた原子力安全に関するIAEA行動計画では，加盟国の慎重姿勢に押し戻されて，加盟国にIAEAピア・レビューを少なくとも3年に1回，自発的に受け入れることを推奨するという表現にとどまった。

● ことば ●
保障措置

保障措置とは，「原子力の平和的利用を確保するため，核物質が核兵器その他の核爆発装置などに転用されていないことを検認する制度」（宇佐美正行「拡がる欧州との原子力協力と国際保障措置」立法と調査254号（2006年）39-44（42）頁）とされる。保障措置には，核物質の一定期間内の搬入・搬出を量的に管理することで，核物質が平和目的のみに使われていることを確かめる計量管理と，計量管理が行われているかを原子力施設に立ち入って確認する査察の2つがある。

このうち国際査察は，国際機構の職員が立入検査を行う極めて強度の履行確保措置であり，「国際法上前例のない革命的な制度」（下山俊次「国際原子力機関（IAEA）とその保障措置規則」ジュリスト336号（1965年）79-85（82）頁）との評価を伴って導入されている。このように，原子力平和利用法においては，極めて強度な履行確保措置が用いられているのに対して，原子力安全法ではピア・レビューという方式が採用されるにとどまり，その機能強化にも各国からの抵抗が強いことが，この分野の特色であり課題でもある。

---

73) 小林俊「国際保障措置の展開とその国内適用」『エネルギー関係国際法制の国内適用例』（日本エネルギー法研究所・2008年）83-102（95）頁。
74) 「核の番人，問われる真価」朝日新聞2011年6月21日朝刊。

(2) 国際機構による実現の正当化可能性

　IAEA ピア・レビューは，その審査基準に IAEA 安全基準を用いることで，国際的な安全基準の実現を担保する強力な手段となりうる。しかし，IAEA 自身はピア・レビューに派遣できる専門家を自己調達できるわけではなく，また受け入れるかどうかを完全に加盟国の判断に委ねている現在のシステムでは，十分な実効性を期待することは困難である。他方で，保障措置のようなより強力な措置をとるには，なぜ国際機構による実現が要請されるのかについての正当化が必要となろう。理念的に言えば，個別の国家の利益とは区別される国際公益[75]が，原子力発電所の安全や耐震性確保に関して成立する必要がある。このような国際公益がなお成立していないとすれば，国家の判断権を拘束しない形での誘導か，民間団体を媒介させた国際的な自主規制による実現にとどまらざるを得ないだろう。

2. 国内法による実現

(1) 国際基準の国内法化

　このような現状を前提とすれば，耐震基準を多層化させて各層でその実現を図るのではなく，多層化した基準を国家のレベルで調整して実現させる方法をとることが，原子力発電所の安全水準の短期的な向上には効果的と考えられる。つまり，IAEA 安全基準を何らかの形で国内の法規範に取り込むことにより，国内行政法の規制執行手段で実現するという方策である。福島第一原発事故以前の日本の安全基準は，IAEA 安全基準との整合性をほとんど考慮していなかった[76]。原発事故の検証の過程では，IAEA 安全基準に含まれていたシビアアクシデント対策が日本の安全基準では不十分であったことが指摘された[77]。

---

[75] この概念の批判的検討として参照，奥脇直也「『国際公益』概念の理論的検討」広部和也＝田中忠編・山本草二先生還暦記念『国際法と国内法――国際公益の展開』（勁草書房・1991年）173-243頁。

[76] 班目春樹「情況に合った原子力安全規制制度のあり方を追求」原子力eye 56巻7号（2010年）4-6 (5) 頁，谷口富裕「グローバル化に応えて自らのルネサンスを目指せ」エネルギーフォーラム 57巻674号（2011年）28-31 (30) 頁。

[77] 東京電力福島原子力発電所における事故調査・検証委員会・前掲註14），335頁，国会事故

そこで，原子力規制委員会による新規制基準の策定の際，IAEA安全基準との整合性が意識された。シビアアクシデント対策については，設置許可基準規則に重大事故等対処施設の備えるべき安全性が規定された（同規則37条以下）。また，IAEA安全基準には以前から存在していた品質管理[78]の要請が原子炉等規制法の工事計画認可の要件に取り込まれ（同法43条の3の9第3項3号[79]），この内容にも即した「実用発電用原子炉に係る発電用原子炉設置者の設計及び工事に係る品質管理の方法及びその検査のための組織の技術基準に関する規則」（平成25年6月28日原子力委員会規則第8号）が制定されている。

このように，IAEA安全基準は国内法において，よりよい安全基準かどうかを判断するベンチマークとして機能している[80]。こうした利用法を支えているのは，IAEA安全基準が欧州諸国をはじめとする原子力発電先進国をも含むベストプラクティスの集積であるとの評価である[81]。そこで，IAEA安全基準から逸脱した規則制定や解釈基準が採用される場合にはその理由を提示させるなどのソフトな手法をさしあたり用いて，国際的な基準と国内法規範との調整を図ることが考えられる。

(2) 裁判所による国際基準の実現

IAEA安全基準の内容が国内立法や行政基準に反映されず，その理由が特に何も示されていない場合には，原子炉設置許可に対する取消訴訟や，周辺

調・前掲註14）551頁，福島原発事故独立検証委員会・前掲註14）189頁，日本国政府「原子力の安全に関する条約 第2回特別会合 日本国国別報告」（2012年）31頁，森本英香「原子力規制委員会の発足と現在の取組」エネルギー・資源34巻2号（2013年）69-71（70）頁。

78) IAEA Safety Standards for protecting people and the environment, The Management System for Facilities and Activities (Safety Requirements No. GS-R-3), 2006.
79) 具体的には，「その者の設計及び工事に係る品質管理の方法及びその検査のための組織が原子力規制委員会規則で定める技術上の基準に適合するものであること」との要件が定められた。
80) Makoto Saito, Internationale Gesetzgebung und japanisches Verwaltungsrecht am Beispiel des Atomrechts, in: Heinz-Dieter Assmann u.a. (Hrsg.), Markt und Staat in einer globalisierten Wirtschaft, 2010, S. 237-245, 242 は IAEA 安全基準をソフトローと性格付ける。
81) Anselm Schaefer, Die Module des Kerntechnischen Regelwerks, in: Matthias Schmidt-Preuß (Hrsg.), Deutscher Atomrechtstag 2008, 2009, S. 133-152, 137.

住民が提起する民事差止訴訟の中で，裁判所がIAEA安全基準の内容に依拠してその安全性を判断することも想定できる。IAEA安全基準を国際機構が定める法規範ととらえると，その国内裁判所における適用可能性は，公法抵触法の一事例と考えられる[82]。あるいは，前述のように国内の耐震基準も性能規定化と民間規格への参照という形で多元化していると捉えれば，IAEA安全基準を民間規格と並ぶ一種の国際規格[83]と捉え，性能規定における不確定概念の解釈の枠内でその内容を反映させる方が，解釈論としては穏当とも思われる[84]。

おわりに

原子力基本法には民主・公開・自治という3つの原則が規定されている。このうち民主の原則（同法2条）はもともと「外国に依存しない」という意味と考えられていた[85]。しかし，公共部門が多層化する現状にあっては，その意味を再考する必要が生じている。すなわち，国際機構と国家と地方公共団体という多層的な構造のそれぞれに民主政の過程が存在しており，その相互関係を意識しなければならない。また，原子力には高度の技術性があるとすると，専門家への信頼と民主政との緊張関係についても考慮する必要がある。さらに，原子力は将来世代への配慮が重要であり，それは通常の民主政の過程では衡量しがたい利益である。そこで原子力安全法においても，通常の民主政の過程には見られない特別な法技術が必要とも考えられる。

本章が取り上げた原子力発電所の耐震基準の多層化に見られる規範定立過程や規範の効力調整のしくみは，このような課題に法システムが対応しよう

---

82) 公法抵触法につき参照，斎藤誠「グローバル化と行政法」磯部力他編『行政法の新構想I 行政法の基礎理論』（有斐閣・2011年）339-374（349-361）頁．原田大樹「国際的行政法の発展可能性」同『公共制度設計の基礎理論』（弘文堂・2014年）95-113（100-104頁）［初出2012年］，横溝大「行政法と抵触法」自治研究89巻1号（2013年）128-141頁．
83) 公法学から見た国際規格策定の問題点につき参照，原田大樹「多層化への理論的対応」同『公共制度設計の基礎理論』（弘文堂・2014年）143-176（154-160）頁［初出2012年］．
84) 原田・前掲註13）282-285頁．
85) 川上幸一『原子力の政治経済学』（平凡社・1974年）267頁．

とする１つの試みと言える。同様の動きは，環境法[86]や国際金融市場規制法[87]などにも観察できる。こうした行政法学の主要参照領域における政策実現過程のグローバル化の状況を丁寧に分析し，公法学の基礎理論の再構成を図る[88]ことは，原子力安全法における新たな政策課題の発見や，政策手法の開発にもつながるものと思われる。

---

86) 例えば，島村健「国際環境条約の国内実施――バーゼル条約の場合」新世代法政策学研究（北海道大学）9 号（2010 年）139-164 頁，児矢野マリ「国際環境法における手続的義務に関する一考察」新世代法政策学研究（北海道大学）20 号（2013 年）201-226 頁。
87) 原田大樹「多元的システムにおける本質性理論」同『公共制度設計の基礎理論』（弘文堂・2014 年）351-373 頁［初出 2011 年］。
88) 原田・前掲註 57)。

第8章

原子力損害賠償と国家補償

■ 本章への架橋

　2011年3月に発生した東京電力福島第一原発事故は，前章で扱った原子力安全規制（原子炉等規制法を中心とする法令群）とともに，原子力法制のもう一つの柱である原子力損害賠償法制（例解 377 頁）にも大きな変容をもたらした。本章では，事故後に立法化された原子力損害賠償支援機構法と，平成23年原子力事故による被害に係る緊急措置に関する法律の2つの法律が定める損害賠償のしくみを分析することを通して，原子力損害賠償と広義の国家補償のあり方を検討することを目的とする。

　まず，日本の原子力発電の黎明期に立法化された原子力損害の賠償に関する法律の特色を，「責任集中」と「政府援助」の観点から明らかにし，福島第一原発事故後に制定された原子力損害賠償支援機構法（例解 378 頁）の特色を，その合憲性の観点から検討する。次に，損害賠償額の確定方法に関して原子力損害の賠償に関する法律が当初想定していた方法とその後の変更，さらに平成23年原子力事故による被害に係る緊急措置に関する法律の定める確定方法をとりあげ，国家補償の要素を含めた立法技術の可能性を提示する。以上の作業を通じて，損害賠償法と行政法学との関わりを，広義の国家補償（補償法）の観点（例解 156 頁）から明確化することとしたい。

はじめに

　未曾有の被害をもたらした東京電力福島第一原子力発電所事故により，被害者・損害の内容・損害額のいずれの点においても過去に例のない損害賠償が必要となっている[1]。この原子力発電所の事故に関しては，原子力発電が

日本に導入される時期に原子力損害賠償制度が設けられている。これは，1961 年に制定された原子力損害の賠償に関する法律（以下「原賠法」という）と原子力損害賠償補償契約に関する法律（以下「補償契約法」という）のいわゆる原子力二法により規定され，原子力事業者への責任集中と無過失責任を特色としている。原子力事業者は民間損害保険・政府との補償契約・供託の手段によって 1200 億円の賠償を可能とする損害賠償措置をとらなければならない。しかしこれを超える部分についても無限責任となっており，この部分については政府の援助措置が規定されていた。福島第一原発事故ではこの賠償措置額を超える損害が生ずる事態となり，これに対応するため 2011 年に原子力損害賠償支援機構法（2014 年改正後は「原子力損害賠償・廃炉等支援機構法」，以下「機構法」という）と，平成 23 年原子力事故による被害に係る緊急措置に関する法律（以下「仮払法」という）が制定されている。

　福島第一原発事故以前の法制度において，原子力損害賠償は民事の不法行為法の特則として位置づけられ，行政法的な色彩は希薄であった。しかし大量の損害賠償請求が予想される事故後においては，賠償費用の調達の面でも分配の面でも，行政法的な手法が含まれた立法措置がとられている。そこで本章では，賠償費用の負担者と賠償額の確定方法の 2 つの場面に分け，とりわけ機構法と仮払法に見られる法制度の法技術的特色やその合理性を行政法学の観点から検討することとしたい。まず，賠償費用の負担者については，原賠法が定める責任集中の考え方と国家賠償責任との関係を基軸に，機構法の定める費用負担構造を批判的に検討することとする（I.）。次に，賠償額の確定方法については，原賠法が想定する民事訴訟による個別的な解決と集団的・行政法的な賠償額確定とを対比させながら，仮払法の定める仮払金請求権の法的性質を批判的に検討することとする（II.）。最後に，これらを踏まえ，2011 年に制定されたこの 2 つの法律が行政法学にもたらす意義を素描することとしたい。

---

1) 福島第一原発事故の被害の特性につき参照，中島肇「原発事故損害賠償『中間指針』の考え方（1）」NBL977 号（2012 年）7-12（8）頁。

Ⅰ. 賠償費用の負担者

1. 責任集中と国家賠償責任

(1) 原賠法の特色——責任集中と政府援助

　原子力損害賠償制度の大きな特色は，被害者救済のみならず原子力産業の育成をも目的としていた点にある[2]。原子力損害は一旦発生すると極めて広範囲にわたり多大な被害をもたらす。そこでもしこれを事業として実施しようとすれば，事業に伴い発生するリスクをいかに計算するかが大きな問題となる。各国で原子力の平和利用が開始された1950年代後半にこのことが認識され，1957年にアメリカではプライスアンダーソン法（PA法）[3]と呼ばれる原子力損害に関する特別な立法がなされた。我が国がこの制度を導入する契機となったのは，1956年の日米原子力協定と1957年の日英動力協定である。当時の我が国には原子力発電に必要なウラン燃料も発電設備もなく，これらは輸入に頼ることとなっていた。その輸入の際に締結される二国間原子力協定の条項に，事故が起きた場合の輸出国政府（日米・日英）や輸出国の製造業者（日英）の免責が要求された[4]。そこで我が国でも1958年に原子力委員会に原子力災害補償専門部会（部会長は我妻栄・東京大学名誉教授）が設置されて検討が進み，1961年の原子力二法に結実した。

　原子力損害賠償制度の大きな特色は「責任集中」と「政府援助」である。まず，責任集中とは，事故発生時の責任を原子力事業者（例：電力会社）にのみ負わせる方式である（原賠法4条1項）。これは，被告の選択を容易にする点では被害者救済にも資する点があるものの，主たる目的は業界育成にある。原子力事業者に責任を集中させたのは，民間の原子力損害賠償保険の付

---

[2] 星野英一「原子力損害賠償に関する2つの条約案」ジュリスト236号（1961年）40-49（49）頁。

[3] 卯辰昇「米国原子力法の歴史的展開」同『現代原子力法の展開と法理論［第2版］』（日本評論社・2012年）19-73（35）頁［初出1999年］。

[4] 科学技術庁原子力局編『原子力損害賠償制度』（通商産業研究社・1962年）18頁，日本原子力産業会議編『日本の原子力（上）』（日本原子力産業会議・1971年）121-128頁，小柳春一郎「我妻榮博士の災害法制論」法律時報85巻3号（2013年）101-106（103）頁。

保険金額を高めるためであるとされる。原賠法は、原子力事業者に賠償責任を集中させた上で、原子炉の運転条件として損害賠償措置をとることを要求する（同法6条）。これは賠償措置額（現在は1200億円）を損害賠償に充てることができるように、民間の賠償責任保険、政府との賠償補償契約、供託のいずれかを求めるものである（同法7条1項）。通常は民間保険で費用がカバーされるものの、地震・津波など保険金が支払えないケースについては、政府との補償契約に基づき補償金が支払われることになる（同法10条、詳細は補償契約法が規定している）。

　このような賠償措置が働かない次の2つの場面においては、政府が一定の措置をとることが予定されている。第1は、被害額が賠償措置額を超えた場合である。我が国の原子力損害賠償制度は無限責任を採用しており、賠償措置額を超えても原子力事業者は賠償支払義務を負ったままである。このときには政府は「この法律の目的を達成するため必要があると認めるときは、原子力事業者に対し、原子力事業者が損害を賠償するために必要な援助を行なうものとする」（原賠法16条1項）。第2は、事業者が免責された場合である。原賠法は無過失責任を定める一方、「異常に巨大な天災地変又は社会的動乱」によって生じた損害については事業者を免責している（同法3条1項）。この場合には賠償を支払うべき帰責主体が存在しないことになる。そこで原賠法はこの際には政府が「被災者の救助及び被害の拡大の防止のため必要な措置を講ずるようにするものとする」（同法17条）と定めている。

(2) 責任集中と国家賠償責任の関係

　そこで問題となるのが、「原子力事業者以外の者は、その損害を賠償する責めに任じない」（原賠法4条1項）とする責任集中が国家賠償責任をも排除する趣旨なのかという点である。これまでの行政解釈では、国家賠償責任も排除する趣旨との見解が示されていた[5]。その形式的な理由は、国に対する適用除外を定めた原賠法23条の列挙条項に4条1項が含まれていないことである。また実質的な理由は、政府の援助措置を定める原賠法16・17条に

---

5) 科学技術庁原子力局監修『原子力損害賠償制度［改訂版］』（通商産業研究社・1991年）59頁。

よって被害者救済が可能となるからである。これに対しては福島事故後，原賠法4条1項の規定にもかかわらず国家賠償請求は可能とする考え方が示されている。その理由付けとしては，次の2点が挙げられる。第1は，責任集中の目的がプラント製造者等の保護や原子力産業の育成に資することにあるとすれば，責任集中の範囲もその目的達成の限度にとどまるとする考え方である[6]。第2は，もし責任集中が国家賠償責任を排除しているとすれば，それは憲法17条に違反し無効であるとする考え方である[7]。

　立法の経緯をたどると，確かに立案関係者の理解としては国家賠償責任も排除する趣旨であったと考えられる[8]。原子力災害補償専門部会答申[9]の段階では，民間の原子力損害賠償責任保険ではカバーできない損害が発生した場合に国家が被害者に対して金銭給付することを国家補償と呼んでいた[10]。具体的には①告知義務等に違反して保険金の支払いがなされない場合（政府が事後的に事業者に求償），②責任保険で填補されない危険による事故の場合（工作物の設置・管理の瑕疵がある場合にのみ政府が事業者に求償），③賠償措置額を超える被害が生じた場合（事業者に故意・重過失がある場合にのみ政府が事業者に求償）の3つが想定され，政府は事業者から補償料をとることとされていた[11]。しかし政府内部の調整の際に，民間事業者の事故の損害について政府が填補するとする先例が存在しないこと，賠償額が多額になり国家財政に重大な影響を与えるおそれがあることから，①と②の場合については損害賠償措置として政府との補償契約が使われることとなり，③については補償契約ではカバーされず，原賠法16条の「援助」が行われることとされた。

---

6) 大塚直「福島第一原発事故による損害賠償と賠償支援機構法」ジュリスト1433号（2011年）39-44（40）頁，人見剛「福島第一原子力発電所事故の損害賠償」法学セミナー56巻12号（2011年）20-25（23）頁，高橋康文『解説 原子力損害賠償支援機構法』（商事法務・2012年）29頁。
7) 原子力損害賠償実務研究会編『原子力損害賠償の実務』（民事法研究会・2011年）30頁。
8) 科学技術庁原子力局編・前掲註4）47頁。
9) 「原子力災害補償専門部会の答申（昭和34年12月12日）」原子力委員会月報4巻12号（1959年）13-15頁。
10) この点は専門部会答申が強調していた。参照，我妻栄「原子力二法の構想と問題点」ジュリスト236号（1961年）6-10頁。
11) 竹内昭夫「保険および国家補償の問題」私法22号（1960年）60-74頁。

この③の場合についても，当時の国会会議録では，事業者を破産させないことが強調されている[12]。つまり，原子力二法の立法時には，国家補償の要素を加味した包括的な賠償責任法制を構築することが意図されていたと言える。それでも「援助」の具体的内容については，法制度上は明らかにされてこなかった[13]。

2011年に制定された機構法は，賠償措置額を超える被害が生じた場合の「援助」を具体化するものである。そこで，機構法が定める枠組が，原子力二法が立法時に想定した政府の援助措置と整合するものであるかどうかが問われることとなる。旧郵便法の定めていた国の責任を制限する規定が憲法17条に違反するかどうかが問題となった郵便法違憲判決（最大判2002（平成14)・9・11民集56巻7号1439頁）において最高裁は「公務員の不法行為による国又は公共団体の損害賠償責任を免除し，又は制限する法律の規定が同条に適合するものとして是認されるものであるかどうかは，当該行為の態様，これによって侵害される法的利益の種類及び侵害の程度，免責又は責任制限の範囲及び程度等に応じ，当該規定の目的の正当性並びにその目的達成の手段として免責又は責任制限を認めることの合理性及び必要性を総合的に考慮して判断すべきである」との判断基準を示している。そこで，機構法が定める法的なしくみにより，原賠法4条1項が国家賠償法の適用を排除しうるものとなっているかを，この基準を手がかりに検証する必要がある。

---

12)「政府の援助は，この法律の目的，すなわち，被害者の保護をはかり，また，原子力事業者の健全な発達に資するために必要な場合には必ず行なうものとする趣旨であります。従って，一人の被害者も泣き寝入りさせることなく，また，原子力事業者の経営を脅かさせないというのが，この立法の趣旨でございます。」（第38回国会・衆議院科学技術振興対策特別委員会会議録第9号5-10頁（1961年4月12日）池田正之輔国務大臣発言）。

13) このような立法になった要因として，星野英一「原子力災害補償」同『民法論集 第3巻』（有斐閣・1972年）393-440（437）頁［初出1962年］は，原子力産業自体の問題点をも指摘している。原子力産業の草創期において日本では，各社が競って原子力産業に飛びつき，各々が外国会社と結びついて激しい競争を展開していた。そこで「『そんなにやりたいなら自分の負担で勝手にやれ』といわれても，反論のしようがない」状況が生じていたとする。

2. 機構法の費用負担構造

(1) 機構法の特色——負担金と国債交付

　機構法は，原賠法に基づく賠償措置額を超える原子力損害が生じた場合に「当該原子力事業者が損害を賠償するために必要な資金の交付その他の業務を行うことにより，原子力損害の賠償の迅速かつ適切な実施」と電気の安定供給・原子力事業の円滑な運営確保を図ることを目的としている（機構法1条）。このため，機構法では原子力損害賠償・廃炉等支援機構（以下「機構」という）と呼ばれる認可法人を全国で1つ設立し（同法3条），賠償のための費用の調達と事故を起こした原子力事業者への資金交付を行うしくみを設定している。認可法人は特別の法律に基づき私人が任意に設立する法人であって，設立時に主務大臣の認可を得なければならない組織形態である[14]。民事法上の法人格であるため行政組織法上の行政主体性は持たない[15]とされる一方，民間の法人が個別の行政法令に基づいて国家事務の一部を担う指定法人に比べて組織への法的規律が極めて強い。機構法は議決機関として運営委員会，執行機関として理事長・理事，監査機関として監事を置き，理事長と監事は主務大臣が任命し，運営委員と理事は主務大臣の認可を得て理事長が任命する（同法14・17・23・25条）。これらの選任の際に電力会社が参加したり決定権を持ったりする組織原理（公共組合）はとられていない。

　機構の損害賠償に関係する主要な任務は，賠償措置額を超える損害賠償に対応するための費用の調達と，事故を起こした原子力事業者への資金交付である。費用調達について機構法は大きく3つの方法を予定している。第1は，賠償措置額を超える損害賠償をしなければならない原子力事業者（具体的には東京電力）が支払う特別負担金である。特別負担金は，事故を起こした原子力事業者が機構から特別資金援助を受けるために得る「認定」（機構法45条1項）を得ている期間に，当該原子力事業者だけが支払わなければならない負担金である（同法52条1項）。第2は，実用発電用原子炉の許可や実用再処理施設の指定を受けた原子力事業者（具体的には原発を有する電力会

---

[14] 宇賀克也『行政法概説Ⅲ［第3版］』（有斐閣・2012年）275頁。
[15] 塩野宏『行政法Ⅲ［第4版］』（有斐閣・2012年）109頁。

社や電源開発株式会社など）が支払う一般負担金である（同法38条1項）。第3は，国による国債交付（同法48条）と資金交付（同法51・68条）である。特別資金援助に必要な費用を調達するため，国は交付国債を機構に対して交付する。ただし，毎事業年度の損益計算で余剰がある場合には，交付国債のうち国から償還を受けた額までを限度に，国庫納付しなければならない（同法59条4項）。すなわち法律の構造上は，交付国債による資金は国からのいわば融資であり，最終的には負担金（特別負担金）によって費用負担がなされることが想定されている。ただし，賠償金額が大きすぎて負担金が電力の安定供給を害するほど高額になる場合には，国庫への返済を予定しない資金交付を予算の範囲内で行うことができる。

(2) 費用負担構造の批判的検討

このように機構法は，電力会社からの負担金と国家からの国債交付・資金交付によって賠償措置額を超える原子力損害の賠償を行うしくみを設けている。しかし，電力会社からの負担金はどのような法的性格を持ち，どのような理由でその徴収が正当化されているのか，また法律による負担金算定規定が十分な規律密度を保っているのかが，行政法学の観点からは問題となりうる。また，国債交付と資金交付の枠組が，原賠法の当初想定した政府の援助措置として適切なものなのか，原賠法が定める責任集中の考え方により国家賠償責任をも排除するものなのかも検討する必要がある。

① 特別負担金

公共部門が公的任務の遂行のために必要な資金を調達するために強制的に徴収する公金徴収の際には，それが私人の財産権を侵害しうるものであり（権利・自由の観点），また徴収された費用がどのような公的任務に用いられるのかをどのような民主政の回路で決定すべきか（民主政の観点）が問題となる。この点を考える上で有用なのが，公金徴収の立法準則である[16]。徴収される公金の性質は，その正当化根拠に基づき，「対価性」「帰責性」「制裁」「費用調達」の4種類に区分できる。対価性に基づく公金徴収は，将来的に

---

16) 原田大樹「立法者制御の法理論」同『公共制度設計の基礎理論』（弘文堂・2014年）178-234（206）頁［初出2010年］。

得られる給付の反対給付として徴収される（例：受益者負担金，社会保険料）。帰責性に基づく公金徴収は，社会的に負の影響を与える行為によって生じた損失を塡補するために徴収される（例：誘導課徴金［公害健康被害の補償等に関する法律52条の汚染負荷量賦課金］）。制裁のための公金徴収は，違法な行為に対する制裁と将来にわたる当該行為の一般予防を目的に徴収される（例：行政上の秩序罰，執行課徴金［独占禁止法の課徴金］）。これらの3つはいずれも徴収目的との関係で徴収額が一定の範囲内に収まりうる（比例原則・罪刑均衡）。それに対して費用調達のための公金徴収は，上記のような徴収の正当化根拠を持たず，単に公的任務の遂行に必要な費用調達のために徴収されるもので，租税が典型である。この場合には，賦課金額に歯止めをかける内在的な限界が存在しないことから，徴収の要件について法律で明確に規律することが憲法上要請されている（⇨第1章）。

　以上のような正当化根拠の議論を特別負担金にあてはめると，どのような帰結が得られるであろうか。特別負担金は，認定を得て特別資金交付を受けている期間に支払う負担金であり，負担金と特別資金交付との間に対価性があるようにも見える。しかし，資金交付の額と負担金の額とは全く独立に決定される上，負担金不払いでも特別資金交付が自動的に停止することはない。また特別負担金は，事故を起こした原子力事業者に対する制裁や将来にわたる事故の一般予防を目的とするものでもない。そこで，事故が発生した原子力事業者の責任を前提とするならば特別負担金は帰責性に基づく公金徴収と考えられ，そうでなければ費用調達目的の公金徴収と捉えることになる。機構法は賠償措置額を超える損害が発生した場合を念頭に置いたスキームを設けており，天災等による免責の際の政府援助を具体化した法律ではない。また機構法の立案過程においては，東京電力を法的整理すると被害者救済上の困難[17]や電力の安定供給維持の面で問題が生じることから，東京電

---

[17] 電力会社が設備投資に必要な資金を調達しやすくする目的で，電気事業法37条は電力債の一般担保を定めている（資源エネルギー庁電力・ガス事業部＝原子力安全・保安院編『電気事業法の解説』（経済産業調査会・2005年）292頁）。そのため破産手続に入ると，損害賠償債権はこれに劣後するため，被害者への救済が困難となる可能性が高い。立法によって弁済の優先順位を変更することは社債市場の混乱を招きかねない（電力債はこれまで社債市場において，国策としての原子力発電を遂行しているという理由から国債並みの低金利で引きうけられてき

力が債務超過にならない範囲内で最大限の負担を要求する方策として特別負担金の方式が採用されている。このことからすると，少なくとも立案担当者は特別負担金を帰責性に基づく公金徴収と考えていたと思われる[18]。他方で，今回の福島第一原発事故が天災免責の適用事例と考えるとすれば，最終的には東京電力に賠償責任を全て負わせる機構法のしくみは財産権に対する強度の侵害と評価されることになる。

　特別負担金の正当化根拠を帰責性に求めるか，費用調達に求めるかの議論は，特別負担金の算定方法に関する規律密度の議論（租税法律主義との関係）（⇨第1章）にも影響を及ぼす。特別負担金は国・地方公共団体が賦課する租税の形式をとっていない。しかし，旭川市国民健康保険料事件最高裁判決（最大判2006（平成18）・3・1民集60巻2号587頁）によれば，「租税以外の公課であっても，賦課徴収の強制の度合い等の点において租税に類似する性質を有するものについては，憲法84条の趣旨が及ぶと解すべき」である。例えば農業共済組合の事例について最高裁（最三小判2006（平成18）・3・28判時1930号83頁）は，組合が強制加入制を採用していることと，賦課金が強制徴収されることを理由に，憲法84条の趣旨が及ぶと判断している。これに対して機構法は，前述の通り，公共組合のような利害関係者の強制加入構造を採用していない。また不払いの場合に行政上の強制徴収は予定されず，制裁的公表（機構法38条4項）のみが規定されている。しかし，原発を保有する電力会社等は法律に基づき負担金支払義務を負っており，また地域独占構造の電力業界においては，支払義務の履行担保措置としては制裁的公表のみで十分と考えられたとも思われる。そうであるとすれば，機構が公共組合のような組織構造でないこと，負担金の強制徴収のしくみがとられていないことを理由に

いた。参照，竹森俊平『国策民営の罠』（日本経済新聞出版社・2011年）53頁）。また会社更生法を適用する場合には更生計画策定時に債権者が裁判所に届け出る必要があるものの，事故の被害者に届出を要求することは現実的には困難である。立法によって届出不要または事後届出可能とすると更生計画の策定そのものが困難を来すおそれが高い。

18) 東京電力の過失を指摘するものとして参照，小島延夫「福島第一原子力発電所事故による被害とその法律問題」法律時報83巻9=10号（2011年）55-65（64）頁。免責規定の適用要件を検討したものとして参照，小林寛「原子力損害賠償責任における免責規定の適用要件に関する考察」法律時報85巻5号（2013年）103-109頁。

憲法84条の趣旨が及ばないと解するのは早計である。

　特別負担金の算定方法について，機構法は「電気の安定供給その他の原子炉の運転等に係る事業の円滑な運営の確保に支障を生じない限度において，認定事業者に対し，できるだけ高額の負担を求めるものとして主務省令で定める基準」（機構法52条2項）としか規定していない。租税以外の公課に関する規律密度につき，前掲旭川市国民健康保険料事件最高裁判決では「賦課要件が法律又は条例にどの程度明確に定められるべきかなどその規律の在り方については，当該公課の性質，賦課徴収の目的，その強制の度合い等を総合考慮して判断すべき」との基準を立てている。そして国民健康保険料については，保険料の使途が国民健康保険事業に要する費用に限定されていることに注目し，計算方法のみを条例で定めても憲法84条の趣旨に反するものではないと判断している[19]。機構法は利害関係者（具体的には電力会社）による自治の形態でない組織であるから，低い規律密度を自治の要素によって正当化すること（前掲農業共済組合最高裁判決）はできない。そこで公課の性質や賦課徴収の目的が重要な判断要素となる。もし特別負担金が帰責性に基づく公金徴収であるとすれば，賦課徴収可能な金額は当該事業者の法的責任の範囲内にとどまるべきであり，たとえそのことが条文上明記されていなくても，そのように解釈しなければ違憲となる（合憲限定解釈）。これに対して特別負担金が費用調達目的の公金徴収であるとすれば，その実質は租税と変わらないので，憲法84条が直接に適用されることとなる。この立場によれば，上記のような機構法の規定の仕方は租税法律主義，とりわけ課税要件明確主義に反するものであり，この点からしても違憲と評価される可能性がある。

② 一般負担金

　一般負担金は，「機構の業務に要する費用に充てるため」（機構法38条1項）原発を保有する電力会社等から徴収される負担金である。立案担当者の理解によれば，この一般負担金は原子力事業者の相互扶助のための拠出金であるとされる[20]。つまり将来事故が起きたときのための備えであり，また原子力事故において損害賠償が滞ることにより業界全体への不信感が高まる

---

19) その意味につき参照，原田大樹「判批」行政判例百選Ⅰ［第6版］（2012年）56-57頁。
20) 高橋・前掲註6) 136-137頁。

ことを回避するためでもある。これがある種の保険技術であるとすれば，一般負担金は将来の事故の際の反対給付を得るための拠出金（対価性に基づく公金徴収）と理解されることになる。しかしリスクの計算やそれに基づく金額設定になっていない上，一般負担金は今回の福島第一原発事故の賠償にも用いられ得る。また東京電力以外の電力会社は原子力損害を生じさせているわけではないので，今回の事態に対する法的責任を負っているわけではなく，それゆえ帰責性による正当化も困難である（仮にこの負担金が行動誘導のための賦課金とすれば，立法者は原子力発電からの撤退を原子力事業者に求めていると解することになる）。さらに事故を発生させていない東京電力以外の事業者は何ら違法な行為をしたわけではなく，制裁を科する必要もないから，制裁による公金徴収とも言えない。以上の検討からすれば，一般負担金は（脱原発が機構法の目的であると理解しない限り）費用調達を目的とする公金徴収と解さざるを得ない。

　一般負担金はこのように，あまり類例のないものである。そこでこうした「国家による財・サービスとの対価関係のない賦課金であって租税でないもの」をまとめて「特別賦課金」と呼び，その許容条件を設定しているドイツの連邦憲法裁判所の判例法理を参考に，一般負担金が法的に正当化可能なものであるかどうか検討する。ドイツの連邦憲法裁判所が示している許容条件は次の5つである[21]。すなわち，①特別賦課金の納付義務者集団に他の一般国民とは違う同質性が認められること，②賦課金徴収の目的と納付義務者集団と間に深い関係が認められること，③賦課金徴収目的の任務について納付義務者集団に特別の責任が認められること，④賦課金収入が納付義務者集団のために利用されること，⑤徴収の根拠を議会が定期的に審査するため，恒久的なしくみとしてはならないこと，である。このような厳しい許容条件が設定されている背景には，特別賦課金と財産権との緊張関係や，民主政的正統化（⇨ことば）と自律的正統化の相剋が見られる。費用調達目的での賦課金は，目的との関係で徴収額の限界設定ができないため，結果として被徴収者の財産権に対する強度の侵害になる可能性がある。また，費用拠出者が公共組合を設立して自律的にその使途を決定する作用特定的自治（機能自治）

21）原田大樹『自主規制の公法学的研究』（有斐閣・2007年）210頁。

と異なり，金額設定や使途の決定は国家の民主政の過程によりなされるから，共通の部分利益を実現するものでもない。この5つの基準の中で一般負担金が充足していないと思われるのは④である。一般負担金と特別負担金は区分経理されておらず[22]，一般負担金が東京電力の救済に対しても使われうる構造になっているのである[23]。この点について立案担当者は，一般負担金は本来，今後の事故のために蓄えておくべきものであり，本来ならば以前から徴収すべき負担であった（「足らず前」相当部分の負担）。東京電力に対する資金交付の期間中は，機構に国債償還額を上限とする国庫納付義務が生じており，このため一般負担金は実際には将来の事故のためには積み立てられず，賠償費用の一部に充当される。しかし，法的には一般負担金が直接東電の賠償に充てられているわけではなく，また機構法が一般負担金の使途として福島第一事故への賠償に充てることを強制しているわけでもない。加えて，区分経理すれば相互扶助とは言えなくなり，さらに東電に対する資金交付は東電にとっての借入金と評価されて東電が債務超過と評価される可能性があるとする[24]。しかし，前者の理解について言えば，法的なしくみを全体として把握した上で，ある公金の使途が何に向けられているかという点に注目して議論を組み立ててきたのが従来の公法学の発想であり，旭川市国民健康保険料事件最高裁判決も同様の考え方をとっている。また後者について言えば，法律制定前に生じた事故も含めて法律で相互扶助を強制するのは，被徴収者の財産権に対する強い侵害であるように思われる[25]。それでも，

---

22) 機構と類似の方式をとる預金保険機構では，金融機関の保険料で運営される勘定と，金融危機対応のために金融機関からの事後的な負担金や政府補助が投入される勘定とが区分経理されている（竹内俊久「預金保険機構の財務構造」預金保険研究8号（2007年）1-39頁）。
23) ただし，衆議院における法案修正の結果，機構が原子力事業者ごとに負担金の計数管理を行わなければならないとする規定が追加された（機構法58条4項）。参照，大嶋健志「原子力損害賠償の円滑な実施に向けた国会論議」立法と調査322号（2011年）29-37（34）頁。
24) 高橋・前掲註6) 139-140頁，有林浩二「原子力損害賠償支援機構法の制定と概要」ジュリスト1433号（2011年）32-38（38）頁。
25) 1998年に設立された生命保険契約者保護機構は，1999年から2000年にかけて相次いだ大型の破綻処理のために大量の救済資金を必要とし，会員保険会社からの負担金をすべて救済に充てる状況が続いた（河谷善夫「生命保険契約者保護機構財源に関する一考察」生命保険論集177号（2011年）213-259頁）。しかしそれでも，これらの破綻という事態そのものは生命保険契約者保護機構の設立後に発生したものであることに注意が必要である。また，アメリカのPA

現在のような地域独占の電力会社の構造が続くのであれば，原発を持つ各電力会社の利用者（＝沖縄電力以外の利用者）の電力料金に反映させることで広く薄く負担を求めることは，政策論としては首肯しうる[26]。しかし公法学から見れば，一般負担金は少なくとも短期的には東電の賠償のために用いられる租税類似の強制的な賦課金であると評価せざるを得ない。

このような法的性格の議論は，一般負担金の規律密度の問題にも影響を与える。機構法による一般負担金の算定方法は，一般負担金年度総額×負担金率とされており（機構法39条1項），一般負担金年度総額は，業務費用の長期見通しと原子力事業者の収支状況を考慮するとのみ定められている（同条2項）。一般負担金を費用調達目的の租税類似の強制的な賦課金と評価すれば，このような規定の仕方では課税要件明確主義を充足せず，違憲と評価される可能性がある。

> ●ことば●　民主政的正統化
>
> 　我々が国家の統治機構により決定された事項に従わなければならないのはなぜなのか。公法学における正統性の議論の出発点はこの疑問にある。ドイツ公法学では，民主政原理と結びつけてこの問いが位置付けられ，以下のような方法で国家の決定が民主的に正統化されることで，その正統性が担保されると考える見解が主張されてきた。最も代表的な正統化は，全国民が議員を選挙で選び，議員で構成される議会が首相を選挙で選び，首相が大臣を任命し，大臣が行政の各部門を指揮監督するという，選挙・選任関係の連鎖（人的な正統化）である。また，全国民の代表である議員によって構成される議会が法律を制定し，その内容

法においても事業者間相互扶助制度が定められており，費用徴収は事故後になされる。ただしPA法では賠償額の上限や扶助制度の下での1基ごとの負担上限が定められており，この点で日本の方式とは異なる（阿部剛史「プライスアンダーソン法の枠組みの現状について」海外電力53巻7号（2011年）109-111頁）。また，労働者災害補償法施行前に従事した業務に起因する傷病が同法に言う業務上の疾病に該当するとした最三小判1993(平成5)・2・16民集47巻2号473頁は，疾病の原因と発症との間にタイムラグがある事例につき，関係する経過規定等の整合的な解釈の結果として，例外的な扱いを認めたものと考えられる（綿引万里子「判解」最高裁判所判例解説・民事篇（平成5年度）(1993年) 212-235 (230) 頁）。

26) 負担金導入の政治的背景につき参照，「原子力損害賠償機構」選択40巻11号 (2014年) 110-113 (111) 頁。

に従って国家の諸決定がなされること（事項的・内容的な正統化）も必要である。この２つが民主政的正統化の通常の形態である（林知更「憲法原理としての民主政」長谷部恭男他編・高橋和之先生古稀記念『現代立憲主義の諸相（上）』（有斐閣・2013年）3-36頁）。

このように，民主政的正統化論においては，単に「みんなで選んだ」「みんなで決めた」ことに止まらず，選挙・選任関係及び議会の構成の淵源が「全国民」を母体とすることが強調されている。この点との関係で問題となるのが，「自治」という決定形式である。例えば社会保険における公共組合のように利害関係者が強制加入によって組織化された組織においても，その意思決定は組合内部の多数決でなされる（このような形での正統化を自律的正統化と呼ぶ）。しかし，この意思決定は全国民を母体としないものであるので，民主政的正統化の手段には含まれないとするのが伝統的な理解であった（門脇美惠「ドイツ疾病保険における保険者自治の民主的正統化（3）」名古屋大学法政論集（名古屋大学）251号（2013年）347-393（377）頁）。正統性・正統化の問題は，国家作用の多層化・複線化に起因する法的課題を解決する最重要の理論的テーマであり，現在でも活発な議論が続いている（毛利透「行政権民主化論の諸相」同『統治構造の憲法論』（岩波書店・2014年）355-375頁［初出2012年］，原田大樹「多元的システムにおける正統性概念」同『公共制度設計の基礎理論』（弘文堂・2014年）49-94頁［初出2012年］）。

③ 国家の責任

機構法が定めている法的枠組では，国家は機構の求めに応じて国債を交付するものとされ，これとは別に補助金交付が可能である。東京電力の賠償能力によっては，国家が費用負担しなければならない部分が生じる可能性があるものの，少なくとも法律上は，東京電力が支払う特別負担金によって最終的には今回の損害賠償が実施されることが想定されている。つまり，賠償措置額を超える損害に対する事業者の責任が強調され[27]，国家補償的な要素は希薄である。他方で政府は，事故のリスクを知りながら原子力発電を推進し[28]，そのためのさまざまな行政活動を展開してきた[29]。それゆえ，東京

---

[27] 同様の発想は，原子炉の安全確保に関する責任の所在をめぐる議論にも見られる。参照，髙木光「裁判所は原子炉の安全性をどのように取り扱ってきたか」法学セミナー56巻11号（2011年）24-28（27）頁。

電力に今回の事故の第一義的な責任があるとしても，それは国家の責任を完全に否定しうるものではない[30]。そこで，賠償措置額を超える場合において，原賠法4条1項が国家賠償法の適用を排除しているとすれば憲法17条に違反し無効である[31]。あるいは原賠法4条1項を合憲限定解釈[32]して，原賠法の規定は国家賠償責任を排除するものではないと解釈すべきである。

II．賠償額の確定方法

1．個別的交渉と集団的解決

(1) 原賠法の特色——民事訴訟中心主義

　損害賠償額の確定方法について原賠法は，原子力損害賠償紛争審査会を文部省（当時）に設置することができ，審査会は「和解の仲介」を行うと定めた（制定当時の原賠法18条1項）。これは，損害賠償請求の方法・手続については民法の不法行為の一般的な取り扱いと同じく民事訴訟を中心とし，それ以外については和解の仲介という最も民事の法関係への介入度の低い手法を選択したものと言える。

　しかし，大事故が起きれば大量の損害賠償紛争が生じ，これを裁判所で全て解決するのは実際には不可能であることは容易に想像できたはずである。立法に先立って示された原子力委員会原子力災害補償専門部会の答申ではこの点について，行政委員会である原子力損害賠償処理委員会の設置が提案さ

---

28) 加藤一郎「原子力災害補償立法上の問題点」ジュリスト190号（1959年）14-19（18）頁。
29) 阿部泰隆「原発事故から発生した法律問題の諸相」自治研究87巻8号（2011年）3-33（19）頁。
30) 原田大樹『演習 行政法』（東京大学出版会・2014年）423-426頁，下山憲治「原子力安全規制と国家賠償責任」法律時報86巻10号（2014年）113-118頁。
31) 郵便法違憲判決に見られた一般法（民法）や他の類似制度との均衡という判断要素（宍戸常寿「判批」憲法判例百選II［第6版］（2013年）286-287（287）頁）は，類例の乏しい原子力損害賠償制度においては利用し難いと思われる。
32) 郵便法違憲判決に関しては，合憲限定解釈は旧郵便法68・73条の文言上無理があることが指摘されている。参照，尾島明「判解」最高裁判所判例解説・民事篇平成14年度（下）（2002年）598-640（613）頁。

れていた[33]。その所掌事務としては，損害の調査，損害賠償支払計画・支払方法の策定，損害賠償支払の実施，損害賠償をめぐる紛争処理が構想され，委員会の裁決に対する不服は高等裁判所に対する訴えのみを認める案が示されていた。立法段階においてこの行政委員会設置案が採用されなかった理由として，行政委員会制度そのものに対する不信感のほか，事故発生確率が小さいにもかかわらず常設の行政委員会とするのはコストがかかりすぎること，国の援助が無制限であれば事業者の破綻は生じず破産手続のような多数当事者が関係する複雑な手続を構想する必要はないと考えられたことが挙げられていた[34]。

(2) 集団的解決の模索

　原子力事故によって生じる大量の賠償紛争を解決する際に民事訴訟による個別解決では現実には機能しないことは，すでに1999年のJCO臨界事故の際に明らかになっていた。この事故では当時の賠償措置額の10億円を超える150億円の損害が発生し，事故原因が違法性の高い作業工程にあったことから政府の援助措置はとられなかった。しかしJCO及びその親会社である住友金属鉱山が早い段階から全額賠償の方針を示していた。それでも迅速な紛争解決のためには次の2つの点が重要であった[35]。第1は，科学技術庁が委託した「原子力損害調査研究会」が被害状況を調査した上で，相当因果関係の範囲・損害賠償額の算定方法を発表したことである。これが当事者間の交渉の指針として機能し，裁判によらない自主的紛争解決の一助となった。第2は，賠償額（仮払い）の決定交渉に茨城県が積極的に関与したことである。当初茨城県は，賠償紛争はあくまで民対民の問題として関与を行わなかった。しかし，市町村や関係団体から，賠償交渉への関与を求める声が強く，最終的には県に専門の行政組織を設置（JCO臨界事故補償対策室）し，仮払いの受付や交渉の立会いも県職員が行った[36]。このような工夫の結果，

---

33) 原子力災害補償専門部会・前掲註9) 15頁。
34) 我妻栄他「原子力災害補償をめぐって」ジュリスト236号（1961年）11-28 (26) 頁［井上亮発言］，竹内昭夫「原子力損害二法の概要」ジュリスト236号（1961年）29-39 (39) 頁。
35) 田邉朋行他「JCO臨界事故の損害賠償処理の実際にみる我が国原子力損害賠償制度の課題」環境法政策学会『環境政策における参加と情報的手法』（商事法務・2003年）175-198頁。

ほとんどの紛争（約98％）が民事訴訟や原子力損害賠償紛争審査会の和解の仲介に至らず解決された。この経験を踏まえ，2009年の原賠法改正の際に，原子力損害賠償紛争審査会の新たな所掌事務として「当該紛争の当事者による自主的な解決に資する一般的な指針の策定に係る事務」が追加された[37]（改正後の原賠法18条1項）。

　福島第一原発事故を受けて設置された原子力損害賠償紛争審査会は，賠償のための第一次指針を早くも2011年4月28日に発表し，5月31日には第二次指針，さらに8月5日には中間指針を公表した。これが損害賠償に関する当事者の紛争解決の基準として事実上機能している。当事者間の賠償交渉は，個人が求める場合もあれば，農業団体・漁業団体などの団体が構成員の賠償請求をまとめて交渉し，得られた賠償金を分配するという事例もある。次に詳しく見るように，東京電力が本来支払うべき賠償金を国が仮払いする仮払法の賠償算定の際にも，この指針が用いられている。また，和解の仲介を促進する専門的な部門として原子力損害賠償紛争審査会の下に原子力損害賠償紛争解決センターが設置されている[38]。ここでも賠償額の算定の基準として指針が用いられており，指針と個別の紛争解決とを調整する中間的な細目として，センターの総括委員会が「総括基準」を策定している[39]。このように，原賠法が当初想定した民事訴訟による個別的解決ではなく，集団的・画一的な紛争解決の方式が形成されている。

---

[36] 茨城県生活環境部原子力安全対策課『核燃料加工施設臨界事故の記録』（2000年）148-149頁。

[37] 植田陽子「原子力損害の賠償に関する法律及び原子力損害賠償補償契約に関する法律の一部を改正する法律」法令解説資料総覧333号（2009年）35-38（37）頁，野村豊弘「原子力事故による損害賠償の仕組みと福島第一原発事故」ジュリスト1427号（2011年）118-124（122）頁。

[38] 岡本正『災害復興法学』（慶應義塾大学出版会・2014年）206-215頁。

[39] 野山宏「原子力損害賠償紛争解決センターにおける和解の仲介の実務(1)」判例時報2140号（2012年）3-7(4)頁，出井直樹「原発事故損害賠償請求とADRの活用」自由と正義63巻7号（2012年）72-75(74)頁。また，抽象的な指針の運用をめぐる紛争に対処するため，和解の仲介に参与する特別委員が設置されている（高橋滋「原子力損害賠償紛争審査会について」日本原子力学会誌53巻11号（2011年）742-747(747)頁）。

2. 仮払法の賠償額確定方法

(1) 仮払法の特色——賠償額の定型化

　福島第一原発事故に伴う住民の避難や放射性物質による直接・間接の被害に対して，政府は被災者生活再建支援法に基づく被災者生活再建支援金（同法3条）の支給対象としない方針をとった。これに対して東京電力は2011年4月15日に，被災者生活再建支援金と同額の被災世帯あたり100万円の仮払補償金を支払うとの意向を表明した。また，前述のような原子力損害賠償審査会の指針の策定がなされ，農林漁業者等の事業損害についても2011年5月31日に東京電力が仮払補償金を支払うと発表した。これに対して被害者側から，具体的な支払手続の進捗が遅いこと，支払額や支払対象となる賠償範囲が不十分であることが指摘されていた。そこで，野党の議員立法の形で参議院に仮払法案が提出された[40]。参議院の段階では与野党協議がまとまらず，参議院では野党のみの賛成で法案が可決され，衆議院で与野党の協議での合意を踏まえた修正が行われ，再び参議院に回付されて2011年7月29日に仮払法が成立した[41]。

　仮払法の基本的な枠組は，福島第一原発事故（法律上の用語は「平成23年原子力事故」）による損害であって原子力事業者が原賠法3条1項の規定により賠償責任を負う損害（特定原子力損害）のうち政令で定めるものを対象に国が仮払金を支払い，国から東京電力に求償するというものである（仮払法1・2・3条）。具体的には，仮払法施行令1条で仮払金対象損害が特定されており，それによれば旅館業・一般貸切旅客自動車運送業・旅行業・主として観光客を対象とする小売業と外食産業等が被った風評被害が対象となっている。被害額の算定は原子力損害賠償紛争審査会の指針に基づくものとし，仮払法施行規則で計算方法が定められている（同法4条2項）。それによれば，請求者が提出した資料に基づき簡易な方法で損害の概算額を算定し，これに

---

40) 以上の経緯につき参照，高澤和也「平成23年原子力事故による被害に係る緊急措置に関する法律の解説」法律のひろば65巻3号（2012年）27-33（27）頁。

41) このような経緯で成立した参議院提出法案は，1978年の女子教育職員の出産に際しての補助教育職員の確保に関する法律の一部を改正する法律案以来であるという。参照，今村和男＝柳沼充彦「原子力被害者早期救済法の成立」立法と調査321号（2011年）15-26（15）頁。

政令で定める10分の5を下らない割合を乗ずる（同法施行令2条3項では割合は10分の5と規定されている）ことで仮払金額が算定される。仮払金の請求は主務大臣のほか，都道府県知事も行うことができる（同法8条1項）。また主務大臣・都道府県知事はこの事務を政令で定める者に委託することもでき（同法8条3項），仮払法施行令6条では機構（請求の受付については東京電力も）が規定されている。さらに農業協同組合・漁業協同組合も事務委託を受けて事務を行うことができる（同法8条6項）。このように，仮払法は紛争審査会の指針をベースに仮払金の算定方法を定型化し，支払事務を委託する手法を用いることで，大量請求に対応しようとしている。

(2) 仮払金請求権と損害賠償請求権
① 連動モデル——仮払法

仮払法は東京電力が原賠法に基づき支払わねばならない損害賠償請求のうちの一部分を国が立替払いした上で，国が東京電力に対して求償する方式を採用している。そこで，仮払金請求権と損害賠償請求権の関係がどのように調整されているのかが問題となる。この点について仮払法は，東京電力から特定原子力損害の賠償を受けていれば，その価額の限度において仮払金を支払わないとする一方，国が仮払金を支払った場合にはその価額の限度において受給者の東京電力に対する損害賠償請求権を取得し，国は速やかにこの賠償請求権を行使するものとされている（仮払法9条）。このような調整規定は労災保険にも見られるところである（労働者災害補償保険法12条の4）。しかし，仮払法10条は「仮払金の支払を受けた者は，その者に係る特定原子力損害の賠償の額が確定した場合において，その額が仮払金の額に満たないときは，その差額を返還しなければならない」と定めている。つまり仮払金請求権と損害賠償請求権とは完全に連動しており，賠償額が確定した場合に精算が予定されている[42]。

この点について，国による仮払いは第三者弁済（民法474条）であると理解する見解がある[43]。それによれば，仮払金の支払いは東京電力が弁済す

---

42) 豊永晋輔『原子力損害賠償法』（信山社・2014年）416頁。
43) 高橋・前掲註6）237-238頁。

べき債務を利害関係のない第三者である国が弁済することとなり，その弁済と同時に被害者の承諾を得て国は損害賠償請求権を代位し，あるいは求償することができる。このように考えると，事故と相当因果関係のない損害のように，本来東京電力が賠償すべきでない部分について国が支払ったとしても東京電力に求償することはできず，この部分については被害者から返還してもらう必要が生じる（財政法8条，国の債権の管理等に関する法律32条）。そして，もしこの部分の債務を免除すれば，一般財源による負担が生じることとなる[44]。そこで，仮払法の衆議院修正において，仮払金の支払いは「国民負担の観点から適正なものでなければならない」（同法3条2項）との規定が加えられている[45]。このように，仮払法は第三者弁済を法定化したものであるため，仮払金請求権と損害賠償請求権の連動関係が維持されている。

② 切断モデル――補償法的な制度設計

しかし，このような制度設計は仮払金請求権を極めて不安定なものにする。国からの仮払金を受領しても，場合によっては国に対して返還しなければならなくなるからである。この点について，労災保険の場合には，法定の給付要件を充足すれば受給権は確定し，保険給付の原因となった事故が第三者の行為によって生じた場合には保険代位の方式がとられる。これは受給権と損害賠償請求権との連動関係を切り離し，受給権を安定させると共に画一的な処理を可能としつつ，保険代位・損益相殺の法理を法定化することで損害賠償との一定の調整を図ったものと見ることができる。

そこで例えば次のような制度設計を行えば，受給権の安定と画一的な処理の実現が可能である。国は東京電力から，その不法行為責任の範囲内で賦課金を徴収し，基金または特別会計を設置する。被害者は法令の定める要件を充足すれば法令の定める額の仮払金の支払いを受けることができる。損益相

---

[44] カネミ油症事件においては，国が原告に対して仮払金を支払った後に原告側が訴訟を取り下げたため仮払金の返還請求の問題が生じ，2007年の立法で申請に基づく債務の免除を可能とする措置が採られた（花立敦「カネミ油症事件関係仮払金返還債権の免除についての特例に関する法律」自由と正義58巻12号（2007年）136-139頁）。債務免除がなされなければ，この給付については一般財源で負担されることになる。

[45] 大塚友美子「平成23年原発事故被害者への国による仮払金の支払等について」時の法令1897号（2012年）30-45（36）頁。

殺の法理を法定化[46]し,仮払金の受給者はその価額の限度で東京電力に対する賠償請求ができないものとする。この方式において一般財源も投入することとすれば,仮払法はいわゆる補償法(⇨ことば)の性格を帯びる。補償法は一般財源のみならず場合によっては事業者等からの拠出金・分担金をも財源に加え[47],被害者に対して比較的低額の画一的な給付を行うことが多い。ただし原子力損害賠償の場合には賠償責任を負う者が明確であり,その画一的・定型的処理のために補償法の形式をいわば借用するにとどまるから,原因者たる原子力事業者には多額の負担を要求し,国庫負担は事務費と国家起因性が認められる事情に相当する金額に止まる設計が適切であろう。

> ● ことば ● 補償法
>
> 我が国の国家補償法は,行政活動の違法性と公務員の過失を要求する国家賠償と,財産権に対する特別の犠牲に対応する損失補償とで構成されている。この結果,行政活動が違法であっても公務員に過失がない場合や,国家の適法行為による損失でも特別の犠牲とまでは言えない場合には,金銭填補がなされないことになる(国家賠償の谷間)。これに対する立法による解決がいくつかの分野で図られており,これらを総称して補償法と呼ぶ場合がある。例えば,刑事補償・少年の保護事件に係る補償に関する法律・予防接種法・公務災害補償(公務協力者を含む)・戦傷病者戦没者遺族等援護法・犯罪被害者等給付金支給法・旧原爆医療法などがここに含まれる(宇賀克也『国家補償法』(有斐閣・1997年)506-515頁)。これらに共通するのは,問題となっている損害が国家の行為に起因すること(国家起因性)である。

③ 国家の責任

さらに,国家による補償金給付の性格を強め,賠償紛争を全て行政法的に処理する制度設計も考えられる[48]。例えば東京電力からできる限りの負担

---

46) 損益相殺を法定化しなくても,民事の不法行為法の一般的な処理方法に委ねれば足りるとも考えられる。「損害」と「損益相殺」の関係につき参照,潮見佳男「差額説と損益相殺」法学論叢(京都大学)164巻1~6号(2009年)105-133(128)頁,同「不法行為における財産的損害の『理論』」法曹時報63巻1号(2011年)1-58(57)頁。
47) 石綿健康被害救済法の財源調達の理論的問題につき参照,大塚直「石綿健康被害救済法と費用負担」法学教室326号(2007年)71-77(74)頁。

金を徴収し，不足する部分は一般財源を投入して財源を確保した上で，かつて原子力委員会原子力災害補償専門部会が提案した行政委員会方式を導入することが考えられる[49]。行政委員会は事実認定を行った上で賠償裁決（行政行為）を下し，賠償裁決に対する不服は高等裁判所に対する出訴のみを許容することが考えられる。賠償主体としての東京電力が破綻処理され[50]，不法行為に基づく賠償請求権を国家が承継していれば，裁決取消訴訟の排他性により，これ以外の方法での賠償請求はできないことになる。この方式をとれば国家からの補償金給付の受給権の安定と画一的な処理，さらにはアドホックな民事訴訟の回避も実現する。他方で，賠償主体としての東京電力がなお存続したままであれば，賠償裁決に対する取消訴訟の排他的管轄だけで東京電力に対する民事訴訟を封じることはできない（損益相殺は可能であろう）。それでは，国家による補償金の給付を民事賠償により得られる額と同程度まで引き上げた上で，立法によって東京電力に対する民事訴訟を禁止することは可能であろうか。不法行為制度を原状回復のためのものと理解すれば，行政法制度により損害填補が実現しさえすれば民事訴訟を封じても構わないと言えるのかも知れない。しかし，不法行為制度を個人の自律性の保障や人格的利益の回復のための制度とも捉えれば，立法による制度利用禁止は違憲とも評価されうる[51]。

---

48) 森島昭夫「政府には原子力被害救済の責任がある」中央公論126巻7号（2011年）134-144（144）頁。また，田邊朋行＝丸山真弘「福島第一原子力発電所事故が提起した我が国原子力損害賠償制度の課題とその克服に向けた制度改革の方向性」電力中央研究所報告Y11024号（2012年）35頁は，被害者に対して国が直接災害救助法的な措置を講じられるようなスキームを正面から認めるべきとする。

49) 森嶌昭夫「原子力事故の被害者救済（3）」時の法令1888号（2011年）35-43（43）頁は，東京電力以外の電力会社等からも危険責任に基づく負担金を徴収することを提案する。

50) 破綻処理のスキームの例として，水俣病の損害賠償に関するチッソの分社化が挙げられる。その特色と問題点につき参照，二階堂遼馬「ついに動き出したチッソ分社化の茨道」週刊東洋経済6213号（2009年）30-31頁，天池恭子「水俣病被害者の救済及び水俣病問題の解決に向けて」立法と調査296号（2009年）33-42頁，富樫貞夫「チッソの倒産処理と補償責任のゆくえ」環境と公害39巻2号（2009年）8-12頁。

51) 不法行為制度の独自の意義につき参照，浅野有紀『法と社会的権力』（岩波書店・2002年）275-276頁，潮見佳男『不法行為法Ⅰ［第2版］』（信山社・2009年）2-55頁，瀬川信久「不法行為法の機能・目的をめぐる近時の議論について」大塚直他編・淡路剛久先生古稀祝賀『社会

このように，東京電力の損害賠償責任を認めた上で国がその一部（または全部）を補償金として支払うことを目的とする法制度設計には様々なオプションがあり得る。そしてその法制度設計は，財源の調達方法（特に一般財源の投入の有無・程度）とある程度は連動するものの，両者は一応独立して議論できる。仮払法の制度設計は，一般財源の投入を認めようとしない余り，法制度設計としても被害者の救済にとって不十分なものにとどまっており，立法者の制度設計責任が十分に果たされたものとは言えない[52]。

おわりに

　日本の原子力発電の草創期に導入された原子力損害賠償制度は，民事の不法行為法の特別法としての性格を強く有し，行政法的な手法は含まれていなかった。しかし，福島第一原発事故によって大量・巨額の賠償が必要となったことにより，費用調達部分についても賠償額の確定・支払いの部分についても，行政法的な手法が導入された。もっとも，これまでの原子力損害賠償制度の下では，賠償措置額までの部分について民間保険や政府との補償契約などによって対策を講じておけば，それ以上の賠償部分は政府が援助してくれるものと考えられていた。しかし機構法の制定によりこうした前提は崩れ，電力会社は改めて原発の費用便益を計算し直す必要に迫られていると言える[53]。機構法は確かに脱原発を目的とした法律ではない。しかし機構法が納付を義務付けた一般負担金の水準が高いものになれば，電力会社にとって原子力発電所の稼働や新設が経済合理性に反するものとなり，結果として原子力発電が縮小に向かうことも十分考えられる[54]。原子力損害賠償制度

　の発展と権利の創造』（有斐閣・2012年）349-371頁。
52) 潮見佳男「福島原発賠償に関する中間指針等を踏まえた損害賠償法理の構築（上）」法律時報86巻11号（2014年）100-105（102）頁は，中間指針が避難費用相当額や除染費用の賠償等に関して，政府指示や国の財政支援と結びつけた国家補償的要素を含む相当因果関係理論を用いている点を問題視する。
53) 吉岡斉『脱原子力国家への道』（岩波書店・2012年）87頁。
54) 澤昭裕＝竹内純子「原子力損害賠償法の特色と課題」日本原子力学会誌54巻6号（2012年）396-401（401）頁は，現在の原子賠償制度の構造では電力事業に対するファイナンスのリスクが大きいという認識が一般化し，電力会社が中長期的な設備投資に必要な資金を調達し

をどう設計するかという問題こそ我が国のエネルギー政策の在り方の要諦であり，行政法学が電力業界に対する公益事業規制やエネルギー法制を論ずる際に見落としてはならない要素である。

　伝統的には不法行為法は民事法の専管領域であり，行政法は事故が起こる以前の紛争予防に資する法制度を形成するものと考えられてきた。しかし民事訴訟による個別的な解決が現実には困難なほどの大量の賠償紛争を解決するには，この分野においても行政法的な手法の投入が不可欠となる。この結果，原子力損害賠償の領域もまた，行政法と民事法が政策目的の実現のために協力する連携関係の具体例に加えられることになる。こうした制度設計は，同じく大量の被害者に対する金銭填補が問題となる消費者法にも示唆を与えうる。例えば，仮払法の定めているしくみは，消費者の集団的利益（とりわけ集合的利益・拡散的利益）の実現のための法制度を構想する上で参考になる[55]。消費者の集団的被害を惹起した事業者から不法な利益を吐き出させ，それを国が被害者に分配するディスゴージメント[56]のしくみを検討する上では，消費者が事業者に対して持つ損害賠償請求権と国に対する被害者の受給権との調整が重要であり，受給権を安定させるには両者を切り離すモデルを採用すべきであろう。このように考えると，日本法にはまだ実例がないとされるディスゴージメントは，すでに実例がある補償法の法制度を採用しつつ，財源を専ら原因者から徴収することによっても実現できると思われる。このような分野を超えた法制度の比較検討の作業を通じ，不法行為法における行政法と民事法の組み合わせによる問題解決の可能性を模索し続けることもまた，行政法学の今後の課題である。

にくくなるとする。

55）原田大樹「政策実現過程の複線化」同『公共制度設計の基礎理論』（弘文堂・2014年）281-318頁〔初出2011年〕。

56）ディスゴージメントの概念につき参照，佐島史彦「米国証券取引法のディスゴージメント（上）」公正取引538号（1995年）42-49（44）頁。

第9章

投資協定仲裁と国内公法

■ 本章への架橋

　行政救済法（|例解| 87頁以下）の中心である行政訴訟と国家賠償訴訟では，国内の行政法令に従って，国内の裁判所が判断を下す。これに対して近時，国際法学を中心に注目を集めているのが，二国間の国際的な投資協定に基づいてなされる仲裁である。二国間の投資協定は一般に，投資家の受け入れ国に対する投資を促進する内容を有する。仮に投資受け入れ国が，投資家に対して協定に反する行為や，投資家の信頼に反する行為をした場合，投資家には受け入れ国裁判所で裁判を受ける権利が認められる。しかし，受け入れ国の裁判所が公正・中立な判断を下すことへの疑念が投資家の母国に存在することが，投資協定仲裁に関する条項を協定に含ませる原動力となっている。このように，投資協定仲裁は当初，先進国の投資家と途上国政府が争う構図を念頭に置いていた。ところが，二国間投資協定や経済協力協定が先進国間でも締結される事態が増えてくると，先進国の投資家と先進国の政府が仲裁によって紛争を解決する局面が容易に想定できるようになってきた。国内公法学が投資協定仲裁に注目する必要が生じた背景には，こうした事情によって投資協定仲裁が国内行政救済法を機能的に代替しうるようになったという事情がある。

　本章ではまず，投資協定仲裁がどのような特色を持ち，国内行政救済法とどのような関係に立ちうるのかを明らかにする。そして，投資協定仲裁が国内裁判手続・強制執行手続と比べて相応の手続的正統性を持っていると言えるのかを，裁定者の中立性・実効的な紛争解決（和解の許容性）・終局的解決（執行の可能性）の観点から分析する。また，投資協定仲裁の判断内容が，国内行政法学により発展してきた行政上の法の一般原則（|例解| 18頁以下）と重なり合うものであるとする国際法学からの分析がどの程度妥当しているのか確かめるため，比例原則・信頼保護原則が問題となった国際投資関連事件を素材に分析することとする。

はじめに——グローバル化論の現状

　行政法を「国内公法」と定義していた日本の伝統的な行政法学[1]においても，国際的な規範形成が無視されていたわけではない。伝統的な立場は，国際法規範が立法者を媒介して国内法として通用する点に国際法と国内法の分離と均衡を見出すことで，国際的な規範形成が国内行政に直接的な影響を及ぼす局面を捨象していた[2]。経済のグローバル化に伴って生じた政策課題や政策実現過程のグローバル化は，こうした国際法と国内法の静態的関係に見直しの契機を与えている。EUのような超国家組織を持たない日本法においても，近年ではグローバル化に対応する公法学のあり方への関心が急速に高まっている。

　この理論的対応の方向性は，2つに大別できる。1つは，実現すべき価値や政策目標を各国で共通化することである。日本法においても例えば，比較的以前から議論されてきた国際人権や，国際労働機関の定める諸規範への国内法の適合を求める議論が存在する（⇨第6章）。もう1つは，政策の過程や構造を各国で共通化することである。2000年代後半に唱えられるようになった「国際的行政法」[3]（ドイツ），「グローバル行政法」[4]（アメリカ），「多元的システム」[5]（日本）はいずれもこの方向の議論である。これらは従来，規範定立の局面や法執行の局面を念頭に置き，国家の立法・行政作用と対比させながら，グローバル化において欠如する諸要素（例えば法的安定性・民主

---

1) 美濃部達吉『日本行政法上巻』（有斐閣・1936年）41頁，田中二郎『新版行政法上巻 全訂第2版』（弘文堂・1974年）24頁。
2) 同様の方向性は，国際法学の側からも指摘されている。参照，西元宏治「国際投資法体制のダイナミズム」ジュリスト1409号（2010年）74-85（77）頁。
3) 国際的行政法の特色を整理したものとして参照，原田大樹「グローバル化時代の公法・私法関係論」社会科学研究（東京大学）65巻2号（2014年）9-33頁。
4) グローバル行政法の特色を整理したものとして参照，藤谷武史「多元的システムにおける行政法学——アメリカ法の観点から」新世代法政策学研究（北海道大学）6号（2010年）141-160頁，興津征雄「グローバル行政法とアカウンタビリティ」社会科学研究（東京大学）65巻2号（2014年）57-87頁。
5) 原田大樹「多元的システムにおける行政法学」同『公共制度設計の基礎理論』（弘文堂・2014年）8-48頁［初出2010年］，藤谷武史「市場のグローバル化と国家の制御能力」新世代法政策学研究（北海道大学）18号（2012年）267-291頁。

主義の観点）をどのように補完するべきかを扱ってきた。これに対して司法作用に関しては，国家の枠組を超えた裁判機構がなお未成熟であることも影響して，あまり注目が集まっていなかった。本章は，この司法作用に関連して近時日本で学際的な議論が始まりつつある投資協定仲裁を素材に，今後の方向性を展望することを目標とするものである。まず，投資協定仲裁とはどのようなもので，それが国内公法学にとって持つ意味を整理した上で，投資協定仲裁と国内の司法作用や行政救済制度とを対比させ，投資協定仲裁が司法と機能的に同等と言えるかどうかを検討する（I.）。次に，投資協定仲裁に欠如している手続的な「正統性」を補うことができるかどうか，また国内行政救済制度との実体面での互換性が存在すると言えるかどうかを素描する（II.）。最後に，多元的システムにおける「正統性」概念の錯綜に投資協定仲裁の議論が与えうる影響や，今後の研究課題を確認したい。

I. 投資協定仲裁のインパクト

1. 投資協定仲裁の特色

　投資協定仲裁とは，主として二国間の国際投資協定（経済連携協定などを含む，以下同じ）に基づき，協定に関する紛争の解決を仲裁廷に委ねるものである[6]。仲裁の手続ルールとして最もよく用いられているのが ICSID 条約（国家と他の国家の国民との間の投資紛争の解決に関する条約）のもとで設置された ICSID（投資紛争解決国際センター⇨ことば）の仲裁規則であり，他に UNCITRAL（国際連合国際商取引法委員会）の仲裁規則などが使われることもある[7]（以下では最も利用の多い ICSID 仲裁のみを念頭に置く）。仲裁の実体ルールは，国際投資協定本体のほか，それぞれの国の国内法や，場合によっては国際法が参照されることもある[8]。従来の二国間の国際投資協定では，投資受

---

[6] 小寺彰「投資協定仲裁の法的性質」日本国際経済法学会年報 17 号（2008 年）101-117（102）頁。

[7] 小寺彰「投資協定の現代的意義」同編『国際投資協定』（三省堂・2010 年）2-17（13）頁。

[8] 議論の詳細につき参照，濵本正太郎「国際投資仲裁における解釈手法の展開と問題点」日本国際経済法学会年報 19 号（2010 年）55-74 頁。

入国 (ホスト国) が片面的に義務を負うことが多く、また日本が締結した協定は、日本が相手国への投資を促進することを相手国が期待してのものであるため、投資協定仲裁が日本法に何らかの影響を与えるとは考えられてこなかった。しかし、TPP (環太平洋経済協力パートナーシップ) 協定の締結の是非をめぐる議論[9] の中で、協定を締結するアメリカ・カナダなどの先進国が日本市場に投資し、これをめぐる紛争になった場合に、投資協定仲裁が日本国内の規制を骨抜きにする可能性が指摘された[10]。

● ことば ●

ICSID (投資紛争解決国際センター)

投資紛争解決国際センター (ICSID) は、1965 年に署名開放された「国家と他の国家の国民との間の投資紛争の解決に関する条約」(ICSID 条約) に基づいて設立された。ICSID 条約は、外国投資家の利益を保護するため、紛争解決手続を投資受け入れ国から切り離すことを目的に、その手続と手続の舞台となる国際機構を世界銀行の傘下に設立した条約である。このような経緯から、ICSID が取り扱う紛争は、投資家と国との間のものに限られ、企業同士の紛争は対象に含まれない (フレッシュフィールズブルックハウスデリンガー法律事務所編『よくわかる国際仲裁』(商事法務・2014 年) 80 頁)。

国内公法学からみた投資協定仲裁のインパクトは、次の 3 点にまとめられる。第 1 に、二国間の国際投資協定の中で仲裁管轄権を定めておけば、個別の投資家とホスト国との間の契約条項の中に仲裁に関する合意が含まれていなくても投資協定仲裁を利用できることである。この考え方は、過去の仲裁

---

9) 小寺彰＝中富道隆「対談『TPP 交渉参加の行方』」ジュリスト 1456 号 (2013 年) 2-5, 104-109 (106) 頁 [小寺彰発言] は、投資協定仲裁について、「私は、日本が訴えられてもいいのではないかと割り切っております。訴えられることによって、条約の実施について、日本がきちんと国際的な説明責任を果たすと考えればよく、先進国として当然だろうと考えるからです。」とする。TPP 協定と国内行政法学の関係につき参照、原田大樹「TPP 時代の行政法学」ジュリスト 1443 号 (2012 年) 54-60 頁。
10) OECD を舞台とした多国間投資協定 (MAI) 交渉が 1998 年に失敗したのも、同様の危惧が NGO 等から示されたことが一因であった (滝川敏明「市場原理と直接投資規制」日本国際経済法学会年報 7 号 (1998 年) 19-38 頁)。MAI の内容や意義につき参照、小寺彰「多数国間投資協定 (MAI)」日本国際経済法学会年報 7 号 (1998 年) 1-18 頁。

例の中で確立し，現在では投資協定のアンブレラ条項によって仲裁判断に従う国家の義務が定められている[11]。第2に，仲裁例の集積による，ある種の規範形成が進行している。国際商事仲裁と異なり，投資協定仲裁（特にICSID仲裁）では仲裁例の多くが公開されている。また，仲裁判断の際に過去の仲裁例との整合性が意識されるため，国内裁判所における判例法形成に類似した動きが見られる[12]。そこでは，国内公法理論の中で発展した諸原則（例えば比例原則）が参照されている。第3に，国際投資協定それ自体の内容の平準化が進んでいる。国際投資協定の内容は，二国間のアドホックな交渉で全てが決まるわけではない。例えば，モデル協定を作成した上で，これに基づいて個別交渉を行い，協定を締結する場合がある。また，他国が締結した協定の内容を交渉時に参照し，共通の構成要素が盛り込まれることもある。このように，国際投資協定と投資協定仲裁には，二国間協定による制度平準化と，投資家個人のイニシアティブに基づく救済ルートという，従来のグローバル化の事例にない特色を見出しうる[13]。

2. 投資協定仲裁と国内行政救済法

　投資協定仲裁は，あたかも国内における行政救済法の機能を代替しうるものとなっている。そこで，投資協定仲裁が行政救済法の「グローバル化」の事例と言えるかどうかを，次の3つの観点から検証する。

　第1は，当事者の属性及び紛争の対象である。投資協定仲裁は，ホスト国の協定上の義務違反によって損害を受けた個別の投資家が，ホスト国に対してその救済を求めるものである。当事者は投資家とホスト国であり，紛争の対象はホスト国の行政上の諸決定（例：規制措置の決定・実施，収用）である。この点では，投資協定仲裁は国内の行政訴訟・国家賠償と重なり合う。

　第2は，救済の方法である。投資協定仲裁の主要な救済手段は金銭による

---

11) 濵本正太郎「義務遵守条項（アンブレラ条項）」小寺彰編『国際投資協定』（三省堂・2010年）137-155（138-139）頁。
12) 小寺彰「投資協定仲裁の法的性質」日本国際経済法学会年報17号（2008年）101-117（105）頁。
13) 法秩序形成という観点から見た特色につき参照，濵本正太郎「投資条約仲裁ネットワークの国際（世界）法秩序像」法律時報85巻11号（2013年）37-42（40）頁。

賠償・補償である。最も利用が多い ICSID 仲裁では，ICSID 条約上は金銭に関する判断のみが規定されている。金銭による救済は，国内行政法で言えば国家賠償・損失補償と対応する[14]。国際法の学説上はさらに，特定履行や差止などの非金銭的な解決方法も仲裁判断として示すことが可能とする見解が有力である[15]。これらは抗告訴訟・当事者訴訟といった行政訴訟に対応する救済手段である。

第3は，判断の最終性・終局性である。仲裁法 45 条 1 項によれば，仲裁判断は仲裁地が日本国内にあるかどうかを問わず，確定判決と同一の効力を有する。ただし，民事執行する場合には裁判所による執行決定が必要である[16]。この執行決定の段階で投資協定仲裁の内容を国家機関が判断することができるとすると，仲裁判断には最終性・終局性がないとも言える。しかし，最も利用が多い ICSID 仲裁では，ICSID 条約によって仲裁の承認執行が加盟国の義務になっており，日本国内では執行決定を経ることなく仲裁の承認執行がなされうる[17]。

II. 投資協定仲裁と国内公法

1. 投資協定仲裁の手続的正統性

以上の3つの観点から見れば，投資協定仲裁は機能的には国内の行政救済法に基づく裁判所による救済手段とかなりの点で重なり合うことになる[18]。

---

[14] 実際の投資協定仲裁においては，膨大な投資をしたにもかかわらずホスト国の政策変更等で事業が開始できなかった場合に，その損害を填補するよう求める局面で利用されることが多いという。参照，三宅保次郎「投資協定・経済連携協定における我が国の取り組み」日本国際経済法学会年報 17 号（2008 年）135-152（143）頁。

[15] 横島路子「ICSID 仲裁判断の承認・執行」上智法学論集（上智大学）53 巻 4 号（2010 年）307-350（323）頁。これに対して，小寺彰＝西村弓「投資協定仲裁における非金銭的救済」江藤淳一編・村瀬信也先生古稀記念『国際法学の諸相』（信山社・2015 年）541-561（555）頁［初出 2014 年］は，実際の仲裁判断において非金銭的な救済が積極的に利用されているとは言いがたいとする。

[16] 中野貞一郎『民事執行法［増補新訂6版］』（青林書院・2010 年）192 頁。

[17] 横島・前掲注 15) 334 頁。

投資協定仲裁は，二国間投資協定のある相手国の投資家に対してのみ，ホスト国の正規の行政上の訴訟制度とは別の救済手段の利用を認めることになる。このことは，形式的に言えば，国家が二国間協定を締結し，仲裁合意を与えた点から正統化できる。しかし，国内公法学から見てそのような正統化で十分とは俄には断じがたい[19]。投資協定仲裁の手続的な正統性を検討する上で有用と思われる視角を，以下では3つ提示することとしたい。

(1) 裁定者の中立性・審査能力

　第1は，仲裁人の人的な正統性との関係である。仲裁人の選択にあたって両当事者の利害が公平に配慮されるとしても，裁判官ではない仲裁人が行政活動に関する国家と投資家との間の紛争を裁断することは，民主政的な正統性の観点からは問題となりうる[20]。もとより，国家における裁判官の民主的正統性でさえ，その正統性は相当程度間接的ではある。この点にも注目して日本の憲法学は，裁判所が立法に敬譲すべき領域を，規制の目的や規制対象となる憲法上の権利を踏まえて議論してきた。これに対して行政法学においては，行政訴訟とくに裁量統制の局面で，裁判所の審査能力の観点から行政裁量の存在を肯定するという議論が広範に見られる。ただしこれらは，国家の裁判官に憲法上あるいは法律上設定されている様々な法的義務や紛争当事者からの中立性保障の存在を前提にした議論である。そこで，規制の目的や仲裁人の審査能力という点のみに注目してこれらの議論を単純に類推する

---

18) 米谷三以「適用法規」小寺彰編『国際投資協定』（三省堂・2010年）39-54（43）頁も，公法上の司法審査メカニズムとしてのICSID仲裁の性格を強調する。さらに，森下哲朗「国際投資仲裁の論点と課題」日本国際経済法学会年報17号（2008年）153-173（168）頁は，投資協定仲裁は実質的には外国投資家向けの行政訴訟であるとした上で，「もし我が国が投資協定仲裁の被告となった場合，わが国の行政法学との関係で難しい問題は生じないのかを考えておく必要があるように思われる」「予め行政法学の観点から考えられる問題を検討し，今後の条約作業等に反映させていくことも必要であると思われる」（169頁）と指摘している。

19) 小寺彰「貿易・投資分野における国際紛争処理の新次元」ジュリスト1299号（2005年）57-63（61-62）頁。

20) 他方，濱本正太郎「投資家対国家仲裁は『仲裁』ではない」浅田正彦他編『国際裁判と現代国際法の展開』（三省堂・2014年）143-166頁は，国家間仲裁と比較して，投資家対国家仲裁において仲裁人の独立性・不偏性が厳格に要求されていることを，投資仲裁の先例分析によって示している。

ことは，避けられるべきであろう[21]。

(2) 実効的な紛争解決

　第2は，紛争をとりまく利害関係を十分考慮した仲裁による実効的な紛争解決との関係である。投資ホスト国と投資家という二当事者対立関係にのみ注目すれば，投資仲裁に関する専門知識を持ち両者から中立的な仲裁人が，迅速かつ実効的な紛争解決を図ることは，好ましい帰結ではある[22]。しかし，ホスト国が代表する利害はホスト国の国内の民主政の過程を経て決定された規制のしくみにより保護された利益である。日本の行政法学においては現在でも，取消訴訟における裁判上の和解は許容されないとする考え方が根強い[23]。それは，行政訴訟における争点である行政の決定の違法性という問題は，一方では法律による行政との関係で，他方では当該行政決定が行政過程における複雑な利益衡量を経てなされていることを理由に，訴訟の場面で行政が自由に処分する権限に含まれないと考えられているからである。これに対しては，行政裁量のように行政にある種の自由な処分権が観念できる場合にまで和解を認めないのは不適切であるとする見解がある[24]。この説

---

[21] 補完的な正統化の要素として，手続の直接の当事者ではない第三者への意見徴収や書類等の提出を認めるアミカス・キュリエ（amicus curiae）制度を挙げる見解もある。参照，石塚翔太郎「国際投資仲裁における人権保障と多国間投資協定」東京大学法科大学院ローレビュー（東京大学）6巻（2011年）3-33（22）頁。北米自由貿易協定（NAFTA）における同制度の詳細につき参照，川瀬剛志「地域経済統合における自由貿易と地球環境保護の法的調整（3・完）」貿易と関税49巻1号（2001年）117-95頁。

[22] ICSID仲裁はそもそも，「投資紛争解決の非政治化」の枠組の中で中立的なフォーラムを提供することにあるとされる。参照，黒田秀治「ICSID仲裁判断の承認・執行の法構造」早稲田法学会誌（早稲田大学）44号（1994年）173-207（174）頁，森川俊孝「ICSID仲裁における国際法と国内法の関係」日本国際経済法学会年報17号（2008年）85-100（87）頁。

[23] 塩野宏『行政法Ⅱ［第5版補訂版］』（有斐閣・2013年）180頁。雄川一郎『行政争訟法』（有斐閣・1957年）216頁は，「実体法上行政庁に自由裁量が認められる場合にはその範囲内において許されるという見解もあるけれども，自由裁量権は訴訟物の処分権と同一ではないし，また自由裁量によって確定判決と同一の効果を生ずることを認めるのは不当であるから，この点に関する限り，自由裁量の存否によって区別すべき理由はないと思われる」とする。

[24] 田中二郎『行政事件訴訟特例法逐条解説』（有斐閣・1957年）111頁［田中二郎発言］がこの可能性を示唆する。さらに，制定法が（行政上の）和解契約を正面から認めているドイツの議論状況も，これまで参照されてきた（大橋洋一「行政契約の比較法考察」同『現代行政の行為

に従うと，裁量が認められない場合には投資協定仲裁がカテゴリカルに否定される（仲裁法13条1項）のに対して，裁量が認められれば仲裁が可能と考えることになる。しかし，政策的な判断の余地が広い裁量が認められる処分についてのみ，国家の民主政的正統化のプロセスから完全に独立した仲裁人による判断が可能と考えるのは，国内公法学者の直感からはかけ離れた結論であるようにも思われる[25]。

　行政法学において和解否定説が根強い理由は，行政過程における利益衡量を立法者が要請している場面が多いという認識に基づくと考えられる。すなわち，二面関係では処理できない三面関係（具体的には行政，被規制者あるいは規制による受益者，投資国の投資家）の存在を前提に，和解の許容性が議論される必要がある。このような局面を念頭に置くと，多様な利益衡量を立法者が求めている場合には，和解の可能性は消極的に解されると思われる。そこで，和解の可能性を肯定する議論として，次の2つが考えられる。1つは，処分に関する要件事実と処分そのものを分離し，事実に関する和解は法治主義との抵触を生じないとする方法である（⇨第3章）。課税処分のように，処分の法的効果に課税要件事実の存否の認定を含まないと考えられるもの（⇨第2章）については，この方法による和解が可能かも知れない[26]。他方で，要件事実の認定の変更が課税処分の内容の変動を不可避的にもたらす構造を重視すると，事実と法的効果を二分する考え方で法治主義との抵触関係を回避できるのか，なお慎重な検討が必要であるようにも思われる。もう1つは，和解の法的根拠を要求し，和解手続に第三者の利益が配慮されるような参加可能性を確保する制度を立法化する方法である[27]。和解の法的根

　　形式論』（弘文堂・1993年）161-250（166）頁［初出1992年］，松塚晋輔「ドイツ行政訴訟の和解と調停」久留米大学法学59＝60号（2008年）342-315（342-336）頁）。
[25]　小寺彰他「座談会 法的観点からみたTPP」ジュリスト1443号（2012年）12-28（19）頁［斎藤誠発言］は，国際投資仲裁による解決が，立法府・国民のコミットできないところでなされることの問題性を指摘する。過去の投資協定仲裁で問題となった規制措置につき参照，小寺彰＝松本加代「内国民待遇」小寺彰編『国際投資協定』（三省堂・2010年）84-100頁。
[26]　これに対して，横溝大「紛争処理における私的自治」国際私法年報15号（2014年）111-129（119）頁は，仲裁判断全般が，抵触法においては法的事実の性格を有することを指摘する。
[27]　このような方向性を提示するものとして参照，阿部泰隆「行政訴訟特に税務訴訟における和解に関する管見」自治研究89巻11号（2013年）3-31（16）頁。

拠[28]としては，和解手続を定める規定のみならず，処分の実体的内容の変更を許容する根拠規範（例えば要件・効果の規律密度の緩和，または処分根拠規定から逸脱を一定程度許容する規定）が必要であると考えられ，投資協定仲裁を認める条約の規定だけでは，ここでいう根拠規範には当たらないと解するべきである（⇨第1章）。条約の誠実遵守義務（憲法98条2項）の存在を前提にしたとしても，実体法上のどの規定をどの程度緩和・逸脱するかについての国内議会の決定を全く行うことなく和解が許容されることは，法治主義の観点から問題を孕んでいるように思われる。また，和解に関する手続規範には，国内救済法における訴訟参加に匹敵するような第三者の手続保障を盛り込むか，利害関係者の参加手続を含む行政手続と裁判上の和解の手続とを有機的に結びつける手続が盛り込まれるべきである[29]。

(3) 紛争の終局的解決可能性

　第3は，仲裁判断の最終性・終局性との関係である。前述の通り，最も利用の多いICSID仲裁の場合，仲裁判断は執行決定を経ず，民事執行によって執行可能となる。国内法学に目を転じると，国に対する金銭債権の強制執行に関しては，消極的に解する見解や，行政財産についてのみ差押え不可能とする見解が示されてきた[30]。これに対し，国に対する非金銭債権に関しては，宝塚パチンコ店事件最高裁判決[31]はあくまで行政上の義務の履行を行政側が求める場合に限定した議論である。投資家が民事執行を求める場合には，仲裁判断で示された義務が行政上の義務だとしてもこの判決の射程外となると思われる。以上のように，投資協定仲裁の増加によって，国を相手に義務履行強制がなされる局面が出てくることも考えられる[32]。

---

28) 高橋滋他編『条解 行政事件訴訟法［第4版］』（弘文堂・2014年）209頁［村上裕章］は，当該処分について確定判決と同一の効力を持つ和解を行い，その拘束を受けることを法令が許容している場合にのみ和解が可能と解する。
29) 横田明美「義務付け訴訟の機能（6・完）」国家学会雑誌（東京大学）127巻7=8号（2014年）538-601（594）頁は，裁判所・原告・行政の三者で救済内容の特定責任が分配されるという観点から和解の許容性を分析すべきとする。
30) 中野貞一郎「国に対する強制執行」同『民事手続の現在問題』（判例タイムズ社・1989年）389-428（399）頁［初出1982年］。
31) 最三小判2002(平成14)・7・9民集56巻6号1134頁。

このような仲裁判断の最終性・終局性に比して，仲裁判断の誤りを再審査するICSID仲裁の手続[33]は，同等の機能を持つ国内法からみて非常に不十分と言わざるを得ない。たしかに，仲裁による早期の紛争解決の利益を重視すれば，再審査手続を拡充しないことに理由がないわけではない。しかし，国際投資仲裁の再審査制度が弱い状況の下で，国内の規制システムを作動させる利益が大きい場合に，国内法である仲裁法44条[34]を使って実質的に仲裁を「再審査」する手段を排除すべきでないとも思われる。また，国側に一定の処分の発令を求める内容の仲裁判断が仮に示されたとして，行政が何も処分をしない場合には，仲裁判断と実質的に同一の争点が国内裁判所に持ち込まれることも考えられる。この場合に仲裁判断の既判力を重視すれば，裁判所は実体判断をせずに義務付け判決を出すべきとの帰結に達する[35]。しかし，処分をとりまく多様な利害関係に適切に配慮するためには，仲裁判断の既判力を限定的に解した上で国内裁判所が仲裁判断を実質的に再審査し，判決の拘束力を用いて紛争解決を行政過程に投げ返すことで，柔軟かつ多様な解決策をとる可能性を留保しておくべきとも思われる。

2. 投資協定仲裁の実体的互換性

　投資協定仲裁に関する研究は国際法学で先行しており，その成果は国内公法学の観点から見て興味深い内容を多く含む。本章との関係で注目すべきは，投資協定仲裁に関する判断の積み重ねが，国内行政法の内容と類似するものを含んでいるという点である。仮に投資協定仲裁の判断の内容が，実体

---

32) 他方で，執行免除に関する一般国際法の動向が，国に対する強制執行を妨げる要素となりうる。この点につき参照，水島朋則「投資仲裁判断の執行に関する問題」RIETIディスカッション・ペーパー 13-J-078号（2013年）1-20（4-9）頁。

33) ICSID仲裁における仲裁判断取消制度につき参照，濵本正太郎「投資協定仲裁の公的性質とICSID仲裁判断取消制度の新展開」法学論叢（京都大学）170巻4号（2012年）395-420（409-416）頁。これに対して，上訴制度を設置するとすれば仲裁の手続コストが増大し，そのメリットが失われると指摘するものとして参照，玉田大「投資協定仲裁の多角化と司法化」国際問題597号（2010年）44-53（50）頁。

34) 仲裁法44条1項8号の公序良俗違反につき参照，小島武司＝猪股孝史『仲裁法』（日本評論社・2014年）516-522頁。

35) 横島・前掲註15）342頁。

法的に見て国内行政救済制度に基づく判断と一定の互換性があるのであれば，国内公法学が投資協定仲裁に対して強い危機感を持つ現実の必要性はないのかもしれない。そこで，現在国際法学で指摘されている国内行政法との類似点について簡単に整理した上で，直接投資規制と環境保護規制の場合とで判断の類似点・相違点としてどのようなことが予想されるか検討したい。

(1) 国内行政法と仲裁判断の接近？

　投資協定仲裁に基づく判断の積み重ねと国内行政法との類似性の例として，ここでは「比例原則」と「信頼保護原則」を取り上げることとする。

　政策目的と政策手段との均衡を要求する比例原則は，警察法における警察比例の原則を母体に行政法総論における法の一般原則として確立し，また違憲審査基準の要素としても発展している。そしてこの考え方は，国際投資協定に基づく仲裁判断にも見られる[36]。とりわけ比例原則との関係が強いのは収用に関する規律である。投資協定において収用は一般に禁止され，公共目的・非差別性・適正手続・適当で実効的な補償支払いの4つの要件が充足される場合にのみ許容される。ここで，収用の概念には，国内法で言えば「規制」にあたる間接収用も含まれている[37]。投資受入国の規制措置が間接収用に該当するかどうかの判断に際し，規制目的の合理性や目的と手段の比例性が考慮に入れられる。このような判断方法は収用のみならず，公正衡平待遇をめぐる投資家の正当な期待の有無の判断や，無差別原則（内国民待遇・最恵国待遇）における区別の合理性の判断でも見られる。投資協定仲裁に見られる比例原則の考え方を念頭に置けば，先進国にとって投資協定仲裁のメカニズムを受け入れることは，実体的義務に格別の新たな内容を付け加えるものではないと言えるのかも知れない[38]。

---

[36] 詳細な検討として参照，伊藤一頼「投資仲裁における比例性原則の意義」RIETI ディスカッション・ペーパー 13-J-063 号（2013 年）1-34 頁。

[37] 松本加代「収用」小寺彰編『国際投資協定』（三省堂・2010 年）120-136（122）頁。投資協定における賠償と補償の区別の現状につき参照，玉田大「補償と賠償」小寺彰編『国際投資協定』（三省堂・2010 年）196-211（210）頁。収用や損失補償に関しては，国際法と国内公法との間での概念のすり合わせが必要である。

[38] 伊藤・前掲註 36）32 頁は，このような見解を示す。

国際投資仲裁の仲裁例の蓄積によって極めて豊かな法形成がなされたことで知られる公正衡平待遇条項に関して，投資家の正当な期待の判断について，法の一般原則の1つである信頼保護原則を手がかりとする説明が試みられている[39]。投資家の期待がどのようなときに成立するのかについて，いくつかの仲裁廷では，投資受入国の言動を信頼して行動したにもかかわらず，事後に受入国がその期待に反する行動をとり，それによって投資家に損害が生じた場合を挙げている。これは，国内法体系における信頼保護の原則と重なり合う内容である。我が国の行政法上の法の一般原則の1つとしての信頼保護原則をめぐる最高裁判決においても，類似の判断基準が示されているところである[40]。

(2) 比例原則——直接投資規制

　そこでまず，比例原則の適用を考える素材として，直接投資規制を取り上げたい。日本においてこのことが問題となった著名な事例として，Jパワー事件を挙げることができる。これは，2008年に，電源開発株式会社（Jパワー）の株式をザ・チルドレンズ・インベストメント・マスターファンド（TCIファンド）が20％まで買い増そうとしたのに対して，財務大臣・経済産業大臣が外国為替及び外国貿易法に基づく中止命令を下した事件である[41]。TCIファンドは不服申立を最終的に行わなかったため，紛争が法的に解決されることなく終了している。

　この事件で用いられた外資規制の沿革をたどると，1932年の資本逃避防止法に遡ることができる[42]。同法は金解禁に伴う不景気に対応する有事規制という形で立法化されたものであり，それゆえ外資規制は当初から委任立

---

39) 濱本正太郎「投資家の正当な期待の保護」RIETIディスカッション・ペーパー14-J-002号（2014年）1-24頁。
40) 最三小判1981（昭和56）・1・27民集35巻1号35頁［宜野座村工場誘致事件］，最三小判1987（昭和62）・10・30判時1262号91頁［八幡税務署事件］。
41) 事件の詳細な経緯につき参照，下井善博「初めて発動された外為法に基づく中止命令」ファイナンス44巻9号（2008年）21-27頁。
42) 外国為替貿易研究グループ編『逐条解説 改正外為法』（通商産業調査会出版部・1998年）3-6頁。

法を多用していた。1934年には外国為替管理法という名称になり，規制対象が投機的取引全般に拡大した。さらに1941年の改正では，戦時に対応するためほぼ全ての取引が規制対象に含まれた。戦後に入ると，GHQからの指示を踏まえて1949年に外国為替及び外国貿易管理法が制定され，為替と貿易の双方を対象にするものとされた[43]。同法をめぐる旧大蔵省・旧商工省・旧外国為替管理委員会の権限争いを棚上げし，規制を機動的に運用するために，同法でも委任立法で規制を緩和する方式が選択された[44]。1980年の法改正で，外資規制の原則自由化の立場が採られ，1991年改正では日米構造協議を踏まえて対内直接投資について事後報告制がとられることとされた。ただし，国の安全等に関係する業種についてのみ事前届出制を維持し，場合によっては中止命令が出せる方式とした[45]。1997年には日本版ビックバンの一環として同法が改正され，外国為替及び外国貿易法と改称された[46]。この改正では，Jパワー事件で問題となった資本取引の自由化や対内直接投資についての規制には変更が加えられていない。

次に，Jパワーの沿革をたどると，1939年に第一次電力国家管理のもとで発足した日本発送電株式会社に遡ることができる。戦後，1950年に発足した公益事業委員会は，松永安左エ門が主導して民間九電力会社体制を確立した。これに対する抵抗の一環として，1952年に電源開発促進法に基づく特殊法人として電源開発株式会社が設立され，大規模な水力発電開発や原子力発電に関する国策会社が存続した[47]。1964年の臨時行政調査会答申を受けて行政監理委員会が発足し，同委員会は電源開発廃止を勧告した[48]。これに対して旧通産省は，電源開発が水力発電，広域運営及び国策遂行（国内炭対策・原子力発電）の担い手であるとして反対の意向を示し，電源開発は存続

---

43) 浅井良夫「戦後為替管理の成立」経済研究（成城大学）195号（2012年）93-140頁。
44) 佐竹修吉「1949年外為法と外為行政」立命館国際関係論集（立命館大学）6号（2006年）43-66（56, 61）頁。
45) 櫻井敬子「外資規制」同『行政法講座』（第一法規・2010年）207-212（209）頁〔初出2008年〕。
46) 水野哲昭「18年振りの外為法抜本改正」法律のひろば50巻11号（1997年）4-14頁。
47) 橘川武郎『日本電力業発展のダイナミズム』（名古屋大学出版会・2004年）325頁。
48) 水野清『電源開発物語』（時評社・2005年）92頁。

した。その後，1995年に行政改革委員会が，特殊法人改革の一環として電源開発の民営化を求めた。さらに2000年に，日米規制緩和対話の中でアメリカ側が電源開発民営化を要求し，これが直接の契機となって民営化が進んだようである[49]。民営化とは言っても，もともと電源開発は株式会社の形態をとっており，政府がその株式を保有する方式がとられていた。そこで，完全民営化を達成するためとして，政府のみならず民間九電力会社が保有している全株式を市場で売却し，その前提としてバランスシートを改善させる必要から，財政投融資の借入金を民間低利融資資金へ借り換え，さらに自己資本比率を向上させるためJパワー民営化ファンド株式会社を設立した[50]。2003年に電源開発促進法が廃止され，上記のプロセスを経て2004年10月に電源開発が完全民営化された。その際，新規株主のうち外国投資家が25％を占めており，当時のJパワーの社長は「世界中の投資家が株主になってくれるのは望ましいことです」[51]と発言している。

　Jパワー事件の際にTCIファンド側は，株主が会社に利益を上げることを求めるのは当然としつつも[52]，中止命令を回避するための妥協策として，原子力発電・送電線に関する追加取得株式に係る議決権不行使を表明した[53]。しかし，財務大臣・経済産業大臣は，この点を考慮しても電力の安定供給が妨げられるおそれを払拭できないとして中止命令に至った。ここで問題となるのは，一方で完全民営化しながら，他方で外為法の直接投資規制に基づく中止命令を行ったことの整合性である[54]。完全民営化に際し，Jパワー側には，外為法の外資規制を最後の一線とする認識が少なくとも同社の一部にはあったという[55]。しかし，民営化にあたり何か策が打てたのでは

---

49) 下畑浩二「特殊法人民営化の政治的側面」拓殖大学論集（拓殖大学）11巻2号（2009年）95-114（101）頁。
50) 水野・前掲註48）205-208頁。
51) 中垣喜彦「『民営化の星』目指す」日経ビジネス1267号（2004年）98-101（98）頁。
52) John Ho「日本政府はずる賢い」日経ビジネス1441号（2008年）100-103（101）頁は，日本政府は株主の役割を理解していないと批判する。
53)「外為法27条による審査と投資中止勧告に至る経緯」T&A master 256号（2008年）23-27（25）頁。
54) 古城誠「TCIファンドによるJパワー株式の取得」法学教室（2008年）8-12（12）頁。
55) 下畑・前掲註49）99頁。

ないか[56]，具体的には電気事業法による規制の可能性[57]や，黄金株（⇨ことば）の利用可能性[58]を検討すべきであったのではないかとも思われる。

> ● ことば ●
>
> ### 黄金株
>
> 黄金株とは，権利の内容の異なる複数の種類の株式（種類株式制度）の一種で，一定の事項に関する拒否権を行使することができる株式をいう。もともと，サッチャー政権におけるイギリスの国有企業民営化の際に，株式を市場に売却した後も会社の議決事項に制限をかけることができるようにすることを目的に登場したものであり，現在では企業の敵対的買収を防止するためにも用いられうる。
>
> 日本では，2001 年の商法改正で，定款で拒否権を設定する種類株式が設けられ，現在の会社法では拒否権付種類株式（会社法 108 条 1 項 8 号）として法制化されている。黄金株をめぐっては，東京証券取引所が自主規制の形で上場を制限する方針を 2005 年に示したことがあり，自主規制の許容範囲をめぐる議論が生じた点も極めて興味深い（黄金株をめぐる法制度につき参照，浜田道代「黄金株」法学教室 306 号（2006 年）2-3 頁）。

他方で，直接投資規制そのものに関しては，国内法上この中止命令が違法と評価される余地は極めて小さいと思われる。外資規制の領域はその時々の情勢や具体的事実に即した行政の政策的な判断が尊重されるべきと考えられており，中止命令には広範な要件裁量が認められると考えられる。それゆえ，財務大臣・経済産業大臣の判断や，中止命令に先行する勧告の際に諮問を受ける関税・外国為替等審議会の審議の過程に看過しがたい過誤欠落があるような場合でなければ，中止命令が違法と評価されることはないと思われる。これに対して，これに類する事件が投資協定仲裁に持ち込まれた場合の

---

56) 井ノ下健悟「政府 vs. 外国ファンド J パワーめぐる攻防」週刊東洋経済 6139 号（2008 年）34-35（35）頁。
57) 2008 年 10 月の OECD 投資委員会 FOI（投資の自由）ラウンドテーブルで TCI 事件の説明が求められ，特定分野の法律での措置が望ましく，投資政策による規制は最終手段であるべきとの見解が支配的であったという。参照，藤田輔「OECD 投資委員会の活動」外務省調査月報 2009 年度 3 号（2010 年）1-36（27）頁。
58) 本郷隆「外資規制法の構造分析」東京大学法科大学院ローレビュー（東京大学）6 巻（2011 年）127-162（155）頁は，黄金株で対応すべき事例であったとする。ただし，民営化との関連での黄金株の利用は未だ普及しておらず，J パワーは現在でも黄金株を用いていない。

判断方法は，国内行政法令に行政の裁量を認める趣旨が含まれるかという点から出発するのではなく，端的に規制目的の合理性・規制手段の合理性・目的と手段の均衡の有無という比例原則の枠組で判断される可能性が高い。この場合には，送電設備や原子力発電所に対する投資の継続という利益をどの程度重く見るかにより，あるいはTCIファンドによる株式の買い増しが20％であることをどう評価するかにより，結論が変化しうる。比例原則は確かに，目的＝手段思考によって両者のバランスをとる公法学において普遍的な思考様式ではある。しかし，その際の合理性の論証の程度をどの程度要求するかによって，結論は大きく変わってくることになる。それゆえ，投資協定仲裁と国内行政統制システムとの共通の法的評価基準として比例原則が用いられていることが，両者の実体的判断の収束を意味することには必ずしもならないように思われる。

(3) 信頼保護原則──環境保護規制

次に，信頼保護原則との関係で，環境保護規制をめぐる投資協定仲裁の事例を検討する。ここで取り上げる具体例は，Metalclad事件[59]である。この事件は，アメリカ合衆国の企業であるMetalcladが，そのメキシコにある子会社による別のメキシコ企業の買収によって，サン・ルイス・ポトシ州グアダルカサル町に有害廃棄物の最終処分場を建設し営業しようとしたところ，町および州の妨害に遭って営業することができなくなったとして，NAFTA1105条（公正衡平待遇義務）及び1110条（収用禁止）違反を理由に損害賠償を求めた国際投資仲裁事例である。仲裁廷はMetalclad側に約1700万ドルを支払うことをメキシコに対して命じた。この事件の事実関係は，紀伊長島町水道水源条例事件[60]とよく似ている。そこで，仲裁廷の判断方法の特色を，紀伊長島町事件最高裁判決と比較して3点に整理することとしたい。

第1に，仲裁廷は公正衡平待遇義務違反の存否に関して，まずグアダルカサル町に最終処分場の設置を認めない法的権限があるかどうかを検討してい

---

[59] Metalclad Corporation v. The United Mexican States, ICSID Case No. ARB(AF)/97/1, Award, Aug. 30, 2000.
[60] 最二小判2004（平成16）・12・24民集58巻9号2536頁。

る[61]。ここで仲裁廷はメキシコの国内法（環境通則法）の規定を参照し，有害廃棄物に関してグアダルカサル町に建設拒否権がないと判断している。紀伊長島町事件の場合には，下級審も含めて法律と条例の関係は争点とならず，町の条例が廃掃法との関係で矛盾牴触関係にあるかどうかは判断されていない。しかし，この点がもし争点になっていたとすれば，仲裁判断と同様，まずこの点の判断が示されるものと思われる。

第2に，仲裁廷は公正衡平待遇義務違反の存否に関して，町には建設拒否権がないとの連邦政府職員からの情報提供に従ってMetalcladが町に建設許可申請を行った点[62]，町の拒否決定がMetalcladに対して何らの告知・聴聞手続なしに行われた点[63]，拒否が施設設備の環境配慮面での欠陥を理由とするものではなかった点[64]を挙げ，結論として公正衡平待遇義務違反を認めていることである。紀伊長島町事件の場合には，条例が事業者による処理場建設計画を知った町が制定したとの経緯をも重く見て，条例に定められている協議手続の中で事業者側の地位を不当に害することがないよう配慮するべき義務があったとの判断が示されている。このように，違法判断の要素のレベルでは，両者には共通する点が多いように思われる。

第3に，仲裁廷は収用かどうかの判断にあたり，町の無権限と連邦政府職員による情報提供の要素から，間接収用該当性を肯定している[65]。さらに仲裁廷は補充的に，州が当該施設完成後に出した環境保護命令で当該施設を含む地域を環境保護地域に指定し，土地の使用・収益を強く規制したことを捉えて，規制の態様のみから（規制目的を問わず）収用に該当すると判断した[66]。紀伊長島町事件ではこの点は争点になっていないものの，投資協定仲裁の活性化によって，行政訴訟と国家補償，あるいは国家賠償と損失補償の救済上の垣根が低くなることが示唆されているように思われる。

2つの事件を比較した限りでは，信頼保護原則による解決の場合には，比

---

61) Metalclad v. Mexico, *supra* note 59, paras. 79-86.
62) Metalclad v. Mexico, *supra* note 59, paras. 88-89.
63) Metalclad v. Mexico, *supra* note 59, para. 91.
64) Metalclad v. Mexico, *supra* note 59, paras. 92-93.
65) Metalclad v. Mexico, *supra* note 59, paras. 106-107.
66) Metalclad v. Mexico, *supra* note 59, paras. 109-111.

例原則によるよりも，国内の行政訴訟と国際投資仲裁とで実体的判断が収束する可能性が高そうに見える。ただし，Metalclad 事件の仲裁廷判断は，町には建設を拒否する権限がなかったこと，言い換えれば建設拒否が違法であることを前提に賠償を認めているのに対して，紀伊長島町事件の場合には町の条例は適法なものであり，条例が定める協議手続の中で相手方の立場に配慮する義務があるとの構造がとられていることに注意が必要である。どのような場合に問題となった行政活動に違法との評価を与えるか，また違法とされた行政活動に対する信頼保護をどの程度認めるのかは，現時点では不明確であり，事例の集積を待って検討作業を継続すべきと考えられる。

おわりに──多元的システムと正統性概念

　日本の公法学におけるグローバル化の従来の議論では，公的任務の民間主体への拡散（民営化・外部委託等）への対応の際に提唱された理論枠組による対応が模索されてきた。例えば，グローバルな規範形成に諸利害が偏りなく衡量される構造と手続を要求し，もしそうでなければ国家の立法者が当該規範の国内における効力を制限すること[67]，グローバルな法執行においては執行者に国内行政手続で求められるのとほぼ同等の適正手続を要求することである。これに対して仲裁の場合には，このような要請のみで対応が可能なのか，なお判然としない。それは，紛争解決とその強制的実現という国家作用のコアに強くかかわる事例であるからであろう。また，投資協定仲裁における「正統性」をめぐっては，私的自治に根拠を持つ仲裁の正統化と，国際投資仲裁が公的利益に関わることに伴う民主政的な正統化とが重畳する[68]。国際投資仲裁に関する事例の蓄積や議論の展開の中で，多元的システムにおける正統性概念（⇨第8章）を再考する新たな諸課題がより明確になり，それが公法学の基本概念や理論構造に再考を促す契機となると思われる[69]。

---

67) 規範定立における諸要請につき参照，原田大樹「多元的システムにおける本質性理論」同『公共制度設計の基礎理論』（弘文堂・2014年）351-373（363-371）頁［初出 2011年］。
68) 濱本・前掲註33) 403頁。
69) このような試みとして参照，藤谷武史「市場に対する国際的なレギュレーションの動態と『国際私法における当事者自治』」国際私法年報15号（2014年）86-110頁。

第4部

都市法

第10章

指定確認検査機関と国家賠償

■ 本章への架橋

　民営化の問題は給付行政（⇨第4・5章）に固有のテーマではない。規制行政の代表例とされる，建築基準法の建築確認にも，1999年に指定確認検査機関による確認（例解 457頁）が導入され，確認件数で見れば民間による確認が建築主事による確認を上回る状態が続いている。このような変化は，建築紛争をめぐる責任の主体を複雑化させている。そこで本章では，指定確認検査機関の建築確認をめぐる国家賠償責任の問題をどのように考えればよいか，日本の判例・学説をベースに検討することとしたい。

　指定確認検査機関のような民間の公的任務遂行主体が登場する場合，賠償をめぐる法関係は，国（地方公共団体）・公的任務遂行主体・私人の三者関係となる。そこでまず，このような場合に国・地方公共団体の賠償責任を肯定しうるのか，東京建築検査機構事件最高裁決定（例解 459頁）を踏まえ，指定確認検査機関の法制度の特色を分析した上で検討することとする。次に，国・地方公共団体の責任と並んで指定確認検査機関の賠償責任を肯定することができるかを，積善会事件最高裁判決（例解 333頁）の判断方法を踏まえて検討する。その際には，賠償責任分担の理論構成として，民事法制度，国家賠償法3条，権限不行使・立法不作為の3つの選択肢を挙げ，その利用可能性を模索することとしたい。

はじめに

　従来は国家の事務であった任務の遂行を民間主体に委ねる民営化を国家が選択する理由として第1に考えられるのは，国家の役割の縮小による財政支出の削減である。我が国の民営化においてはこの点がしばしば警戒され，民

営化に反対する議論の中心も国家の撤退への批判であった。

　一方，日本と同様に民営化を進めてきたドイツの公法学においては，民営化によってもなお国家に一定の「責任」が残るという議論が連綿と続いている（⇨第5章）。この責任は，当初は国家賠償責任との結びつきが強く意識され[1]，その後立法者の制度設計責任へと展開してきた経緯を持つ。しかし，そのことは国家賠償責任の民営化論における意義が低下したことを意味しない。同様に民営化の議論枠組を模索しているアメリカ法においては，ステイトアクション理論[2]が大きな役割を果たしており，そこでは州が賠償責任を負うかどうかがしばしば議論されている。

　そこで本章では，指定確認検査機関を素材に，民営化後の国家の「責任」のあり方を国家賠償責任の平面で検討することを目標とする。あくまで日本法の解釈を踏まえた責任論を展開する観点から，ドイツにおける議論からは意図的に距離を置くこととする。周知の通り，指定確認検査機関は1999年の建築基準法改正によって導入され，それまで建築主事が行っていた建築確認・中間検査・完了検査を民間の株式会社を含む指定確認検査機関にも開放した。建築確認は典型的な行政行為（処分）として以前から行政法学上位置づけられ，また建築確認をめぐる著名な紛争も数多かった。こうした典型的な行政作用が民営化されたという点において，建築確認の民間開放には他の例とは異なる象徴的な意味が当初から持たされていた。さらに，2005年11月に発覚した姉歯事件により，指定確認検査機関の検査能力や中立性への疑念が高まり，翌年の建築基準法改正で指定確認検査機関の指定要件や監督規定が強化されている[3]。この指定確認検査機関をめぐってはすでに様々な裁判例が蓄積され[4]，最高裁も訴えの変更という特殊な場面ではあるものの，

---

1) 角松生史「『民間化』の法律学」国家学会雑誌（東京大学）102巻11=12号（1989年）719-777（771）頁。
2) 原田大樹『自主規制の公法学的研究』（有斐閣・2007年）160-161頁。
3) 原田大樹「立法者制御の法理論」同『公共制度設計の基礎理論』（弘文堂・2014年）178-234（182）頁〔初出2010年〕。
4) これらの裁判例（特に耐震強度偽装関連事件）における違法性・過失の要件を詳細に分析したものとして参照，北村和生「違法な建築確認と国家賠償責任」政策科学（立命館大学）21巻4号（2014年）49-65頁。

判断を下している[5]。この問題の検討にあたっては，国家賠償制度の存在意義[6]として語られる内容でもある2つの評価軸を用いて検討したい。1つは民営化された作用によって被害を受けた者の救済の観点である（I.）。もう1つは，違法な建築確認等を防止するという違法行為抑止の観点である（II.）。

I. 国・公共団体の国家賠償責任

1. 東京建築検査機構事件最高裁決定の衝撃

（1）指定確認検査機関制度の導入

　指定確認検査機関制度が導入された背景には，規制緩和の要請と建築主事の人的リソース不足の2つの要因があったとされる[7]。同時期に進行していた規制緩和においては，国内の規制によって消費者が高いコストで物品やサービスを購入していることが批判され，建築の分野においても建築のコストの高さが指摘されていた。他方で建築基準法令に合致しない違法建築の是正が進まず，その原因の一つとして建築主事が建築確認に忙殺され，違法建築の是正にリソースを割けないことが問題視された。

　立法の際のベースとされたのが，建築審議会「21世紀を展望し，経済社会の変化に対応した新たな建築行政の在り方に関する答申」（1997年3月24日）であった。同答申では，改革に当たっての基本的考え方として，「民間

---

[5] 裁判例の動向を緻密に検討したものとして参照，金子正史「指定確認検査機関のした建築確認の違法を理由とする国家賠償請求訴訟の賠償責任者」同志社法学（同志社大学）64巻7号（2013年）2107-2152頁。

[6] 宇賀克也『国家補償法』（有斐閣・1997年）5頁は，国家賠償法の機能として「被害者救済機能，損害分散機能」と「制裁機能・違法行為抑止機能・違法状態排除機能（適法状態復元機能）」を挙げる。

[7] 大橋洋一「建築規制の実効性確保」同『対話型行政法学の創造』（弘文堂・1999年）196-230（217）頁［初出1999年］。これに対して，櫻井敬子「技術と安全」公法研究69号（2007年）168-177（172）頁は，立法過程においては行政のリソース不足が問題として認識され，規制緩和とは本来関係がない点に注意すべきとする。指定確認検査機関導入の成果と課題につき参照，杉山義孝「指定確認検査機関の実情と課題」日本不動産学会誌27巻4号（2014年）53-63頁。

企業等が，建築確認・検査を行政に代わって行う仕組みを構築し，行政による直接的な対応を中心とする枠組みから，監査や処分の厳正な実施等の間接的コントロールにより制度の適正な運営を確保する方式へと移行すべきである」とし，建築確認の民間開放を求めた。その際に注目されるのは，「建築物の安全性等の確保や周辺環境との調和は，第一義的には建築主が自己の責任において確保すべきであるという原則を再認識すべきである」という認識である。そして，講ずべき具体的施策として，性能規定化・民間の建築確認検査機関の導入が挙げられ，「行政においては違反対策のための執行体制の充実を図り，違反是正等を強力に進めるとともに，罰則の適用や建築士，建築士事務所，工事施工者等に対する処分を強化するなど，総合的な違反対策を進め，規制の実効性の確保に努めるべきである」として，行政の任務を事後規制にシフトする考え方が示された。ただし事後規制への限定に繋がる自己認証制度の採用については，「設計・施工段階での品質確保の体制，自己審査・自己検査の公正さを担保するための方策等も含め，その可能性について今後さらに検討する必要がある」として結論を留保していた。

(2) 東京建築検査機構事件最高裁決定

　指定確認検査機関が行った建築確認に関する国家賠償責任の主体が訴えの変更という形で問題になったのが，東京建築検査機構事件最高裁決定（最二小決2005（平成17)・6・24判時1904号69頁）である。指定確認検査機関による建築確認に対する取消訴訟は，行政事件訴訟法11条2項により，指定確認検査機関を被告として提起することとなる。この事件でも，指定確認検査機関である株式会社東京建築検査機構が横浜市内で建築が計画されていた大規模分譲マンションに対して出した建築確認に対して，周辺住民らが機構を被告に取消訴訟を提起していた。しかし，訴訟の間に建築物に対する完了検査が終了し，その訴えの利益が消滅したことから，原告は横浜市に対する損害賠償請求の訴えに変更（行政事件訴訟法21条）することの許可を申し立て，第1審（横浜地決平成16・6・23）及び抗告審（東京高決平成16・10・5）はいずれも訴えの変更を認めていた。

　最高裁も横浜市を被告とする訴えの変更を認めている。その理由付けは大きく2つに分けられる。第1は，建築確認を定めた建築基準法6条1項の規

定は「建築物の計画が建築基準関係規定に適合するものであることを確保することが，住民の生命，健康及び財産の保護等住民の福祉の増進を図る役割を広く担う地方公共団体の責務であることに由来するものであって，同項の規定に基づく建築主事による確認に関する事務は，地方公共団体の事務」であるとするものである。第2は，建築基準法が定めている指定確認検査機関に対する特定行政庁の監督権限規定への注目である。特に最高裁が注目したのは，指定確認検査機関が確認済証交付後に特定行政庁に報告する義務と，特定行政庁がこの報告を受けた場合において，指定確認検査機関の確認済証の交付を受けた建築物の計画が建築基準関係規定に適合しないと認めるときは，確認済証を失効させ，指定確認検査機関の確認を是正する権限を付与している点である。この2点から最高裁は，指定確認検査機関と建築主事とがともに特定行政庁の監督下で建築確認を行っているとみて，「当該確認に係る建築物について確認をする権限を有する建築主事が置かれた地方公共団体」への訴えの変更を認めた。

(3) 決定に対する批判

　最高裁決定に対する行政法学の反応は全体として批判的なものであった。行政法学の標準的な理解[8]によれば，国家賠償法1条の適用判断の手順は，当該加害行為が同条にいう公権力の行使に該当するかを判断することに始まり，それが肯定されれば加害行為をした者が公務員であり，公務員が帰属する組織が国家賠償法上の公共団体（損害賠償責任の主体）になるとするものである。これを指定確認検査機関の建築確認にあてはめると，建築確認は公権力の行使に該当するから，これを担った確認検査員（または指定確認検査機関）が公務員であり，それゆえ国家賠償責任を負う同法上の公共団体は指定確認検査機関になるはずである。最高裁決定はこれとは異なる結論を示すものであったため，学説はこの決定に次の3点からの批判を加えている。

　第1は，自己の権限と計算で公権力を行使する主体こそ，国家賠償法上の公共団体であるとの考え方である[9]。国家賠償法1条は「公権力の行使」に

---

[8] 塩野宏『行政法Ⅱ［第5版補訂版］』（有斐閣・2013年）302頁。
[9] 塩野・前掲註8）303-304頁。

関する責任を規定し，国家賠償法3条は費用負担者にも賠償責任を負わせている。こうした国家賠償法の構造からすれば，権限と費用が賠償主体の確定の要素となるはずである。また，計算の面に関しては，指定確認検査機関が複数存在し，市場競争関係が形成されている点に，このしくみが事務委任や権限委任ではなく民間事務の創出の性格を持つことに注目して，指定確認検査機関に賠償責任を負わせるべきとする見解もある[10]。

第2は，最高裁決定が注目した特定行政庁による個別的監督は他の法令に見られるものと比べてそれほどの強度ではないこと[11]，このしくみを全体として見れば指定確認検査機関と特定行政庁との間には権限・責任の可分性が認められることである[12]。さらに，実態面に注目し，指定確認検査機関からの報告のみでは特定行政庁による個別的監督が事実上困難である[13]ことも，この要素を補強するものとなっている。

第3は，最高裁決定が事務帰属主体に注目して解決を図ったことへの批判である。民営化・外部委託といっても，何らかの形で国・公共団体に責任を残す制度設計になっていれば，当該事務は国・公共団体に帰属させたまま，その実施を民間主体に委託する構造になっていることが多い。このような場合に事務帰属主体に注目した議論を行えば，ほとんど全ての場合で国・公共団体が国家賠償責任を負うことになる。そこで，最高裁決定の射程を「事務の帰属する」と明文で規定した行政事件訴訟法21条の訴えの変更に限定する理解も見られる[14]。

これらの批判はいずれも首肯しうるものである。しかし，民営化の際に何らかの形で国・公共団体に責任を残す制度設計を立法者が選択した場合，その結果として国家賠償責任が国・公共団体に認められるという形で，枠組設

---

10) 米丸恒治「判批」民商法雑誌133巻4=5号（2006年）860-866（864）頁．
11) 仲野武志「判批」平成17年度重要判例解説（2006年）43-44（44）頁，長谷川佳彦「判批」法学論叢（京都大学）161巻1号（2007年）93-107（97）頁．
12) 山本隆司「私人の行為による損害賠償（1）（2）」同『判例から探究する行政法』（有斐閣・2012年）583-622（612）頁［初出2009年］．
13) 金子正史「判批」法令解説資料総覧285号（2005年）121-125（123）頁，同「指定確認検査機関に関する法的問題の諸相」同『まちづくり行政訴訟』（第一法規・2008年）259-357（276）頁［初出2005年］．
14) 長谷川・前掲註11）100頁．

定責任の担保が図られることも想定しうる。そこで，指定確認検査機関に対する監督のしくみの特色を掘り下げて検討することとしたい。

2. 指定確認検査機関の特殊性

(1) 並行権限型指定機関に対する監督規定との比較

　まず，指定確認検査機関に対して法律上予定されている監督手段が，最高裁決定が注目していたように特殊で強度の高いものかどうかを検証する。比較の対象となるのは並行権限型指定機関[15]であり，行政と民間の機関の双方が私人に対して，処分性を有する認定判断権を行使することを規定した法令を取り上げる。そのため，行政による判断の事前準備としての試験・検査や免許事務の一部としての登録を行うものは除外する。他方，民間の機関を指定すれば行政は当該事務を行わないとの法律の規定があるものは，指定している限りにおいて並行権限とは言えないものの，指定後の事情変更（例：天災等による指定機関の業務不能）で一時的に並行権限となる可能性があるものについては，検討対象に含めることとする。これらは，監督規定の内容に応じて以下の7つのグループに分類できる。

① 事務規程認可・立入検査権・指定取消権・財務諸表の作成などの，広く規制手段として用いられている一般的な監督権限が規定されているもの（以下「一般的監督規定」という）がある。例えば，自然公園法24条は，利用調整地区への立入りの認定を規定し，指定認定機関の指定（同法25条）によってこれを並行権限化した上で，指定認定機関に対する上記のような一般的監督規定を置く。同様の例として，遺伝子組換え生物等の使用等の規制による生物の多様性の確保に関する法律17条に基づく生物検査命令を行う登録検査機関（同法17条），国際観光ホテル整備法3条に基づくホテルの登録を行う登録実施機関（同法19条）がある。

② 一般的監督規定に加え，業務の遂行に関して帳簿を備え付け，帳簿に記載する義務を課すものがある。一般的監督規定と比較すると，個別の検査・認定活動に対しての統制を強めたものと評価することができる。例えば，農

---

[15] かつての指定機関に関する分析につき参照，米丸恒治「指定機関による行政の法律問題」同『私人による行政』（日本評論社・1999年）325-375（338-340）頁［初出1994年］。

山漁村滞在型余暇活動のための基盤整備の促進に関する法律16条に基づく農林漁業体験民宿業者の登録を行う登録実施機関（同法18条）に対しては，一般的監督規定に加え，帳簿の備え付け・保存義務（同法30条）が課されている。同様の例として，経済連携協定に基づく特定原産地証明書の発給等に関する法律3条に基づく第1種特定原産地証明書の発給を行う指定発給機関（同法8条，帳簿記載義務：同法15条），食品衛生法25・26・28条に基づく製品検査・食品検査を行う登録検査機関（同法31条，帳簿記載義務：同法44条），飼料の安全性の確保及び品質の改善に関する法律27条が定める規格適合表示を認める登録検定機関（同法34条，帳簿記載義務：同法46条），船舶安全法6条ノ4に基づく型式承認製造者の製造した船舶の検定を行う登録検定機関（同法25条の46，帳簿記載義務：同法25条の59），タクシー業務適正化特別措置法3条に基づくタクシー運転者の登録を行う登録実施機関（同法19条，帳簿記載義務：同法31条），高齢者の居住の安定確保に関する法律5条に基づくサービス付き高齢者向け住宅事業の登録を行う指定登録機関（同法28条，帳簿記載義務：同法34条1項）がある。

③　一般的監督規定，帳簿記載義務に加えて，検査実施者の解任命令が出せるとする監督規定を持つものがある。例えば，計量法19条に基づく定期検査を実施する指定定期検査機関（同法26条）に対しては，検査実施者の解任命令（35条）の規定が置かれている。検査実施者への解任命令は，民間機関の組織面に対する強度な統制であり，当該立法が検査実施者を国・公共団体における公務員に匹敵するものとして位置づけている手がかりと言える。同種の規定として，海洋汚染等及び海上災害の防止に関する法律9条の2第4項に基づく有害液体物質の船舶からの排出の事前処理確認を行う登録確認機関（同法9条の7，確認員の解任命令：同法9条の12），漁船法8条に基づく工事完成後の認定を行う指定認定機関（同法29条，認定実施者の解任命令：同法41条），著作権法78条4項に基づくプログラムの登録を行う指定登録機関（プログラムの著作物に係る登録の特例に関する法律5条，役員・登録実施者の解任命令：同法15条），半導体集積回路の回路配置に関する法律3条に基づく回路配置利用権の設定の登録を行う登録機関（同法28条，設定登録等事務実施者の解任命令：同法37条），港湾法56条の2の2に基づく港湾施設の技術基準適合の確認を行う登録確認機関（同法56条の2の3，確認員の解任命令：同法56

条の2の8），放射性同位元素等による放射線障害の防止に関する法律12条の2に基づく設計認証を行う登録認証機関（同法39条，設計認証員の解任命令：同法41条の8）がある。

④　一般的監督規定，帳簿記載義務に加え，個別処分報告義務が定められているものがある。例えば，農産物検査法3条に基づく米穀の生産者に係る品位等検査を実施する登録検査機関（同法17条）に対して，検査実施の報告義務（同法20条3項）が課されている。また，③と④の双方の要素を持つ例（ただし帳簿記載義務がない）として，高圧ガス保安法20条1項に基づく完成検査を実施する指定完成検査機関（同法58条の18，完成検査の報告義務：同法20条4項，検査員の解任命令：同法58条の27）がある。

⑤　一般的監督規定，帳簿記載義務，検査員解任命令，個別処分報告義務と役員の選任届出・認可が規定されているものがある。例えば，食鳥処理の事業の規制及び食鳥検査に関する法律15条に基づく食鳥検査を実施する指定検査機関の指定（同法21条，検査実施の報告義務：同法25条3項，役員選任・解任の認可：同法26条1項，検査員解任命令：同法26条3項，帳簿記載義務：同法30条）がある。

⑥　一般的監督規定，個別処分報告義務に加え，個別処分取消権が行政側（登録権者）に認められているものがある。個別処分取消権は，民間機関の活動に対する最も強度の高い監督手段と言える。例えば，住宅の品質確保の促進等に関する法律31条に基づく住宅型式性能認定を行う登録住宅型式性能認定等機関（同法44条）に対しては，認定の報告義務（同法53条1項）が課され，その報告を受けた登録権者が不適合通知（同条2項）を出すことで，認定が失効するしくみになっている。

⑦　一般的監督規定，帳簿記載義務，検査員解任命令，個別処分報告義務，個別処分取消権が認められているのが，本章で取り上げている指定確認検査機関である。指定確認検査機関の業務は，建築確認（建築基準法6条の2），完了検査（同法7条の2），中間検査（同法7条の4）である。最高裁決定が注目した確認審査報告書の提出（同法6条の2第10項），不適合通知（同条11項）に加え，検査員解任命令（同法77条の24）も定められている。

　このように，指定確認検査機関に対する監督のしくみは，類例と比較しても極めて強度の高い特殊なものである。すなわち，個別の建築確認等の取消

も可能な監督制度[16]が採用されると共に，検査員解任命令も規定されている。しかも，個別処分取消権は，指定権者（国土交通大臣・都道府県知事）とは別の機関である特定行政庁に付与されている[17]。

(2) 登録機関（いわゆる第三者認証）との比較

指定確認検査機関の導入とほぼ同時期になされた基準認証制度（⇨ことば）の改革により，いわゆる第三者認証を担う民間の検査機関が登場した。現在では登録機関と呼ばれているこの第三者認証のしくみは，建築確認の民間開放に類似した制度として位置づけられることが多い。そこで，登録機関と指定確認検査機関のしくみを比較し，国家賠償法の責任主体を特定する際の帰属の問題を検討することとする。

> ● ことば ●　基準認証制度
>
> 　基準認証制度とは，一定の基準に製品等が適合することを検査してその結果を表示し，表示のない製品等の流通を禁止して刑事罰でその実効性を担保する制度をいう。行政法学では伝統的には「対物許可」の一種とされてきた。基準認証制度は消費者法や労働安全法などで発達しており，その背景には，情報の非対称性・外部性による市場の失敗を是正するという政策目的が存在する（北島周作

---

16) 小幡純子「国家賠償法の適用範囲について（上）」法曹時報64巻2号（2012年）237-263（258）頁。仲野・前掲註11）44頁は，個別処分取消権の類例として，地域伝統芸能等を活用した行事の実施による観光及び特定地域商工業の振興に関する法律21条の監督命令を挙げていた（同法の指定機関のしくみにつき参照，藤井直樹「地域伝統芸能等活用法」時の法令1438号（1992年）31-51（39）頁）。しかし同法は，平成17年法律第54号（三善由幸「『通訳案内業法及び外国人観光旅客の来訪地域の多様化の促進による国際観光の振興に関する法律の一部を改正する法律案』について」JRガゼット63巻5号（2005年）76-78頁）によって改正され，当該条文は現在では廃止されている。
17) 建設省住宅局建築指導課＝市街地建築課監修・建築行政研究会編『改正建築基準法のポイント』（ぎょうせい・1998年）15頁は，特定行政庁への報告や建築確認の失効は，違反是正対策の措置を講じるためのものであり，確認の内容を再審査することが目的ではないとする。しかし，建築確認と是正命令とが連動していない建築基準法の構造（最二小判1984（昭和59）・10・26民集38巻10号1169頁）を前提とすれば，違反是正対策のみを目的とするなら建築確認の失効というしくみの必要はなかったように思われる。

「基準認証制度」本郷法政紀要（東京大学）10号（2001年）155-192（158）頁）。

　基準認証制度の改革を最も忠実に反映しているのが，消費生活用製品安全法である。同法は，「消費生活用製品のうち，構造，材質，使用状況等からみて一般消費者の生命又は身体に対して特に危害を及ぼすおそれが多いと認められる製品で政令で定めるもの」を特定製品とし（同法2条2項），主務大臣が定める技術基準（同法3条1項）への適合義務とそれを確保するための検査義務（自己認証）を課している（同法11条1・2項）。また，「一般消費者の生命又は身体に対する危害の発生を防止するため必要な品質の確保が十分でない者がいると認められる特定製品で政令で定めるもの」を特別特定製品とし（同法2条3項），いわゆる第三者認証の方式での検査を求めている（同法12条）。その検査業務を担うのが登録検査機関（同法16条1項）であり，同機関に対する監督制度としては，上記②の監督類型（一般的監督規定＋帳簿記載義務）が採用されている。この方式の特色は，上記の並行権限型と異なり，基準の適合とそれを証明する責任が事業者側にあることにある（同法12条）。つまり，消費生活用製品安全法は，技術基準への適合とその証明や表示を事業者の責任のもとで行わせている。その帰結として，検査を行ったかどうかと関わりなく，製品の欠陥によって一般消費者の生命・身体への危害が発生するような場面においては，主務大臣が危害防止命令を出せる（同法32・39条）しくみがとられている。同様の構造をもつ他の例として，液化石油ガスの保安の確保及び取引の適正化に関する法律・電気用品安全法・農林物資の規格化及び品質表示の適正化に関する法律・医薬品，医療機器等の品質，有効性及び安全性の確保に関する法律が挙げられる。

　指定確認検査機関と上記の登録機関とを比較すると，確かに指定確認検査機関に対する行政監督の方が強度ではある。しかし両者のより重要な相違は，検査を実施するという任務が公の側にあるか，民間の側にあるかという点にあるように思われる。すなわち，いわゆる第三者認証の場合には，基準への適合は事業者の義務で，それを果たしていることを自ら証明する手段として登録検査機関による検査が位置づけられる[18]。行政側には検査を実施

---

18) 原田大樹「多元的システムにおける正統性概念」同『公共制度設計の基礎理論』（弘文堂・

する任務は原則として残されておらず（登録機関がない場合など例外的な場面に限って主務大臣が検査を実施するとする規定が 29 条に置かれている），行政の任務は危害防止命令に代表される事後規制の部分に完全に限定されている[19]。これに対して建築確認・中間検査・完了検査の場合には，建築行為を一旦禁止し，確認を受けた者に適法に建築できる地位を付与するという法的しくみの中で，建築確認等の審査を公が実施するという枠組がなお維持されており，指定確認検査機関はその中で建築主事と選択的に建築確認等の業務を行うものと位置づけられているにとどまる。最高裁決定が述べていた建築基準法の建築確認が地方公共団体の「責務」であるとする意味は，このような文脈の中で理解されるべきもののように思われる。

(3) 権限・任務・事務——国賠法 1 条の公共団体の判定基準

これまで，指定確認検査機関に対する行政の監督「権限」と，建築確認の「任務」の要素から，建築基準法が定めるしくみを検討してきた。それを前提として，民営化・外部委託の国家賠償責任に関する最高裁の判断方法一般について，暫定的な試論を示すこととする。

この文脈において最高裁が事務帰属によって公共団体を判断してきたことに対しては，事務の帰属を基準にするとほとんどが国・公共団体に賠償責任を負わせる結果になって不適当とする批判が学説から寄せられてきた[20]。これに対して，事務帰属ではなく，監督権限に着目して国家賠償責任の主体を特定する方法も考えられるところである。ただし，上記の分析のように一般的監督規定は民間指定機関に関する法制度でほぼ共通に見られることから，切り出しの基準としての切れ味はあまりよくないようにも思われる。また，監督権限のあり方で賠償責任の主体を確定すると，民営化の際の立法の

2014 年）49-94（54）頁［初出 2012 年］。
[19] 山本・前掲註 12) 619 頁は，手数料の定めや監督のしくみからみて，指定確認検査機関は登録機関の制度に近いとする。しかしより重要なのは，基準適合を遵守させる法制度を私の側に設定するか，公の側に設定するかにあるように思われる。
[20] 山本隆司「私人の行為による国家賠償を巡る諸問題」藤山雅行＝村田斉志編『新・裁判実務大系 25 行政争訟［改訂版］』（青林書院・2012 年）618-628（625）頁，塩野・前掲註 8) 304 頁。

不備を理由に無資力のリスクを被害者に抱えさせることになる[21]という問題が生じる。国家に，賠償責任を自ら免れるいわばフリーハンドを認めることには，躊躇を覚えるところである[22]。

そこで改めて最高裁決定を読み直すと，同決定が問題にしている「事務」とは，法律で割り当てられた任務分配の問題と，民間主体に対する監督規定の趣旨から導出された権限分配の問題の双方から構成されていることが分かる。換言すれば，最高裁が用いている事務帰属の基準は，民間への権限委任や委託をめぐる実定法のしくみの解釈結果を総括する修辞概念として機能しているにとどまっているとの見方も可能である[23]。そうであるとすれば，最高裁の判断方法と，学説上有力に主張されている可分・不可分の基準[24]との間には，思考方法上の大きな懸隔はないようにも思われる。

Ⅱ. 指定確認検査機関の国家賠償責任

1. 積善会事件最高裁判決の含意

(1) 措置委託制度の構造

指定確認検査機関による建築確認を加害行為とする国家賠償訴訟において，仮に建築主事が置かれた地方公共団体が国家賠償法上の公共団体として賠償責任を負うとすると，指定確認検査機関自身は賠償責任を負わないことになるのだろうか。この点を検討する上で見落とせないのが，積善会事件最高裁判決である。同判決の論理を理解する前提として，まず措置委託制度

---

[21] 板垣勝彦「判批」自治研究89巻6号（2013年）137-149（146）頁。
[22] 交告尚史「国賠法1条の公務員」神奈川法学（神奈川大学）30巻2号（1995年）265-290（288）頁。山本隆司「工業製品の安全性に関する非集権的な公益実現の法構造」ジュリスト1245号（2003年）65-81（71）頁が精確に紹介するように，ドイツでは職務責任を負う団体が公法人に限られるとするのが判例法理であるため，専門家による検査機関（TÜV）は職務責任を負わず，これを承認した州が責任を負う。この判例理論を正当化する学説の理由付けの1つが，本文で示した要素であるとされる。
[23] 同様の傾向は，積善会事件最高裁判決にも見られるところである。参照，原田大樹「判批」法政研究（九州大学）74巻2号（2007年）351-366（356）頁。
[24] 山本・前掲註12）621頁。

(⇨第 4 章）の構造を簡単に紹介する。

　児童の養育が家庭では困難な事情がある場合，あるいは少年法 18 条 2 項の規定により知事・児童相談所長に送致された場合には，都道府県は児童養護施設等への入所などの措置をとらなければならない（児童福祉法 27 条 1 項）と規定されている。この場合，都道府県が自ら設置した児童養護施設に入所させることもあり得るものの，公営の施設は量的に限定されており，多くの場合には社会福祉法人等が運営している施設への措置委託がなされる。この措置委託契約は，福祉の措置の決定・実施・費用負担責任をいずれも都道府県に残したまま，実際の処遇の部分を社会福祉法人に委託することを内容としており，いわば福祉サービスの買い入れを行っているものと位置づけられている[25]（社会福祉法 61 条）。

(2) 積善会事件最高裁判決

　積善会事件では，こうした措置委託の枠組の中で発生した施設内の事件に起因する損害賠償請求がなされた。原告は，母親が病気療養のため家庭での養育が困難になったことから，児童福祉法 27 条 1 項 3 号に基づく入所措置（3 号措置）により，被告愛知県の委託を受けた社会福祉法人積善会が経営する暁学園に入所した。原告はその後，施設内で約 30 分間にわたり，3 号措置によって入所中の児童ら 4 名から暴行を受け，高次脳機能障害等の後遺症が残った。そこで原告は，施設長及び職員が監督義務，安全配慮義務を怠ったとして，積善会に対し使用者責任（民法 715 条）に基づき，また愛知県に対しても国家賠償法 1 条 1 項に基づき，これと同額の損害賠償を請求した。

　控訴審判決（名古屋高判 2005（平成 17）・9・29 訟月 1407 号 56 頁）では，積善会に対する使用者責任と愛知県に対する国家賠償責任の双方を肯定した上で，「連帯して 3375 万 1724 円及び遅延損害金（不法行為後の日である平成 10 年 9 月 26 日から支払済みまで年 5 分の割合）の支払を求める限度で理由がある」と判断した。つまり，両者が不真正連帯の関係にあると評価したのである。

　これに対して最高裁判決（最判 2007（平成 19）・1・25 民集 61 巻 1 号 1 頁）では，愛知県の国家賠償責任を認める一方，積善会の使用者責任を否定した。愛知

---

[25] 原田大樹『例解 行政法』（東京大学出版会・2013 年）326 頁。

県の責任を認める際に重視されたのは，児童福祉法が定めている任務・資金・権限の要素であった。判決は，児童福祉「法は，保護者による児童の養育監護について，国又は地方公共団体が後見的な責任を負うことを前提に，要保護児童に対して都道府県が有する権限及び責務を具体的に規定する一方で，児童養護施設の長が入所児童に対して監護，教育及び懲戒に関しその児童の福祉のため必要な措置を採ることを認めている。上記のような法の規定及び趣旨に照らせば，3号措置に基づき児童養護施設に入所した児童に対する関係では，入所後の施設における養育監護は本来都道府県が行うべき事務であり，このような児童の養育監護に当たる児童養護施設の長は，3号措置に伴い，本来都道府県が有する公的な権限を委譲されてこれを都道府県のために行使するものと解される。」とし，施設職員が国家賠償法上の公務員，愛知県が国家賠償法上の公共団体と判断した。

施設職員は同時に積善会の被用者でもあるから，使用者責任の成立も考えられるところではあった。しかし最高裁は，国家賠償責任が成立した場合に公務員個人が免責されるとする判例法理を前提に，「国又は公共団体以外の者の被用者が第三者に損害を加えた場合であっても，当該被用者の行為が国又は公共団体の公権力の行使に当たるとして国又は公共団体が被害者に対して同項に基づく損害賠償責任を負う場合には，被用者個人が民法709条に基づく損害賠償責任を負わないのみならず，使用者も同法715条に基づく損害賠償責任を負わないと解するのが相当である」とした。

(3) 判決に対する批判

このような最高裁判決の内容のうち，愛知県に対する国家賠償責任を肯定した点については，東京建築検査機構事件と異なり行政事件訴訟法21条の訴えの変更の問題ではないにもかかわらず事務帰属論が採用されたことへの警戒感が示されてはいるものの，結論への異論は少ない。その理由は，行政法学のこれまでの理解に基づいても，措置委託への応諾義務や費用負担構造からすれば，委託元である県に責任が肯定されることにある[26]。

一方，判決が使用者責任を否定したことに対しては，行政と協働する民間

---

[26] 塩野・前掲註8) 304頁，山本・前掲註12) 621頁。

側組織のあるべき責任分担に目を閉ざすもの[27]とする批判がある。確かに，民間主体の責任が全く追及されないことになると，民間主体には違法行為抑止の契機がなくなるおそれがある。そこで，国・公共団体に対する国家賠償責任を肯定した上で，帰責性に応じて賠償責任を民間主体と分担できる理論構成が必要であるように思われる。この点について，理論的に最も明快な考え方が単純保証説[28]である。これは，指定確認検査機関の事例のように，処分性を有する行為を行う民間組織については，国家賠償責任を第一義的に当該民間組織が負い，支払うことができなかった部分について国・公共団体（指定確認検査機関の場合には指定権者）が民法上の単純保証をするという考え方である。単純保証説は，一方では加害行為の行為者たる民間組織の賠償責任を明確に位置づけた上で，支払不能の場合に国・公共団体に支払わせることで被害者救済の実を挙げうる点において，実践面でも理想的な解決策ではある。他方で，民営化・外部委託をめぐる最高裁の姿勢がこれまで見てきたようにすでに示され，また国家賠償に関する様々な判例法理がすでに存在する中で，解釈論としてこの方法を主張するのは現実には困難なようにも思われる。そこで以下では，これ以外の方法で賠償責任を分担できるような枠組を解釈論として提案できないか検討することとする。

2. 賠償責任分担の理論構成

(1) 民事法制度の利用可能性

国家賠償法は民法不法行為の特別法であるので，民法が定める法制度を利用して賠償責任分担の理論構成を行うことも考えられる。その候補となるのは，債務不履行責任と共同不法行為である。

まず，債務不履行責任に関しては，積善会事件のような場合には安全配慮義務違反に基づく賠償請求を被害者側が直接求めることが考えられる（被害者側の手段としては，他に民法709条に基づき法人の管理体制の過失を追及する方法

---

[27] 米丸恒治「行政の多元化と行政責任」磯部力他編『行政法の新構想Ⅲ 行政救済法』（有斐閣・2008年）305-322（312）頁。
[28] 山本・前掲註12）616頁。ただし，論者も，解釈論の域を超え，法技術的に検討を要する点が多々残されてはいると指摘する。

もありうる）。また，委託元の公共団体が一旦賠償請求に応じた後に委託先に求償するため，委託契約の中に求償規定を詳細に設けておくことも考えられる[29]。また，東京建築検査機構事件のように建築確認の第三者が利用することはできないものの，建築確認を依頼した建築主側が建築確認契約（⇨ことば）に基づく債務の不履行を追及することが考えられる[30]。

次に，共同不法行為に関しては，既に述べたように積善会事件の控訴審判決が，県と積善会の共同不法行為と理解していた。ただし，一般には，国家賠償責任と使用者責任との競合の場面では，共同不法行為の重要な成立要件である客観的関連共同要件ないし帰責における一体性[31]の要件を充足することは難しいように思われる[32]。

● ことば ●　建築確認契約

建築基準法には，指定確認検査機関と建築主との間にどのような法関係が生じるかを明示した規定はない。同法6条の2では「確認の申請」という文言が使われている一方，指定確認検査機関が手数料を徴収する定めはない。そこで，指定確認検査機関と建築主との間には，建築確認を行うこととその対価を支払うことを内容とする民事契約（建築確認契約）が締結され，これに基づいて確認がなされ，その確認が一定の要件を備えれば建築主事による確認と「みなす」（同条1項）とする理解が見られる（建設省住宅局建築指導課＝市街地建築課監修・建築行政研究会編『改正建築基準法のポイント』（ぎょうせい・1998年）14頁）。このような法関係理解に基づくとすれば，正当な理由がある場合を除き確認検査を行う義務を規定した同法77条の26は，一種の契約締結強制の規定と評価することもできる。

（2）国家賠償法3条の利用可能性

そこで，国家賠償法3条を利用してこの問題を解釈論的に解決する可能性

---

29) 原田・前掲註23) 363頁。
30) 債務不履行に基づく請求を一部認容した裁判例として，東京地判2009(平成21)・5・27判時2047号128頁がある。
31) 内田貴『民法Ⅱ 債権各論[第3版]』（東京大学出版会・2011年）537頁。
32) 山本・前掲註12) 593頁。

を検討したい[33]。具体的には，東京建築検査機構最高裁決定が示したように，建築主事が置かれた地方公共団体を国家賠償法1条の公共団体としつつ，その費用負担者として指定確認検査機関を位置づけ，国家賠償法3条によって賠償責任を負わせる。建築基準法77条の24第1項は確認検査員に確認検査を実施させなければならないと規定しており，この確認検査員を国家賠償法1条の公務員とみて，その費用負担者たる指定確認検査機関をも国家賠償法上の被告とするのである。そして求償の際には，事務経費負担を基準に[34]内部の負担割合を決定する。指定確認検査機関は自己の計算で事務を遂行しているため，多くの事例で指定確認検査機関が全額を支払うことになると思われる。支払うことができなければ地方公共団体がその部分を支払うことになり，「単純保証」構成と同じ結果が得られることになる。

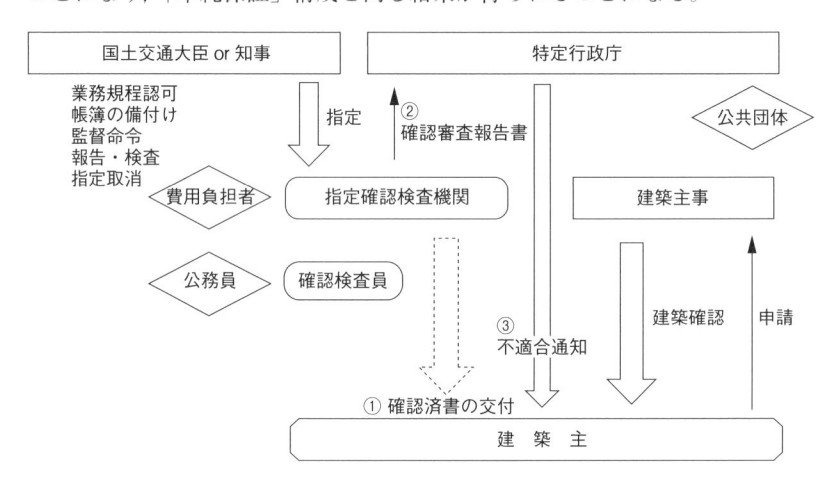

国家賠償法3条を利用するこの解釈論に対する批判として，次の3点が考えられる。第1は，立案・立法時の見解[35]との乖離である。国家賠償法3

---

[33] 米丸・前掲註27) 320頁は，共同不法行為の基本原則を国家賠償法で実現しようとした規定として国賠法3条を位置づけて，私人への求償も可能になると解する立場を示す。

[34] 県と市との求償関係につき，最二小判2009(平成21)・10・23民集63巻8号1849頁がこのような考え方を既に示している。

[35] 宇賀克也「国家賠償法における費用負担者の概念(2・完)」自治研究66巻7号(1990年) 21-45頁，同「国家賠償法案の立法過程」小早川光郎＝宇賀克也編・塩野宏先生古稀記念『行政法の発展と変革 下巻』(有斐閣・2001年) 303-332 (323) 頁。

条が立案された際に，日本側は GHQ に対して，同条が念頭に置いているのはあくまでも行政組織法上の公共団体であって私人ではないと説明していた。第 2 は，対象となる民間主体が拡張しすぎることへの危惧[36]である。費用負担さえしていれば，一時的な委託でも国家賠償責任が追及されることになると，行政との協力に NPO 等が応じにくくなる可能性がある。第 3 は，もともと加害行為の行為者の帰属先が指定確認検査機関であるのに，それがストレートに国賠法 1 条の公共団体とならないことへの違和感である。

これに対して，国家賠償法 3 条による解決のメリットは，国家賠償法 1 条に関してこれまで蓄積されてきた判例法理を大きく変更せずに「単純保証」と同じ結果を達成しうることにある。第 1 の批判に対しては，立案・立法時にはこれほどまでに民営化・外部委託が進展することが予想されていなかったことや，文言上私人をカテゴリカルに排除する書き方にはなっていないことが反論として考えられる。第 2 の批判に対しては，指定確認検査機関における確認検査員のように，事務を担っている私人の一部を国家賠償法上の公務員として取り出しうる実定法上の手がかりがある場合に限定して 3 条を適用することとすれば，対象が広がりすぎることはないように思われる。第 3 の批判に対しては，指定確認検査機関による行為を端的に同機関の行為と法的に評価できないような制度設計を立法者が選択している以上，行政組織法上の公共団体と民間組織とを国家賠償法 1 条と 3 条で被告にする構成となってもやむを得ないと考えられる[37]。

---

[36] 山本・前掲註 20) 625-626 頁。松塚晋輔「指定確認検査機関の賠償責任主体性」京女法学（京都女子大学）6 号（2014 年）1-34 (5) 頁は，2005 年最高裁決定が指定確認検査機関を事務の帰属する公共団体にあえてしなかった点に，公共団体概念に私人を取り込まない判例理論の方向性を読み取っている。

[37] このような事態を避けるためには，立法者は基準認証制度のように検査の実施も含めて民間の任務に振り分ける実体法的な処理をすることもできるし，賠償責任を指定確認検査機関に集中する責任集中（⇨第 8 章）という方式で処理をすることも可能なはずである。敢えて立法者がこのような手段を採用しなかったことは逆に，指定確認検査機関と事務の帰属元公共団体との責任を分離しなかったと考える手がかりとなる。ただし，仮に責任集中を立法で採用しても国・公共団体に対する国家賠償責任は排除できない可能性がある（⇨第 8 章）。

(3) 権限不行使・立法不作為の利用可能性

　指定確認検査機関に対する指定権限を持ち，監督権限を特定行政庁よりも多く持っているのは国土交通大臣・都道府県知事であり，本来であればその監督権限の不行使に注目して国・公共団体の国家賠償責任を追及すべきようにも思われる。しかし，権限不行使の違法が認められるハードルは高く[38]，この方式で上述の単純保証と同程度の被害者救済が果たされるとは思われない。また，指定確認検査機関に事務を委ねたことや，その際の監督権限の配置に過誤があることが問題の背景にあるとすれば，その問題を放置している国に対する立法不作為を国家賠償の場面で追及することが本筋かも知れない。しかし，これにはさらに厳しい要件[39]を満たす必要があり，やはり被害者救済の方向には機能しないと考えられる。

　立法者と司法過程は，統治機構の中で対話と牽制を繰り返している。このコミュニケーションの中で，よりよい制度設計を司法過程によって実現させる観点からは，現在の最高裁判例の考え方を基本的に維持する方が適切であるようにも思われる[40]。現に，指定確認検査機関をめぐっては，2006年の法改正により，指定要件に賠償責任に対応した財産的基礎が追加されており（建築基準法77条の20第3号，建築基準法に基づく指定資格検定機関等に関する省令17条），最高裁の判断をも視野に入れた制度改善と評価しうる。

おわりに——残された課題

　本章では，指定確認検査機関に対する国家賠償を素材に，民営化・外部委託がなされた事務に対する国家賠償の理論枠組を検討してきた。最後に，残された課題を2点指摘して，本章を閉じることとする。

---

38) いわゆる4要件（考慮要素）につき参照，宇賀克也『行政法概説Ⅱ［第4版］』（有斐閣・2013年）427頁。

39) 塩野・前掲註8) 317頁。

40) 原田大樹「複線化への理論的対応」同『公共制度設計の基礎理論』（弘文堂・2014年）114-129（129）頁［初出2008年］。板垣勝彦『保障行政の法理論』（弘文堂・2013年）542頁［初出2011年］も「制度設計の不備を行政外部の関係（被害者）に転嫁するのは妥当でない」とする。

第1は，国家賠償法における「事務論」の位置づけである。国家賠償法上は事務・公務という概念が明文では登場していないものの，学説上は以前からこの要件を取り出して議論すべきとの指摘があった[41]。最近では，事務の問題を公共団体の判断に当たっても取り込むべきことを明示する見解も見られる[42]。同時に，国立大学法人に対する国家賠償法の適用可能性をめぐる議論の中では，「私経済作用」を定義し直す試み[43]や，私的権利行使に近い公務ならば公権力の行使に該当しない[44]とする見解が提示されている。事務論も踏まえた国家賠償法上の「公権力の行使」概念の再定位が必要であるように思われる。

　第2は，民法の議論との接続可能性の模索である。民法学においてはすでに，国家賠償法と民法の使用者責任の構造との比較を試みる動きが見られる[45]。また，共同不法行為をめぐる民事法の議論を行政法学の側が参照して，国家賠償法3条の解釈との整合化を図ることも検討すべきである。

---

41) 芝池義一『行政救済法講義［第3版］』（有斐閣・2006年）235頁。
42) 髙木光『行政法講義案』（有斐閣・2013年）329頁。
43) 山本隆司「判批」自治研究89巻4号（2013年）114-130（121-126）頁。
44) 徳本広孝「『大学の法律関係』の研究」行政法研究3号（2013年）47-63（62）頁。
45) 中原太郎「国家賠償責任と使用者責任（1）〜（3）」法学（東北大学）74巻6号（2011年）677-714頁，75巻1号（2011年）1-38頁，77巻2号（2013年）85-125頁。指定確認検査機関に対する国家賠償請求に関して，行政側が連帯保証債務を負うとする見解として参照，鎌野邦樹「判批」判例評論615号（判例時報2069号）（2010年）18-24（24）（180-186（186））頁。

第11章

財産権としての容積率？

■ **本章への架橋**

　都市の空間管理手段として，建物の用途規制と並んで形態規制が重要な地位を占めている。形態規制の中心的な手法として「容積率」がある（ 例解 425頁）。容積率を授業で説明すると，次の2つの疑問がしばしば寄せられる。第1は，建物の高さを規制するのに高さそのものを規制せず，なぜ容積率という方法をとるのかということである。そして第2は，容積率の緩和・移転という手法（ 例解 497頁）がなぜ許容されているのか，そこに合理性はあるのかという点である。

　そこで本章では，この2つの疑問を掘り下げることで，容積率規制の法的性格とその行政法理論にもたらすインパクトを提示することとしたい。まず，容積率規制の現行法制度における位置づけと沿革，さらに容積率規制の正当性を提示する。容積率規制の意義は一般に，都市基盤管理と居住環境管理の2点から説明される。そこで次に，この2つの機能を基軸に，容積率移転制度（緩和制度を含む）がどのように正当化されるかを検証する。最後に，容積率規制と財産権保障の関係（ 例解 154/439頁）を確認した上で，容積率の移転・緩和制度が容積率規制の硬直性に由来するものであることを明らかにし，容積率を財産権の一種として位置付ける制度設計の長所と短所を検討することとしたい。

はじめに

　建物の容積率規制は，建ぺい率規制と並んで，土地利用規制の中核の1つである建物の形態規制の極めて重要な手段である[1]。都市計画法に基づく地

---

1) 生田長人『都市法入門講義』（信山社・2010年）89頁は，形態規制を「密度に関する規制」

域地区の1つである用途地域では，建物の用途とともに容積率も定められ，建築物の高さが規制されている。その地域にどの程度の高さの建物が建築できるかという問題は，地域の住環境や都市景観を規定すると同時に，土地の経済価値にも強く反映される。この容積率をめぐっては，ある敷地の容積率を別の敷地に移転することで，周辺の建築物よりも高い建築物を建てることができる容積率移転制度や，建築物が一定の条件を満たせば容積率が上乗せされる容積率緩和制度が存在し，その種類は近年に至って増加している。容積率を移転する場合には，移転元と移転先の間では，容積率があたかも財産権のように取引されることになる。また，一旦容積率が上乗せされれば，都市計画上の理由から容積率を切り下げるのは極めて難しくなり，将来の規制強化との関係でも容積率がある種の財産権のように働く場面が見られる。

　もともと容積率は，土地所有権の行使の態様を制限するものとして位置付けられてきた。しかし，容積率移転・緩和制度[2]の増大や，容積率が土地所有者に与える経済的影響に焦点を当てると，容積率自体が財産権のようにも見える。そこで本章では，容積率の法的性格を分析し，容積率を財産権の一種として捉えることは可能か，あるいは捉えるべきかを検討することとしたい。まず，日本においてなぜ容積率規制が導入され，普及してきたのか，容積率規制はどのような規制目的・規制の正当化理由を持っているのかを検討する（I.）。次に，容積率緩和・移転制度がなぜ生まれ，現在どのような制度が設けられているのか，緩和や移転はどのようなロジックで正当化されているのかを検証する（II.）。以上を踏まえ，容積率を財産権として捉えることは可能か，あるいは捉えるべきかを，憲法・民事法・租税法・行政法の観点から検討することとしたい（III.）。

　　（建ぺい率・敷地面積最低限度・外壁の後退距離・容積率）と「高さに関する規制」（絶対高さの制限・斜線制限・日影規制）に大別する。
2）本章の主要な検討対象は，容積率の「移転」制度にある。しかし，移転制度と緩和制度は，類似の正当化理由，手続，法的手法に基づいて設計されている。また，前面道路幅員等の制限を容積率の移転によって解消することで，移転による割増しが行われることもある（小林重敬「わが国の『容積移転』に関わる制度の動向について」不動産研究42巻4号（2000年）1-12（12）頁）。以上のような理由から本章では，容積率「移転」制度を分析の中心としつつ，必要に応じて容積率「緩和」制度にも言及することとする。

Ⅰ. 容積率規制の意義

1. 容積率規制の現状

(1) 容積率の設定

　容積率は建築基準法上,「建築物の延べ面積の敷地面積に対する割合」(同法52条1項) と定義されている[3]。敷地面積が100平方メートル, 容積率が100パーセントなら, 建築物の延べ面積は100平方メートルとなる。容積率が上がるほど, その土地にはより高い建物が建てられることになる。

　容積率は, 都市計画法の地域地区に対して設定される。代表的な地域地区である用途地域の場合には, 建築物の用途と並んで, 建築基準法52条で示されている容積率から選択したものを都市計画決定することで, 容積率規制がなされる。また, これ以外に容積率を定めうる地域地区として, 高層住居誘導地区, 高度利用地区, 特定街区が挙げられる。さらに, 地区計画においても, 地区整備計画の中で容積率を定めうる。

(2) 容積率規制の実効性確保

　容積率規制は, 建ぺい率規制とならんで, 建築物の形態規制の主軸である。その実効性は, 建築物の建築前における建築確認・中間検査・完了検査と, 建築後の違法建築物に対する是正命令によって担保されている。建築確認 (建築基準法6条) は, 建築主事または指定確認検査機関 (⇨第10章) により, 建築物の設計図が容積率規制に適合しているかを確認するものである。また, 実際に建築された建築物が容積率規制に適合しているかを検査する中間検査・完了検査の制度もある。是正命令 (同法9条) は特定行政庁が, 容積率規制に違反した建築物に対する改築・除却等を命令するものであり, 命令が履行されない場合には行政代執行によって強制的に義務の内容を実現できる。以上は, 用途地域等の地域地区において容積率が定められている場合であり, 地区計画で定められている場合には, 地方公共団体の条例で地区計画と同内容の容積率規制を定めることによって, 上記の対応が可能となる。

---

[3] 容積率規制の概要につき参照, 原田大樹『例解 行政法』(東京大学出版会・2013年) 425頁。

このような条例が存在しない場合には、建築行為に対する届出と、これに対する市町村長の勧告のみがなされうる（都市計画法58条の2）。

2. 容積率規制の沿革

容積率規制は結局のところ建築物の高さに影響するので、わざわざ容積率という形で規制をかけるのは迂遠なようにも見える[4]。もともと、日本の建築規制は絶対高さ制限を採用しており、建築基準法の前身である市街地建築物法以来、住居系は20m、非住居系は31mという高さ制限がかかっていた。この数字は、規制を設定した当時の最も高い建築物や、世界の他の大都市の建築物の高さ制限を参考にして決められたとされている[5]。日本では元来低層木造住宅が多く、かつ地震も多いことから、直接的に高さを制限することが少なくとも他の規制手法と比較して妥当と考えられていた。1938年の市街地建築物法改正で、現在の容積率規制に相当する規制を含む空地地区制（⇨ことば）が、空襲による延焼防止の観点から導入されたものの、その範囲は東京の郊外にとどまっていた[6]。

戦後、アメリカの建築条例の考え方を大幅に取り入れた建築基準法[7]が制定されても、絶対高さ制限という規制手法と高さ規制の値には変化がなかった。ところがその後、東京を中心に都心部が密集の傾向を見せ始めると、絶対高さ制限のもとで建築物の延べ面積を多くする工夫として、地下部分を多くしたり、1階あたりの高さを短くして階数を増やしたりする建築物が見られるようになった。地下室は採光・衛生上の問題を生じさせ、また階数を増やす建築物も居住環境を悪化させることになった。これと同時期に、耐震建築技術の発展によって、より高い建築物が技術的に建築可能になって

---

[4] 容積制限を最初に導入した事例は、1884年のドイツ・ハンブルク郊外のアルトナとされる。参照、入沢恒「容積地域制とそれに関連ある二三の問題」建築雑誌67巻790号（1952年）5-8（5）頁。これに対して我が国では当初、容積規制の効果が明確でないとして、高さに注目した規制がなされていた（笠原敏郎「都市計画に於ける建築の施設の基本計画（主として東京の場合）に就て（2・完）」建築雑誌44巻532号（1930年）775-823（795）頁）。

[5] 大澤昭彦『高さ制限とまちづくり』（学芸出版社・2014年）25-28頁［初出2011年］。

[6] 堀内亨一『都市計画と用途地域制』（西田書店・1978年）74頁。

[7] 川島博「建築基準法解説」自治研究26巻8号（1950年）64-74頁。

きた[8]。そこで，高さに関する規制を合理化する趣旨で導入されたのが容積率規制であった。

最初に容積率規制が導入されたのは，1963年建築基準法改正による容積地域制度である。これは，地域を設定して地域ごとに10種類の容積率（100%～1000%）の中から1つを指定するものであり，容積地域においては絶対高さ制限を不適用とするものであった。容積地域制度は東京都の中心部（環状6号線内部）のみを対象として設定されていた。その後，1968年に新たに制定された都市計画法と，これを受けて1970年に改正された建築基準法により，用途地域制度が全国的に導入され，ここに容積率規制が含まれることで，容積率に基づく形態規制が全国展開することとなった。その際，第1種住居専用地域を除いて絶対高さ制限が廃止された。そして，それ以外の地域で高さによる建築物の形態規制を行う場合には，高度地区が用いられることとなった。具体的な容積率は，当時の土地利用状況を前提に，それまでの絶対高さ制限との連続性が意識された。これは，容積率規制により高さ制限を実質的に緩和することが好ましくないという政策判断と，容積率導入の趣旨が高さ制限規制手法の合理化にあったからである[9]。

● ことば ●
空地地区制

我が国で最初に容積率規制を導入したのが，1938年の市街地建築物法改正で盛り込まれた空地地区であった。その本来の目的は，郊外の住宅地の環境を保全するためであり，同じ改正で盛り込まれた住居専用地区と併用して指定することが想定されていた。住居専用地区は田園調布地区のみが指定されたものの，空地地区はより広く東京市の区部から多摩地域までが指定された。このような幅広い範囲が指定された背景には，戦時下の防空の観点があったとされる。また，当時の用途地域指定が目標となる都市像へと誘導するために用いられ，容易に変更できないものと考えられていたのに対し，空地地区は市街地の高密度化を抑制するためのもので，それゆえ市街地の発展に応じて変更すべきものとされていた（堀内

---

8) 大澤昭彦「日本における容積率制度の制定経緯に関する考察（その2）」土地総合研究19巻3号（2011年）46-68（50）頁。

9) 大澤・前掲註5）64-67頁。

> 亨一『都市計画と用途地域制』（西田書店・1978 年）71-76 頁）。我が国の容積率規制が，市街地の高密度化を抑制するために導入されたという沿革は，現在の容積率の機能と対比させると極めて興味深い。

3. 容積率規制の意義

　それでは，容積率規制はそもそもどのような根拠に基づいて正当化されているのだろうか。一般には，容積率規制は「都市基盤管理」と「居住環境管理」の 2 つの観点から，その規制手法としての合理性が説明されている。

(1) 都市基盤管理

　容積率を高めることにより都市の土地利用を高度化すると，建築物の周辺の公共施設，とりわけ道路に大きな負荷がかかることが知られている[10]。容積率規制は，公共施設に与える負荷と公共施設の供給能力とを調整するために設定されている[11]。そこで，建築物の前面道路の幅員が十分に広くない場合には，本来その建築物に認められている容積率よりも低い容積率でしか建築ができない（建築基準法 52 条 12 項）。この前面道路幅員による容積率制限は，容積率規制のこのような機能を反映したものと考えられている。

(2) 居住環境管理

　容積率を高めることにより都市の土地利用を高度化すると，建築物の空間に対する占有の度合いが大きくなり，居住環境や都市景観に悪影響をもたらすことになる。そこで容積率規制には，建ぺい率規制とともに，建築物の空

---

[10] 古典的な研究成果として参照，高山英華『都市計画よりみた密度に関する研究』（東京大学博士論文［謄写版］・1949 年），容積地域に関する研究会「容積地域に関する研究（1）（2）」都市計画 1 巻 2 号（1952 年）72-82 頁，2 巻 1 号（1953 年）26-37 頁，伊藤滋「銀座・日本橋地域に於ける建築物容積と発生交通量」都市計画 11 巻 4 号（1964 年）3-60 頁。高山・前掲書 165 頁は，「建築物において営まれる機能は大部分この延面積とある比例的関係をもつと考えられるので，この延面積をとることによってそれらの建築物の機能やそこで営まれる人間活動を簡単に数量化しうるといえるからである」とする。

[11] 都市計画法制研究会編『よくわかる都市計画法』（ぎょうせい・2010 年）42 頁。

間占有度をコントロールする役割も認められる[12]。高層建築物をめぐる紛争の多くはこの点と関わっており，容積率規制を緩和することによって得られる土地所有者の経済的利益と，容積率規制の緩和によって失われる周辺住民の安全・採光・都市景観面の利益の調整が課題となる。

II. 容積率移転制度の拡大

		容積率緩和制度	容積率移転制度
都市計画法	地域地区	高層住居誘導地区 都市再生特別地区	特定街区 特例容積率適用地区
	地区計画	誘導容積型地区計画 高度利用型地区計画 用途別容積型地区計画	再開発等促進区を定めた地区計画 （[旧]再開発地区計画） 容積適正配分型地区計画
建築基準法		総合設計制度	一団地の総合的設計制度 連担建築物設計制度

容積率規制は，一方では，現行の都市計画法・建築基準法における建築物の形態規制の主要部分を構成している。しかし他方では，容積率規制を緩和したり，容積率の敷地間での移転を許容したりする制度が時代と共に増加している。ここでは，主として容積率移転制度について，その内容・手続上の特色を整理するとともに，移転がなぜ正当化されると考えられてきたのかを検証することとしたい。

1. 移転範囲の拡大

(1) 敷地単位の移転

容積率規制を考える出発点となるのが，一建築物一敷地の原則（一敷地一建築物の原則）である[13]。これは，建築基準法施行令1条1号の「敷地」の定義規定である「一の建築物又は用途上不可分の関係にある二以上の建築物

[12) 安本典夫「容積率規制緩和の法律問題」法律時報70巻2号（1998年）45-49（47）頁。
13) 逐条解説建築基準法編集委員会編『逐条解説建築基準法』（ぎょうせい・2012年）17頁は，敷地の定義に含まれる「一団の土地」の意味につき，「外形上，一団の土地をなしていればよく，所有権，賃借権等民事上の土地の使用権とは関係ない」とする。

のある一団の土地をいう」と関連するものである。容積率も建ぺい率も，敷地面積に対する制限であるので，敷地の意味内容によって，規制の意義は大きく変わってくる。基本的には1つの建築物が建つ土地を敷地と呼んでいるものの，その例外として，「用途上不可分」の関係にある複数の建築物が建っている土地は，1つの敷地とみなされる（具体例として，学校の校舎・体育館等は，一敷地と考えられる）。逆に，複数の敷地であっても，これを建築基準法上は1つの敷地と考えて建築物を建てることもありうる[14]。具体的には複数の土地所有者が共同して一棟のビルを建築する場合（共同ビル方式）が挙げられる[15]。このような形で敷地の面積が広がれば，同じ容積率規制であっても，敷地の一部分に高い建築物を建てることが可能になる[16]。機能的に見れば，これは低い建物の上にある未利用の容積率を，高い建物に移転したものと考えることができる。このような処理を1つの敷地で行うのが，総合設計制度である。これは1970年の建築基準法改正で導入された制度であり，公開空地（歩行者等が自由に通行できるスペース）等[17]を敷地内に確保

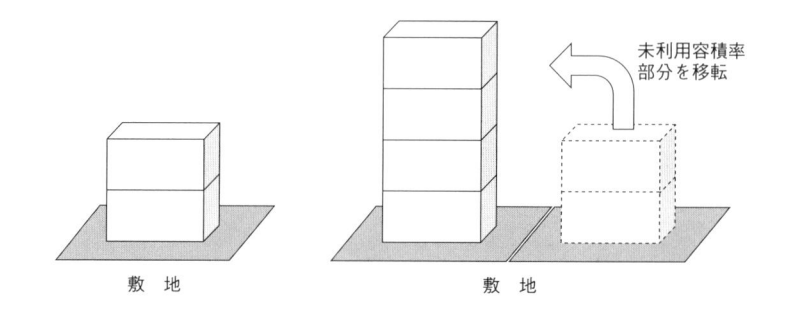

---

14) 河村茂「東京都における容積移転制度の運用上の考え方」日端康雄編『建築空間の容積移転とその活用』（清文社・2002年）23-45（31）頁。
15) 本間修「容積移転に関わる土地と建物の関係」日端康雄編『建築空間の容積移転とその活用』（清文社・2002年）47-80（61）頁。
16) 基準容積率に未利用部分がある既存建築物の増築という形式を採って，既存建築物の敷地の未利用容積率を増築される建築物に移転する方式（鵜野和夫他『不動産有効利用のための都市開発の法律実務』（清文社・2006年）329-331頁）も，敷地併合を用いた容積率移転手法として実務上しばしば用いられているという。
17) 総合設計許可準則に規定された具体的内容の検討として参照，碓井光明『都市行政法精義Ⅱ』（信山社・2014年）244-249頁。

すれば，本来よりも高い容積率を認めるものである。つまり，公開空地を提供するために利用しなかった部分の容積率が，建築物の上に移転したものとも評価することができる[18]。

(2) 団地単位の移転

前述のような手法を敷地単位から団地単位に拡大したのが，一団地の総合的設計制度（建築基準法86条1項）である。団地は敷地よりも広い単位を指す言葉である。この一団地の総合的設計制度は，建築基準法が制定された1950年の段階からすでに存在したものであり，複数の建物を一敷地にあるものとして扱うことで，2つの敷地の間で利用可能な容積率を一方に移転できる制度である。ただしこの制度は，複数の敷地のいずれにも既存建築物がない場合にしか用いることができない。

これに対して，1998年に創設された連担建築物設計制度（建築基準法86条2項）は，一方の敷地に既存建築物があっても，複数敷地を一敷地と扱うことで，容積率移転の自由度をさらに高めるものである[19]。これらのモデルとなったのは，アメリカ・ニューヨーク市のZoning Lot Merger（敷地合併）[20] であり，ニューヨーク市ではこの方法により世界的に有名なさまざまな高層建築物が建築されている。

(3) 街区・地区単位の移転

さらに，より広域である街区・地区の単位で容積率を移転させる制度も増加している。最初に導入されたのは，1961年の建築基準法改正で創設された特定街区である。これは，1960年に西ドイツ（当時）で導入されたBプランをまねたもので，当初は絶対高さ制限を緩和し，容積率制限を適用する地域地区として出発した。しかし1963年に容積地区制が導入されて容積率制

---

[18] 公開空地の確保による容積率割増しの先鞭となった1961年のニューヨーク・ゾーニング条例につき参照，中山善夫「米国における容積移転制度」日端康雄編『建築空間の容積移転とその活用』（清文社・2002年）137-167（140-142）頁［初出2000年］。

[19] その活用例につき参照，茂木泰＝池田雄士「京都市における連担建築物設計制度の活用事例」日端康雄編『建築空間の容積移転とその活用』（清文社・2002年）231-242頁。

[20] 大浜啓吉「空中権における公法上の問題」法律時報64巻3号（1992年）32-38（34）頁。

限を適用する意味が失われた後は,ニューヨークのタワーレギュレーションを参考にして[21],都市開発の誘導目的で街区内や道路をはさんだ街区間での容積率の移転ができる代表的な制度として発展した[22]。

次に,地区単位で開発や建築行為を規制するため1980年に導入された地区計画に関して,地区内の施設整備や土地利用の高度化を目的とする緩和型のものが追加されてきた[23]。まず,1988年に再開発地区計画(現:再開発等促進区を含む地区計画)が創設され,不特定多数が利用する都市施設と地区住民が主として利用する地区施設の中間的な位置付けである2号施設を建設した場合に,未利用容積率の移転を許容した。次に,1992年に容積適正配分型地区計画が導入され,地区整備計画区域内の指定容積率の総和を再配分して,容積率の高い場所と低い場所を設定できることとなった。これは,地区内の文化的・歴史的建造物等の容積率を抑制すべき場所の上部にある未利用容積率を別の場所に移転することで,容積率を有効活用すると共に,容積率の抑制を容易に行うことを目的としたものである。

このような街区・地区単位の容積率移転制度と並んで,容積率緩和制度も拡大している。2002年に制定された都市再生特別措置法に基づく都市再生特別地区(同法36条,建築基準法60条の2)は,都市計画法上の地域地区の一種[24]である(都市計画法8条1項4号の2)。都市再生特別地区においては,もともと設定されている用途地域の容積率制限が適用されず,都市再生特別地区の都市計画で定める容積率が適用される。また,緩和型地区計画に関しても,住宅など一定の用途の建築物を供給すれば容積率が緩和される用途別

---

21) 柳沢厚「容積インセンティブ手法の系譜と今後」都市住宅学17号(1997年)36-42(37)頁。
22) 大方潤一郎「容積地域制の成立経緯と容積率指定の根拠について」日本不動産学会秋季全国大会(学術講演会)梗概集3号(1987年)29-32(30-31)頁。
23) 緩和型地区計画とそれ以前の地区計画の利害構造上の相違につき参照,高橋寿一「建築協定と地区計画」日本不動産学会誌24巻4号(2011年)65-72(70)頁。
24) 同じく地域地区の一種である高層住居誘導地区も,中心市街地における高層住居を増加させるため,地区内で住居部分の床面積が2/3以上の建築物について,容積率を指定容積率の1.5倍までの範囲の都市計画で定める値にまで引き上げる,容積率緩和型の都市計画である。参照,山田陽太郎「高層住居誘導地区の創設及びマンション等共同住宅の容積率規制の合理化」時の法令1560号(1997年)22-39(26)頁。

容積型地区計画・住宅地高度利用地区計画（1990年創設）や，公共施設を新規に整備しなくても市街地の街並みを整えることで前面道路幅員による容積率制限等を緩和する街並み誘導型地区計画（1995年創設）が追加されている。

(4) 遠隔敷地間の移転

　2005年に創設された特例容積率適用地区[25]は，隣接していない敷地間（道路をはさんで隣り合わない街区にある敷地間）でも容積率移転を可能とする制度である（都市計画法8条1項2号の3）。特例容積率適用地区も都市計画法上の地域地区の一種である。容積率を移転させるにはさらに，移転元と移転先の敷地（特例敷地）の所有者等が特定行政庁に対して，それぞれの敷地に適用される特例容積率を指定するよう申請する（建築基準法57条の2第1項）。特定行政庁は，移転元と移転先のそれぞれに設定されている容積率の合計を超えない範囲で，容積率を再配分することになる（同条3項1号）。容積率の指定が効力を生じるためには，特例容積率の限度や特例敷地の位置等を公告することが要件とされている（同条4・5項）。

　特例容積率適用地区はこれまでのところ，東京都大手町・丸の内・有楽町地区（丸ビル・東京駅周辺）でしか利用されていない[26]。ただし，中心市街地の活性化や都市基盤の整備・維持費用（⇨ことば）捻出の観点[27]から，この制度の適用を増やすべきとの方向性が閣議決定[28]されている。

---

25) その原型となった特例容積率適用区域は2000年に創設されている（小垂孝史＝片山律「東京都中心3区における歴史的建造物の未利用容積の活用に関する基礎的研究　その1」学術講演梗概集F-1 2004巻（2004年）119-120（119）頁）。特例容積率適用区域は，用途地域である商業地域における一区域という位置付けであった。これに対して特例容積率適用地区では，用途地域とは独立した都市計画法上の地域地区という扱いになった。
26) 小垂孝史他「未利用容積移転による歴史的建造物の保存について」日本建築学会関東支部研究報告集Ⅱ74号（2004年）241-244（243）頁，大西若人「空中権が，歴史的建築を守る⁉」東京人24巻6号（2009年）140-145（142）頁，「皇居前のパレスホテルが着工」日経アーキテクチュア907号（2009年）19頁。
27) 佐々木大輔「首都高の空中権売却で都市再生」日経アーキテクチュア1000号（2013年）12頁。
28) 「規制・制度改革に係る方針」（平成23年4月8日閣議決定）別紙本文59頁。

> ● ことば ●
>
> ## 都市基盤の整備・維持費用
>
> 　都市基盤整備・維持の費用をめぐっては，近時の公共事業費の削減を受けて，その新たな捻出手法が模索されている。特例容積率適用地区はこれまで，高い容積率が設定され，再開発圧力が強い地区において，歴史的建造物や良好な都市景観などの低い容積率利用の形態を維持するための手法と位置付けられてきた。しかし，首都高速道路に対してこの制度を適用する構想は，道路等の都市基盤整備・維持費用を調達する手段と整理できる。
>
> 　同様に，都市基盤整備・維持費用を調達する新たな手段としての性格をも有するのが，エリアマネジメントである（エリアマネジメントがある種の媒介作用（⇨第5章）を有することにつき参照，小林重敬「エリアマネジメントのこれまでとこれから」土木技術 68 巻 10 号（2013 年）9-15（11）頁）。これは，一定の地区の所有者等を中心とする団体によって，街区や都市利便増進施設を一体的に整備する活動を行うものである。これを先行して制度化した大阪市（大阪市都市計画局都市計画課「エリアマネジメントによる高質な都市空間の創造」建築と社会 95 巻 1102 号（2014 年）22-23 頁）の場合，整備に要する費用は市からエリアマネジメント団体に交付され，その費用調達のため，整備により利益を受ける者から分担金を徴収するしくみがとられている（大阪市エリアマネジメント活動促進条例 6 条 1・2 項）。

2. 移転手続の簡素化

(1) 特定街区型

　次に，容積率移転の手続に眼を向けると，これもいくつかの類型に分けることができる。このうち，最も手続が慎重なのは特定街区である。特定街区は都市計画法の地域地区の一種なので，都市計画法 15 条以下が定める都市計画決定手続をとる必要がある。しかも特定街区に関する都市計画決定の案に対しては，政令で定める利害関係者の同意が求められており（同法 17 条 3 項），具体的には当該特定街区の所有権・地上権・賃借権者等が含まれている（同法施行令 11 条）。街区の所有者等の全員同意が要件とされている理由は，特定街区においては特定の建築物の高さを極端に低くする制限も可能であるためとされている[29]。その結果，特定街区は公共団体が主導する一体

的な街区整備にのみ使われ，弾力的運用を求める通達が出されて以降も利用状況の低迷が続いている[30]。

(2) 再開発地区計画型

　特定の建築物の高さを極端に低くする規制があり得る場合には，私権保護の観点から全員同意を要するとすれば，地区計画においても同様の手続が求められそうである。しかし地区計画においては，次に見るいくつかの工夫をすることで全員同意要件を回避している。地区計画も都市計画の一種なので，都市計画決定が必要となり，この段階に住民参加が予定されている。また，建築規制に関しては地区計画単独では建築確認・是正命令による実現を図ることができず，地区計画と同内容の条例を制定してはじめて地区計画の規制内容が建築物に対する基準となる（建築基準法68条の2第1項）。しかも地区計画に関しては「適正な都市機能と健全な都市環境を確保するため」「合理的に必要と認められる限度において」「政令で定める基準に従い」（同条2項）地区計画条例が制定される。このような，計画策定への住民（利害関係者）参加，地区計画条例の制定による市町村議会のチェック，条例制定の実体的な限界の政令による設定という3つのフィルターにより全員同意要件を緩和したのが，地区計画における手続の特色である[31]。

　緩和型地区計画においてさらに問題となるのは，どの段階で容積率の緩和を認め，その際に行政庁のどのような認定判断を介在させるかという点である。1988年に導入された再開発地区計画では，大規模な再開発に際して開発当初から一体的に計画を立てることが困難である事情を踏まえ，区域の整備，開発及び保全の方針で大まかな開発内容を決め，具体的には再開発地区整備計画で細かな誘導を行う方式が採用された。そして，再開発地区整備計画の段階では容積率を制限し，2号施設の整備状況を踏まえて特定行政庁が認定を与えることで容積率を緩和することとされていた[32]。同様に都市計

---

29) 和泉洋人『容積率緩和型都市計画論』(信山社・2002年) 15頁。
30) 篠塚昭次「『空中権』には一層の検討が必要だ」エコノミスト64巻7号 (1986年) 30-35 (33) 頁。
31) 和泉・前掲註29) 25頁。
32) 和泉・前掲註29) 29頁。このしくみは，再開発地区整備計画が再開発等促進区として地区計

画と特定行政庁の指定という2段階の手続をとっているものとして，特例容積率適用地区の手続が挙げられる（建築基準法57条の2第3項）。

これに対して容積適正配分型地区計画の場合には，地区整備計画及び地区計画条例で建築物の容積率の最低限度などの所定の事項が定められていれば，特定行政庁の認定[33]を介在させず，建築確認段階で容積率の規制が置き換えられる（建築基準法68条の5）。再開発の場合と異なり容積適正配分型地区計画の場合には，確かに低容積率地域が開発されていない状態であることさえ確認できれば，特定行政庁の緩和の判断を介在させずに建築主事の判断で容積率規制を地区計画（条例）所定のものに置き換えても問題がないかも知れない。しかし，当該建築物以外の建築物を包含する地区全体の建築環境を維持するというマクロ的な考慮の必要性がこの段階にもなお残っているとすれば，特定行政庁の判断を介在させる制度設計が必要とも思われる。

(3) 総合設計制度型

最も簡易な手続がとられているのが，建築基準法上の総合設計制度である。これは，特定行政庁が建築審査会に諮問した上で，許可によって容積率制限を緩和するものであり，都市計画決定を必要としない点に大きな特色がある（建築基準法59条の2・44条2項）。特定行政庁の許可は，建築審査会への諮問を要する点においては，上記の「認定」よりも慎重な手続ではある。しかし，再開発地区計画においては認定の前に都市計画決定手続がとられていたのと比較すると，建築審査会への諮問は都市計画全体の利益を衡量する場ではないので，マクロ的な考慮が手続上は欠けることになる[34]。現在のところ，容積率移転制度の中でこの手続を用いているものはない。これは，容積率移転が敷地単位を超えてなされることから，特定行政庁の許可という方式では適切な判断ができないという理解に基づく制度設計と考えられる。

画に統合された現行法のもとでも維持されている（建築基準法68条の3第1項）。
33) 認定の法的性格につき参照，原田大樹『演習 行政法』（東京大学出版会・2014年）230-233頁。
34) 安本典夫『都市法概説［第2版］』（法律文化社・2013年）117頁。

3. 移転の正当化理由の多様化

(1) 公共施設整備型

　容積率移転を正当化する理由も，移転制度の拡大に応じて多様化している。容積率規制が都市基盤管理機能を持つことに対応する移転の正当化として，容積率移転を認めることで道路等の公共施設が整備できるからという説明がありうる。典型的な例としては，再開発地区計画を挙げることができる。この地区計画では，2号施設という公共施設を整備することと引き替えに，容積率の移転が認められている。

　また，容積率規制を緩和する場合にも，その地区の公共施設への負荷が過剰にならないかが考慮される場合がある。例えば，住宅を供給すれば容積率規制が緩和される用途別容積型地区計画・住宅地高度利用地区計画では，住宅という土地利用形態であれば，発生集中交通量が他の用途と比較して小さいという知見に基づくものとされる[35]。

(2) 公共空間確保型

　容積率規制が居住環境管理機能を持つことに対応する移転の正当化として，容積率移転を認めても建築密度や空間占有度は変わらないからという説明がありうる。一団地の総合的設計制度や連担建築物設計制度，さらに容積適正配分型地区計画は，もともと団地ないし地区で許容されている容積率の総量を超えない範囲で容積率の移転を認めるものであり，それゆえ開発しない地域が保全されると同時に，全体としての空間占有度を一定範囲に収めることができる。特定街区に関しても，有効空地を確保することを前提に街区内での容積率を再配分するものであるから，同様の正当化が可能である。

　容積率緩和制度の中にも，このような説明が可能なものが含まれている。例えば，建築基準法の総合設計制度は，公開空地を確保することで容積率規

---

[35] 和泉・前掲註29) 75頁。別の説明方法として，オフィスと住宅ではピークタイムが異なるので，容積率を割り増しても公共施設に対する負荷は変わらないとする「施設負荷同等論」（大方潤一郎「ゾーニング体制下の市街地デザイン・コントロール手法の展開とその論理」都市計画161号（1989年）70-78（72）頁）がある。

制が緩和されることから，仮に緩和の幅が大きくなければ，当該敷地における空間占有度は緩和の前後で一定の範囲内に収まっていることになる[36]。

(3) 都市景観誘導型

これに対して，特例容積率適用地区の場合には，以上の2つのような，容積率規制の機能に立脚した合理的な理由を示すことが困難である。特例容積率適用地区は，広範囲での敷地間の容積率移転を可能にする制度であるため，移転元地区の公共施設整備に資するとか，地区全体の空間占有度が一定の範囲に収まっているといった説明をすることができない[37]。特例容積率適用地区は，中心市街地における歴史的建造物や都市景観を保護することを目的としており，当該地区における高い容積率設定に起因するこれらの保全が必要な建築物・景観等に対する開発圧力を都市の内部の別の街区・地区に向ける機能を持つ。換言すれば，保全が必要な場所における開発を諦めさせる代わりに，当該土地所有者等に経済的なメリットを準備するものである。ただし，この経済的メリットについては都市計画法・建築基準法には特に定めはなく，後述の通り，容積率の移転元と移転先との間で民事契約によって容積率の利用権と引き替えに何らかの対価が支払われていることが多い[38]。

III. 財産権としての容積率？

1. 容積率規制と財産権保障

(1) 規制強度

容積率はこれまで，土地所有権という財産権を行使する態様の制約として

---

36) 総合設計制度をめぐる紛争状況の現状とその原因につき参照，富田裕「総合設計をめぐる紛争と制度的解決に向けて」日本不動産学会誌24巻4号（2011年）78-85頁。
37) 一定の地区内の道路・鉄道等の交通基盤が十分に整備されており，かつその地区内での容積率総量に変化がないとすれば，交通インフラに与える負荷が増大しないという説明は可能かも知れない（日端康雄「わが国の容積移転システムの現状と課題」同編『建築空間の容積移転とその活用』（清文社・2002年）3-21（14）頁）。
38) 生田・前掲註1) 346頁。

理解されてきた。容積率は建築規制の一種である形態規制の1つの要素であり，規制に伴って土地所有権者に対する損失補償を要するかどうかが，行政法では議論の中心であった。

　損失補償の要否に関する基準である「特別犠牲」は，形式的基準（対象者が特定されているか）と実質的基準（財産権の本質的内容を侵すものか）により構成されている[39]。容積率規制は，一般的には，地区・区域等を単位に一律の規制を課すものであり，規制対象者は特定されていない。また，土地収用のように財産権を完全に剥奪するものではなく，土地利用のあり方に関する規制を行うものであるから，財産権の本質的内容に対する制約にはあたらないと考えられている。

(2) 規制目的

　次に，規制目的に注目すると，容積率規制は建築基準法の集団規定の一部であり，建築物そのものの安全性や，居住者の生命・健康の保護の目的よりもむしろ，都市の生活環境の保全に力点が置かれている。この面にのみ注目すれば，容積率規制は積極目的規制であって，補償が必要との方向に傾くかもしれない。しかし容積率規制は，当該建築物の周辺に居住する住民や土地所有者との関係では，建物の倒壊や火災による生命・財産に対する被害を防ぐ意味を持つから，消極目的規制の性格も内包している。加えて，容積率規制は前述の通り，土地利用の現状を固定する方向で当初設定されたまま多くの場合これが維持されており，新たに土地の高度利用を制限する場面はほとんどない。この要素に注目すると，損失補償の要否に関する補助的基準の1つである状況拘束性理論[40]の観点からも，補償は不要と解される。

(3) 規制態様

　さらに，規制の態様に注目すると，特に低容積率が設定されている地区・

---

[39] 塩野宏『行政法Ⅱ［第5版補訂版］』（有斐閣・2013年）361頁。
[40] 角松生史「憲法上の所有権？」社会科学研究（東京大学）45巻6号（1994年）1-64（20-25）頁．倉島安司「状況拘束性論と損失補償の要否（上）（中）（下）」自治研究76巻6号（2000年）108-128頁，77巻1号（2001年）97-117頁，3号111-124頁。

区域においては，その中の土地所有者等がお互いにその規制を守り合うことによって，当該地区・区域の良好な都市環境・生活環境が保たれる構造になっている。このような犠牲共同体[41]のもとでは，容積率規制がなされていることにより特定の個人に特別犠牲が生じていることを観念できない。以上のような要素から，土地所有権に対する制約としての容積率規制に関しては，損失補償は不要との結論が導かれてきた。

2. 容積率規制の硬直性

(1) ダウンゾーニング

　これまでの行政法学においては，容積率規制はあくまで土地所有権に対する規制・制約として位置づけられてきていた。それが，容積率それ自体に財産権のような働きが見られるようになったのはなぜだろうか。それは，用途地域指定によって一度設定した容積率を柔軟に変更することが事実上困難であり，土地所有者にとって既得権のように機能するからと考えられる。

　まず，容積率制限を厳しくする下方修正の場合を考える。例えば，福岡県春日市においては，福岡市のベッドタウンとしての人口増加を抑制するため，市街化が一定程度進んだ1996年の段階で容積率を切り下げるダウンゾーニングを実施した。具体的には，中高層住居専用地域で容積率を200%から150%に引き下げた。これに対して，当該地域のマンションにすでに居住している住民から，居住しているマンションが既存不適格建築物となってしまい，将来的な建替えが困難になることから，再指定替えを求める意見が出された。そこで，第1種高度地区（15mまたは20m）を設定して高層建築物の出現を抑制する一方，既存建築物の建替えが必要になった場合には，高度地区の例外許可で対応する方法がとられている[42]。

41）このような利害構造を「互換的交換関係」として原告適格論に位置付けた業績として参照，山本隆司『行政上の主観法と法関係』（有斐閣・2000年）305-307頁［初出1997年］。同概念のドイツ法から日本法への受容の過程を分析したものとして，角松生史「『互換的利害関係』概念の継受と変容」水野武夫先生古稀記念論文集刊行委員会編・水野武夫先生古稀記念『行政と国民の権利』（法律文化社・2011年）150-178頁がある。

42）米野史健「ダウンゾーニングで生じた既存不適格マンションへの対応に関する考察」都市計画別冊 都市計画論文集36巻（2001年）457-462（461）頁。高度地区における建替え救済措置

この例が示しているのは、容積率の下方硬直性である。用途地域の容積率を切り下げることは、将来的に開発を考えている土地所有者との関係で開発利益の損失補償を要することにはならないと思われる。しかし、現に居住しているマンションの住民が建替え困難となるような容積率の切り下げに対しては、マンション建替えに伴い一部住民の転居を余儀なくさせる意味を持つことから、土地収用の場合と同様に損失補償が必要となると考えられる。損失補償を覚悟の上でダウンゾーニングを行う政策的オプションは、行政側に認められてはいるものの、多額の財政負担を抱えてまでダウンゾーニングを行うことは、現実には想定できない。

(2) 資産価値としての容積率

　上記のような容積率の下方硬直性は、容積率の持つ財産的価値を念頭に置けば比較的理解しやすい。これに対して、都市の成長に応じて容積率を用途地域単位で上方修正することも、実は困難であることが指摘されている。その背景には、容積率と地価との密接な関係が存在する。容積率を緩和すれば当該地域内の土地利用形態を高度化することができ、地価の上昇に直結する。そのため、ある特定の用途地域の容積率を緩和すると、その周辺の用途地域や緩和前に同様の建築状況にあった他の用途地域の土地所有者等から不満が寄せられることになる[43]。このような、容積率緩和に伴う直接の利害関係にない第三者からの「平等取扱」の要求に対しては、容積率設定の根拠を説明することによって応じるのが王道のはずである。しかし前述の通り、現在の容積率規制は、導入以前の絶対高さ制限に基づく建築物の建築状況を前提に、現状を維持する方向で設定されていることが多い[44]。確かに、容積率規制を正当化する理由として道路等の都市基盤に対する負荷のコントロールが挙げられてはいる。しかし、具体的にどの程度の道路・鉄道等を整備していればどのくらいの人数が当該建築物を利用し、それゆえ容積率をど

　の現状につき参照、大澤昭彦他「高度地区における既存不適格建築物の建替え救済措置の実態に関する研究」日本建築学会計画系論文集76巻668号（2011年）1911-1918頁。

[43] 和泉・前掲注29) 3頁。

[44] 大方潤一郎「容積率規制の理念と展開の方向性」都市住宅学17号（1997年）14-22（19）頁。

の程度まで設定できるかを一義的に示すことは困難である。それゆえ，用途地域によって指定された容積率を事後的に緩和することもあまり行われておらず，容積率には上方硬直性までも見られるのである[45]。

(3) 誘導手段としての容積率

このように，用途地域で指定された容積率を用途地域単位で再変更することは，極めて難しい。そこで，用途地域よりも狭い区域を単位として，容積率を緩和できる一定の政策的理由を提示して規制緩和を行っているのが，Ⅱで示してきた様々な容積率移転・緩和制度なのである。例えば，容積率移転を認める再開発地区計画では，地区内に2号施設という公共施設を土地所有者等の負担で設置することを誘導するために，容積率緩和がその手段として位置づけられている。また容積率緩和を認める用途別容積型地区計画・住宅地高度利用地区計画では，地区内に住宅が供給されることを促進するために，容積率緩和という手法を用いている。

以上の通り，容積率緩和が行政法総論上「誘導」[46]の具体例として位置づけられている背景には，容積率の理論的な算出根拠が示せず，容積率を事後的に用途地域単位で変更することが極めて難しいという事情が存在する。そして，容積率移転制度の場合には，このようにある種の既得権となった容積率を敷地間で移転することとなるため，容積率そのものが財産権として機能しているように見えるのである。

3. 財産権としての容積率？

(1) 容積率移転と民事法

それでは，容積率移転の法律構成はどのようになされているのだろうか。まず，民事法上の扱いを確認する。複数の土地所有者が建築基準法上は単一

---

[45] このような被規制者間の「平等取扱」の要素に加え，住民の居住環境保全要求の高まりから，容積率の緩和を容易になしえなくなってきたという事情も存在する。この点につき参照，堀内・前掲註6) 116頁。

[46] 「誘導」の概念につき参照，小早川光郎『行政法（上）』（弘文堂・1999年）231-234頁。誘導の具体例として容積率緩和を挙げるものとして，大橋洋一『行政法 現代行政過程論』（有斐閣・2001年）278頁がある。

の敷地としてビルを建築する共同ビルの場合には、容積率の移転元となる土地所有者が、移転先となるビルの敷地利用権を取得する方式がとられている。また、特例容積率適用地区の唯一の実例である東京駅・丸の内地区では、容積率の移転元の土地（JR東京駅）に、移転先の敷地（丸ビル等）を承役地とする地役権を設定し、地役権の対価を移転元が獲得するという方式がとられている。この資金を使って東京駅の丸の内側駅舎を4階建てに改修（復元）する工事が行われた[47]。

このように、敷地に関する私人間の取引に関しては、都市計画法・建築基準法上の規定はほとんど準備されておらず、民事契約や民法上の物権を用いたスキームが設定されている。しかしこれらにはいずれも法的構成上の難点があると指摘されている[48]。まず、未利用容積率利用権契約を当事者間で締結する方法では、その効果があくまで当事者間にとどまり善意の第三者に対抗できず、公示制度がないため取引の安全を害するおそれがある。しかし、物権法定主義のもとでは、未利用容積率利用権を契約で物権として設定することができない[49]。そのため、何らかの用益物権という形で未利用容積率利用権を基礎付ける方策が見られる。例えば、区分地上権を未利用容積率部分に対して設定する方法や、地役権を設定する方法が代表的である。もっとも、区分地上権に関しては、当該土地の上に建設されない工作物に対する利用権の設定に用いてよいのか、また地役権に関しては、本来土地と土地の間の便益上の結びつきを前提にしているにもかかわらず、土地と建物との間で利用してよいのかという問題が提起されている[50]。

---

[47] 小林茂允「JR東日本グループの不動産活用事例に関する一考察」不動産研究49巻3号（2007年）22-30（24）頁。

[48] 池田誠「空中権を巡る税務上の取扱い」税務大学校論叢62号（2009年）253-317（281-284）頁。

[49] 野村好弘＝小賀野晶一「移転される未利用容積の権利の性格」法律時報64巻3号（1992年）21-26（25）頁。

[50] 鵜野和夫『改訂増補・都市開発と建築基準法』（清文社・2002年）432-435頁。空中地役権の構想につき参照、熊倉信二「空中権（エア・ライト）」ジュリスト118号（1956年）18-20（20）頁。

(2) 容積率移転と租税法

　容積率の移転が上記の通り民事上の権利義務関係を前提に行われており，容積率に経済的価値があるとすると，移転の際の租税法上の取り扱いをどのようにすべきかが問題となってくる[51]。容積率の移転元は，移転容積率の対価を受け取ることが多い。これが，所得税法上の譲渡所得なのか，不動産所得なのかが問題となる。不動産所得の場合には全額が総合課税の対象となり，超過累進税率が適用されることとなるので，容積率の移転元としては譲渡所得と扱われる方が有利になる。この点について所得税法33条1項括弧書きは，「資産譲渡」について「建物又は構築物の所有を目的とする地上権又は賃借権の設定その他契約により他人に土地を長期間使用させる行為で政令で定めるものを含む」と規定しており，これを受けた所得税法施行令79条1項柱書が列挙するもののなかに，区分地上権・賃借権のほか，地役権のうち「特定街区内における建築物の建築のために設定されたもので，建造物の設置を制限するもの」が含まれている。そこで，譲渡所得に分類できるのは，明文では特定街区を利用した地役権設定に基づく容積率移転のみであり，区分地上権・賃借権を設定している場合については，所得税法33条1項等の解釈問題になる[52]。

　この問題を租税法の側から解決しようとすると，次の2つの要請の衝突にどのような対応を試みればよいかが課題となる。1つは，租税法律主義と関連する租税法令の厳格解釈という考え方である（⇨第1章）。不動産所得は不労所得への課税であるのに対して，譲渡所得は当該資産の取得時から譲渡時までの値上がり部分への課税を念頭に置いている。所得税法33条1項括弧書きは，資産譲渡の概念を「政令で定めるもの」にまで拡張する趣旨の規定であり，不動産所得の性格を有するものを譲渡所得に含めるものであるか

---

51) 池田・前掲註48) 292-307頁が詳細に検討している。さらに，課税繰延べの特例（租税特別措置法37条）の適用可能性につき参照，阿部雪子「空中権取引の促進と課税」税経通信69巻6号 (2014年) 27-35 (31-33) 頁。

52) 法人税法上も，資産譲渡に該当するような地役権・賃借権の設定がなされた場合に，所得の計算上，地価下落部分を損金算入する扱いが定められている（法人税法施行令138条1項）。この点につき参照，中村里佳「空中権の会計実務」企業会計66巻3号 (2014年) 120-125 (124) 頁。

ら，政令で明確に書かれているもの以上に拡張して解釈することは差し控えられるべきである[53]。もう1つは，租税公平主義に由来する税制の中立性維持の考え方である。これは，同様の経済的活動に対して租税法が異なる課税を行うことで，私人による経済活動を制約することを回避すべきとの考え方である。この考え方からすれば，同じように容積率を移転している事例に対しては，どのような民事法のスキームを使おうと，あるいは都市計画法・建築基準法のどのような容積率移転制度を用いようと，同様の課税が行われるべきということになる。

(3) 容積率移転と行政法

容積率規制は行政法学から見れば土地所有権に対する制約であり，容積率移転制度の多くは移転元の容積率の制限と移転先の容積率の緩和を同時に実施するものと捉えられている。しかし移転元と移転先の間には，債権または用益物権を利用した民事上の法関係が設定されており，これに基づく金銭の授受に対しては課税の問題が生じている。そこで，容積率移転の法的安定性や取引の透明性[54]・明確性を高める目的で，移転を基礎付ける何らかの権利を法定し，移転した容積率が土地利用規制の変更によって失われる場合には損失補償を立法で予定するような法制度に転換することも考えられる。

このような容積率の「権利」としての性格を強調した制度設計がなされているのが，アメリカにおける「移転可能な開発権」である[55]。移転可能な開発権は，歴史的建造物に対する保全プログラムの導入を契機にニューヨーク市で1968年に認められた[56]。これは，ゾーニングよりもさらに厳しい建

---

[53] このような考え方をとった裁判例として，東京高判2009（平成21）・5・20税資259号（順号11203）がある。この事件では，連担建築物設計制度の利用を前提に，地役権設定によって余剰容積率を移転したことに基づく対価が不動産所得か譲渡所得かが争われ，裁判所は不動産所得との判断を示した。

[54] 木村駿「"容積飛ばし"は保存の切り札になるか」日経アーキテクチュア907号（2009年）76-77（77）頁は，特例容積率適用地区を利用した容積率移転の問題点として，取引の不透明性を挙げる。

[55] 移転可能な開発権と「収用」概念の関係につき参照，建設省空中権調査研究会編『空中権』（ぎょうせい・1985年）96-102頁，亀田健二「移転可能な開発権」産大法学（京都産業大学）20巻2=3号（1986年）129-147頁。

築制限を歴史的建造物の建てられた土地に対して課する一方で，その未利用容積率部分を他の敷地に移転してその売却益を得ることを認めるものであり，国家ではなく市場によって損失補償相当部分が得られる「準損失補償的プログラム」[57]とされる。あるいは，ある地域における開発の余地を開発権という形で総量のみ設定しておき，具体的な配分は市場に委ねる市場創出型の自主規制の一種[58]とも位置付けられる。

　他方で，容積率そのものを財産権として位置付けることは，私人間の交渉による市場ベースの容積率移転に正面から法的保護を与えることを意味する。この結果，容積率の都市基盤管理機能や開発促進作用に過大な意義を与えてしまい，容積率の居住環境管理機能や利害関係者との合意に基づく容積率設定という行政過程の意味を見失わせるかもしれない。容積率と同様に，個別的な利益と公的な利益とが密接に結びついた利益状況の下で，すでに「権利」としての性格が付与されているものとして，特許権を挙げることができる。特許権の場合には，特許査定（同法51条）の段階において，発明の産業上の利用可能性・新規性・進歩性[59]（同法29条）を事実に基づいて確定することが一応可能であり，同時に，付与された特許に関する情報を幅広く収集する意味で特許異議申立てを何人にも認めることで是正の途を確保している（同法113条）[60]。これに対して容積率の場合には，ある地域環境が事実として与えられれば最適な容積率が算定できるものとはなっておらず，都市計画策定手続などの行政過程を経由して初めて容積率が定まる（べき）構造となっている。確かに容積率移転・緩和制度には行政裁量の余地が広く，

---

56) 福本泰「容積移転制度の日米比較」日端康雄編『建築空間の容積移転とその活用』（清文社・2002年）115-136（117）頁［初出2000年］。
57) 寺尾美子「アメリカ土地利用計画法の発展と財産権の保障（5・完）」法学協会雑誌（東京大学）101巻3号（1984年）357-420（366）頁。
58) 原田大樹『自主規制の公法学的研究』（有斐閣・2007年）214-222頁。
59) これらの概念につき参照，中山信弘『特許法［第2版］』（弘文堂・2012年）115-141頁。特許査定の法的性格の分析として参照，興津征雄「行政作用としての特許権発生と特許無効」知的財産法政策学研究（北海道大学）38号（2012年）13-75（39-50）頁。
60) 2014年の特許法改正により付与後異議申立制度が復活し，特許無効審判の請求人適格は「利害関係人」（同法123条2項）に再び限定された。法改正の背景につき参照，島並良他『特許法入門』（有斐閣・2014年）124-125頁。

また裁量行使のあり方が通達によって定められていることも多い[61]。このような法的不安定性や不透明性に対しては改善の余地が大いに残されてはいる。しかし，容積率が何らかの事実に基づいて客観的に決まる性格を持たない以上，これを「権利」と位置付けてその移転に関する裁判上の保護を強化することには躊躇が残る。このような容積率の特質からすれば，近時の容積率移転・緩和制度が利害関係者との調整手続を簡素化する傾向を強めていることは，憂慮すべき事態である[62]。立法者が容積率をなおも都市計画上の機動的な政策手段として利用しようとするのであれば，容積率をめぐる利害関係者との調整手続を丁寧に設計することこそ，首尾一貫した立法姿勢であるように思われる[63]。

おわりに

本章では，建築物の形態規制の中心的な要素である容積率を取り上げ，その法的性格を検討してきた。容積率は絶対高さ制限に代わる手法として導入され，現在では都市計画法の用途地域と結びついて，全国的に用いられている。他方で，容積率を移転したり緩和したりする法制度が，都市計画法・建築基準法で数多く定められている。行政法学はこれまで容積率を土地所有権に対する規制と捉えてきたものの，これらの容積率移転制度では容積率自体があたかも財産権であるかのように移転されている。現在の法制度では，容積率の緩和は都市計画法・建築基準法で規定される一方，容積率移転に関する移転元と移転先の法関係は民事法のスキームに依拠している。

容積率規制が硬直化する中で都市の建築物の更新を図っていくためには，

---

[61] 逐条解説建築基準法編集委員会編・前掲註13) 961頁は「特定行政庁における柔軟な運用を促進している」とする。

[62] 総合設計制度につき同様の懸念を示す論攷として参照，見上崇洋「規制緩和とまちづくりの課題」芝池義一他編『まちづくり・環境行政の法的課題』(日本評論社・2007年) 68-81 (79) 頁。

[63] 同旨，浅見泰司「土地利用規制」八田達夫編『東京一極集中の経済分析』(日本経済新聞社・1994年) 95-130 (110) 頁。制度設計における首尾一貫性の要素に注目する見解として参照，島村健「環境団体訴訟の正統性について」髙木光他編・阿部泰隆先生古稀記念『行政法学の未来に向けて』(有斐閣・2012年) 503-541 (538) 頁。

容積率の緩和・移転制度が恒常的に必要である。現在の法制度は行政上のしくみと民事上のスキームとが別々に存在し、制度の概観性の観点からも容積率移転の法的安定性の観点からも改善を要するものである。しかし容積率そのものに財産権類似の保護を与える法制度を設計することは、容積率の再配分を私人間取引に委ねることによって容積率の居住環境管理機能を弱体化させ、行政過程の中での合意形成によって容積率を確定・変動させるという構造と対立するものとなる可能性を含んでいるように思われる。個別的な利益と集団的な利益ないし社会全体の利益とが重畳する法制度としては、容積率の他にも特許権や電波利用権[64]などを挙げることができる。これらの政策的色彩の強い「権利」を取り扱う行政上の法制度の相互比較を踏まえ、行政過程固有の機能をさらに解明することが、今後の課題となる。

---

64) 周波数オークション制度に関する行政法学的分析として参照、林秀弥「電波法に基づく周波数再編のあり方」法政論集（名古屋大学）245号（2012年）193-239頁、山本隆司「競売による分配行政法の基本問題」髙木光他編・阿部泰隆先生古稀記念『行政法学の未来に向けて』（有斐閣・2012年）243-272頁。分配行政の基本構造とその手続の特質を検討したものとして参照、太田匡彦「行政による分配の構造と手続」法律時報87巻1号（2015年）22-29頁。

第12章

特区制度と地方自治

■ **本章への架橋**

　主として経済発展を目的に，一国の一部分について他の区域とは別の法制度を導入する特区制度は，日本においても幅広く見られる。現在までに，沖縄経済特区・構造改革特区・総合特区・復興特区・国家戦略特区の5つの類型が法定化され，それぞれに異なった法的特色を持っている。これらは地方自治（例解 35頁以下）との関係でどのように位置付けられるのだろうか。また，規制改革や政策革新という観点からはどのような機能を有しているのだろうか。本章は，都市法の文脈（⇨第11章，例：都市再生特別地区）をやや拡張して，一定の区域に他の区域とは異なる法的規律を及ぼすことの法的・政策的意義とその法的限界を探求することを目的とする。

　まず，特区制度を導入する上で緊張関係に立つ法的要素として，「平等原則・法律の一般性」（例解 12/20頁）「行政裁量」（例解 64頁以下）「法律と条例の関係」（例解 20頁以下）の3つを取り上げ，特区制度に対する法的な評価基準を明確化する。次に，現在日本で実定化されている5つの特区制度を，その機能に応じて3つのタイプに分け（特定地域優遇型・政策実験型・地方自治拡充型），それぞれの機能的特色を明らかにする。さらに，特区制度の法的評価基準を用いて，これら3つの類型の法的な意義を，立法権の垂直的再配分，政策革新（⇨序章），地方自治の拡充の3つの観点から検討することとする。

はじめに

　投資や産業立地を促進するため，一国の中の一定の地域に限って規制や課税を減免する「特区制度」は，アジアの発展途上国を中心に普及しているこ

とが知られている。これに対して日本においても，とりわけ21世紀に入ってから特区制度の立法例が急増し，現在では5種類を数えるに至っている。特区制度は，地域を限定して他の地域とは異なる行政法制度を作動させる点において，地方自治と類似した性格を有する。憲法上地方自治が保障され，地方分権改革によって地方公共団体の権限や法的地位が以前と比較すれば強まっているにもかかわらず，特区制度が拡充されている背景には，どのような理由が存在するのだろうか。

そこで本章では，現行法上存在する具体的な特区制度を素材に，特区制度が果たしうる機能とその法的意義を検討することとしたい。まず，特区制度の制度設計を公法学の観点から評価する基準を3点提示する（I.）。次に，日本の特区制度をその機能に注目して3つに類型化し，それぞれの機能的特色を制度設計の観点から提示する（II.）。さらに，その作業を踏まえて，特区制度の法的な意義を整理し，地方自治制度やその他の垂直的なガバナンス・システムとの比較を試みることとしたい（III.）。

I. 特区制度の法的評価基準

一定の地域に限定して規制や課税を減免したり，補助金・融資を有利な条件で投入したりする手法を幅広く「特区制度」と呼ぶ場合，特に法的（あるいは政治的）に問題になるのは，規制や課税の減免措置の場面である。そこでしばしば登場する考え方が「一国二制度」排除論である。これは特区制度の導入にブレーキをかける論理として現在でも根強い考え方である。しかし，その意味するところは必ずしも明確ではない。そこで公法学の立場からは，次の3つの位相に分けて議論の射程を再定位すべきである。

1. 平等原則・法律の一般性

第1の位相は，立法上遵守すべき（あるいは立法によっても破ることのできない）憲法上の準則としての一国二制度排除論である。その1つは，平等原則（憲法14条）のコロラリーとして，日本国民である以上同一の規制と課税に服するべきとする考え方である。ただし平等原則は，同一事情において合理的な理由なしに差別的な取り扱いを行うことを禁止する趣旨であるから，合

理的な理由が存在していれば別異に取り扱ってもよい。それゆえ立法準則としての平等原則は，制度設計の際に合理性を論証することができるかのフォーラムとしての機能を果たすもの[1]であって，立法者に対して一定の作為・不作為義務を憲法上導出することは困難である[2]。もう1つは，法律の一般性（憲法41条）から生じる制約である。これは，憲法学における，国会が独占すべき権能としての実質的意味の「立法」作用とは何かをめぐる議論の中に見られる考え方であり，現在でも有力な考え方は，一般的・抽象的規範をもって実質的意味の立法たる「法規」を定義する[3]。他方で個別的な規範を国会が定立することが憲法上禁止されているとまでは憲法学の多くの立場は考えていない。法律の一般性はたしかに法律が通常有すべき属性であって，それが立法者の恣意的なルール形成を排除し，国民の権利や自由を保護する機能を持つ[4]。しかしこの要素も立法者に対する緩やかなメタルールを設定するにとどまり，合理的な理由がある場合でさえ国会が個別的なルールを定めることを禁止する意味をもつと解されているわけではない[5]。

2. 行政裁量

第2の位相は，法律が定めた課税を行政単独の判断で減免してはならないという考え方である。行政法学の最も基本的な考え方の1つに属する法律による行政の原理[6]（⇨第1章）によれば，ある一定の行政活動を行う場合には立法者が当該行政活動の条件や内容を予め定めていなければならない（法律の留保の原則）。その範囲をめぐって学説上の争いはあるものの，本章が問題にしている規制や課税は，事前に立法者が行政活動を授権しておかなければならない分野と通常理解されている（侵害留保理論）。このうち規制については，法律で内容の詳細まで確定せず，行政に一定程度の判断の余地を与え

---

1) 原田大樹「立法者制御の法理論」同『公共制度設計の基礎理論』（弘文堂・2014年）178-234 (196) 頁［初出2010年］。
2) 最大判1985(昭和60)・3・27民集39巻2号247頁［大嶋訴訟］。
3) 芦部信喜（高橋和之補訂）『憲法［第5版］』（岩波書店・2011年）286頁。
4) 阪本昌成『法の支配』（勁草書房・2006年）205頁。
5) 松井茂記『日本国憲法［第3版］』（有斐閣・2007年）160頁。
6) 原田大樹「法律による行政の原理」法学教室373号（2011年）4-10頁。

る（行政裁量）ことも許されるので，法律が規制減免を許容する趣旨の定め方をしていれば，行政の判断で規制減免を行うことは可能である。これに対して課税の場合には，租税法律主義（憲法84条）により，行政独自の判断で課税減免を行うことはできないと考えられる。

3. 法律と条例の関係

　第3の位相は，法律が定めた規制や課税を条例で減免することはできないという考え方である。地方議会が定める条例は「法律の範囲内」（憲法94条）で制定することができる。その具体的な判断準則を示した徳島市公安条例事件最高裁判決（最大判1975(昭和50)・9・10刑集29巻8号489頁）によれば，上乗せ条例の場合，法律と条例の規制対象が同じであってもお互いの目的が異なっていれば条例の制定は可能であり（目的の基準），両者の目的が同じでも法律が全国一律同一内容の規制をする趣旨でなければ条例の制定は可能である（全国一律の基準）。これに対して，条例が法律の規制を減免する規定を持つことができるかどうかは，この最高裁判例が問題にしている場面と状況が異なっている。この種の条例は，個別の法律の個別の委任があれば制定可能である（委任条例）。これに対して，そのような個別の委任によらない自主条例で上書きが可能かについては見解が分かれている。また課税については，地方税法が地方公共団体の課税の内容を詳細に定めており，同法や他の法律が課税の減免を定めていない場合に条例でこれを定めることもまた，一種の上書き条例である。条例が定めうる内容を幅広く捉えれば，敢えて特区制度を用いずとも，各地方公共団体の議会が条例を定めることで，それぞれの地方公共団体の規制や課税の減免を定めることが可能となるはずである。逆に言えば，現在の日本国憲法のもとでの統治構造，とりわけ国会の立法権や国法秩序（法律と条例の関係）を前提とすれば，特区制度なしには地域ごとの規制・課税特例を設けることができないとするのが，少なくとも特区制度の立法者の理解であったということになる。

　以上の検討から，特区制度の許容性や制度設計を公法学の立場から考察する際の3つの考慮要素ないし評価基準が導出される。第1は，憲法上，国の立法者が一定の地域に限定して規制や課税を減免することはカテゴリカルに否定されているわけではないということである。ただし特区の制度設計に際

しては，平等原則や法律の一般性といった立法準則を遵守する必要があり，政策目的やその達成手段としての規制・課税減免措置に合理性があるかが審査されることになる。第2は，規制・課税の減免措置を行うかどうか，行うとしてどの程度行うかは立法者が規律すべき事項であって，とくに課税減免の場合には規律密度が高くなければならないということである。減免それ自体は相手方に利益を与える行政作用ではあるものの，その前提である規制の法的しくみは立法者が制度設計しなければならない行政分野に含まれている。第3は，そこにいう「立法者」とは国会に限られているという理解である。換言すれば多層的な公共部門（具体的には国—地方公共団体）における立法権の実質的な意味での配分がここでは問われているのである。

II．特区制度の機能——類型論的考察

1．特定地域優遇型——沖縄経済特区・国家戦略特区

(1) 沖縄経済特区

　日本法における経済特区の最初の立法例は，沖縄経済特区である。もともと沖縄では，アメリカ統治下の1959年に，那覇港の近接する地域が自由貿易地域に指定され，日本からトランジスタラジオの半製品を輸入してこれを組み立て，アメリカに輸出していた。沖縄返還を前にした1971年に制定された沖縄振興開発特別措置法では，この保税地域の制度を継承するため自由貿易地域の規定（同法23条以下）を置いていた[7]。その後，1998年に同法が改正されて国税・地方税の減免を追加した特別自由貿易地域制度が導入され，2002年に新規に制定された沖縄振興特別措置法では，情報通信産業特別地区（同法30条以下），国際物流拠点産業集積地域（同法41条以下），金融業務特別地区[8]（同法55条以下，2014年法改正で「経済金融活性化特別地区」に

---

[7] 湧川盛順「沖縄県における特区への取り組み」産業立地41巻9号（2002年）32-35（32）頁。

[8] 制度導入の構想につき参照，名護市国際情報通信・金融特区創設推進プロジェクトチーム＝大和証券グループ金融特区調査チーム編『金融特区と沖縄振興新法』（商事法務・2002年）。

変更)の3つの特区制度が準備された。

　これらの特区制度における優遇措置の中心は、課税減免、とりわけ法人税の減免措置である[9]。特区内で沖縄県知事の事業認定を受け、青色申告書提出等の一定の要件を満たした場合には、法人設立から10年間の事業年度について、法人税課税所得の40%が控除される（沖縄振興特別措置法30条1項・41条5項・56条1項、租税特別措置法60条）。特別自由貿易地域制度の後継である国際物流拠点産業集積地域ではさらに、関税の選択課税（原料に対する課税か製品に対する課税かの選択）や保税地域制度の適用を受ける（沖縄振興特別措置法45条・47条）。また、名護市のみが指定されている経済金融活性化特別地区は、法人税の優遇措置の対象となる業種を、沖縄県知事が定めて内閣総理大臣が認定する経済金融活性化計画の中で定める方式が採用されている（同法55条の2第2項2号）。これに対して、規制の免除を内容とする特区制度は、同法には含まれていない。

　沖縄経済特区の特色は次の3点にまとめられる。第1は、手厚い税制優遇措置である[10]。その背景には、沖縄の産業基盤の弱さや甚大な基地関連の負担がある。沖縄が置かれた苦境を少しでも改善するために沖縄のみを対象とする特別な立法がなされ（沖縄振興特別措置法1・2条）、その中でこうした特区制度が準備されているのである[11]。第2は、特例措置の内容に事業者・産業界側のニーズが反映されるしくみがないことである[12]。2002年に沖縄振興特別措置法が立法された際に目玉として導入された金融業務特別地区は、産業界のニーズや意向を必ずしも十分把握せずに立法化された。このことも影響してこの特区制度による企業の立地はごくわずかにとどまり[13]、

---

9) 飯塚裕「沖縄振興特別措置法の地域・地区制度について」港湾80巻3号（2003年）24-27（27）頁。
10) 税制優遇政策の限界を画する要素として、タックス・ヘイブン対策税制の存在を挙げることができる。この点につき参照、神山弘行「税制と特区制度に関する覚書」税研28巻2号（2012年）37-43（40）頁。
11) 樋渡啓祐「『沖縄の自立的発展、豊かな住民生活の実現』を目指して」時の法令1668号（2002年）6-21（6）頁。
12) 八代尚宏「経済成長戦略における構造改革特区の役割」税研28巻2号（2012年）24-29（26）頁。
13) 近藤健彦「沖縄金融特区はなぜ機能しないのか」時事トップ・コンフィデンシャル11161号

それが 2014 年の法改正による経済金融活性化特別地区の導入の遠因となった。第 3 は，優遇措置の決定に関する国主導の手続的構造である。沖縄県や県内市町村の意見を聞くしくみとして，沖縄振興特別措置法は沖縄振興審議会を設置している（同法 111 条）。これは，沖縄県知事・県議会議長・沖縄の市町村長代表者・市町村議会議長代表者と学識経験者で構成され，内閣総理大臣に対して沖縄振興に関する重要事項につき意見を申し出ることができるとされている。また特区の特例措置適用の前提となる各種振興計画の作成権限は沖縄県知事にあり，計画策定の際には関係市町村長の意見を聞かなければならない（例：同法 28 条 1・4 項）。しかし，そもそもどのような業種が課税減免措置の対象となるかは，基本的には法律で決定されており，減免措置の内容形成における沖縄県・県内市町村の関与は大きくない。この点は他の特区制度との大きな違いである。

(2) 国家戦略特区

　沖縄経済特区が抱える上記の問題点の一部を改善した国主導型の特区制度が，2013 年に制定された国家戦略特別区域法に基づく国家戦略特区である。後述の通り，沖縄経済特区以降の特区制度は，地方公共団体に内容形成のイニシアティブを広く認める立法が続いていた。これに対して国家戦略特区は，国が地域指定・規制減免の内容形成・実施に幅広く関与する特区制度として設計されている。

　国家戦略特区は，産業の国際競争力の強化や国際的な経済活動の拠点形成を目的として，区域を限定して規制改革を実施することを目的としている（同法 2 条 1 項）。特区は政令によって指定される[14]。減免の対象は規制のみであり，税制は含まれない。規制の特例措置のメニューは法律に規定されており（同法 13 条以下），この中から区域計画に盛り込まれることで規制減免がなされる。区域計画を作成するのは国家戦略特別区域会議であり，指定さ

　（2004 年）2-6 頁，小西龍治「『沖縄金融特区』の取組みを振り返って」金融財政事情 61 巻 32 号（2010 年）36-37 頁。
14) 国家戦略特別区域を定める政令（平成 26・5・1 政令第 178 号）により，東京都千代田区・中央区・港区等，新潟県新潟市，京都府・大阪府・兵庫県，兵庫県養父市，福岡県福岡市，沖縄県の 6 つの区域が指定された。

れた特区ごとに，国家戦略特別区域担当大臣・関係地方公共団体の長及び国の関係行政機関の長や計画実施に密接な関係を有する事業者等から組織される（同法7条）。区域計画が内閣総理大臣により認定されると，規制減免が適用されることとなる（同法8条）。その際には，閣議決定により定められる国家戦略特別区域基本方針（同法5条）及び内閣総理大臣が区域ごとに定める区域方針（同法6条）との整合性が審査される。この2つの方針の作成に当たっては，国家戦略特区諮問会議（同法29条）の意見を聞かなければならない（同法5条3項・6条3項）。特区を指定する政令の策定過程でも諮問会議の意見聴取が義務付けられている（同法2条5項）。諮問会議の議長は内閣総理大臣であり，国務大臣と学識経験者から構成される[15]（同法31・33条）。

2. 政策実験型――構造改革特区

規制改革を主眼とする国家戦略特区に先行する特区制度として，2002年に制定された構造改革特別区域法に基づく構造改革特区がある[16]。規制改革を標榜した小泉政権は，地域を限定した特区の中で規制改革を試行し，問題が発生しないことが確かめられたものについて全国展開する方策を採用した。2014年11月末の第35回認定までに認定された構造改革特別区域計画は累計で1235件に上り，全国展開に至ったのは865件である[17]。

構造改革特区の特色は次の3点にまとめられる。第1は，規制の特例を包

---

[15] 国家戦略特区諮問会議は，それまでの特区関連法でしばしば用いられた「推進本部」（宇賀克也『行政法概説Ⅲ［第3版］』（有斐閣・2012年）129-133頁）の形式ではなく，経済財政諮問会議と同等の内閣府に置かれる重要政策に関する会議（内閣府設置法18条2項）の1つと位置付けられている。参照，友井泰範「国家戦略特別区域法の制定」時の法令1953号（2014年）26-44（43）頁。

[16] これに先行するパイロット自治体制度は，法律の制定・改正を伴うものを対象外としたこと，市町村のみを申請主体としたことから県が非協力的になったケースが見られたことなどから，所期の目的を達成できなかった。参照，白石賢「規制改革特区提案をめぐる法的論点について（上）」自治研究78巻7号（2002年）48-60（49）頁，福井秀夫「構造改革特区が地域を変える」ガバナンス20号（2002年）22-25（25）頁，並河信乃「特区への取組みが『分権の課題』を炙り出す」ガバナンス32号（2003年）18-20（19）頁，榛村純一「パイロット自治体の実験と特区への展望」都市問題99巻1号（2008年）92-101（93）頁。

[17] 内閣府地域活性化推進室「構造改革特別区域計画，地域再生計画及び総合特別区域計画の認定について」（平成26年11月28日）。

括的に規定したことである[18]。沖縄振興特別措置法と異なり，構造改革特別区域法は規制に関する特例のみを定めている。緩和できるメニューは法律で列挙されており，内閣官房を中心に展開される一元的な手続のもとで，地方公共団体が作成する構造改革特別区域計画が認定されることによって，規制の特例が実現するしくみとなっている。第2は，規制の特例措置を受けようとする事業者が，計画を作成する地方公共団体に対してその内容を提案できる手続を設けていることである（構造改革特別区域法4条5項）。事業者側からの規制改革のニーズを把握した上で規制の特例を設けることができ，特区を設定したものの使われないという事態を避けることができる[19]。第3は，地方公共団体に内容形成のイニシアティブが認められていることである。地方公共団体が区域計画を作成して内閣総理大臣に対して申請を行うと，内閣官房の担当部局が地方公共団体の代弁者として規制を所管する省庁との折衝を行う[20]。地方公共団体に対してその結果が通知され，これに不満がある場合には地方公共団体は意見を提出し，内閣官房は再度担当省庁との折衝を行う。このような内閣官房を媒介とする地方公共団体と国の所管省庁との書面（いわゆる「短冊」[21]）による政策調整過程が3回繰り返され，特区認定がなされるかどうかが判断されることになる[22]。

3. 地方自治拡充型——総合特区・復興特区

(1) 総合特区

　構造改革特区は規制の特例措置のみを予定しており，課税特例や補助金・

---

18) 八代尚宏「規制改革の現状と課題」ジュリスト1236号（2002年）2-5（4）頁は，各省が個別に法改正を行う従来型の「束ね法」ではなく，「包括法」の形式が採られたと評価する。
19) 春名史久「構造改革特区の今後の展望」ジュリスト1250号（2003年）21-22（21）頁。
20) 福島伸享「構造改革特区の活用法」産業立地42巻8号（2003年）12-13（13）頁。並河信乃『市民・自治体の政策実験』（生活社・2006年）93頁は，小さな市町村では国との意見交換の機会が多くないものの，特区制度のおかげで直接の意見交換ができるようになったとする特区制度の「駆込み寺」としての機能を紹介している。
21) 構造改革特区研究会「特区提案の実態を『短冊』から読む」新都市60巻9号（2006年）124-131（124）頁。
22) 構造改革特区研究会「提案主体と省庁とのやりとりの実際」新都市60巻10号（2006年）153-158（153）頁。

金融支援等の経済的優遇措置を含んでいなかった。このうち，地域を限定して補助金・利子補給・第三セクターへの課税特例などを行う地域再生法は2005年に制定されていた[23]。民主党への政権交代後，これらの全ての特例措置を含む総合的な特区制度が経済政策との関係で議論され，2011年に総合特別区域法が制定された[24]。同法は，産業の国際競争力の強化と地域活性化を目的とし（同法1条），これに対応させる形で国際戦略総合特区と地域活性化総合特区という2つの特区制度を設定している。地方公共団体が作成する区域計画を内閣総理大臣が認定することで特例措置が適用される点は構造改革特区と同様である（同法12条1項・35条1項）ものの，メニュー化されている規制・課税の特例措置はそれぞれの類型で異なっている。

　総合特区の特色は次の3点にまとめられる。第1は，指定される地域を限定して規制・課税・金融支援を包括的に実施することである。構造改革特区の場合には，地方公共団体が作成して申請する区域計画が認定されれば特例が適用される。これに対して総合特区の場合には，これに先立つ手続として，内閣総理大臣が地方公共団体の申請に基づき区域指定を行う（同法8条・31条）。指定数に関する制限は法律上存在していないものの，構造改革特区に比べると数を限定する方針が示されている[25]。さらに，構造改革特区とは異なり，規制改革を試行して最終的に全国展開することは目標とされておらず，特区が周辺地域に正の外部性を与えること（国際戦略総合特区）か，地域間競争により格差が生じること（地域活性化総合特区）が制度設計段階から想定されている。第2は，特例を利用して活動する事業者が，規制改

---

[23] 本田雅俊「知恵と工夫の競争で活性化へ」じゅん刊世界と日本1066号（2006年）1-81（62）頁，西村清彦監修・御園慎一郎他編『地域再生システム論』（東京大学出版会・2007年）125頁。

[24] 阿部昌弘「産業の国際競争力強化と地域活性化を目指す総合特区の創設」立法と調査314号（2011年）3-12（3-5）頁，伊藤白「総合特区構想の概要と論点」調査と情報698号（2011年）1-12頁。

[25]「総合特別区域基本方針」（平成23年8月15日閣議決定）第三・1によれば「選択と集中」による指定の方針がとられており，国家戦略総合特区については5箇所程度との目安が示されている。2013年9月の第4次指定までに，国家戦略総合特区は7箇所（北海道札幌市等，茨城県等，東京都，神奈川県等，岐阜県等，京都府等，福岡県等），地域活性化総合特区は41箇所（北海道札幌市，京都府京都市等など）が指定されている。

革の内容を提案する手続が強化されていることである[26]。構造改革特区と同様に地方公共団体に対して規制の特例措置を提案できること（総合特別区域法10条2項・33条2項）に加え，同法では国の関係行政機関・地方公共団体・事業の実施主体等から構成される国と地方の協議会が特区ごとに設置される[27]（同法11条・34条）。国・地方・事業者の三者で協議が整った場合には，国が法令等の改正に着手することも想定されている。また区域計画の作成の際には地方公共団体と事業者との区域協議会（同法19条・42条）を設置することができ，この中で事業者の意見が反映されることになる。第3は，条例による規制の上書きを一部で認めたことである。民主党の成長戦略・経済対策プロジェクトチーム総合特区・規制改革小委員会における検討の過程で，総合特区法の中に包括的な委任規定を置いた上で，法律で規定されている規制の上書きを条例で可能とする方向性が検討された。これに対しては，内閣提出法案の形で国会の立法権限を広範に授権する規定を置くことは問題があるとの認識から，政省令で規定された規制についてのみ総合特区法の政省令でその特例措置を定めうることを規定し，その限りで条例による規制内容の上書きを認める方式がとられた[28]（同法25条・54条）。

(2) 復興特区

総合特区とほぼ同時期に登場したのが，東日本大震災復興特別区域法に基づく復興特区である。復興特区は，上記の総合特区の制度設計をかなりの部分で流用している。震災後の比較的早い時期に，平野達男内閣府副大臣（当時）から，総合特区法案の活用あるいは新たな特区法案の立案を検討するよう指示があり，内閣官房地域活性化統合事務局と国土交通省，農林水産省等

---

26) 浅山章「地方の自立問われる総合特区制度」日経グローカル176号（2011年）36-39（37）頁。
27) 和泉洋人「地域の活性化と『総合特区制度』」地域開発560号（2011年）7-11（10）頁。
28) 大瀧洋「総合特区制度の創設」時の法令1902号（2012年）32-49（36）頁，山本泰司「我が国の経済の再生・成長に向けた総合特別区域法の制定」ジュリスト1432号（2011年）2-3（3）頁。浅山・前掲26）37頁は，旅館業法の構造設備基準を条例により変更して古民家を宿泊施設に転用しやすくする例を挙げている。構造改革特別区域法の2012年改正法でも条例の上書き権の規定が盛り込まれている（同法35条）。

で実務的な検討を開始した。その後，兵庫県の井戸知事や宮城県の村井知事らが特区制度の創設を提案し，東日本大震災復興基本法案に特区制度の整備に関する規定（同法10条）が盛り込まれた[29]。

　復興のための法制度として特区制度の必要性は，すでに1995年に発生した阪神・淡路大震災直後から指摘されていた（兵庫県のエンタープライズ・ゾーン構想[30]）。復興期の法制度をめぐり，阪神・淡路大震災の際に問題となった点は次の3点あった。第1は，震災復興に関する一般的法制度の必要性である。阪神・淡路大震災復興の基本方針及び組織に関する法律（1995年2月）をはじめ，震災の際には16の特別立法がなされた。しかし復興を支える立法は必要最小限にとどめられ，復興の定義も明確でなかった。そこで，復興の定義・主体・国と地方の責任分担・復興を支える法的枠組（特に復興基金や損壊家屋の公費解体）などは今後の大規模災害に備えて予め制度化しておくことが必要と指摘されていた。第2は，国との協議に時間がかかりすぎた点である。阪神・淡路大震災の際には地元主導の復興が進められた。1995年に設置された阪神・淡路復興委員会の設置期限が経過した後，1996年2月には国・兵庫県・神戸市で構成される協議会が設置され，国と地元との定期的な協議が行われた[31]。協議の結果，補助金の使途制限を除去するために復興基金が設置されるなどの成果が見られたものの，協議に莫大な時間・コストがかかった。第3は，被災者の利害を復興過程に反映させるための工夫の必要性である。市街地の整備のための土地区画整理事業・市街地再開発事業の都市計画決定の際に，事業区域や幹線道路の大枠のみを決定する第1段階の都市計画の後，地元住民で構成されるまちづくり協議会での住民合意形成を踏まえて区画道路・街区道路などの細かな内容を確定する第2段階の

---

[29] 東日本大震災復興対策本部事務局「東日本大震災復興基本法の解説」法律のひろば64巻9号（2011年）4-7（4）頁，佐藤雅浩「東日本大震災復興基本法」法令解説資料総覧355号（2011年）5-21（13）頁。

[30] ひょうご創生研究会『ひょうご創生への提言』（神戸新聞情報科学研究所・1995年）46頁，加藤恵正「震災復興における都市産業・経済政策」都市政策116号（2004年）3-49（10）頁，江木耕一「新産業創造（1）」財団法人阪神・淡路大震災記念協会編『翔べ フェニックス』（財団法人阪神・淡路大震災記念協会・2005年）363-390（368）頁。

[31] 総理府阪神・淡路復興対策本部事務局編『阪神・淡路大震災復興誌』（大蔵省印刷局・2000年）41頁。

都市計画決定が行われた[32]。復興初期段階で試みられた行政主導の市街地開発事業が地権者ら住民の強い反発を招いたことから，こうした手続がとられた[33]。また，被災者と行政との仲介組織として被災者復興支援会議が設けられ，双方に対する助言活動を行った。このように，国・地元自治体間や地元自治体・被災者間のコミュニケーションルートを設定しておくことが極めて重要である。

　復興特区は復興推進計画（同法4条1項），復興整備計画（同法46条1項），復興交付金事業計画（同法77条1項）の3種類の計画に基づく。このうち，課税[34]や規制の特例を含んでいるのは復興推進計画である。復興推進計画を作成しうる地方公共団体は，東日本大震災に際し災害救助法が適用された市町村区域又はこれに準ずる区域として政令で定めるものとされており（同法4条），この要件を満たす地方公共団体が，復興推進計画を作成し，内閣総理大臣の認定を受けることで特例措置が適用される。総合特区で採用されている国と地方の協議会及び地方公共団体と事業者との協議会（復興推進協議会）も制度化されている（同法12条・13条）。条例の上書き権に関しては，国会における修正で，地方公共団体が国会に対して復興特別意見書を提出し，これを受けて国会が必要な法制上の措置を講じるとの規定が盛り込まれた（同法11条8・9項）。これは，震災によって地方公共団体の業務に支障が出ている現状においては，国の規制を破るために条例を作るよりも，国会が地方公共団体の意見を踏まえて法律で特例を定める方がより実効的な復興をなしうるとの判断に基づく[35]。

---

32) 久保光弘「まちづくり組織の展開」季刊まちづくり5号（2004年）19-21頁。
33) この過程を批判的に検討するものとして参照，広原盛明「阪神・淡路大震災における震災復興都市計画の検証」原田純孝編『日本の都市法Ⅱ　諸相と動態』（東京大学出版会・2001年）211-278（218-223）頁。
34) 課税特例の詳細につき参照，伊藤敬「復興特区制度の現状と税制上の特例」税研28巻2号（2012年）30-36頁。
35) 第179回国会衆議院会議録本会議第10号（平成23年11月18日）8頁［高木美智代議員発言］。

Ⅲ. 特区制度の法的意義

1. 立法権の垂直的再配分手段としての特区制度

(1) 課税——枠組法と条例の関係

　日本国憲法84条は「あらたに租税を課し，又は現行の租税を変更するには，法律又は法律の定める条件によることを必要とする」と規定する。この「法律」に条例が含まれているのかは文言上明らかではないものの，日本国憲法92・94条が地方自治を憲法上保障していること，地方公共団体の議会で制定される条例には法律と同程度の民主的性格が認められることから，ここにいう「法律」には条例が含まれるとする理解が一般的である[36]。他方で日本国憲法29条は財産権を保障し，30条では「国民は，法律の定めるところにより，納税の義務を負ふ」と定めている。これらの課税によって侵害される権利との関係を考慮して，国と地方の課税権を調整・分配しているのが，地方税法である。換言すれば，日本国憲法の下では，地方自治の憲法保障の規定から地方公共団体に憲法上の課税権が認められているものの，条例の制定による具体的な課税権の内容形成には地方税法の枠内でとの条件が設定されていることになる[37]（⇨第1章）。

　現行の地方税法では，道府県・市町村の税目・課税標準・標準税率などが細かく定められており，地方公共団体が独自の判断で課税したり減免したりする余地は狭い。地方公共団体の独自の課税の方法として法定外税（法定外普通税・法定外目的税）の制度が準備され，一定の手続をとれば地方税法にない税目の課税は可能となっている（例：地方税法259条以下）。これに対して，地方税法上定められている税目の税を地方公共団体の判断で課税しないことは，宅地開発税や国民健康保険税のような「課することができる」税目を除けば，地方税法・地方交付税法上は想定されていない。また，国税に関して

---

36) 佐藤幸治『日本国憲法論』（成文堂・2011年）566頁。
37) 最一小判2013(平成25)・3・21民集67巻3号438頁［神奈川県臨時特例企業税事件］。ただし，地方税法の規律のあり方が「地方自治の本旨」（憲法92条）に反する場合には，同法の当該規定は違憲無効となり，地方公共団体の憲法上の課税権に基づく条例の課税根拠規定のみが有効となることになる。

は，国税を個別に規定する法律が課税根拠規定となり，国の徴税行政機関によって完結的に執行・徴収がなされることから，地方公共団体が条例で減免する余地はそもそもない。

このように，日本国憲法及び現在の実定法は，課税に関する立法権が国に専属しており，地方公共団体には枠組法である地方税法の範囲内で憲法上の課税権を行使させる方式をとっている。それゆえ，沖縄経済特区・国家戦略特区・総合特区・復興特区のように地区を限定して課税の特例を定めうる特区制度は，地域に注目した課税減免を認める点で，課税に関する立法権のいわば垂直的再配分手段と位置付けることができる。

(2) 規制——条例の上書き権

日本国憲法 94 条は「法律の範囲内で条例を制定することができる」とする。徳島市公安条例事件最高裁判決は，ここでいう法律の範囲内が規律対象の重なり合いを意味するものではなく，規制目的の重なり合いや法律が全国一律の規制を行う趣旨かどうかによって判断されるべきことを明確に提示した。ただし，そこで念頭に置かれているのは，法律とは別の規制のしくみを条例ではじめから設定する場面であって，法律で定められた規制の一部分の基準を条例で変更する場面ではない。このような条例による上書きは，法律の委任があれば可能である。しかし政策分野を限定せず一般法（例えば地方自治法）で包括的な委任規定を置くことは，法治主義（とりわけ規律密度）の観点から問題を孕むものとも考えられる。特区制度はこのような理解を前提に，法律による規制の特例措置を特区法の中に列挙し，これらを盛り込んだ区域計画が内閣総理大臣により認定されることで，地域を限定した規制の特例措置を実現する方式をとっている。これは，地域の自主性と法治主義の要請とを調和させる一つの解決手法である[38]。

これとは別の，法律の委任という形式をとらない手段として考えられるのが，条例による法律の上書き権を憲法レベルで認めることである[39]。その

---

38) この点につき，礒崎初仁「東日本大震災復興特別区域法の意義と課題（下）」自治総研 405 号（2012 年）26-56（48-49）頁は，特区制度に関する国の法律の規律密度の高さを批判し，過剰設計であると評価する。

制度設計の参考になるのが，ドイツの一部の分野の州法で認められている逸脱立法（Abweichungsgesetzgebung）権限である。連邦制を採用するドイツにおいては，基本法の中で連邦の立法権限が具体的に示されている。連邦・州に権限が専属する連邦専属的立法権（基本法71・73条⇨ことば）・州の専属的立法権（基本法70条）のほか，両者に立法権限がある競合的立法権（基本法72・74条）の類型が存在する。2006年の連邦制改革（⇨第4章）以前はさらに大綱的立法という類型があり，連邦が制度の大枠を枠組法で示した上で州が州法で具体化する方式をとっていた。しかしこの方法ではEUとの関係でEU法の国内法化に時間がかかりすぎるという問題があった[40]ことから，連邦制改革によってこの類型が廃止され，大半が競合的立法のグループに移行した[41]。競合的立法の場合の適用関係は従来，連邦法が州法に優先するというルール（基本法31条）でのみ調整されてきた。しかし，大綱的立法から移行した分野（具体的には自然保護・国土計画等）に関しては，連邦法・州法の別を問わず後法優先の原則で適用関係が調整される（基本法72条3項）。つまり州は，連邦法に不満があれば，新たに州法を立法することで連邦法と異なる内容の規律をすることができるのである。同様のルールは，連邦の法律で州の行政機関・行政手続を規律した場合にもあてはまる（基本法84条1項）[42]。このような逸脱立法に対しては，法の統一性の喪失や法解釈のコストの上昇により広域的に活動する企業等に悪影響が出るおそれがあること[43]，連邦が州の逸脱立法権の行使を防止するためにインフォーマルに交

---

39) 法解釈論のレベルで条例の上書き権を肯定する方向性を示す見解として参照，北村喜宣「新地方自治法施行後の条例論・試論」同『分権改革と条例』（弘文堂・2004年）50-87 (76) 頁 ［初出2000年］，同「法律改革と自治体」公法研究72号（2010年）123-136 (130) 頁。
40) 中西優美子「ドイツ連邦制改革とEU法」専修法学論集（専修大学）100号（2007年）173-210 (176) 頁。
41) 服部高宏「連邦法律の制定と州の関与」法学論叢（京都大学）160巻3=4号（2007年）134-168頁，同「ドイツ連邦制改革」ドイツ研究42号（2008年）107-118頁。
42) Hans Heinrich Trute, Verwaltungskompetenzen und Art. 33 Abs. 5, in: Christian Starck (Hrsg.), Föderalismusreform, 2007, S. 73-94, 78, Rn. 156.
43) Stefan Oeter, Neustrukturierung der konkurrierenden Gesetzgebungskompetenz, Veränderung der Gesetzgebungskompetenzen des Bundes, in: Christian Starck (Hrsg.), Föderalismusreform, 2007, S. 9-40, 17, Rn. 31.

渉することにより立法過程の透明性が失われることが批判されている[44]。他方でこれを実験的な連邦国家（der experimentelle Bundesstaat）と位置付け，連邦と州がよりよい規制水準を模索して競争し合う関係が構築できるとの評価も見られる[45]。ただし，州による逸脱立法権の行使は全く自由になされるわけではない。逸脱立法は州法である以上，州憲法の制約の下に置かれる。逸脱立法に先行する連邦の立法は当該分野の規制の標準モデルを示す意味を持ち[46]，また州の逸脱立法に問題があると連邦が考えればこれに対抗する新たな立法を行うことで州の逸脱立法を破ることもできる。さらにドイツ基本法には，連邦忠誠や自由と民主政秩序の維持の要請が規定されており，逸脱立法を巡る連邦と州の無限の闘争を抑止しうる[47]。自律的な規範形成を地域レベルに認める場合には，同時にこうしたソフトな枠付けの法技術を検討する必要があるように思われる。

> **● ことば ●　連邦専属的立法権**
>
> 　連邦制と地方自治の大きな違いは，立法権（形式的意味の「法律」の制定権）が連邦と州に憲法レベルで配分されている点にある。ドイツでは，立法権限の配分の類型として，連邦専属的立法権・競合的立法権・州の専属的立法権の3種類がある。基本法では前2者について立法権限が列挙されており，この列挙に含まれない権限が州の専属的立法に属することになる（基本法70条1項）。
> 　連邦の専属的立法権（基本法73条）に含まれているのは，外交・防衛，国籍，出入国・旅券，関税，文化財の国外流出防止，航空，連邦鉄道，郵便・遠距離通信，著作権，平和的な核エネルギーの利用等である。また連邦の競合的立法権（基本法74条）には，民刑事法，戸籍，社団法，公的扶助（ホーム規制法を除

---

44) Hans Meyer, Die Föderalismusreform 2006, 2008, S. 165.
45) Lothar Michael, Der experimentelle Bundesstaat, JZ 2006, S. 884-890, 884; Lukas Beck, Die Abweichungsgesetzgebung der Länder, 2009, S. 181.
46) Jörn Ipsen, Die Kompetenzverteilung zwischen Bund und Ländern nach der Föderalismusnovelle, NJW 2006, S. 2801-2806, 2804; Claudio Franzius, Die Abweichungsgesetzgebung, NVwZ 2008, S. 492-499, 494.
47) Stefan Kadelbach, Autonomie und Bindung der Rechtsetzung in gestuften Rechtsordnungen, VVDStRL 66 (2007), S. 7-44, 24; Volker Haug, Die Abweichungsgesetzgebung, DÖV 2008, S. 851-857, 856.

> く），経済法，労働法，職業訓練法，農林業振興法，土地法，医薬業・医薬品法，食料品法，道路交通法，廃棄物・大気汚染・騒音防止法，国家賠償法，自然保護・景観保護・水質保全，大学入学許可・修了認定等が含まれている。

2. 政策革新手段としての特区制度

(1) 政策実験

　構造改革特区は，規制の受益者の反対によって進まない規制緩和・規制改革を段階的に推し進めるため，地域を限定した規制の特例措置を実施し，特に問題が発生しない場合には全国に展開することが予定されていた[48]。これは，特定地域だけを対象にすることで反対者の政治的な圧力を小さくすると同時に，政策の失敗に伴う負の影響を地域的に限定することで，政策実験をしやすくする意味を持っていた。反対者の説得という点では，一定の年限が来たら制度を見直したり廃止したりする条項を設けた上で法律を制定する実験法律にも，同様の性格が認められる[49]。特区制度の場合にはこれに加えて，地域を限定することにより政策のニーズを把握しやすくし，政策実現の効果や悪影響を測定しやすくする意義も認められる。復興特区の計画提案制度や，総合特区・復興特区の区域協議会には，こうした過程で中心的役割を果たすことが期待されている。

(2) 政策対話

　特区制度は，個別の政策目的のために設定されたさまざまな法システムを総合化するために用いられる。これに対して個別の行政法規に基づく権限は各省庁が持っているため，これらを調整するための組織・手続が必然的に求められる。沖縄振興特別措置法に基づく沖縄経済特区制度においても，経済

---

48) こうした点が特区提案の減少傾向の要因とも指摘されてきた。参照，「低調『特区』の復活なるか 政府，6年目のテコ入れ」日経グローカル77号（2007年）6-15（8）頁．若生幸也「特区制度における規制改革の課題と展望」年報公共政策学（北海道大学）7巻（2013年）255-273（262）頁は，当初想定されていたメニューが一巡したことも要因とする。

49) 大橋洋一「実験法律の法構造」同『対話型行政法学の創造』（弘文堂・1999年）280-300（281）頁［初出1998年］．

金融活性化特別地区の指定については，内閣総理大臣が「沖縄振興審議会の意見を聴いて」沖縄県知事の申請に基づく地区指定を行うことができるとされている（沖縄振興特別措置法 55 条 1 項）。沖縄経済特区は法律で定められている課税減免措置を主要な内容としているため，特例措置の具体的内容について行政過程における協議を経て内容が形成されるしくみとはなっていない。これに対して構造改革特別区域法においては，法定のメニューの中からどのような内容の規制の特例を求めるのかという点においても地方公共団体からの申請に基づくものとなるため，中央省庁レベルでの調整がより必要となってくる。法律上はその調整手続の詳細は規定されておらず，内閣総理大臣による認定の際に関係行政機関の長が法令等の基準に適合すると認められるときには同意するものとする（構造改革特別区域法 4 条 10 項）と定められているにとどまる。この点について実務上は，各省庁の権限や政策を統合・調整する組織として内閣官房の下に設置された構造改革特区推進室が大きな役割を果たしていた。その後，2007 年 10 月以降は，都市再生・地域再生・中心市街地活性化とともに内閣官房地域活性化統合事務局がこの業務を担当しており，総合特区・国家戦略特区についても同様である。これに対して復興特区で同様の役割を担うことが想定されているのが復興庁である[50]。復興庁は内閣府と同様，内閣の下に置かれる組織であり（復興庁設置法 2 条），企画立案と実施の双方を担当する。東北地域に設置される出先機関である復興局では要望を一元的に受け付ける（同法 4 条 2 項 2 号・17 条 2 項）ことが想定されており，復興庁が地方公共団体の代理人として，個別の権限を持っている各省庁と交渉することが制度設計上期待されている。

　手続面での特色として，政省令による決定と協議手続との選択関係を挙げることができる。総合特区・国家戦略特区では，区域指定を内閣府令（総合特別区域法 8 条 1 項・31 条 1 項）や政令（国家戦略特別区域法 2 条 1 項）で定めることとされており，区域指定がなければ規制・課税等の特例を受けられない。これに対して復興特区の場合には指定の手続はなく，特定被災区域に含まれていれば計画認定の申請ができることとなっている。しかし，規制や課税の特例はこの区域の全ての地方公共団体で利用可能となるわけではない。

---

50) 復興庁の組織法的特色につき参照，塩野宏『行政法Ⅲ［第 4 版］』（有斐閣・2012 年）63 頁。

例えば取得した減価償却資産の取得価額に特別償却または税額控除の特例が適用される 37 条の特例が適用されるためには，「認定復興推進計画に定められた第 2 条第 3 項第 2 号イ又はロに掲げる事業を実施する個人事業者又は法人」（東日本大震災復興特別区域法 37 条 1 項）が認定された特区の計画の復興産業集積区域内において施設・設備の新設・増設をしたものでなければならず，このイ・ロの共通の要件として「多数の被災者が離職を余儀なくされ，又は生産活動の基盤に著しい被害を受けた地域」（同法 2 条 3 項 2 号イ）が規定されている。この要件が具体的に何を意味するかについては政省令等では規定がなされておらず，特区の認定基準でもある復興特別区域基本方針では，「事業主都合離職者数，失業率若しくは有効求人倍率等の雇用に係る指標が東日本大震災以降景気循環による影響の水準を超えて悪化した地域，又は，地震，津波又は原子力発電所の事故による直接の被害により，産業の中核を担っていた企業の廃業，移転若しくは事業規模縮小，農地・漁港への被害等地域の雇用に明らかに悪影響を及ぼすと認められる事案が発生した地域」[51]を指すとされている。国が一定の区域を指定して課税特例を認めるという方式をとらなかった理由として，国が予め詳細な調査を行った上で一定の基準を定めて区域指定を行うとすると時間がかかって迅速な復興の妨げとなるおそれがあること，被害状況の個別性が高すぎて一定の指標に基づいて予め線引きをすることが困難であったことが挙げられる。逆に言えば特区の認定を申請する地方公共団体側が，自分たちの状況がこうした要件に合致していることを説明する必要があり，それが成功すれば課税特例などの利用が可能となる。これは，特区の利用に関する実体要件を具体的に政省令等の下位規範で定めるのではなく，ある程度幅のある要件を法令で示した上で地方公共団体側との協議の手続の中で特例措置の利用可能性を判断する手法と評価できる。

3. 地方自治拡充手段としての特区制度

(1) 団体自治

特区制度における中央・地方間関係には，国主導で特区における特例の内

---

[51]「復興特別区域基本方針」（2012 年 1 月 6 日閣議決定，2014 年 5 月 13 日改定）19 頁。

容を決める沖縄経済特区・国家戦略特区と，地方公共団体が特例措置の内容を提案してその内容が形成される構造改革特区・総合特区・復興特区の 2 種類が存在する。とりわけ総合特区・復興特区は，国と地方の協議会等において新たな特例の提案が可能となること（総合特別区域法 10・11 条，東日本大震災復興特別区域法 11・12 条），いわゆる条例の上書き権が認められたこと（総合特別区域法 25・54 条，東日本大震災復興特別区域法 36 条）に現れているように，他の特区制度と比較しても団体自治親和性が高い。

それでは，こうした地方の側の自由度を高めること（逆に言えば地域間の規制・課税面での差を広げること）はどのように正当化されるのであろうか。沖縄経済特区においては基地の負担に代表される沖縄の特別な状況が課税特例の根拠であり，構造改革特区においては政策実験としての性格や，最終的には全国展開が目標である点に正当性が求められていた[52]。これに対して，同じく規制・課税の特例を設ける総合特区においては，全国展開は目標とされていない。ここでは，地域の本気度を前提にした政策の地域間競争によるイノベーション[53]が意図されており，換言すれば地方自治の理念そのものが特例の正当化根拠となっている。この意味で総合特区制度は，その正当化根拠の点において沖縄経済特区・構造改革特区との大きな断絶ないし飛躍があるといえる。復興特区制度においても，一方では震災の大きな被害からの復興（＝特別な状況）が，他方では「21 世紀半ばにおける日本のあるべき姿」（東日本大震災復興基本法 2 条 1 号）の模索が意図されており，ここでも全国展開を最終目標とすることによる正当化ではなく，地域間競争による政策イノベーションが中心に据えられている[54]。

しかし，特区制度による地域間の政策競争は，必ずしも特区以外の地域にメリットだけをもたらすものとは言えない。例えば，特区制度により課税減

---

[52] 福井秀夫「社会実験としての規制改革特区」産業立地 41 巻 9 号（2002 年）8-14（8）頁，本田敏秋「日本のふるさと再生を目指して」市政 55 巻 10 号（2006 年）26-29（29）頁，伊藤・前掲註 24）7 頁。

[53] 和泉洋人「政府の新成長戦略と『総合特区』構想の推進」不動産経済 89 号（2010 年）64-75（73）頁。

[54] 一方，規制制度に関して全国展開の可能性を指摘するものとして参照，安本典夫「東日本大震災復興特区法の検討課題」名城法学（名城大学）61 巻 4 号（2012 年）143-176（164）頁。

免措置がとられたことにより，特区以外の地域から特区へと企業が生産拠点を移転させることになれば，移転元地域にとっては特区が負の外部性を与えることになる。そしてそのような可能性は，特区の指定数がある程度限定されている総合特区よりも，そのような限定がない復興特区により大きく存在する。復興特区に見られる手続化の傾向は，その正当化のための一つの手段と位置づけられ得る。つまり，被害の状況やこれから目指すべき復興の姿を地方公共団体が国に説明する手続を通して当該特別措置の正当化が個別に図られ，あるいはその際に他地域への負の外部性を抑制する方策がとられるよう修正される機会が設定されていると考えることもできるのである。

(2) 住民自治

構造改革特区で採用され，総合特区・復興特区へと受け継がれた事業者による特区計画提案（構造改革特別区域法4条5項，総合特別区域法8条3項・31条3項，東日本大震災復興特別区域法4条4項）は，一方では特区の内容に関する事業者とのコミュニケーション過程を地方公共団体レベルにも設定するとともに，他方で地方公共団体に特区の特例措置の内容形成を可能とする地位を保障した規定とも位置づけられる[55]。総合特区・復興特区ではコミュニケーションを持続的に展開させるための地域協議会（総合特別区域法19・42条，東日本大震災復興特別区域法13条）が法定されているとはいえ，この基本構造は変わっていない。住民自治を促進させるためのもう1つの要素が，いわゆる条例の上書き権である。特区に関する法令の個別の委任に基づき，もともと個別の法律に基づく政省令で規定されている諸基準を条例によって書き換えることを許容するこのしくみもまた，地方公共団体の自己決定と自己責任を重視する発想に基づく。

東日本大震災では東北地方沿岸部を中心に，市町村の行政機能を大きく低下させる被害が続出した（東日本大震災復興基本法2条2号）。そのような非常

---

[55] これとは対照的に，国家戦略特区の場合には，国・地方公共団体・事業者等で構成される国家戦略特別区域会議が区域計画を「全員の合意」（国家戦略特別区域法8条6項）により作成するものとされている。このように国家戦略特区においては，国に主導的な役割が与えられているのみならず，計画作成にあたり事業者にいわば拒否権が与えられているという点においても，地方自治との緊張関係を孕むものである。

時において（とくに市町村レベルの）住民自治が機能するのか，あるいは住民自治に期待する制度設計をすべきなのかという点は大きな論点である[56]。上書き権をめぐる議論から国会段階で修正された復興特別意見書（11 条 8 項）はその 1 つの制度的帰結である。他方で復興特区制度が団体自治との親和性を強化した背景には，目指すべき復興モデルを国が自信を持って提示することが難しいという要素があったのではないか。帝都復興院[57]が主導した関東大震災の復興の際には，目指すべき近代都市計画像が与えられており，それと現実とのギャップをいかに埋めていくかが主要な課題であった[58]。しかし価値観が多様化した現在の日本社会において，また被災地の被害状況やそれ以前の産業・地域社会構造に大きなばらつきがある中で復興モデルを模索する際には，課題に最も近いところに存在する地方公共団体に認知上の優位性が認められる（認知的先導性⇨ことば）。そうであるとすれば，非常時にもかかわらず，あるいは非常時であるが故に住民自治を活発に機能させて，地域独自の復興モデルを模索すべきと思われる[59]。もちろん利害が具体化すればするほどその調整には時間がかかる。復興特区構想の中で最大の論争を巻き起こした漁業特区構想[60]は，単に特定区画漁業権付与の優先順位を変更[61]することに止まらず，漁港をどのように復興すべきか，集

---

56) 飯島淳子「東日本大震災復興基本法」法学セミナー 56 巻 12 号（2011 年）10-15（14）頁。
57) 調査及び立法考査局「東日本大震災の概況と政策課題」調査と情報 708 号（2011 年）1-36（20）頁。
58) 福岡峻治『東京の復興計画』（日本評論社・1991 年）115-185 頁，越澤明『後藤新平』（筑摩書房・2011 年）202-234 頁。
59) 神山安雄「復興特区制度の意義と課題」農村と都市をむすぶ 61 巻 9 号（2011 年）59-64（63）頁は，コミュニティの徹底した議論が不十分のまま，土地利用再編計画が既存の個別法の開発許可・事業計画策定を不要にしておこなわれると，問題が残らざるをえないと指摘する。また，大田直史「特区制度と地方分権」法律時報 84 巻 3 号（2012 年）20-25（25）頁は，被災者の従前の生業のあり方を大きく変更するような特区の導入には，被災住民が参加できる条件を保障した上での適正な手続を踏まえることが必要とする。
60) 推進派の主張として，村井嘉浩「宮城は独自の『復興特区』構想で甦る」Voice 404 号（2011 年）56-61（58）頁，小松正之「漁獲割り当てを導入する」東洋経済新報社出版局編集部編『震災からの経済復興』（東洋経済新報社・2011 年）143-166（162）頁。また，反対派の主張として，山本辰義「『水産業復興特区』は必要ない」月刊漁業と漁協 49 巻 9 号（2011 年）12-15 頁，廣吉勝治「復興構想会議『提言』の内容と方向を問う」月刊漁業と漁協 49 巻 10 号（2011 年）6-9 頁。

落の高台移転や職住分離を推進すべきかといった，復興構想の中核に影響する問題を孕んでいた[62]。それでも住民自治を機能させるルートを復興特区制度においても採用したのは評価されるべきことである。

> **●ことば●　認知的先導性**
>
> 　自主条例の制定の場合には，法律との抵触関係を避ける必要がある。その際には，「地方の実情に応じて，別段の規制を施すことを容認する趣旨」（徳島市公安条例事件最高裁判決：最大判 1975（昭和 50）・9・10 刑集 29 巻 8 号 489 頁）かどうかという考慮要素が重要な意味を持つ。ではなぜ，地方の実情・特殊性が，条例制定権の範囲に影響を及ぼしうるのだろうか。その考察の手がかりとなる考え方が「認知的先導性」である。法的な対応が必要な新たな社会的問題が生じた場合，その対処の最前線に立つのは一般に地方公共団体である。地方公共団体は国と比較してより早く問題の所在を認識することができ，またその原因の分析や対応策の模索を図ることができる。さらに，狭域の政治空間の方がこうした新たな問題への感受性が高く，条例という形式で一定の法的決定がなされ，条例による制度化が果たされた法的しくみの運用状況からのフィードバックによって，制度のさらなる改善も果たされうる。その結果，情報公開制度に代表されるように，まず条例で制度化が図られ，それが国の法制度に発展するものも出てくることになる。このような政策形成のイノベーションを支える地方公共団体の能力を「認知的先導性」（国の制度化との対比では「試行的先導性」）という（角松生史「自治立法による土地利用規制の再検討」原田純孝編『日本の都市法Ⅱ　諸相と動態』（東京大学出版会・2001 年）321-350（326-327）頁）。

おわりに

　本章では，日本の実定法上存在する 5 つの特区制度を素材に，その機能と

---

61) 漁業法制における漁協の位置づけにつき参照，漁協組織研究会編『水協法・漁業法の解説［第 20 版］』（漁協経営センター出版部・2013 年）41-49, 343-347 頁。特定区画漁業権の性質につき参照，金田禎之『新編　漁業法詳解［増補 3 訂版］』（成山堂書店・2008 年）133 頁。
62) 濱田武士「水産業の再生と特区構想の行方」ガバナンス 125 号（2011 年）18-21（19）頁，二階堂遼馬「対立する県と漁協『水産特区』の是非」週刊東洋経済 6340 号（2011 年）22-23 頁，室崎益輝「『高台移転』は誤りだ」世界 820 号（2011 年）55-66（61）頁。

法的意義を横断的に分析した。特区制度を法的に評価する基準となるのは，規制・課税の平等の要請（平等原則・法律の一般性），行政裁量，法律と条例の関係の3つである。特区制度は，行政裁量によっては実現できない免除措置や，条例によって変更できない規制・課税の特例を地域限定で実現する法技術であり，法治主義・租税法律主義の要請と地方自治の理念との均衡点を探る試みの1つである。地方自治によって設定可能な規制・課税の範囲が拡大すれば，その分特区制度の必要性は小さくなる。この意味において両者は垂直的なガバナンス方法の観点からは競合関係に立っている。他方で，規制者と被規制者との距離が接近する地方自治に委ねるべき事項と，国家の立法者が決定すべき事項とを質的に区別する見解に立てば，特区制度は地方自治では不可能な領域を国家の立法者による制度設計を前提に可能にするものと言える。本章はこのような立場から，日本の特区制度の機能や法的意義を検討した。特区制度は垂直的ガバナンスの一形態であるのみならず，これを媒介として政策革新が行われる点に注目すれば，政策実現のメタルール（⇨序章）の一角を形成するものでもある。このような特性ゆえに，公法学にとって特区制度は，極めて参照価値の高い法制度であり続けると思われる。

あとがき

　本書の刊行をもって，2012年元旦に執筆を開始した『例解 行政法』から続く参照領域三部作が完結する。また本書第4章には，最初の公表論文「福祉契約の行政法学的分析」が収録されている。主観的には未だ駆け出しの研究者とはいえ一般には中堅と呼ばれる年齢にさしかかり，確かに研究者の世界に入って15年が経過しようとするこの時点で，参照領域に関する研究を中間総括する機会が得られたのは，極めて幸運なことであった。

　本書に12年前の上記論文を採録するにあたり，文献等の再確認やその後の法改正の動きをフォローする作業をする中で，自分自身の行政法研究の出発点となった問題意識を再訪することができた。1990年代中盤以降から続いた社会福祉分野における構造改革は，行政法学に対して民営化に起因するさまざまな法的課題の解決を要請した。ここから，公共部門の複線化・多層化に対応した理論枠組の模索という研究課題が導出された（「本書の問題意識――『公共制度設計』とは何か」『公共制度設計の基礎理論』1-3頁）。同時にこの作業は，日々生起する社会問題と，これに対応して繰り返される法制度改革の中で，行政法学の研究はどのようなスタンスでなされなければならないのかという問題を強く意識させるものとなっていた。

　行政法総論は，社会問題に対処するために設計されるさまざまな公共制度の「文法」を構築している。それゆえ，一方では社会問題に対する鋭敏な感性を保ちつつ，他方でこれを法的に制御・誘導・規律する役割を果たさなければならない。その際には，行政法学が直接の対象としている国家をはじめとする公共部門の特殊性が常に顧慮される必要がある（『自主規制の公法学的研究』はしがきi頁）。社会の構造変化に対する開放性と，学問としての独自性・一貫性の維持というアンビヴァレントな要素を統合する極めて難しい課題が行政法学には与えられており，行政法総論と参照領域との相互学習という方法はこれに対処する有力な処方箋である。本書が取り上げた4つの参照領域の12の具体的課題は，本書刊行時点では極めて現代的な性格を持って

いる。ところが，おそらく数年後には，場合によってはその一部が制度的・理論的に解決済みの「過去の」問題になり，数十年後には古色蒼然とした問題・議論に見えるであろう。しかし，本書を含む参照領域三部作が全体として提示した上記の理論的フォーメーションは，時代の変容を乗り越えて行政法学が発展する礎石となると信じたい。

行政法学が立ち向かうべき上記の課題に今後とも対処するためには，多くの行政法研究者をコンスタントに獲得する必要がある。そのためには，「若き学生」（＝年齢的に若いという意味ではなく，柔軟な発想を持ちうる学習者という意味で用いている）に行政法学の魅力を伝え，関心を高めてもらう必要がある。参照領域プロジェクトの教育面に関する私見は，2014年5月に刊行された東京大学出版会の広報誌『UP』499号の1-6頁に「行政法教育の改革——『例解 行政法』『演習 行政法』が目指すもの」と題する小稿を掲載する折に表明した。参照領域三部作が完結するこの機会に，以下に再掲するので，ご一読頂ければ幸いである。

鉄輪にて

原 田 大 樹

****

行政法教育の改革——『例解 行政法』『演習 行政法』が目指すもの

はじめに

法学教育をとりまく状況は，ここ10年で大きく変化した。その転換点となったのは，2004年の法科大学院制度導入であった。旧制度と比べて合格率が高まるとの期待感から法科大学院に多くの学生が集まり，またそれに連動して法学部の人気も急上昇した。ところが，司法試験の合格率の低迷や合格後の進路の不透明感からロースクールバブルは短期間のうちにはじけ，今や法学部不人気が深刻な問題になってきている。これが法曹養成制度の混乱に基づくものなのか，それとも社会のニーズと法学部出身者の能力との齟齬が生じているからなのか，俄には判断できない。とはいえ，法学教育に携わる者が，社会に対して法学教育の意義を説得的に説明する必要は，従前

に比して高まっているように思われる。そこで本稿では，法学，とりわけ筆者が専攻する行政法学が社会のどのような場面で有用なものであるのかを明らかにすると共に，行政法教育の現状と課題を提示することとしたい。また，筆者が2013年秋と2014年春に出版した『例解 行政法』と『演習 行政法』がこの課題にどのようにアプローチしようとしたものなのかも併せて説明することとしたい。

行政法教育の社会的意義

事実と規範

法学は，社会における紛争を法的に解決する技術を集積した学問である。社会には無数の紛争があり，その解決方法も複数存在している。法的な解決の方法的な特徴は，あるべき一般的準則（ルール）を確定し，これを個別の事例にあてはめて結論を出すことにある。一般的準則の多くは法律という形で条文化されているものの，慣習法に代表される不文法も存在する。また条文化されていたとしても，条文上の文言の意味内容が一義的に確定できない場合には，解釈によってその内容を明らかにする作業が必要となる。法学教育においては，こうした一般的準則の内容やその背景にある考え方，さらには解釈の諸手法が通常取り上げられ，紛争の法的解決や紛争の予防のための技術が説明される。法学が取り扱っている一般的準則は，あるべき状況を示す「規範」であるから，仮説・検証のプロセスによって得られるものではない。この点に法学と自然科学や法学以外の社会科学との大きな差異があるように思われる。

他方で，法学の中でも行政法学に関しては，仮説・検証のプロセスに類似した学問的営為が存在する。行政法学は他の法分野と異なり，六法（憲法・民法・商法・刑法・民事訴訟法・刑事訴訟法）以外のほぼすべての法令を扱っている。そのため，個別の行政法令（例：食品衛生法・建築基準法）の共通要素を抽出した「行政法総論」を研究・教育の主要な対象としている。その一部は法典化・条文化されている（例えば行政手続法）ものの，多くは判例・学説の蓄積に依存している。そこで，行政法総論は個別の行政法令の共通要素を抽出して理論化する作業を不断に行う必要があり，そこで提示された概念・考え方が個別の行政法令をうまく説明できるかを常に検証する必要がある。また，行政法学の規律対象である行政活動は，社会の需要に応じて時代と共に変容を繰り返している。そこで行政法学は，個別の行政法令をクッションにしつつも，現実の行政作用の変化に対応して理論構造を変化させてきた。行政法学は確かに法学の一分野としての規範学の性格を有しているものの，このように「事実」に対する鋭敏な感覚を持ち合わせることもまた求められてきたのである。

防御と設計

このような特色を持つ行政法学を教育する社会的な意義は，次の2つに大別される。第1は，行政活動によって個人の権利・利益が害されることを防止すること（防御

機能)である。伝統的な行政法学の問題関心は，強大な国家権力が違法に行使され，個人の権利が侵害されることをいかに防止するかにあった。すなわち，国家と個人とが対峙する二面関係が念頭に置かれ，行政機関による違法な権利侵害に対しては裁判による救済が主として想定されていた。行政機関は現在でも多くの人員・財源・権限を持ち，強制力をも伴うさまざまな手段を使って相手方個人を従わせることができるから，防御の側面は依然として重要な意義を有している。そして，法科大学院制度導入以後は，このような内容が法学部のみならず法科大学院においても教育され，とりわけ法科大学院においては，行政救済に関する様々なルールや，行政活動の適法性・違法性を基礎付ける諸要素が説明されている。

　第2は，紛争を事前に予防し，社会問題を解決するための法的な技術を蓄積すること(制度設計機能)である。環境問題や消費者問題に代表されるように，現代の行政法学においては行政権限の行使をできるだけ抑制することのみを追求するのではなく，行政活動の名宛人(例：工場・業者)以外の第三者(例：周辺住民・消費者)の利益が，適正な行政活動によって保護されることも重視されている。このような三面関係のもとで，どのような法制度を設計すれば社会問題を解決できるのかを議論し，そのための法技術を蓄積することもまた，行政法学の重要な構成要素である。ただし，何がベストの政策内容なのかを行政法学が示すことはあまりなく，むしろ法制度の設計の際に考慮すべき要素や履践すべき手続を提示することで，政治的立場や政策的選好を問わず要請される法制度設計のルールを模索する作業が中心に据えられている。この点が，より実体的な政策内容を議論する経済学や，目指す政策の実現に向かって社会に対して積極的な働きかけを行う社会運動・市民運動との相違点である。そして，法科大学院制度導入と同時期にスタートした公共政策大学院においては，こうした内容が行政法の科目の中で主として提供されている。

行政法教育の現状と課題

　以上のような行政法教育の社会的意義を前提とすると，行政法教育の目標は次のように設定されるべきである。行政活動に対する防御機能に関しては，個別の行政活動の根拠となっている具体的な行政法令を読み解き，当事者の立場に立ってその主張を法的に構成する能力を涵養することが求められることになる。また，法制度設計機能に関しては，具体的な行政法令によって設計されている制度を正確に理解した上で，その運用面での問題点を適切に把握し，他の分野の法制度との比較や行政法総論の考え方と照らし合わせて，新しい制度を設計する方向性を提示する能力を高める必要がある。このような目標に照らすと，行政法教育の現状に対しては以下の2点の問題を指摘することができる。

「地図」の必要性——行政法各論（参照領域）教育

　第1に，行政法各論（参照領域）教育が十分には行われていないことである。先に述べたように，行政法学は多種多量の個別行政法令から共通要素を抽出した行政法総論を中心に成立している。そこで行政法教育においても行政法総論にそのほとんどの時間が費やされ，個別行政法令を政策目的に応じて分類した行政法各論（参照領域）の説明がなされることは極めて少ない。しかし，行政法総論は，個別行政法令を読み解くいわば「道具」に過ぎない。これに対して，社会問題や紛争は参照領域をフィールドとして発生しているから，法的対応を検討する際にはその分野の土地勘ないし「地図」を予め頭に入れておく方が，効率的な対処が可能になるはずである。

　もっとも，各大学の行政法の教育スタッフをはじめとする教育リソースが飛躍的に改善される見込みのない現状においては，いくら行政法各論教育が重要であるとはいっても，ここに多くの授業時間数を割くことは現実的には困難といわざるを得ない。拙著『例解 行政法』は，このような現状を前提に，代表的な参照領域（租税法・社会保障法・環境法・都市法）に関して理解しておくべき内容をコンパクトに提供することを目指したものである。執筆にあたっては，行政法総論とのつながりを常に意識しながら，参照領域の法制度や基本的考え方を説明することを試みた。また，参照領域に関する膨大な内容の中から，行政法総論との関係で本当に必要な知識だけを選択し，その分野の概観可能性を維持できるような構成になるよう心掛けた。それぞれの参照領域にはすでに600頁超クラスの単著の基本書が存在しており，これに屋上屋を架す形で，紙数を費やして網羅的に説明する教育的意味は乏しいと考えたからである。むしろ，行政法総論を学習したばかりの学生が手に取るのに抵抗がない程度の分量に抑えることで，行政法総論と本格的な個別法分野の学習とを「架橋」することが重要と考えた。図表を多用し，重要な用語をゴシック体で表示し，索引を用語集的に使えるように充実させたことも，同様の意図に基づく。

「経験」の必要性——事例演習教育

　第2に，行政法総論の知識を実際に使う教育が十分には行われていないことである。行政法総論という「道具」そのものの知識が豊富にあったとしても，道具を「使いこなす」レベルに達するためには，具体的な紛争の場面を想定して知識を使ってみる「経験」が必要になる。そこで，行政法総論を中心とする講義科目の他に，法学部では一般的に演習科目が提供されており，判例研究などを通して行政法の知識を具体的な事件にあてはめる教育がなされている。また法科大学院では，法律基礎科目の履修後に発展的な科目が用意され，その中で起案指導がなされているところもある。

　ただし，こうした「経験」を積ませる学習は必ずしもシステマティックな内容を伴ってなされているわけではなく，むしろ事例を大量にこなす中で「慣れさせる」方法がこれまでとられてきたように思われる。自分自身の学生時代を振り返っても，事

例問題の解き方や答案の書き方についての体系的な説明を受けた記憶はほとんどない。しかし、法学未修者にも積極的に法曹養成課程を開放する法科大学院の理念を前提とすれば、法学的思考に必ずしも馴染みのない未修者に対しても、知識の「使い方」を順序立てて提示する必要性は高い。また、筆者がドイツに留学していた際に参加させて頂いた行政法の講義科目では、事例問題を解かせる宿題やこれを解説する助手によるゼミ（Arbeitsgemeinschaft）が並行して開講されると共に、講義の中でも答案構成（Schema）が繰り返し説明されていたのが極めて印象的であった。

　拙著『演習 行政法』は、このような認識の下、行政法総論の学習事項を具体的な紛争の場でどのように用いるかを示すことを目指したものである。執筆にあたっては、法的議論の構造に対する理解を促進させるため、問題の捉え方や法的構成の方法を丁寧に説明するとともに、答案の実例を示すことで法的議論の組み立てのイメージを具体的に把握してもらうことを試みた。また、行政法規の基本的な読解の技能や答案構成の基本から始まり、行政法における典型論点、参照領域における紛争事例を素材とした短めの事例問題の説明に続いて、司法試験と同程度の総合的問題に至る構成にすることで、順を追って読めば「道具」の使い方に習熟することができるステップアップ方式を採用した。さらに、事例問題と関連する行政法学における先端的な議論を紹介したり、事例問題の中になお判例上未解決の課題や顕在化していない紛争事例を含ませたりすることで、学生が将来自分の頭で考えることができる手がかりをも示すことに努めた。

おわりに

　法学部出身者はこれまで「つぶしが利く」とされ、企業・公共セクターの双方に多くの人材を送り込んできた。法学部出身者に対する社会の大きな需要を支えてきた理由の1つは、法学教育を通じて社会認識を深め、論理的な思考力や説得的な表現力を高めた学部卒業生をそれぞれの分野でトレーニングすることで、あらゆる問題に対処しうるジェネラリストを養成することにあったと考えられる。近時の法学部不人気の原因の多くは確かに法曹養成制度の混迷にあるものの、これに加えてこうした組織内部での人材養成機能が低下し、人材のいわば「原石」を大学が供給するだけでは社会のニーズに応えられなくなったこともその理由かもしれない。そこで法学部教育においても、法学に関する一般的素養に加えて、事実への鋭敏な感覚の養成や、特定の法分野に関するより高度で専門的な知識を常時更新できる継続学習能力を更に高める必要がある。また法科大学院・公共政策大学院では、職業上必要な知識をより実践的な形で身につけることができるような教育が提供されるべきであろう。行政法教育において、『例解 行政法』と『演習 行政法』を、こうした要請に少しでも応えうる教材として継続的に発展させることが、筆者自身の今後の課題である。

索 引

あ 行

アウトリーチ……………………167
空地地区制………………316, 317
旭川市国民健康保険料事件………24
あっせん・調整…………………170
アンブレラ条項…………………273
一建築物一敷地の原則…………319
一団地の総合的設計制度………321
一国二制度排除論………………340
逸脱立法…………………………354
一般原則……………………………8
一般負担金………………………253
移転価格税制…………………81, 97
移転可能な開発権………………335
委任行政……………………90, 152
インキュベーターとしての行政法…17
インセンティブ条約……………234
ウィーン条約……………………231
上書き……………………………349
運営基準…………………………130
運営基準中心主義………………133
運輸安全委員会…………………221
永久税主義…………………………37
エネルギー対策特別会計………217
エリアマネジメント……………324
黄金株……………………………284
大分生活保護訴訟………………193
沖縄経済特区……………………343

か 行

介護金庫…………………………138
介護契約…………………………118
介護認定審査会…………………124
介護費協定………………………139
介護保険事業計画……………127, 173
介護保険事業支援計画………128, 173
介護保険法………………………113
核物質防護条約…………………230
核兵器不拡散条約………………230

課税処分……………………………43
課税要件事実……………………277
課税要件明確主義…………………28
課徴金………………………………37
学校選択制………………………152
神奈川県臨時特例企業税事件……33
間接給付…………………………156
間接収用…………………………280
環太平洋経済協力パートナーシップ……272
環太平洋パートナーシップ（TPP）協定…207
緩和型地区計画…………………325
企業の社会的責任………………209
基準準拠型行政スタイル…………57
基準認証制度……………………300
規整………………………………162
規制機関の中立性………………219
規制規範……………………………26
犠牲共同体………………………330
救護法……………………………110
救済手段……………………………49
給付付き税額控除…………………39
給付提供法………………………143
供給契約…………………………139
行政委員会………………………259
行政規則……………………………31
行政計画…………………………127
行政行為と契約の結合…………125
行政行為の執行力…………………90
行政行為の相互承認………………91
行政行為の分類論…………………43
行政作用法論………………………4
行政指導…………………………180
行政手法論…………………………14
行政先例法…………………………32
強制仲裁制度………………………99
行政の法システム論………………5
行政法総論…………………………1
行政領域論…………………………12
共同不法行為……………………307
共同窓口…………………………168

372 ●索 引

居宅介護サービス計画 …………………170
居宅サービス計画 ………………………132
規律構造……………………………………14
規律責務……………………………………28
規律密度…………………………………28, 252
緊急関税……………………………………31
金融取引税 ………………………………204
区分地上権 ………………………………333
グローバル化………………………………76
グローバル・タックス …………………203
グローバル社会保障法 …………………202
グローバルフォーラム……………………81
ケアプラン ………………………………132
経済協力開発機構（OECD）……………80
契約間調整手法 …………………………149
契約締結強制 ……………………………124
ケースマネジメント ……………………164
ケースワーク ……………………………164
権限不行使 ………………………………310
原子力安全・保安院 ……………………217
原子力安全基準プログラム ……………232
原子力委員会 ……………………………218
原子力規制委員会 ………………………220
原子力事故および放射線緊急事態における
　援助に関する条約 ……………………232
原子力事故の早期通報に関する条約 …232
原子力損害の賠償に関する法律 ………244
原子力損害の補完的補償に関する条約…203, 231
原子力損害賠償・廃炉等支援機構 ……249
原子力損害賠償紛争審査会 ……………258
原子力損害賠償補償契約に関する法律 …244
原子炉設置許可 …………………………218
建築確認契約 ……………………………307
建ぺい率規制 ……………………………315
憲法適合的解釈 …………………………199, 200
権力留保説…………………………………27
行為形式論…………………………………14
公開空地 …………………………………320
公企業の特許 ……………………………159
公共サービス ……………………………159
公共政策法…………………………………16
公共部門法論 ……………………………161
航空券連帯税 ……………………………204
公権力の行使 ……………………………158
公私協働論 ………………………………162
公私分離原則 ……………………………111
公正衡平待遇 ……………………………280

厚生年金基金 ……………………………177
更正の請求…………………………………49
更正の請求の期間制限……………………49
更正の請求の原則的排他性………………50
構造改革特別区域法 ……………………128
構造改革特区 ……………………………346
公定力………………………………………68
公務員 ……………………………………295
互換的交換関係 …………………………330
国際会計基準審議会（IASB）……………78
国際金融市場規制法………………………78
国際原子力機関 …………………………230
国際社会保障法 …………………………188
国際人権法 ………………………………197
国際租税法…………………………………75
国際タックスシェルター情報センター…84
国際ネットワーク…………………………77
国際民事ルール……………………………77
国際レジーム………………………………77
国際労働機関 ……………………………195
国籍条項 …………………………………191
国連グローバル・コンパクト …………209
国家起因性 ………………………………264
国家戦略特区 ……………………………345
国家の枠組設定責任 ……………………161
国家賠償法3条 …………………………307
国家賠償法上の公共団体 ………………295
国家補償の谷間 …………………………264
子ども・子育て支援事業計画 …………173
子ども・子育て支援法 …………………117
個別事案協議………………………………95
根拠規範 ………………………………27, 45

さ 行

サービス機関 ……………………………168
サービス評価 ……………………………130
サービス利用計画 ………………………171
再開発地区計画 …………………………322
再開発等促進区 …………………………322
再更正………………………………………66
財政下命……………………………………44
裁判上の和解 ……………………………276
債務不履行責任 …………………………306
作用特定的自治 …………………………254
参照領域 ……………………………………1
三段階構造モデル…………………………14
塩見訴訟 …………………………………192

市街地建築物法 ……………………316	消費者契約法 ……………………121
敷地合併 ……………………………321	消費生活用製品安全法 ……………301
事業者指定 …………………………129	情報交換 ………………………………84
私経済作用 …………………………311	上方硬直性 …………………………332
自己資本比率規制 ……………… 78, 79	情報提供義務 ………………………182
自主規制 ……………………………336	消滅説 …………………………………66
施設負荷同等論 ……………………327	条約 ……………………………………32
事前確認 ………………………………97	条例 ……………………………………33
私訴 ……………………………………82	奨励条約 ……………………………234
実験的な連邦国家 …………………355	条例の上書き権 ……………………359
実験法律 ………………………………17	職務行為基準説 ………………………53
執行共助条約 …………………………81	所得再分配 …………………………186
実質課税（公平税）の要請 …………30	処分の無効確認訴訟 …………………50
実質的確定力 …………………………70	処分要件欠如説 ………………………53
実質的証拠法則 ……………………102	自律的正統化 ………………………257
指定確認検査機関 …………………293	白色申告 ………………………………56
指定管理者 …………………………174	侵害留保の原則 ………………………26
自動確定方式 …………………………47	侵害留保理論 ………………………341
自動執行性 ……………………… 76, 198	申告納税方式 …………………………47
シビアアクシデント対策 …………238	信頼保護原則 ………………………281
私法的効力 …………………………142	推計課税 ………………………………52
私保険 ………………………………206	垂直的ガバナンス …………………363
資本逃避防止法 ……………………281	ステイトアクション理論 …………292
社会計画 ……………………………172	請求権規範 ……………………………45
社会権規約 …………………………192	政策実験 ……………………………356
社会統合協定 ………………………172	政策実現過程 …………………………74
社会福祉構造改革 …………………113	政策実現過程のグローバル化 ………77
社会福祉事業法 ……………………111	政策手法 ………………………………14
社会扶助団体 ………………………138	政策対話 ……………………………196
社会保障協定 ………………………189	政策の道具箱モデル …………………16
社会保障の最低基準に関する条約 …195	政策の内在化モデル …………………16
住所要件 ……………………………210	省察層としての憲法 …………………12
修正申告 ………………………………49	税制の中立性維持 …………………335
重点電源開発地点指定 ……………217	制度設計論としての行政法学 ………3
州ホーム法 …………………………141	制度的契約論 ………………………160
収用 …………………………………280	制度内在的論理 …………………………9
収容委託 ……………………………110	成年後見制度 ………………………120
受給権確定行為 ………………………46	政府間行政連携機構 …………………79
受給権形成行為 ………………………46	税務調査手続 …………………………58
受給権直接発生 ………………………46	積善会事件 …………………………303
首尾一貫性 …………………………337	責任集中 ……………………… 245, 309
障害者自立支援協議会 ……………166	先決問題 ………………………………70
障害者福祉契約 ……………………118	総額主義 ………………………………64
障害福祉計画 ………………………174	総合設計 ……………………………326
状況拘束性理論 ……………………329	総合特区 ……………………………348
証券監督者国際機構（IOSCO）……78	相互学習 ………………………………8
譲渡所得 ……………………………334	相互協議 ………………………………94

相互主義 …………………………189
送達共助…………………………88
争点主義 …………………………64
双方可罰性 ………………………86
即時発効原則……………………87
属地主義 …………………………189
組織規範…………………………26
租税………………………………36
租税条約…………………………190
租税条約実施特例法……………82
租税法律主義 ………28, 81, 101, 334, 342
措置委託…………………………304
措置から契約へ…………………108
措置制度…………………………110
措置費……………………………115
損害賠償措置……………………246
損失補償 …………………………229

た 行

代行制度 ……………………178, 209
第三者認証………………………301
第三者弁済………………………262
第三分野の保険 …………………206
耐震設計審査指針………………222
代理受領方式……………………118
ダウンゾーニング………………330
多国籍企業 ………………………208
ダブルチェック体制……………217
段階的安全規制方式……………218
単純保証説………………………306
担保法……………………………76
地域ケア会議……………………167
地域地区 …………………………315
地役権……………………………333
地区計画 …………………………315
地方税条例主義…………………33
地方税法 …………………………352
仲裁手続…………………………149
調査義務…………………………52
徴収共助…………………………88
徴税行政の安定 ………………38, 62
調整的行政指導…………………179
ディスゴージメント……………267
適格消費者団体…………………122
電源開発基本計画………………219
電源開発促進法 ……………217, 282
電力債……………………………251

ドイツ連邦制改革………………137
道具概念…………………………7
投資協定仲裁……………………271
投資紛争解決国際センター……272
トービン税………………………204
徳島市公安条例事件……………342
特殊法論…………………………4
特定街区 ……………………321, 324
特定非営利活動促進法…………115
特別犠牲…………………………329
特別の機関 …………………220, 222
特別賦課金………………………254
特別負担金………………………250
特例容積率適用地区……………323
都市再生特別地区………………322
特許査定…………………………336
特区制度…………………………340

な 行

難民条約…………………………191
二段階説…………………………126
日本発送電株式会社……………282
認知的先導性……………………362
年金裁定…………………………45
納税義務の成立…………………47
ノーリターンルール……………221

は 行

バーゼル銀行監督委員会………78
媒介行政 ………………133, 156, 181
パイロット自治体………………346
波及的正統化責任………………161
バックチェック…………………226
バックフィット ……………226, 228
パブリック・サービス・エートス……159
パリ条約…………………………231
番号法……………………………168
ピア・レビュー ………………84, 238
病院計画…………………………174
平等原則…………………………340
賦課課税方式……………………47
不確定概念………………………240
福祉契約…………………………119
福祉サービス利用援助事業……123
福島第一原子力発電所事故……215
扶助協定…………………………138
不遡及の原則……………………29

復興特別意見書	351
復興特区	349
プッシュ型サービス	168
不動産所得	334
不当利得返還請求訴訟	50
プライスアンダーソン法	245
ブラッセル補足条約	231
プリザベーションの原則	33
並行権限型指定機関	297
併存説	66
ベストプラクティス	239
保育コンシェルジュ	165
法規	341
法治主義	25, 101
法定外税	34
法的仕組み論	14
法の支配	26
法律による行政の原理	341
法律の一般性	341
法律の留保	26, 341
法律の留保の二段階構造	90
ホーム・世話契約法	137, 140
ホーム評議会	146
ホーム法	136, 140
保険監督者国際機構（IAIS）	78
保険者機能強化論	150
母国主義	189
保障行政論	161
保障措置	230, 236, 237
保証人的地位論	160
補償法	264
本質性理論	27

ま 行

街並み誘導型地区計画	323
ミクロ行政計画	163
民間規格	225
民間疾病保険	178, 208
民間福祉団体	136, 137
民主政的正統化	256
無差別原則	280
明白性補充要件説	38
メディケア	206
モデル契約	149
問題発見的概念	6

や 行

優先権	93
誘導	180, 332
郵便法違憲判決	248
油濁損害賠償	202
容積地域	317
容積適正配分型地区計画	322
容積率	315
用途上不可分	320
用途別容積型地区計画	322
要保護児童対策協議会	163

ら 行

リーニエンシー・プログラム	37
利益弁護機能	148
立法不作為	310
理由の差替え	65
理由附記	56
歴史的建造物	328
レメディ	51, 69
連帯契約	209
連担建築物設計制度	321
連邦勧告	144
連邦制改革	354
連邦専属的立法権	354

わ 行

枠契約	144
私債権	93

欧 文

first-order	19
IAEA 安全基準	232
ICSID	272
ILO102 号条約	192
ISO26000	209
JCO 臨界事故	259
judicial dialogue	200
J パワー事件	281
Metalclad 事件	285
second-order	18
TRN	79
UNITAID	204

著者略歴

1977年　福岡に生まれる
2000年　九州大学法学部卒業
2005年　九州大学大学院法学府公法・社会法学専攻博士後期課程修了（博士（法学））
　　　　同大学院法学研究院講師，同助教授（准教授）
　　　　京都大学大学院法学研究科准教授を経て
現　在　京都大学大学院法学研究科教授

主要著書

『自主規制の公法学的研究』（有斐閣・2007年）
『例解 行政法』（東京大学出版会・2013年）
『演習 行政法』（東京大学出版会・2014年）
『公共制度設計の基礎理論』（弘文堂・2014年）

行政法学と主要参照領域
2015年3月25日　初　版

［検印廃止］

著　者　原田大樹
　　　　（はらだ　ひろき）

発行所　一般財団法人　東京大学出版会
代表者　古田元夫
　　　　153-0041　東京都目黒区駒場4-5-29
　　　　電話 03-6407-1069　Fax 03-6407-1991
　　　　振替 00160-6-59964

印刷所　大日本法令印刷株式会社
製本所　牧製本印刷株式会社

Ⓒ2015 Hiroki Harada
ISBN 978-4-13-036146-0　Printed in Japan

JCOPY〈(社)出版者著作権管理機構 委託出版物〉
本書の無断複写は著作権法上での例外を除き禁じられています．複写される場合は，そのつど事前に，(社)出版者著作権管理機構（電話 03-3513-6969，FAX 03-3513-6979, e-mail: info@jcopy.or.jp）の許諾を得てください．

例解 行政法 原田大樹 著	A5	3600円
演習 行政法 原田大樹 著	A5	3400円
行政法理論の基礎と課題 E. シュミット-アスマン 著／太田＝大橋＝山本 訳	A5	6200円
国際租税法［第2版］ 増井良啓＝宮崎裕子 著	A5	3000円

融ける境　超える法［全5巻］
[編集代表] 渡辺 浩＝江頭憲治郎

1　個を支えるもの 岩村正彦＝大村敦志 編	A5	4800円
2　安全保障と国際犯罪 山口 厚＝中谷和弘 編	A5	4800円
3　市場と組織 江頭憲治郎＝増井良啓 編	A5	4800円
4　メディアと制度 ダニエル・フット＝長谷部恭男 編	A5	4500円
5　環境と生命 城山英明＝山本隆司 編	A5	5200円

ここに表示された価格は本体価格です．御購入の際には消費税が加算されますので御了承下さい．